Dans cet ouvrage **100 concepts de nature juridique** sont traités de manière transversale et pluridisciplinaire afin de donner au lecteur des éléments de culture juridique et judiciaire.

Outre des développements juridiques, chaque thème peut offrir des informations sur le contexte historique, social, économique ou politique expliquant son élaboration ou son évolution. Chaque notion juridique est ensuite abordée par le prisme du droit international et notamment européen, de la jurisprudence du Conseil constitutionnel, du droit civil, pénal ou public.

L'objectif est de donner aux des étudiants un véritable outil de préparation aux examens et concours d'accès aux diverses professions du droit (avocats, magistrats, OPJ et APJ, cadres dans la fonction publique d'État et des collectivités territoriales). Mais, journalistes, élus : des décideurs publics et économiques, ou encore des professionnels du droit en exercice pourront aussi trouver dans les différentes fiches de précieux éléments d'information et de culture.

Érick MAUREL est aujourd'hui procureur de la République à Nîmes après avoir exercé dans de nombreuses juridictions. Il a ainsi été procureur de la République à Abbeville, Saint-Omer, Pau, et a été affecté dans des juridictions comme Ajaccio ou Pontoise. Ancien auditeur de l'IHEDN et de l'INHESJ, il a été directeur de sessions de formation continue durant six années à l'École nationale de la magistrature, chargé de cours à la faculté de droit de Pau, et a publié des articles juridiques ainsi que plusieurs ouvrages consacrés à l'action du ministère public.

Enrick B Éditions

Cet ouvrage est destiné spécialement aux étudiants préparant l'épreuve d'anglais du CRFPA. Il contient tout d'abord une partie méthodologique pour optimiser les révisions et être le plus efficace possible le jour de l'épreuve. Il est complété par des fiches synthétiques bilingues permettant d'acquérir ou de réviser les bases nécessaires au traitement de sujets juridiques en lien avec les systèmes juridiques anglo-saxons et l'actualité. Enfin, il est enrichi d'un lexique de vocabulaire juridique anglais/français et français/anglais.

Fanny CORNETTE est titulaire d'un doctorat en droit international privé. Elle a travaillé sur le projet européen Tenlaw à l'université de Delft aux Pays-Bas avant de créer sa société de traduction juridique ABCThémis et la chaîne YouTube ABCJuris, tout en continuant à enseigner le droit international privé, la procédure civile et l'anglais juridique.

Enrick B Éditions

Cet ouvrage est conçu autour du programme de droit des obligations à l'examen d'accès au CRFPA tel que fixé par l'arrêté du 17 octobre 2016 : contrats, responsabilité extracontractuelle, régime général des obligations et preuves.

Comment naissent les obligations ? Comment se prouvent-elles ? Comment s'exécutent-elles ? Comment se transmettent-elles ? Telles sont les questions auxquelles répond l'ouvrage.

Résolument concret, synthétique et opérationnel, il s'adresse à la fois à l'étudiant de **L2** ou **L3**, au candidat au **CRFPA** ou à l'**ENM**, ainsi qu'au praticien soucieux de mettre à jour ses connaissances sur la **réforme du droit des obligations**.

Daniel BERT est maître de conférences en droit privé à l'université de Lille CRDP - L'ERADP) et avocat à la cour.

@Daniel_Bert

Enrick B Éditions

À jour des derniers textes et jurisprudences, cet ouvrage est conçu autour du programme de droit civil à l'examen d'accès au CRFPA tel que fixé par l'arrêté du 17 octobre 2016, modifié par arrêté du 6 mars 2018.

Il retrace donc à la fois le droit des biens, le droit de la famille, le droit des régimes matrimoniaux, le droit des contrats spéciaux et le droit des sûretés.

Résolument concret, synthétique et opérationnel, il s'adresse à la fois à l'étudiant de **L2** ou **L3**, au candidat au **CRFPA** ou à **l'ENM**, ainsi qu'au praticien soucieux de mettre à jour ses connaissances en droit civil.

Armand DADOUN est maître de conférences à l'université de Lille.
Valérie DURAND est maître de conférences à l'université du Littoral-Côte d'Opale.
Solène RINGLER est maître de conférences à l'université d'Angers.

Enrick B Éditions

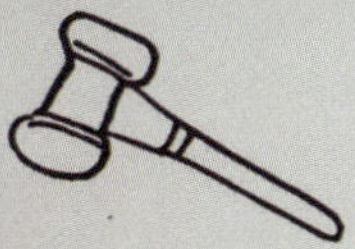

APPRÉHENDEZ SEREINEMENT L'EXAMEN DU CRFPA !

DES PRÉCIEUX CONSEILS, DES ASTUCES, DES RETOURS D'EXPÉRIENCE...

Le CRFPA est l'épreuve phare de tout étudiant en droit qui se destine à la profession d'avocat. Avec des taux de réussite inférieurs à 35 % dans la plupart des instituts d'études judiciaires (IEJ), cet examen tant redouté a la réputation d'écrémer autant parmi les bons élèves que parmi les moins bons.

Cette particularité va de pair avec un certain manque de visibilité alors que les étudiants aimeraient, pour mieux s'y préparer, connaître les ficelles de cette épreuve inédite et bénéficier de précieux conseils et de retours d'expérience.

Beaucoup s'interrogent et se demandent par exemple : à quel IEJ s'inscrire ? Quand commencer les révisions ? Quelle méthodologie adopter pour chaque épreuve ? Est-il indispensable d'aller aux cours de l'IEJ ? Quelles matières choisir ? Quels sont les intérêts d'une prépa d'été ? À quel moment se mettre à la préparation du grand oral ? Etc.

Autant de questions auxquelles les étudiants trouvent rarement de réponses. Cet ouvrage leur offre des pistes de réflexion pour se préparer sereinement à l'examen du CRFPA.

Wissam MGHAZLI est avocat au barreau de Paris et fondateur du cabinet de contentieux des affaires WM Avocats. Il est titulaire d'un master 2 professionnel en droit des affaires et ancien diplômé d'une grande école de commerce. Il est aussi coach spécialisé en préparation au CRFPA et fondateur de Coaching CRFPA où il accompagne, chaque année, les étudiants en droit à réussir à leur tour l'examen du barreau.

Enrick B Éditions

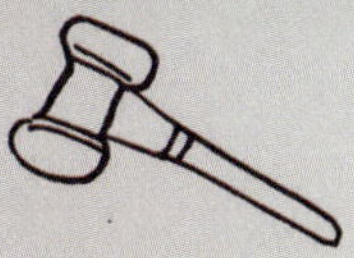

DU MEILLEUR AU PIRE, L'ENVERS DU DÉCOR DE LA PROFESSION D'AVOCAT.

UN LIVRE SAVOUREUX À LIRE SANS MODÉRATION !

Certains rêvent d'être avocat depuis toujours, d'autres se sont retrouvés là par hasard. Une première année de droit sans trop y croire, puis une seconde. Des parents qui vous aiment et vous poussent à aller toujours plus loin. La peur du vide et le temps qui passe. Bref, un concours de circonstances qui finit par vous mener à la profession d'avocat.

Il y a les Dupond-Moretti, les Szpiner, les Temime. Ceux qui nous font rêver et que l'on retrouve chez Ruquier. Ces ténors du barreau qui vous foutent la chair de poule et dont on imagine la vie pleine de rebondissements, ponctuée de victoires et d'honneurs.

Puis il y a tous les autres : les Victor, les Sandrine, les Sofiane et les Benjamin. Les anonymes du barreau qui courent, tombent et se font mal. Les pris au piège, les sacrifiés, les ambitieux et les ratés. Les gens heureux, les passionnés et ceux qui ont abandonné.

Alors, quelle est cette vie d'avocat ? Pourquoi autant de fantasmes et de mystères autour de cette profession ? Peut-on être heureux lorsque l'on passe la plupart de son temps à s'occuper des problèmes des autres ?

Sur un ton sarcastique, Amandine Sarfati désacralise la profession et balaye nos préjugés. Elle nous livre dans *Chronique d'une jeune avocate* cinq années d'expérience au cœur du barreau de Paris, des commissions d'office et de la spirale judiciaire.

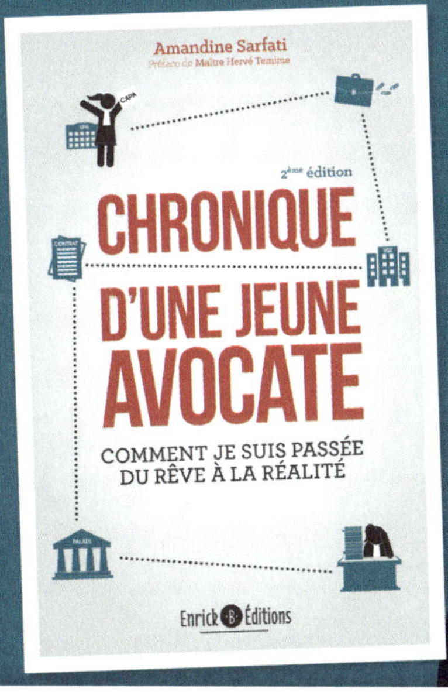

Mêlant anecdotes, témoignages et démystification des institutions, ce livre est destiné aux curieux, aux passionnés, aux bons vivants, aux amoureux du droit et à tous ceux qui voudront se plonger dans la peau d'une jeune avocate, sans chichis ni langue de bois.

Il intéressera aussi les avocats et tous ceux qui se destinent à le devenir.

Avocate au barreau de Paris, **Amandine SARFATI** a obtenu son CAPA en 2011 après un master 2 en droit pénal des affaires. À la même époque, elle se tourne vers l'enseignement et intervient dans différentes écoles où elle enseigne le droit du travail, matière qui deviendra son domaine de prédilection. Directrice de l'Institut supérieur du droit, elle y transmet son savoir-faire au sein du master droit social - contentieux du travail, à travers un enseignement pratique ancré dans la réalité du contentieux.

Enrick B. Éditions

Nos bandes dessinées

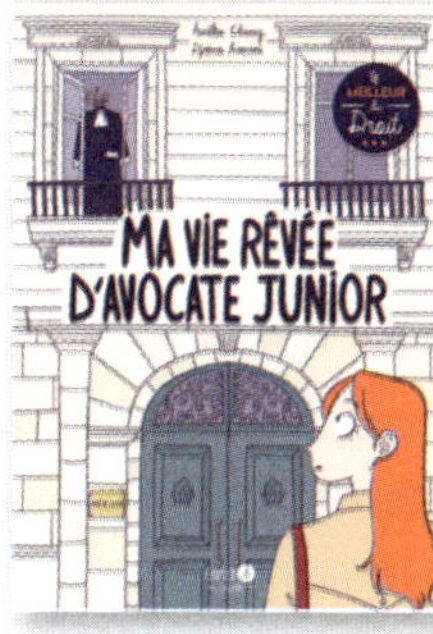

Nos livres (droit décalé et pop culture)

Nos romans judiciaires

Retrouvez-nous sur les réseaux sociaux
sur les comptes Facebook, Instagram et Twitter d'Enrick B. Éditions
@EnrickBEditions

Enrick B Éditions

Cours de procédure pénale

Jean-Yves MARÉCHAL

Cours de procédure pénale

Tout le programme en 50 fiches et en schémas

Enrick B. ÉDITIONS

Directeur de la Collection CRFPA : Daniel BERT

Conception couverture : Marie Dortier
Réalisation couverture : Comandgo

ISBN : 978-2-35644-823-1

En hommage à Françoise Lombard,
collègue et amie passionnée de procédure pénale,
trop tôt disparue.

Préface

Souvenons-nous de ce que, à l'Université ou ailleurs, nous aimions chez un enseignant.

Sa matière pouvait bien être la plus hermétique de toutes, la plus difficile à appréhender, peu importe. Nous savions qu'il allait nous emmener dans un univers savant et exigeant, avec pédagogie et bienveillance, qu'il ne ménagerait pas son temps afin que nous puissions maîtriser la grammaire élémentaire de sa discipline, avant de nous conduire vers des considérations plus sophistiquées, sans jamais laisser quiconque au bord de la route. Je regrette de ne pas avoir retenu le nom de cette exceptionnelle chargée de travaux dirigés en droit des sûretés à l'Université Paris-X Nanterre, qui n'a certes jamais rendu cette matière plus simple – car c'est une matière d'une grande complication, au sens le plus noble de l'horlogerie – mais qui avait fait le pari de l'exigence et qui nous l'avait enseignée en la mettant sans cesse en perspective, convoquant les exemples concrets, explicitant le cheminement de la doctrine sur tel aspect ; nous donnant le sentiment, malgré son érudition, qu'elle nous parlait d'égal à égal. J'avais adoré le droit des sûretés. L'aurais-je même imaginé quelques mois auparavant, tant la réputation de cette discipline la précédait, tant nous l'appréhendions avec une crainte révérencielle, tant nous nous perdions en calculs savants afin d'en anticiper la compensation arithmétique dans nos moyennes finales ?

Ce que nous avons aimé, au fond, chez certains enseignants, c'est qu'ils nous rendaient le savoir accessible. C'est que l'on commençait à y croire, que l'on se disait pourquoi pas. J'aurais dû retenir le nom de cette exceptionnelle chargée de travaux dirigés.

L'accessibilité demeure encore une préoccupation aujourd'hui, face à un corpus juridique qui s'est complexifié à travers le temps, et étendu dans l'espace. Les étudiants qui parcourent le présent ouvrage deviendront en effet des avocats d'un monde quelque peu nouveau : un droit interne toujours plus influencé par le droit européen et international, une géopolitique qui aura modifié notre rapport aux libertés individuelles, une conjugaison intime entre le droit écrit et la *soft law*, devenus quasiment équivalents, l'émergence d'acteurs nouveaux du droit (régulateurs sectoriels de plus en plus nombreux, de plus en plus actifs, associations et organisations non gouvernementales légitimées dans leur exercice quotidien), bouleversement de notre pratique par cette révolution anthropologique fascinante que constitue le numérique. Ce sont des qualités nouvelles qui devront désormais être cultivées par l'avocat : l'intelligence émotionnelle, la créativité, la résolution de problèmes complexes, le développement de l'identité numérique, le travail – ou davantage encore l'exercice – en équipe.

Le nouvel examen national s'efforce de répondre aux exigences de cet environnement nouveau. L'examen d'entrée au CRFPA se transforme afin d'être plus cohérent, plus lisible et plus sélectif. Plus égalitaire aussi. Mais cette réorganisation crée quelques inquiétudes chez les étudiants et implique un changement dans l'organisation de leur préparation.

L'accessibilité est donc plus que jamais une préoccupation face à un examen d'entrée dans les Écoles d'Avocats dont, conséquence de la complexification du droit, les contours ont été redessinés. C'est donc la stratégie d'enseignement et de préparation à cet examen qui s'en trouve transformée, notamment en cette période légitimement préoccupante pour les étudiants de transition entre l'ancien examen et le nouveau.

Il faut donc saluer la démarche qui consiste pour une maison d'édition telle qu'Enrick B Éditions, à imaginer une nouvelle structure éditoriale, une offre innovante, totalement adaptée à la nomenclature du nouvel examen national d'accès aux Écoles d'Avocats. L'accessibilité, toujours, qui consiste à réorganiser les contenus d'un manuel afin de les orienter vers leur application la plus concrète et la plus immédiate. Il ne s'agit pas d'abandonner les traités et les ouvrages les plus denses, qui ont fait l'objet d'un enrichissement quasiment majestueux au fil des années. Il ne s'agit pas davantage de déserter un apprentissage régulier et assidu à l'Université au profit d'un bachotage affolé. Le Droit s'apprend par un phénomène de sédimentation noble. Il faut du temps. Il faut de la régularité. Mais le nouvel examen obéit à une structure et s'inscrit dans une stratégie nouvelle : réduction des matières disponibles, recentrage autour de certains enseignements, valorisation de l'admission à travers le coefficient modifié du Grand Oral. Cette réorganisation nécessite une pédagogie nouvelle.

Cet ouvrage participe de cette préoccupation constante, en constitue une nouvelle initiative. Et il est – surtout – réjouissant de constater que la pédagogie conserve sa capacité d'imagination.

Kami HAERI
Avocat Associé-Partner, Quinn Emanuel Urquhart & Sullivan,
Ancien Secrétaire de la Conférence
Ancien Membre du Conseil de l'Ordre

Le mot du Directeur de collection

L'examen d'accès au CRFPA est réputé difficile et sélectif.

L'arrêté du 17 octobre 2016 renforce cette impression, dans la mesure où le double objectif de la réforme est à la fois de **simplifier** et de **complexifier** l'examen d'accès au CRFPA.

Simplifier l'organisation de l'examen, tout d'abord, en diminuant le nombre d'épreuves et en nationalisant les sujets.

Complexifier l'obtention de cet examen, ensuite, afin de dresser des barrières d'accès à la profession d'avocat. Les avocats ne cessent, à juste titre, de dénoncer la paupérisation de leurs jeunes confrères et réclament davantage de sélection à l'entrée de la profession.

La réussite de l'examen d'accès au CRFPA nécessite :

- **un solide socle de connaissances dans les matières fondamentales ;**
- **une bonne méthodologie ;**
- **une bonne connaissance de l'actualité,** les rédacteurs de sujets d'examen ayant souvent tendance à se laisser guider par l'actualité.

La Collection CRFPA a été conçue autour de ces trois axes. L'éditeur, Enrick B Éditions, a mis en place une gamme d'outils d'apprentissage et de révision efficaces, dans **la seule optique de la préparation au CRFPA.**

Conçus autour de l'arrêté réformant le programme et les modalités de l'examen d'entrée au CRFPA, les ouvrages sont rédigés par une équipe d'universitaires et de praticiens, tous rompus à la préparation du « pré-CAPA », depuis plus de dix ans.

La Collection CRFPA comporte autant d'ouvrages que de matières composant l'examen d'entrée au CRFPA. Elle est conçue pour faciliter une acquisition rapide et progressive des connaissances. Chaque ouvrage ne dépasse pas en moyenne 400 pages. Les chapitres sont remplacés par des « fiches ». Chaque fiche est composée de trois rubriques récurrentes, conçues pour proposer trois niveaux de lectures différents :

- **L'essentiel** (un résumé du cours en dix lignes maximum) ;
- **Les connaissances** (un rappel des connaissances indispensables pour préparer les épreuves pratiques) ;
- **Pour aller plus loin** (des indications bibliographiques utiles, le cas échéant, à l'approfondissement du cours).

Élaborés avec le concours de psychologues, les ouvrages contiennent des schémas, tableaux et illustrations, conçus afin de stimuler la mémoire visuelle du lecteur et d'éviter de longs développements qui pourraient parfois paraître rébarbatifs ou décourageants. Les études démontrent en effet que l'alternance de visuels (tableaux, schémas, *etc.*) et la dynamisation du contenu sont les clés d'une mémorisation simplifiée.

En outre, grâce à l'emploi de technologies innovantes, chaque ouvrage de la Collection CRFPA est connecté. Afin d'assurer une veille entre chaque réédition, ils comportent un QR Code en première page permettant d'accéder à des mises à jour en ligne, disponibles jusqu'à la veille de l'examen. Par ailleurs, vous trouverez tout au long des ouvrages d'autres QR Codes. En les scannant, vous pourrez accéder à des vidéos portant sur des points particuliers du cours, ou bénéficier de conseils méthodologiques de la part des auteurs. Les ouvrages deviennent donc interactifs !

À chaque ouvrage de cours est associé un **ouvrage** d'**exercices corrigés** composé de cas pratiques et de consultations juridiques, qui couvre l'intégralité du programme de la matière et renvoie aux fiches de l'**ouvrage de cours**. Les deux ouvrages sont conçus comme complémentaires.

Les ouvrages de la Collection CRFPA constitueront, nous le souhaitons et nous le pensons, le sésame qui vous permettra d'accéder à la profession d'avocat.

Le point sur...
Présentation de la Collection CRFPA

Daniel BERT
Maître de conférences à l'Université de Lille Droit & Santé
Avocat à la Cour
Directeur de la Collection CRFPA

Avant-propos

Le programme de l'épreuve de procédure pénale est défini par l'arrêté du 17 octobre 2016 *fixant le programme et les modalités de l'examen d'accès au centre régional de formation professionnelle d'avocats*, de la manière suivante :

I. – Procédure pénale

II. – Droit de l'exécution des peines

Ce programme est donc particulièrement vaste et recouvre la totalité des dispositions du Code de procédure pénale.

La principale difficulté de la procédure pénale tient à la relative instabilité de ses règles. Les réformes peuvent toucher des questions fondamentales, comme celle de la prescription de l'action publique, ou d'autres, plus spécialisées et d'une portée plus limitée. À cela s'ajoute un apport jurisprudentiel important qui ne peut être ignoré.

Il s'avère donc indispensable de rester informé des évolutions législatives et jurisprudentielles de la matière jusqu'au moment de l'examen. Il est vivement conseillé de consulter, à cette fin, les principales revues juridiques générales ainsi que celles qui sont spécialisées en matière pénale *(Actualité Juridique de droit pénal, Droit pénal, Revue pénitentiaire et de droit pénal et Revue de science criminelle et de droit pénal comparé)*.

Liste des abréviations

AJ pénal : Actualité juridique de droit pénal (Revue Dalloz)
al. : alinéa
APJ : agent de police judiciaire
ARSE : assignation à résidence avec surveillance électronique
CAP : commission de l'application des peines
Cass. ass. plén. : Cour de cassation, assemblée plénière
Cass. crim. : Cour de cassation, chambre criminelle
CE : Conseil d'État
CEDH : Cour européenne des droits de l'homme
CJ : contrôle judiciaire
CJR : Cour de justice de la République
C. just. mil. : Code de justice militaire
C. civ. : Code civil
CDE : Cahiers de droit de l'entreprise (revue LexisNexis)
C. douanes : Code des douanes
C. éduc. : Code de l'éducation
C. envir. : Code de l'environnement
CJPM : Code de la justice pénale des mineurs
Const. : Constitution
Cons. const. : Conseil constitutionnel
Conv. EDH : Convention européenne de sauvegarde des droits de l'homme et des libertés fondamentales
CMF : Code monétaire et financier
COJ : Code de l'organisation judiciaire
C. pén. : Code pénal
CPP : Code de procédure pénale
C. route : Code de la route
CRPC : comparution sur reconnaissance préalable de culpabilité
CSI : Code de la sécurité intérieure
CSP : Code de la santé publique
C. trav. : Code du travail
D : recueil Dalloz (revue Dalloz)
D. : décret
Dr. famille : Droit de la famille (revue LexisNexis)
Dr. & patr. : Droit et patrimoine (revue Wolters Kluwer)
Dr. pén. : Droit pénal (revue LexisNexis)
et s. : et suivants

ex. : exemple
fasc. : fascicule (encyclopédies JurisClasseur)
Gaz. Pal. : Gazette du Palais
JAP : juge de l'application des peines
JCP G : La semaine juridique, édition générale (revue LexisNexis)
JIRS : Juridiction interrégionale spécialisée
JLD : juge des libertés et de la détention
L. : loi
LPF : Livre des procédures fiscales
OPJ : officier de police judiciaire
PCPC : plainte avec constitution de partie civile
PJJ : Protection judiciaire de la jeunesse
PV : procès-verbal ou procès-verbaux
QPC : question prioritaire de constitutionnalité
RSC : Revue de science criminelle et de droit pénal comparé
RPDP : Revue pénitentiaire et de droit pénal
SPIP : service pénitentiaire d'insertion et de probation
TAP : tribunal de l'application des peines
TJ : Tribunal judiciaire (remplaçant le TGI à compter du 1er janvier 2020)
V. : voir

Sommaire

INTRODUCTION GÉNÉRALE

P@RTIE 1
LES ACTEURS DU PROCES PÉNAL

P@RTIE 2
LES ACTIONS

P@RTIE 5
L'INSTRUCTION

P@RTIE 6
LE JUGEMENT

P@RTIE 7
L'EXÉCUTION DES PEINES

Bibliographie générale

- C. AMBROISE-CASTÉROT et P. BONFILS, Procédure pénale, PUF, 3e éd. 2020
- M. BENILLOUCHE, Leçons de procédure pénale, Ellipses, 3e éd. 2017
- B. BOULOC, Procédure pénale, Dalloz, 27e éd. 2019
- F. DESPORTES et L. LAZERGES-COUSQUER, Traité de procédure pénale, Economica, 4e éd. 2015
- E. DREYER et O. MOUYSSET, Procédure pénale, Cours, LGDJ, 2e éd. 2019
- JurisClasseur Procédure pénale, 8 volumes, LexisNexis
- J. LARGUIER et P. CONTE, Procédure pénale, Dalloz, Mémento, 25e éd. 2019
- J. LEROY, Procédure pénale, LGDJ, 4e éd. 2019
- J. PRADEL, Procédure pénale, Cujas, 20e éd. 2019
- J. PRADEL et A. VARINARD, Les grands arrêts de la procédure pénale, Dalloz, 10e éd. 2019
- É. VERGÈS, Procédure pénale, LexisNexis, 5e éd. 2017
- É. VERNY, Procédure pénale, Dalloz, 7e éd. 2020

INTRODUCTION GÉNÉRALE

Cette introduction est destinée à définir la procédure pénale et ses principes fondamentaux puis à décrire le système procédural qui s'applique en droit français et qui le distingue de celui d'autres États.

Suivant le programme de l'examen, le cours sera ensuite divisé en sept parties recouvrant la procédure pénale elle-même puis l'exécution des peines.

On notera, d'une manière générale, que la loi n° 2019-222 du 23 mars 2019 de programmation 2018-2022 et de réforme pour la justice fusionne, à compter du 1er janvier 2020, les tribunaux d'instance et les tribunaux de grande instance en une seule juridiction dénommée « tribunal judiciaire » (V. notamment, COJ, art. L. 121-1). Il s'ensuit qu'à compter de cette date, toutes les références au TGI sont remplacées par la référence au tribunal judiciaire.

Fiche n° 1 La notion et les principes directeurs de la procédure pénale

⏭ L'ESSENTIEL

La procédure pénale regroupe les règles relatives à la recherche des éléments de preuve des infractions et des auteurs de celles-ci afin de pouvoir les juger et faire exécuter les peines éventuellement prononcées. Les règles fondamentales figurent dans le Code de procédure pénale (CPP) mais beaucoup de règles spéciales figurent dans d'autres codes.

La matière est gouvernée par des principes fondamentaux exprimés aujourd'hui dans l'article préliminaire du Code de procédure pénale mais qui étaient déjà reconnus antérieurement, sur le fondement, notamment, des conventions internationales telles que la Conv. EDH.

⏭ LES CONNAISSANCES

Après avoir défini la procédure pénale et exposé ses sources, on présentera ses principes directeurs, tels qu'ils figurent aujourd'hui à l'article préliminaire du CPP.

§1 Définition et sources de la procédure pénale

La procédure pénale se définit comme **l'ensemble des règles relatives à la recherche des auteurs d'infractions et des éléments de preuve de celles-ci ainsi qu'au jugement des criminels et délinquants**. Cette matière présente des enjeux sociaux considérables parce qu'elle est le terrain où s'affrontent des intérêts antagonistes, que le législateur doit s'efforcer de concilier. Il s'agit d'abord de l'intérêt de la société qui est de voir régner l'ordre public et donc de voir réprimer ceux qui le troublent en commettant des infractions. Cet impératif doit, cependant, se conjuguer avec l'intérêt des citoyens, qui doivent bénéficier de garanties dans le cadre des procédures susceptibles d'être menées à leur encontre, la principale de ces garanties étant naturellement la présomption d'innocence. L'équilibre entre ces intérêts contradictoires reste fragile et n'est pas toujours atteint de manière satisfaisante, selon les époques.

La procédure pénale est une matière qui, selon l'article 34 de la Constitution, relève de la compétence de la loi et la plus grande partie des règles figure dans le Code de procédure pénale, même si certaines sont insérées dans d'autres codes comme celui des douanes, du travail, du commerce ou de la consommation. En outre, une attention particulière doit être portée aux règles de droit international, qui, en vertu de l'article 55 de la Constitution, ont une valeur supérieure à celles de droit interne. En particulier, la Convention européenne de sauvegarde des droits de l'homme et des libertés fondamentales (Conv. EDH) contient plusieurs textes très importants en matière pénale, comme les articles 5 relatif aux hypothèses où la détention des personnes est autorisée et 6 concernant le **droit à un procès équitable** devant un **juge impartial** statuant dans un **délai raisonnable**. De tels textes peuvent être invoqués directement devant les juridictions répressives qui sont tenues de les appliquer, au besoin en écartant la loi interne qui ne leur serait pas conforme.

§2 Les principes directeurs de la procédure pénale

La loi [n° 2000-516] du 15 juin 2000 a inséré, au sein du Code de procédure pénale, un article préliminaire qui énonce des règles générales considérées comme essentielles et devant toujours être respectées dans une procédure pénale.

Code de procédure pénale, article préliminaire :

« I. – La procédure pénale doit être équitable et contradictoire et préserver l'équilibre des droits des parties.

Elle doit garantir la séparation des autorités chargées de l'action publique et des autorités de jugement.

Les personnes se trouvant dans des conditions semblables et poursuivies pour les mêmes infractions doivent être jugées selon les mêmes règles.

II. – L'autorité judiciaire veille à l'information et à la garantie des droits des victimes au cours de toute procédure pénale.

III. – Toute personne suspectée ou poursuivie est présumée innocente tant que sa culpabilité n'a pas été établie. Les atteintes à sa présomption d'innocence sont prévenues, réparées et réprimées dans les conditions prévues par la loi.

Elle a le droit d'être informée des charges retenues contre elle et d'être assistée d'un défenseur.

Si la personne suspectée ou poursuivie ne comprend pas la langue française, elle a droit, dans une langue qu'elle comprend et jusqu'au terme de la procédure, à l'assistance d'un interprète, y compris pour les entretiens avec son avocat ayant un lien direct avec tout interrogatoire ou toute audience, et, sauf renonciation expresse et éclairée de sa part, à la traduction des pièces essentielles à l'exercice de sa défense et à la garantie du caractère équitable du procès qui doivent, à ce titre, lui être remises ou notifiées en application du présent code.

Les mesures de contraintes dont cette personne peut faire l'objet sont prises sur décision ou sous le contrôle effectif de l'autorité judiciaire. Elles doivent être strictement limitées aux nécessités de la procédure, proportionnées à la gravité de l'infraction reprochée et ne pas porter atteinte à la dignité de la personne. Il doit être définitivement statué sur l'accusation dont cette personne fait l'objet dans un délai raisonnable.
Au cours de la procédure pénale, les mesures portant atteinte à la vie privée d'une personne ne peuvent être prises, sur décision ou sous le contrôle effectif de l'autorité judiciaire, que si elles sont, au regard des circonstances de l'espèce, nécessaires à la manifestation de la vérité et proportionnées à la gravité de l'infraction.
Toute personne condamnée a le droit de faire examiner sa condamnation par une autre juridiction.
En matière criminelle et correctionnelle, aucune condamnation ne peut être prononcée contre une personne sur le seul fondement de déclarations qu'elle a faites sans avoir pu s'entretenir avec un avocat et être assistée par lui ».

On retrouve donc dans ce texte des principes déjà consacrés antérieurement, notamment, par la Conv. EDH ou le Pacte international relatif aux droits civils et politiques de 1966 (ONU), principes ensuite interprétés par la Cour européenne des droits de l'homme (CEDH) et les juridictions internes comme le Conseil constitutionnel ou la Cour de cassation. L'intérêt d'avoir repris ces principes dans le Code de procédure pénale est surtout symbolique et pédagogique car leur valeur de droit international ou constitutionnel s'avère juridiquement supérieure.

Les principes énoncés dans l'article préliminaire seront étudiés dans les différentes fiches (V. notamment Fiche n° 2).

Il convient de souligner également la place de la jurisprudence du Conseil constitutionnel en procédure pénale, en particulier depuis la création de la question prioritaire de constitutionnalité qui permet au justiciable d'invoquer la non-conformité aux règles constitutionnelles des dispositions légales *(V. CPP, art. LO 630)*. Ainsi, le régime de la garde à vue a fait l'objet d'une décision très importante du 30 juillet 2010 qui a déclaré inconstitutionnelle une grande partie des règles alors applicables *(Cons. const., 30 juill. 2010, n° 2010-14/22 QPC : JO 31 juill. 2010)*. De même, le Conseil constitutionnel a censuré les articles 64-1, alinéa 7, et 116-1, alinéa 7 du CPP, qui étaient relatifs à l'enregistrement audiovisuel des interrogatoires des personnes placées en garde à vue ou mises en examen, en matière criminelle *(Cons. const., 6 avr. 2012, n° 2012-228/229 QPC : JO 7 avr. 2012)*. Il a encore déclaré non conforme aux principes constitutionnels l'article 706-73, 8° bis du CPP, concernant le domaine d'application de la procédure dérogatoire de criminalité et de délinquance organisée *(Cons. const., 9 oct. 2014, n° 2014-420 et 2014-421 QPC : JO 12 oct. 2014)*.

PRINCIPES DIRECTEURS DE LA PROCÉDURE PÉNALE (CPP, ART. PRÉLIM.)

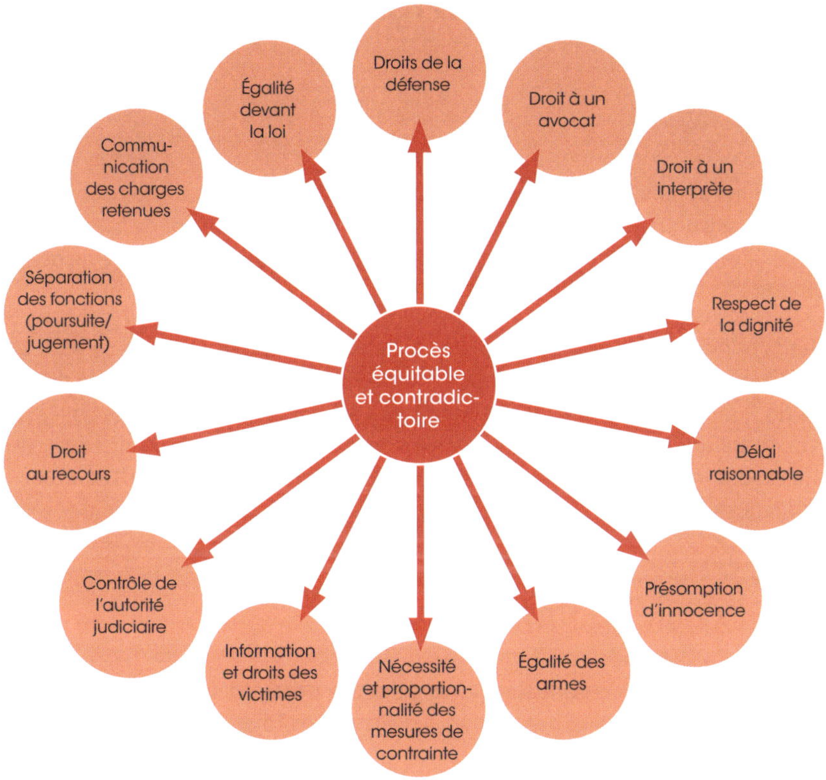

POUR ALLER PLUS LOIN…

- A. DECOCQ, Réflexions sur l'article préliminaire du Code de procédure pénale, Principes de justice, Mélanges J.-F. BURGELIN : Dalloz, 2008, p. 115 ;
- J.-Y MARÉCHAL, Le contradictoire dans la procédure pénale française *in* Les procédures pénales accusatoires, PUF – Ceprisca, 2012, p. 45 ;
- J.-F. RENUCCI, L'article préliminaire et la Convention européenne des droits de l'homme : RSC 2004, p. 964 ;
- G. ROYER, L'article préliminaire du Code de procédure pénale, quand vient l'âge de la maturité… : D. 2006, p. 3045 ;
- É. VERGÈS, L'effet normatif de l'article préliminaire du Code de procédure pénale, Mélanges R. Gassin : PUAM, 2007, p. 327.

Fiche n° 2 Le système procédural français

L'ESSENTIEL

La procédure pénale française est à mi-chemin entre un système accusatoire et un système inquisitoire : la phase d'enquête et d'instruction se fonde sur le second système alors que la phase de jugement s'inspire davantage d'une procédure accusatoire.

Plusieurs principes procéduraux s'appliquent en droit français : celui de la séparation des fonctions, par exemple de poursuite et de jugement ; celui du double degré de juridiction, qui n'est pas absolu et connaît des exceptions et celui de la collégialité, qui ne s'applique pas non plus de manière générale, certaines juridictions, telles que le juge d'instruction ou le juge des libertés et de la détention (JLD) étant des juges uniques.

LES CONNAISSANCES

Il faut ici s'attarder sur certains caractères généraux de la procédure pénale française, qui lui donne son originalité par rapport à d'autres systèmes également concevables.

§1 Les différents types de procédure pénale

La procédure accusatoire, favorable à l'accusé, est celle que l'on rencontre historiquement la première. Dans ce système, l'initiative des poursuites ne revient pas à la société mais à la victime, les débats sont contradictoires, publics et oraux, le juge ne peut se saisir d'office, ne dirige pas la procédure et n'intervient pas dans la recherche des preuves. Il a le rôle d'un observateur passif qui doit trancher en faveur de l'une ou l'autre des parties en présence. Il statue en fonction de son intime conviction, au regard des preuves apportées.

La procédure inquisitoire est plus favorable à la répression. Dans ce système, la société prend l'initiative de la poursuite, par l'intermédiaire d'un « accusateur », doté de prérogatives importantes. La procédure est secrète, écrite et non contradictoire. Le juge dirige le procès, recherche lui-même les preuves et en apprécie librement la force probante.

C'est une procédure de type mixte qui a été adoptée en France, dès le Code d'instruction criminelle de 1808. En effet, ce dernier instaure des règles appartenant au système accusatoire, la procédure étant, en principe, publique, orale et fondée sur l'intime conviction du juge, mais aussi d'autres, empruntées au système inquisitoire, l'instruction étant écrite et secrète, notamment.

Le Code de procédure pénale adopté en 1958 a conservé ce caractère mixte. L'initiative de la poursuite revient, en principe, au ministère public, représentant de la société, conformément au système inquisitoire. Toutefois, la victime de l'infraction peut également déclencher l'action publique soit par une citation directe devant une juridiction de jugement, soit par une plainte avec constitution de partie civile devant un juge d'instruction, ce qui relève davantage du système accusatoire. Lors de l'enquête et de l'instruction préparatoire, ce sont la police judiciaire et des magistrats qui rassemblent les preuves et la procédure est écrite et secrète, ce qui se rattache au modèle inquisitorial. La phase du jugement relève du système accusatoire et contradictoire : la personne poursuivie va se défendre librement contre le représentant de la société qui l'accuse. Par ailleurs, cette phase de la procédure est publique, orale et contradictoire.

§2 Les principes gouvernant la procédure pénale

I. Le principe de la séparation des fonctions

Le procès pénal comprend trois étapes distinctes : la poursuite, l'instruction préparatoire et le jugement. À chaque étape correspond une autorité spécifique. Ainsi, durant la phase de poursuite, l'action publique est exercée par le ministère public, au cours de l'instruction, le juge d'instruction mène les investigations et, enfin, lors de la phase de jugement, une juridiction répressive se prononce sur la culpabilité de la personne poursuivie.

Afin de mieux préserver les libertés individuelles, il est interdit à une même autorité d'exercer successivement dans la même affaire les fonctions de poursuite, d'instruction et de jugement d'une même personne.

> Ce principe est clairement énoncé dans l'article préliminaire du CPP : *« La procédure pénale doit être équitable et contradictoire et préserver l'équilibre des droits des parties. Elle doit garantir la séparation des autorités chargées de l'action publique et des autorités de jugement ».*

D'autres textes plus précis prévoient spécialement des incompatibilités de fonctions. C'est le cas de l'article 49 du CPP qui empêche le juge d'instruction de participer au jugement des affaires dont il a connu en sa qualité de juge d'instruction. De la même manière, l'article 137-1, alinéa 3 du CPP prévoit que le juge des libertés et de la détention, qui intervient notamment en matière de détention provisoire, ne peut, à peine de nullité, participer au jugement des affaires pénales dont il a connu. En l'absence de textes spéciaux, c'est la Cour de cassation qui détermine les cas d'incompatibilités. On citera l'exemple du magistrat, membre d'une chambre de l'instruction qui renvoie un mis en examen devant une juridiction de jugement, et qui ne peut, ensuite, siéger dans la juridiction de jugement statuant sur le sort de cette même personne *(Cass. crim. 27 juin 1996, n° 96-80.079)*.

Ce principe n'est pas absolu puisque le juge des enfants possède, selon l'article 8 de l'ordonnance [n° 45-174] du 2 février 1945 relative à l'enfance délinquante, des fonctions d'instruction et de jugement, lorsqu'il n'entend pas infliger une sanction pénale au mineur, ce qui se justifie par la grande particularité de la procédure pénale des mineurs, qui n'est pas orientée principalement vers la répression mais plutôt vers l'éducation et l'insertion du mineur délinquant *(Cass. crim., 7 avr. 1993, n° 92-84.725)*. En revanche, le Conseil constitutionnel a jugé contraire au principe constitutionnel d'impartialité la règle de l'article L. 251-3 du COJ qui prévoyait que le juge des enfants qui renvoyait devant le tribunal pour enfants présidait ce dernier alors que le tribunal peut prononcer une sanction pénale *(Cons. const. 8 juill. 2011, n° 2011-147 QPC : JO 9 juill. 2011)*. Le texte a été modifié afin de prévoir que le juge qui renvoie devant le tribunal ne peut le présider (V. Fiche n° 9).

Jurisprudence

On notera que la question de l'impartialité ne se limite pas à l'exercice par le même magistrat de plusieurs fonctions successives différentes. Ainsi, dans une affaire dans laquelle un JLD avait ordonné la prolongation de la détention provisoire du mis en examen, décision annulée par la chambre de l'instruction, l'intéressé a été convoqué pour un nouveau débat contradictoire devant le même JLD qui a prolongé sa détention. La chambre criminelle a estimé que le mis en examen ne pouvait invoquer le défaut d'impartialité du JLD dès lors qu'il n'a pas usé, comme l'y autorisaient les articles 668 et suivants du CPP, de sa possibilité de récuser ce magistrat dans les formes prévues par ces textes *(Cass. crim., 25 sept. 2018, n° 18-84.067)*. Il se déduit de cette jurisprudence que l'absence de demande de récusation interdit d'invoquer ultérieurement l'argument tiré du défaut d'impartialité du magistrat.

II. Le principe du double degré de juridiction

Toute décision prise par une juridiction du premier degré est susceptible de faire l'objet d'un recours. Ce principe permet donc de faire juger à 2 reprises et par des juges différents une même personne à qui une infraction est reprochée. Il s'applique aux juridictions d'instruction comme aux juridictions de jugement. Affirmé à l'article 2 du Protocole n° 7 de la Conv. EDH, il figure également à l'article préliminaire du CPP selon lequel « *toute personne condamnée a le droit de faire examiner sa condamnation par une autre juridiction* ».

Ce principe a longtemps connu une exception importante, en matière criminelle, les verdicts des cours d'assises ne pouvant, à l'origine, faire l'objet d'un appel, seul le pourvoi en cassation étant ouvert. La loi du 15 juin 2000 précitée a introduit la faculté d'exercer un recours afin de permettre un double jugement des crimes (*CPP, art. 380-1* ; V. Fiche n° 44).
Dans d'autres cas, comme celui des contraventions, l'appel n'est pas ouvert de manière systématique (*CPP, art. 546 ;* V. Fiche n° 44), ce qui montre que le principe connaît des exceptions.

III. Le principe de la collégialité

Une juridiction est dite collégiale lorsqu'elle est composée de plusieurs magistrats. En principe, les juges sont au nombre de trois. La collégialité a pour but de préserver l'impartialité de la juridiction et la liberté de décision du juge.

Il existe cependant de nombreuses exceptions au principe de la collégialité en matière pénale puisque certaines juridictions sont toujours composées d'un seul magistrat, comme le juge d'instruction, le JLD, le juge du tribunal de police ou le juge des enfants.

Dans certains cas, le législateur prévoit que le principe est la collégialité mais que la juridiction peut statuer à juge unique, comme en matière délictuelle, où le tribunal correctionnel statue à juge unique, dans certaines hypothèses limitativement énumérées par la loi mais devenues très nombreuses aujourd'hui *(CPP, art. 398 al. 3 et 398-1).*

SCHÉMA PROCÉDURAL DU PROCÈS PÉNAL

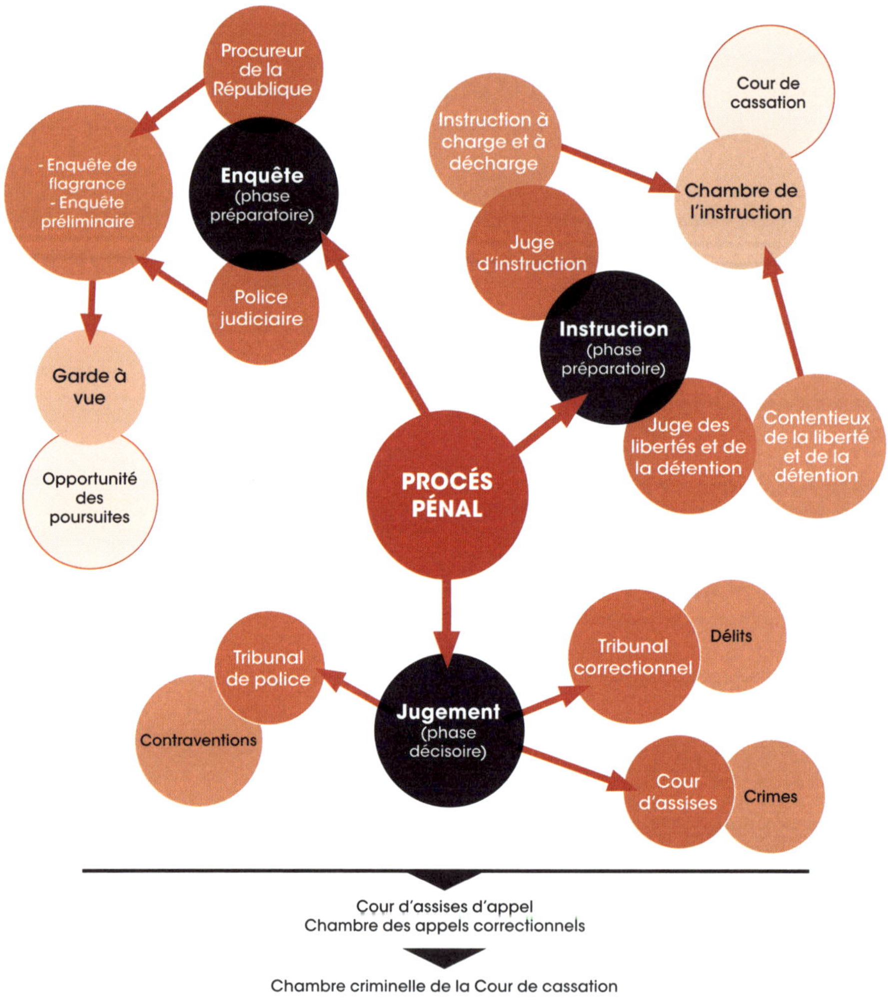

POUR ALLER PLUS LOIN...

- M.-A. FRISON-ROCHE, L'impartialité du juge, D. 1999, chron. p 53 ;
- J. PRADEL, La notion européenne de tribunal impartial et indépendant selon le droit français, RSC 1990, p 692 ;
- D. REBUT, Le droit à un tribunal impartial, RSC 1998, p 449.

P@RTIE 1
LES ACTEURS DU PROCES PÉNAL

LA POLICE JUDICIAIRE

LE MINISTÈRE PUBLIC

LES JURIDICTIONS PÉNALES

TITRE 1
LA POLICE JUDICIAIRE

Fiche n° 3 La définition et le rôle de la police judiciaire

⏭ L'ESSENTIEL

La notion de police judiciaire s'oppose à celle de police administrative, les critères de distinction étant, en premier lieu, le moment de l'intervention des policiers, avant ou après une infraction pénale et, en second lieu, la finalité de cette intervention.

Le rôle essentiel des membres de la police judiciaire est de rechercher les auteurs d'infractions au moyen d'enquêtes réglementées par le Code de procédure pénale et dans le cadre desquelles les agents possèdent des pouvoirs parfois importants. C'est la raison pour laquelle la police judiciaire s'exerce sous le contrôle de l'autorité judiciaire, principalement celui du ministère public.

⏭ LES CONNAISSANCES

§1 Notions générales

Les actions de police administrative sont menées par des membres de la force publique, policiers ou gendarmes notamment, dans un but préventif, c'est-à-dire avant qu'une infraction à la loi pénale ait été commise. Il s'agit donc des missions de maintien de l'ordre, de prévention et d'assistance des citoyens se trouvant en difficulté. En revanche, à partir du moment où une infraction pénale a été commise ou est supposée l'avoir été, les actes qui auront pour but de rechercher les preuves et les auteurs des faits relèvent de la police judiciaire.

La distinction est importante puisque la police judiciaire est exercée sous la direction du procureur de la République *(CPP, art. 12)*. Les missions de police administrative relèvent, quant à elles, des autorités administratives, telles que le ministre de l'intérieur, les préfets ou les maires. En outre, en vertu du principe de séparation des pouvoirs, il est interdit au juge judiciaire d'interférer dans le domaine d'action de l'administration. Ainsi, si un dommage est causé au cours d'une opération de police, l'enjeu de la détermination de la nature de celle-ci est grand, puisque si elle est qualifiée d'opération de police administrative, c'est le juge administratif qui sera compétent pour réparer le préjudice subi par la victime alors que, si elle reçoit la qualification de police judiciaire, ce sera la juridiction judiciaire qui sera compétente pour réparer le dommage.

Cette distinction s'avère parfois difficile parce qu'en pratique le seul critère de l'antériorité ou non d'une infraction n'est pas suffisant et il faut rechercher quel est le but qui était celui des agents qui sont intervenus. De plus, une opération qui au départ est de police administrative peut se transformer en mission de police judiciaire si une infraction est commise ou supposée avoir été commise. En cas de difficulté importante de qualification, c'est au Tribunal des conflits qu'il appartient de trancher la question de la compétence juridictionnelle.

§2 Rôle de la police judiciaire

Les agents qui composent la police judiciaire sont investis de pouvoirs importants dans le cadre des enquêtes de police ou des contrôles et vérifications d'identité, prévus par le Code de procédure pénale. De manière générale, ce rôle est défini par l'article 14 du CPP qui énonce que la police judiciaire doit constater les infractions, en rassembler les preuves et en rechercher les auteurs ainsi qu'exécuter les délégations des juridictions d'instruction, lorsqu'un juge d'instruction a été saisi.

En outre, comme elle s'exerce sous l'autorité du ministère public, elle fait également l'objet d'un contrôle par l'autorité judiciaire. Celui-ci est prévu, en premier lieu, par l'article 13 du CPP qui dispose que la police judiciaire est placée sous la surveillance du procureur général et sous le contrôle de la chambre de l'instruction. Cette dernière juridiction peut être saisie d'un manquement commis par un agent ou un officier de police judiciaire, par le procureur général ou son président, et elle peut également se saisir d'office lorsqu'elle statue sur la régularité d'une procédure *(CPP, art. 225)*. Si elle estime que l'agent a effectivement commis une faute dans le cadre de ses fonctions, elle peut lui infliger une sanction telle que la privation temporaire ou définitive de la possibilité d'exercer les pouvoirs issus de la qualité d'officier ou d'agent de police judiciaire *(CPP, art. 227)*, sanction pouvant se cumuler avec une sanction disciplinaire prononcée par la hiérarchie de l'agent et même, éventuellement, avec une sanction pénale si le manquement commis peut être pénalement qualifié et s'il fait l'objet d'une poursuite.

⏭ POUR ALLER PLUS LOIN…

– J. BUISSON, Les leçons de l'histoire sur la notion de police judiciaire, Mélanges A. Decocq, Litec, 2004, p. 33.

Fiche n° 4 La composition de la police judiciaire

L'ESSENTIEL

La police judiciaire comprend des officiers de police judiciaire (OPJ), des agents de police judiciaire et des agents de police judiciaire adjoints (APJ). Le Code de procédure pénale précise quelles sont les personnes qui possèdent ces qualités et les prérogatives correspondantes. En outre, certains fonctionnaires sont investis de pouvoirs de police, parfois importants, sans avoir la qualité d'officier ou d'agent de police.

En principe, les fonctionnaires ou militaires mentionnés par les textes ne peuvent exercer les attributions d'officier ou d'agent de police judiciaire que s'ils sont affectés à un emploi comportant cet exercice. Les officiers de police judiciaire doivent êtres habilités personnellement à exercer leurs attributions par le procureur général près la cour d'appel.

LES CONNAISSANCES

Selon l'article 15 du CPP, il faut distinguer les officiers de police judiciaire (OPJ), les agents de police judiciaire (APJ) et les fonctionnaires chargés de certaines fonctions de police judiciaire par la loi.

§1 Les officiers de police judiciaire

(CPP, art. 16)
L'article 16 du CPP donne la liste des personnes qui ont la qualité d'OPJ :
- les maires et leurs adjoints ;
- les officiers et gradés de la gendarmerie et les gendarmes comptant au moins trois ans de service et nominativement désignés par arrêté interministériel ;
- les inspecteurs généraux, sous-directeurs de police active, contrôleurs généraux, commissaires de police et officiers de police ;
- les fonctionnaires du corps d'encadrement et d'application de la police nationale comptant au moins trois ans de service dans ce corps, nominativement désignés par arrêté interministériel ;
- les directeur et sous-directeur de la police judiciaire ainsi que les directeur et sous-directeur de la gendarmerie.

À l'exception des maires et adjoints, les fonctionnaires ou militaires mentionnés par le texte ne peuvent exercer les attributions d'OPJ ou se prévaloir de cette qualité que s'ils sont affectés à un emploi comportant cet exercice et en vertu d'une décision du procureur général près la cour d'appel les y habilitant personnellement, cette habilitation étant valable pour toute la durée des fonctions de l'officier, y compris en cas de changement d'affectation.

Comme on le verra ensuite, les OPJ possèdent d'importants pouvoirs d'investigation au cours des enquêtes de police et ils peuvent également exécuter les commissions rogatoires par lesquelles le juge d'instruction leur délègue certains de ses pouvoirs.

§2 Les agents de police judiciaire et agents de police judiciaire adjoints

A Les agents de police judiciaire

L'article 20 du CPP donne la liste des fonctionnaires ou militaires possédant la qualité d'APJ.

Il s'agit :
- des élèves-gendarmes affectés en unité opérationnelle et des gendarmes n'ayant pas la qualité d'officier de police judiciaire ;
- des fonctionnaires des services actifs de la police nationale, titulaires et stagiaires, n'ayant pas la qualité d'officier de police judiciaire.

Ici encore, le législateur prévoit que les intéressés ne peuvent exercer effectivement les attributions attachées à leur qualité d'APJ et se prévaloir de cette qualité que s'ils sont affectés à un emploi comportant cet exercice. On notera également que l'article 20-1 du CPP dispose que les fonctionnaires de la police nationale et les militaires de la gendarmerie nationale à la retraite ayant eu durant leur activité la qualité d'OPJ ou d'APJ peuvent bénéficier de la qualité d'APJ lorsqu'ils sont appelés au titre de la réserve civile de la police nationale ou au titre de la réserve opérationnelle de la gendarmerie nationale.

L'article 20 du CPP définit également le rôle des APJ. Ils sont chargés de seconder, dans l'exercice de leurs fonctions, les OPJ, de constater les crimes, délits ou contraventions et d'en dresser procès-verbal (PV), et de recevoir par PV les déclarations qui leur sont faites par toutes personnes susceptibles de leur fournir des indices, preuves et renseignements sur les auteurs et complices de ces infractions.

B Les agents de police judiciaire adjoints

(CPP, art. 21)
L'article 21 du CPP dresse la liste des personnes ayant la qualité d'APJ adjoints :
- les fonctionnaires des services actifs de police nationale ne remplissant pas les conditions prévues par l'article 20 ;
- les volontaires servant en qualité de militaire dans la gendarmerie et les militaires servant au titre de la réserve opérationnelle de la gendarmerie nationale ne remplissant pas les conditions prévues par l'article 20-1 ;
- les adjoints de sécurité mentionnés à l'article 36 de la loi nº 95-73 du 21 janvier 1995 d'orientation et de programmation relative à la sécurité et les membres de la réserve civile de la police nationale qui ne remplissent pas les conditions prévues à l'article 20-1 du présent code ;
- les contrôleurs de la préfecture de police exerçant leurs fonctions dans la spécialité voie publique et les agents de surveillance de Paris ;
- les agents de police municipale ;
- les gardes champêtres, lorsqu'ils agissent pour l'exercice des attributions fixées au dernier alinéa de l'article L. 2213-18 du Code général des collectivités territoriales.

Le texte détermine la mission de ces agents, qui est de seconder, dans l'exercice de leurs fonctions, les OPJ, de rendre compte à leurs chefs hiérarchiques de tous crimes, délits ou contraventions dont ils ont connaissance, de constater, en se conformant aux ordres de leurs chefs, les infractions à la loi pénale et de recueillir tous les renseignements en vue de découvrir les auteurs de ces infractions. Enfin, ils sont compétents pour constater par PV certaines contraventions au code de la route ainsi que les contraventions prévues à l'article 621-1 du Code pénal (outrage sexiste).

Lorsqu'ils constatent une infraction par PV, les APJ adjoints peuvent recueillir les éventuelles observations du contrevenant.

S'agissant plus particulièrement des policiers municipaux, l'article 21-2 CPP prévoit qu'ils doivent non seulement rendre compte de leurs actes au maire, mais encore rendre compte immédiatement à tout OPJ territorialement compétent, de tous crimes, délits ou contraventions dont ils ont connaissance. Ils adressent sans délai leurs rapports et PV simultanément au maire et, par l'intermédiaire des OPJ, au procureur de la République.

§3 Les fonctionnaires et agents chargés de certaines fonctions de police judiciaire

Le législateur confère à certains fonctionnaires ou agents des pouvoirs qui sont ceux des officiers ou agents de police judiciaire, tout en ne leur donnant pas la qualité correspondante. Les articles 22 à 29-1 du CPP donnent une liste de ces personnes parmi lesquelles figurent les agents de l'administration des eaux et forêts, les gardes champêtres ainsi que de nombreux fonctionnaires, simplement évoqués par l'article 28, qui renvoie à des lois spéciales. Il s'agit, par exemple, des agents de l'administration fiscale, de l'inspection du travail, de la police des chemins de fer ou encore de la Direction générale de la concurrence, de la consommation et de la répression des fraudes (DGCCRF). Ces agents, contrairement aux OPJ et APJ, ne sont compétents et ne possèdent des pouvoirs de police judiciaire, tels que celui de dresser un PV d'infraction ou de pénétrer dans certains lieux, que dans leur domaine particulier d'intervention. Il faut noter que l'article 28-1 du CPP donne des pouvoirs importants, proches de ceux d'un OPJ, à certains agents de l'administration des douanes pour effectuer des enquêtes sur réquisitions du procureur de la République ou sur commission rogatoire d'un juge d'instruction, ayant pour objet les infractions douanières mais aussi celles en matière de contributions indirectes, d'escroquerie sur la taxe à la valeur ajoutée, les vols de biens culturels, les infractions de blanchiment de capitaux ou encore les infractions en matière de contrefaçon. L'article 28-2 prévoit la même règle au profit de certains agents de l'administration fiscale pour enquêter sur la fraude fiscale et le blanchiment du produit de ce délit.

⏭ POUR ALLER PLUS LOIN...

– J. BUISSON, JurisClasseur Procédure pénale, Art. 12 à 19-1, fasc. 20 et Art. 20 à 29, fasc. 20.

TITRE 2
LE MINISTÈRE PUBLIC

Fiche n° 5 L'organisation et les caractères du ministère public

L'ESSENTIEL

Le ministère public est un organe essentiel de la procédure pénale puisqu'il est la partie principale au procès et l'autorité de poursuite des auteurs d'infractions. Il est, de ce fait, présent devant toutes les juridictions pénales.

Les magistrats du ministère public ont un statut particulier. Ils sont irrécusables et irresponsables dans le cadre de leurs fonctions mais sont également insérés dans une hiérarchie et donc dans une situation de dépendance à l'égard du ministre de la Justice. Le problème de l'indépendance du parquet constitue aujourd'hui une question en suspens.

Le ministère public forme un tout indivisible, ce qui a pour conséquence que les magistrats sont interchangeables et n'agissent pas en leur nom propre.

LES CONNAISSANCES

§1 L'organisation du ministère public

Le ministère public est **la partie principale au procès pénal** et il est donc **représenté devant toutes les juridictions pénales** selon l'article 32 du CPP

Pour les juridictions de droit commun, le ministère public est présent devant le tribunal de police, soit en la personne du procureur de la République près du tribunal judiciaire (TJ) lorsqu'il s'agit d'une contravention de 5ème classe, soit par l'intermédiaire d'un commissaire de police, appelé officier du ministère public, pour les autres contraventions. Auprès du tribunal correctionnel et du juge d'instruction, le ministère public est celui du TJ, c'est-à-dire le procureur de la République, un procureur adjoint ou encore un substitut. Devant la cour d'appel, le parquet est composé du procureur général et d'avocats généraux. La situation est particulière pour la cour d'assises, qui ne possède pas de ministère public déterminé puisqu'elle est une juridiction non permanente. Le parquet compétent dépend, en principe, du lieu de situation de la cour d'assises : soit elle siège dans la ville où se situe une cour d'appel, et le ministère public sera celui de la cour d'appel ; soit elle siège dans une ville où se situe un TJ, et ce sera le parquet du TJ qui sera celui de la cour d'assises.

Par ailleurs, il faut noter que le parquet de la Cour de cassation n'a pas le même rôle que celui des autres juridictions puisqu'il n'est pas partie au procès pénal, sa fonction étant limitée à requérir la bonne application de la loi pénale dans l'affaire soumise à la Cour. Ce ministère public est composé du procureur général près la Cour de cassation, d'un premier avocat général et d'avocats généraux.

S'agissant des juridictions d'exception, on notera que, devant le juge des enfants et le tribunal pour enfants, le parquet est celui du TJ, mais il s'agit de magistrats spécialement désignés pour les affaires concernant les mineurs. Auprès de la cour d'appel, devant la chambre spéciale des mineurs, il s'agit aussi d'un magistrat du parquet général spécialisé. Devant la cour d'assises des mineurs, le ministère public est soit le procureur général soit un magistrat du parquet général spécialisé.

On notera également qu'une loi [n° 2013-1115] du 6 décembre 2013 relative à la lutte contre la fraude fiscale et la grande délinquance économique et financière a institué un **procureur de la République financier** qui, tout comme le juge d'instruction et le TJ de Paris, possède une compétence concurrente des autres parquets pour la poursuite d'un certain nombre de délits énumérés par l'article 705 du CPP. Il s'agit par exemple des manquements au devoir de probité des agents publics *(C. pén., art. 432-10 à 432-15)* et de certains délits de corruption et de trafic d'influence *(C. pén., art. 433-1, 433-2, 434-9 et 434-9-1)* ou encore de certaines formes de fraude fiscale. Dans ces cas, le procureur de la République financier et le juge d'instruction de Paris exercent leurs attributions sur toute l'étendue du territoire national.

De même, un **procureur de la République antiterroriste** a été institué auprès du TJ de Paris *(COJ, art. L. 217-1)*, sa compétence, concurrente de celle de l'ensemble des procureurs de la République, étant déterminée par les articles 706-17 et 706-17-1 du CPP. En vertu de l'article 705-1 du CPP, ce procureur et les juridictions d'instruction et de jugement de Paris ont même une compétence exclusive, pour l'ensemble du territoire, pour la poursuite, l'instruction et le jugement des atteintes à la transparence des marchés telles que le délit d'initié *(C. mon. fin., art. L. 465-1 à L. 465-3-3)*.

Enfin, **le règlement (UE) 2017/1939 du Conseil du 12 octobre 2017 a mis en place un Parquet européen**, indépendant et décentralisé de l'UE, qui est **compétent pour rechercher, poursuivre et renvoyer en jugement les infractions pénales portant atteinte aux intérêts financiers de l'Union, telles que celles touchant le budget de l'UE, telles que la fraude d'un montant supérieur à de 10 000 €, la corruption ou la fraude à la TVA transfrontalière supérieure à 10 millions €.**

Le règlement s'applique à 22 États de l'UE dont la France. Le Parquet européen comprend un **organe central situé à Luxembourg**, composé du chef du Parquet européen, de deux adjoints, des procureurs européens (un par pays participant de l'UE) et d'un directeur administratif. Il est également composé de **procureurs** européens **délégués situés dans les pays participants de l'UE**.

La loi n° 2020-1672 du 24 décembre 2020 relative au Parquet européen, à la justice environnementale et à la justice pénale spécialisée a introduit dans le CPP les dispositions nécessaires à l'application du règlement, précisant notamment la compétence et les attributions des procureurs européens délégués *(V. CPP, art. 696-108 s.)*.

§2 Les caractères du ministère public

Le statut du ministère public est spécifique en raison du rôle qu'il joue dans la procédure pénale. **La nomination des magistrats du parquet se fait dans des conditions différentes de celle des magistrats du siège**. Si tous les magistrats sont nommés par décret du président de la République, la formation du Conseil supérieur de la magistrature compétente à l'égard des magistrats du parquet donne son avis pour les nominations concernant ces derniers mais cet avis est simple et ne lie pas le ministre de la justice pour toutes les nominations à des postes du parquet proposées par lui *(Ord. n° 58-1270, 22 déc. 1958, art. 26, al. 5)*. Les procureurs généraux sont, quant à eux, nommés en Conseil des ministres tout comme le procureur général près la Cour de cassation même si un avis est également rendu par le Conseil supérieur de la magistrature.

Il existe donc une **situation de dépendance statutaire** des membres du parquet à l'égard du pouvoir exécutif. Au contraire, les magistrats du siège sont nommés après un avis du Conseil supérieur de la magistrature qui lie l'autorité administrative, qui ne peut donc nommer un magistrat à un poste si cet avis est défavorable.

Attention Depuis une loi [n° 2013-669] du 25 juillet 2013, l'article 31 du CPP affirme que le ministère public exerce l'action publique et requiert l'application de la loi, « *dans le respect du principe d'impartialité auquel il est tenu* ». Cependant, une telle affirmation est contestable dès lors que le ministère public est une partie au procès lorsqu'il exerce l'action publique. Par conséquent, on voit mal comment une partie au procès pourrait être impartiale. En réalité, il s'agit plutôt d'une obligation déontologique consistant dans le fait que les magistrats du parquet ne doivent pas opérer de discrimination entre les justiciables, par exemple, ce qui ne les rend pas plus indépendants pour autant.

En revanche, **les membres du parquet sont irrécusables**, parce qu'ils forment une partie au procès et qu'il n'est pas concevable de récuser son adversaire. Les membres du ministère public, tout comme les magistrats du siège d'ailleurs, sont également **irresponsables**, en ce sens qu'ils n'engagent pas leur responsabilité dans le cadre de leurs fonctions, même si la poursuite aboutit à une relaxe ou un acquittement, alors qu'une partie privée pourrait être poursuivie pour dénonciation calomnieuse, par exemple, si elle engage des poursuites de manière téméraire. Les membres du ministère public sont aussi **indépendants par rapport aux juridictions elles-mêmes**, qui ne peuvent jamais leur enjoindre quoi que ce soit, et par rapport aux justiciables, en ce sens que le parquet dispose d'une grande liberté se manifestant dans le droit de poursuivre des faits dénoncés par une victime ou de ne pas le faire, en opportunité.

De plus, s'il décide de poursuivre sur plainte d'un particulier, le retrait de la plainte par celui-ci n'a aucune influence sur la poursuite, sauf exception.

Le parquet présente encore la particularité d'être hiérarchisé. Au sommet de cette hiérarchie se trouve le ministre de la Justice, garde des Sceaux. L'article 30 du CPP précise qu'il conduit la politique d'action publique déterminée par le gouvernement et veille à la cohérence de son application sur le territoire de la République. Il peut, dans ce but, adresser aux magistrats du ministère public des instructions générales d'action publique, sous forme de circulaires générales.

> **Attention** Depuis la loi du 25 juillet 2013 précitée, il ne peut plus leur adresser des instructions dans des affaires individuelles.

La hiérarchie, de laquelle il faut écarter le procureur général près la Cour de cassation, comme on l'a déjà dit, se présente ensuite de la manière suivante : **le procureur général près une cour d'appel a autorité sur les procureurs de la République du ressort de la cour**. Les articles 35 et 36 du CPP précisent qu'il anime et coordonne l'action des procureurs de la République ainsi que la conduite de la politique d'action publique par les différents parquets de son ressort. Chaque procureur doit lui adresser un rapport annuel sur l'activité et la gestion de son parquet. **Le procureur général peut également enjoindre à un procureur de la République, par instructions écrites et versées au dossier, de poursuivre dans une affaire particulière**. Enfin, **le procureur de la République a autorité sur les membres de son parquet** qui lui sont subordonnés, à savoir, le cas échéant en fonction de l'importance du TJ, un procureur adjoint et des substituts.

La hiérarchisation du ministère public implique des sanctions en cas de non-respect des ordres ou injonctions donnés, qui sont de nature disciplinaire, comme un rappel à l'ordre ou un déplacement, susceptibles d'être prononcés à la requête du ministre de la Justice.

Mais il faut noter que **cette subordination connaît des limites**. En premier lieu, le procureur de la République possède un pouvoir propre qui signifie que, s'il engage des poursuites malgré un ordre contraire du procureur général, les poursuites sont parfaitement valables. Inversement, il peut refuser de déférer à l'ordre donné de poursuivre et dans ce cas, le procureur général ne peut passer outre et engager des poursuites lui-même. Cependant, le procureur de la République peut toujours agir à la place d'un substitut qui refuserait d'obéir à l'ordre reçu. La seconde limite qui existe à cette subordination réside dans un adage selon lequel « **la plume est serve mais la parole est libre** », qui se retrouve à l'article 33 du CPP. Cela signifie que le membre du parquet qui a reçu un ordre peut l'indiquer dans ses réquisitions écrites, qui seront donc conformes à l'injonction, mais qu'il a le droit, dans ses réquisitions orales à l'audience, de soutenir un autre point de vue, sans encourir aucune sanction évidemment.
La question du statut du ministère public se pose avec une acuité particulière depuis plusieurs années en raison de son rôle dans le cadre de la garde à vue, à savoir celui de prolonger cette mesure (V. infra). Dans un arrêt du 23 novembre 2010 *(CEDH, 23 nov. 2010, n° 37104/06, Moulin c/ France)*, la CEDH a jugé que le procureur, membre du ministère public, ne remplit pas, au regard de l'article 5 § 3 de la Convention, les garanties d'indépendance exigées par la jurisprudence pour être qualifié, au sens de cette disposition, de juge ou autre magistrat habilité par la loi à exercer des fonctions judiciaires. Cet article prévoit que « *toute personne arrêtée ou détenue (...) doit être aussitôt traduite devant un juge ou un autre magistrat habilité par la loi à exercer des fonctions judiciaires et a le droit d'être jugée dans un délai raisonnable, ou libérée pendant la procédure* ». Peu de temps après cette décision, la Cour de cassation a, à son tour, jugé dans un arrêt du 18 janvier 2011 *(Cass. crim., 18 janv. 2011, n° 10-84.980)* que le ministère public, ne présentant pas les garanties d'indépendance et d'impartialité et étant partie poursuivante, n'est pas une autorité judiciaire au sens de l'article 5 § 3 de la Conv. EDH.

En revanche, le Conseil constitutionnel a affirmé *(Cons. const., 8 déc. 2017, n° 2017-680 QPC : JO 9 déc. 2017)*, que la soumission des magistrats du parquet au garde des Sceaux n'empêche pas de considérer que ceux-ci sont indépendants et appartiennent ainsi à l'autorité judiciaire au sens de l'article 64 de la Constitution. Le statut du parquet pose donc des difficultés de compatibilité au moins avec la Conv. EDH et il devra, tôt ou tard, être modifié, afin de lui conférer davantage d'indépendance.

Jurisprudence

De même, la **Cour de justice de l'Union européenne** a considéré qu'un magistrat du ministère public, notamment français, peut être l'autorité qui émet un mandat d'arrêt européen parce qu'il dispose de suffisamment d'indépendance par rapport au pouvoir exécutif, cette indépendance n'étant pas remise en cause par le fait que les magistrats du ministère public sont chargés de l'action publique, ni par le fait que le ministre de la Justice peut leur adresser des instructions générales de politique pénale ni par le fait qu'ils sont placés sous la direction et le contrôle de leurs supérieurs hiérarchiques, eux-mêmes membres du parquet, et donc tenus de se conformer aux instructions de ces derniers *(CJUE, 12 déc. 2019, 3 arrêts, n° C-625/19 PPU, C-566/19 PPU et C-626/19 PPU, C-627/19 PPU – V. également Cass. crim., 7 janv. 2020, n° 19-87.741).*

On notera enfin que **le parquet forme un tout indivisible**, ce qui a pour conséquence, que les magistrats sont interchangeables et que l'acte fait par l'un engage l'ensemble du ministère public. Les magistrats du parquet peuvent donc être différents selon les stades de la procédure (enquête, instruction, jugement) sans que cela ait la moindre importance. C'est une différence importante avec les magistrats du siège puisqu'il est inconcevable que la formation de jugement soit modifiée entre le début et la fin des audiences.

⏭ POUR ALLER PLUS LOIN…

– E. BONIS-GARÇON et O Décima, Le parquet et les sirènes de l'indépendance, JCP G 2013, 460 ; Grâce et disgrâce des instructions hiérarchiques, JCP G 2013, 955 ;

– J. BUISSON, Attributions du garde des Sceaux et des magistrats du ministère public en matière de politique pénale et mise en œuvre de l'action publique, Procédures 2013, comm. 293 ;

– J.-L. LENNON, L'indépendance du ministère public ou le supplice de Tantale, Dr. pén. 2016, étude 25.

Fiche n° 6 Le rôle du ministère public

L'ESSENTIEL

Le ministère public a le pouvoir de mettre en mouvement et d'exercer l'action publique.

Il a également un rôle dans la prévention des infractions pénales et un autre, très important, dans l'exécution des sanctions pénales prononcées par les juridictions.

LES CONNAISSANCES

§1 Le rôle du ministère public dans l'exercice de l'action publique

Le rôle du ministère public est multiple mais **sa fonction essentielle est d'engager puis d'exercer l'action publique** (V. Fiches n° 25 à 28). Il est donc une partie au procès pénal, il représente l'accusation et défend les intérêts de la société. L'article 31 du CPP rappelle cette fonction en énonçant que le ministère public exerce l'action publique et requiert l'application de la loi. On a vu également que **le procureur de la République dirige la police judiciaire** et il a donc un rôle très important dans la mise en état des affaires pénales au travers des enquêtes de police. **C'est également lui qui décide de saisir un juge d'instruction**, cette saisine étant obligatoire en matière criminelle (V. Fiche n° 28). Au moment du jugement, le ministère public demande, en principe, la condamnation de la personne poursuivie et il peut exercer toutes les voies de recours.

§2 Le rôle du ministère public en matière de prévention des infractions et d'exécution des peines

En vertu de l'article 39-2 du CPP, le procureur de la République possède également **un rôle en matière de prévention des infractions**. Le texte prévoit que, dans le cadre de ses attributions en matière d'alternative aux poursuites, de mise en mouvement et d'exercice de l'action publique, de direction de la police judiciaire, de contrôle d'identité et d'exécution des peines, le procureur de la République veille à la prévention des infractions à la loi pénale. À cette fin, il anime et coordonne dans le ressort du TJ la politique de prévention de la délinquance dans sa composante judiciaire, conformément aux orientations nationales de cette politique déterminées par l'État, telles que précisées par le procureur général. Il est également consulté par le représentant de l'État dans le département avant que ce dernier n'arrête le plan de prévention de la délinquance.

Le ministère public est encore chargé de l'exécution des sanctions pénales qui ont été prononcées par les juridictions répressives, et plus généralement l'exécution de toutes les décisions de justice, selon l'article 32 du CPP (V. Fiche n° 46).

⏭ POUR ALLER PLUS LOIN...

- E. BONIS-GARÇON et O. DÉCIMA, le parquet et les sirènes de l'indépendance, JCP G 2013, 460 ; Grâce et disgrâce des instructions hiérarchiques, JCP G 2013, 955 ;
- J.-P. JEAN, Le ministère public entre modèle jacobin et modèle européen, RSC 2005, p 670 ; Le ministère public français au regard des justices pénales d'Europe, AJ pénal 2011, p. 106 ;
- J.-L. LENNON, l'indépendance du ministère public ou le supplice de Tantale, Dr. pén. 2016, étude 25 ;
- V. LESCLOUS, Le procureur : du mécanicien de la poursuite pénale à l'architecte d'un traitement social, une fonction républicaine : Dr. pén. 2013, étude 13 ;
- J. PRADEL et J.-P. LABORDE, Du ministère public en matière pénale, à l'heure d'une éventuelle autonomie, D. 1997, chron. p 141 ;
- M. ROBERT, L'avenir du ministère public français, AJ pénal 2011, p. 115.

TITRE 3
LES JURIDICTIONS PÉNALES

La procédure pénale connaît trois types de juridictions amenées à statuer à des moments différents. Il s'agit des juridictions d'instruction, chargées de mettre l'affaire en état d'être jugée, de celles de jugement, devant se prononcer sur l'existence de l'infraction et la culpabilité de son auteur, et de celles de l'application des peines (sur ces dernières, V. Fiche n° 46).

Fiche n° 7 Les juridictions d'instruction

⏭ L'ESSENTIEL

Le juge d'instruction est un juge du siège indépendant. Les juges d'instruction sont regroupés en pôles de l'instruction et un mécanisme de cosaisine est prévu. En revanche, la collégialité, qui avait été décidée par une loi de 2007, a été définitivement supprimée avant même d'être entrée en vigueur.

Le juge des libertés et de la détention (JLD) est également un juge du siège indépendant qui intervient dans le cadre de la détention provisoire pour le placement et la prolongation de cette mesure privative de liberté. Il possède aussi d'autres compétences en procédure pénale et dans d'autres domaines.

La chambre de l'instruction est une juridiction collégiale chargée de contrôler la régularité des actes d'instruction et elle constitue la juridiction d'appel des ordonnances rendues par le juge d'instruction et le juge des libertés et de la détention. Des règles spéciales sont prévues pour l'instruction des faits commis par les mineurs.

⏭ CONNAISSANCES

§1 Les juridictions d'instruction de droit commun

Il s'agit du juge d'instruction, du juge des libertés et de la détention et de la chambre de l'instruction.

I. Le juge d'instruction

Il constitue la juridiction d'instruction de premier degré et il s'agit donc d'un juge du TJ, statuant comme juge unique. Il existe au moins un juge d'instruction par TJ et il a la même compétence territoriale que ce tribunal, dès lors que l'infraction a été commise dans ce ressort ou si l'un des suspects réside ou a été arrêté dans ce ressort *(CPP, art. 52)*.

A Statut

Le juge d'instruction est **nommé à cette fonction pour une durée indéterminée**, par décret du président de la République sur proposition du garde des Sceaux et après avis conforme du Conseil supérieur de la magistrature. L'article 28-3 de l'ordonnance n° 58-1270 du 22 décembre 1958 relative au statut de la magistrature prévoit que le juge d'instruction **ne peut exercer plus de 10 ans cette fonction dans le même tribunal**. À l'expiration de cette période, soit il exerce une autre fonction au sein du même tribunal, soit il quitte cette juridiction.

En cas de nécessité, un autre juge du TJ peut être nommé temporairement à la fonction de juge d'instruction en cas, par exemple, de surcharge de travail pour le juge déjà désigné. Lorsque le juge d'instruction est empêché par une raison quelconque (absence, maladie), le TJ désigne l'un de ses juges pour le remplacer dans cette fonction.

Lorsqu'il existe plusieurs juges d'instruction au sein du même TJ, c'est le président du tribunal qui désigne sur une affaire donnée, le juge d'instruction qui devra mener l'information.

B Désignation

Depuis la loi [n° 2007-291] du 5 mars 2007 rendant à renforcer l'équilibre de la procédure pénale, les juges d'instruction sont regroupés dans des pôles de l'instruction *(CPP, art. 52-1)*. **Les juges d'instruction composant un pôle de l'instruction sont seuls compétents pour connaître des informations en matière criminelle et des informations donnant lieu à une cosaisine**, c'est-à-dire des affaires graves ou complexes. Il s'en déduit que les juges d'instruction ne faisant pas partie d'un pôle ne sont plus compétents que pour les affaires délictuelles simples. L'article D. 15-4-4 du CPP détermine la liste des tribunaux dans lesquels existe un pôle de l'instruction et la compétence territoriale des juges d'instruction qui le composent, compétence qui recouvre donc celle de plusieurs TJ, dans certains cas.

L'article 80 du CPP prévoit, de manière générale, que **le juge d'instruction doit être saisi par le procureur de la République pour pouvoir instruire**. En matière criminelle et s'il requiert une cosaisine, le procureur de la République près le TJ au sein duquel il n'y a pas de pôle de l'instruction est compétent pour requérir l'ouverture d'une information devant les magistrats du pôle dans lequel est inclus le TJ, pour les infractions relevant de sa compétence. Mais le réquisitoire introductif peut également être pris par le procureur de la République près le TJ au sein duquel se trouve le pôle, qui est à cette fin territorialement compétent sur l'ensemble du ressort territorial de ce pôle, y compris pour diriger et contrôler les enquêtes de police judiciaire. Une telle disposition tend à créer des « super procureurs » dans les juridictions où il y a un pôle de l'instruction, dont la compétence territoriale peut être élargie, lorsque le pôle regroupe plusieurs TJ. Cependant, à la fin de l'instruction, si l'affaire est renvoyée pour être jugée, ce sont les juridictions de jugement initialement compétentes qui traitent de l'affaire.

La cosaisine est prévue par l'article du 83-1 CPP lorsque la gravité ou la complexité de l'affaire le justifie. Elle consiste pour le président du TJ dans lequel il existe un pôle de l'instruction, à désigner, dès l'ouverture de l'information, d'office ou si le procureur de la République le requiert dans son réquisitoire introductif, un ou plusieurs juges d'instruction pour être adjoints au juge d'instruction chargé de l'information. À tout moment de la procédure, le président du TJ peut désigner un ou plusieurs juges d'instruction cosaisis soit à la demande du juge chargé de l'information, soit, si ce juge donne son accord, d'office ou sur réquisition du ministère public ou sur requête des parties.

Lorsque l'information a été ouverte dans un tribunal où il n'y a pas de pôle de l'instruction, le président du TJ où se trouve le pôle territorialement compétent désigne le juge d'instruction chargé de l'information ainsi que le ou les juges d'instruction cosaisis, après que le juge d'instruction initialement saisi s'est dessaisi au profit du pôle. La cosaisine peut également être ordonnée par le président de la chambre de l'instruction agissant d'office, à la demande du président du tribunal, sur réquisition du ministère public ou sur requête des parties.

L'article 83-2 du CPP prévoit qu'en cas de cosaisine, le juge d'instruction chargé de l'information coordonne le déroulement de celle-ci. Il a seul qualité pour saisir le juge des libertés et de la détention, pour ordonner une mise en liberté d'office et pour rendre l'avis de fin d'information prévu par l'article 175 du CPP et l'ordonnance de règlement. Toutefois, cet avis et cette ordonnance peuvent être cosignés par le ou les juges d'instruction cosaisis.

> **Attention** Le rôle du juge d'instruction sera réexaminé ultérieurement (V. Fiches n° 30 à 33) mais il convient de souligner que si ses pouvoirs sont très importants, ils ont été amputés par la loi [n° 2000-516] du 15 juin 2000 depuis laquelle il ne peut plus décider du placement en détention provisoire. En outre, le nombre d'affaires donnant lieu à une instruction est relativement faible, même si tous les crimes en font nécessairement l'objet.

II. Le juge des libertés et de la détention (JLD)

A Statut et désignation

Le JLD est, depuis une réforme du 8 août 2016, un juge du siège du premier grade ou hors hiérarchie, désigné dans cette fonction par le décret de nomination pris par le président de la République *(Ord. n° 58-1270, 22 déc. 1958, art. 28-3)*. Tout comme le juge d'instruction, il ne peut exercer cette fonction pendant plus de 10 ans au sein du même tribunal *(Ord. n° 58-1270 du 22 déc. 1958, art. 28-3)*. Il peut être suppléé en cas de vacance d'emploi, d'absence ou d'empêchement, par un magistrat du siège du premier grade ou hors hiérarchie désigné par le président du TJ, voire, en cas d'empêchement de ces magistrats, par un magistrat du second grade *(CPP, art. 137-1-1)*.

Selon l'article 137-1, alinéa 3 du CPP, le JLD ne peut, à peine de nullité, participer au jugement des affaires pénales dont il a connu. Il s'agit d'une règle d'incompatibilité comme celle prévue pour le juge d'instruction par l'article 49, alinéa 2 du CPP.

B Rôles

Au cours de l'instruction préparatoire, le rôle essentiel du JLD consiste à décider du placement en détention provisoire des personnes mises en examen et de la prolongation de cette mesure, pouvoirs auparavant détenus par le juge d'instruction (V. Fiches n° 37 et 38).

Cependant, les fonctions du JLD ne s'arrêtent pas à l'instruction **puisqu'il intervient fréquemment pour autoriser des mesures de coercition dans le cadre des enquêtes de police notamment**. Par exemple, il peut autoriser une perquisition dans le cadre d'une enquête préliminaire portant sur un crime ou un délit puni d'au moins 3 ans d'emprisonnement, lorsque la personne chez qui elle doit avoir lieu ne donne pas son accord, alors que celui-ci est requis dans le cadre de l'enquête préliminaire (*CPP, art. 76, al. 4 ;* V. Fiche n° 21). Dans des domaines particuliers comme les enquêtes en matière de fraude fiscale, il peut aussi autoriser des visites domiciliaires *(LPF, art. L. 16 B)*. Il possède encore d'autres fonctions en dehors de toute procédure pénale (V., en matière d'hospitalisation psychiatrique, par exemple, *CSP, art. L. 3211-12*).

III. La chambre de l'instruction

La chambre de l'instruction, anciennement dénommée chambre d'accusation, est une **formation de la cour d'appel**. Elle est composée d'un président et de deux assesseurs qui sont des conseillers à la cour d'appel. Le président est désigné à cette fonction par décret du président de la République après avis conforme du Conseil supérieur de la magistrature alors que les assesseurs sont désignés, chaque année, par l'assemblée générale de la cour d'appel *(CPP, art. 191)*.

Le rôle de la chambre de l'instruction, en matière criminelle, a été modifié par la loi du 15 juin 2000 précitée, qui a institué un appel des verdicts de la cour d'assises. Avant cette loi, la chambre d'accusation était chargée du double degré de l'instruction pour les crimes, le juge d'instruction la saisissant lorsqu'il avait terminé son instruction. C'était donc la chambre d'accusation qui renvoyait ou non l'accusé devant la cour d'assises. Tel n'est plus le cas désormais puisque le juge d'instruction renvoie directement le mis en examen devant la cour d'assises et la chambre de l'instruction n'est saisie de l'instruction qu'en cas d'appel de cette décision par l'intéressé.

Dans tous les domaines, **la chambre de l'instruction reste chargée d'examiner les recours formés contre les décisions du juge d'instruction ou du JLD**, appelées ordonnances. Elle peut donc être amenée à statuer sur l'appel formé contre les ordonnances de placement sous contrôle judiciaire ou en détention provisoire, par exemple, ainsi que, au moins dans certains cas, contre les ordonnances statuant sur les charges, telles que la décision de non-lieu ou de renvoi en jugement.

En outre, elle a pour **fonction de contrôler la régularité de l'instruction pendant son déroulement**. En effet, elle peut être saisie des requêtes en nullité d'actes de l'instruction ou de l'enquête de police, du moins lorsqu'une instruction a été ouverte, la juridiction de jugement étant compétente en ce domaine en l'absence d'instruction. Par ailleurs, elle constitue une juridiction disciplinaire pour les OPJ et APJ, comme on l'a vu, et elle possède aussi une compétence spéciale en matière d'extradition *(CPP, art. 696-13 s.)* et de mandat d'arrêt européen *(CPP, art. 695-29 s.)*.

§2 Les juridictions d'instruction d'exception

Selon l'article 8 de **l'ordonnance [n° 45-174] du 2 février 1945**, le juge des enfants, qui est un magistrat du TJ nommé à cette fonction en raison de l'intérêt qu'il porte aux questions de l'enfance et de ses aptitudes, est à la fois chargé de l'instruction, qui est obligatoire pour les mineurs, et du jugement. Cependant, le juge d'instruction de droit commun peut également être désigné pour mener une instruction concernant des mineurs, notamment lorsque des majeurs sont également impliqués dans les faits *(Ord., n° 45-174, 2 févr. 1945, art. 7)*. Un juge d'instruction doit, de toute façon, être désigné auprès de chaque tribunal pour enfants afin d'être chargé des instructions relatives aux mineurs.

Il faut noter cependant que le **Code de la justice pénale des mineurs**, institué par l'ordonnance n° 2019-950 du 11 septembre 2019 pour remplacer, à partir du 30 septembre 2021 en principe, l'ordonnance de 1945, modifie ce dispositif en supprimant la compétence du juge des enfants pour instruire ainsi que le principe de l'instruction obligatoire pour les affaires dans lesquelles sont impliqués des mineurs. À partir de cette date, le principe devient celui du droit commun, à savoir que l'instruction n'est obligatoire qu'en matière criminelle et qu'elle est menée par un juge d'instruction (V. Fiche n° 9).

Il n'existe aucune particularité pour la chambre de l'instruction, qui est compétente indifféremment pour les majeurs ou les mineurs.

On notera encore qu'en matière de crimes et délits commis par des membres du gouvernement dans le cadre de leurs fonctions, une commission d'instruction composée de 3 magistrats du siège de la Cour de cassation est chargée de mener une instruction et de décider du renvoi ou non en jugement des personnes mises en examen *(L. org. n° 93-1252, 23 nov. 1993, art. 18 s.)*.

⏭ POUR ALLER PLUS LOIN…

- B. DE LAMY, Le juge des libertés et de la détention : un trompe l'oeil ? Dr. pén. 2007, étude 13 ;
- H. MATSOPOULOU, Le juge des libertés et de la détention : un acteur de premier ou de second rôle en matière de détention provisoire ? D. 2008, p. 1494 ;
- C. MAURO, La suppression du juge d'instruction : éléments de droit comparé, AJ pénal 2010, p. 433 ;
- J. PRADEL, La disparition du juge d'instruction dans l'avant-projet du futur code de procédure pénale, D. 2010, p. 1293 ;
- D. REBUT, La nécessaire reconnaissance du statut du juge des libertés et de la détention, JCP G 2016, 374.

Fiche n° 8 Les juridictions de jugement de droit commun

⏭ L'ESSENTIEL

La cour d'assises est une juridiction originale par sa composition, puisqu'elle comporte un jury composé de citoyens tirés au sort sur les listes électorales, et par son mode de fonctionnement, s'agissant d'une juridiction qui n'est pas permanente. Elle est chargée de juger les auteurs de crimes et d'infractions connexes. La loi n° 2019-222 du 23 mars 2019 instaure, à titre expérimental, une cour criminelle sans jurés.

Le tribunal correctionnel est compétent pour juger les délits et contraventions connexes. En principe, il est composé de trois juges mais il statue souvent à juge unique.

Le tribunal de police est chargé de juger les contraventions.

⏭ LES CONNAISSANCES

§1 La cour d'assises

La cour d'assises est la **juridiction compétente pour juger les crimes**, c'est-à-dire les infractions punies de réclusion ou de détention criminelle, ainsi que les infractions connexes. Elle présente de nombreuses particularités. Elle est d'abord une **juridiction non permanente** puisqu'elle statue par sessions, qui ont lieu autant de fois qu'il est nécessaire. Elle est ensuite départementale et prend le nom du département pour lequel elle exerce sa compétence. Son siège peut être soit au siège de la cour d'appel, soit au siège d'un TJ du département.

Sa composition est également spécifique puisqu'elle **comporte à la fois 3 magistrats professionnels et un jury composé de citoyens**, tirés au sort sur les listes électorales. On distingue donc la cour proprement dite du jury et la composition de celui-ci se fait de manière assez complexe. Certaines conditions sont exigées pour être juré : avoir 23 ans, savoir lire et écrire et être doté de la capacité juridique *(CPP, art. 255)*. En outre, il faut posséder ses droits civils, politiques et de famille et ne pas avoir été condamné pénalement *(CPP, art. 256)*. Il existe également des incompatibilités prévues par l'article 257 du CPP. Ainsi, un membre du gouvernement, un magistrat, un policier ou un gendarme ne peuvent être jurés. En outre, une personne qui aurait été témoin ou expert dans l'affaire qui est jugée ne pourrait être juré *(CPP, art. 291)*.

Une liste annuelle départementale est établie à l'initiative du préfet. La répartition des jurés est faite par commune et c'est le maire qui tire au sort, publiquement, sur les listes électorales un nombre de noms triple de celui fixé par le préfet pour la commune. Une liste de session est ensuite établie au moins 30 jours avant l'ouverture des assises par un nouveau tirage au sort par le président de la cour d'appel ou celui du TJ siège de la cour d'assises. Cette liste comporte 35 jurés titulaires et 10 suppléants. Ces personnes sont convoquées par le greffier de la cour d'assises au moins 15 jours avant l'ouverture de la session d'assises. Enfin, la liste de jugement est extraite de cette liste de session *(CPP, art. 288 s.)*.

Le jury proprement dit est composé, par tirage au sort, au début de la première audience de chaque affaire et il comporte 6 jurés pour la cour d'assises de premier ressort et 9 pour celle qui statue en appel. L'accusé peut récuser 4 jurés et le ministère public 3 (respectivement 5 et 4 en appel) sans jamais avoir à motiver la décision de récusation.

Attention Dans certaines matières, la loi prévoit que la cour d'assises n'est composée que de magistrats professionnels, et donc sans jury populaire. C'est le cas de la **cour d'assises spéciale** compétente pour juger :
- les crimes commis par les militaires en temps de paix *(CPP, art. 697 et 698-6)* ;
- certains crimes contre la Nation, l'État ou la paix publique *(CPP, art. 702)* ;
- les crimes de terrorisme *(CPP, art. 706-25)* ;
- les crimes de trafic de stupéfiants *(CPP, art. 706-27)*.
- les crimes en matière de prolifération d'armes de destruction massive et de leurs vecteurs *(CPP, art. 706-174)*.

La juridiction est, dans ces cas, composée d'un président et de 4 assesseurs, en premier ressort et de 6 assesseurs pour la cour de second degré *(CPP, art. 698-6, al. 1)*.

L'article 63 de la loi du 23 mars 2019 prévoit **l'expérimentation d'une cour criminelle pendant une durée de trois ans. Cette cour, qui ne comporte pas de jurés mais un président et 4 assesseurs, magistrats professionnels, est compétente pour juger les personnes majeures accusées d'un crime puni de 15 ou 20 ans de réclusion criminelle, lorsqu'il n'est pas commis en état de récidive légale, ainsi que les délits connexes.** Si la cour criminelle estime, au cours ou à l'issue des débats, que les faits dont elle est saisie constituent un crime puni de 30 ans de réclusion criminelle ou de la réclusion criminelle à perpétuité, elle renvoie

l'affaire devant la cour d'assises. L'appel contre les verdicts de la cour criminelle est examiné par la cour d'assises de second degré, comprenant donc un jury.
Il est prévu que 6 mois au moins avant le terme de l'expérimentation, le Gouvernement adresse au Parlement un rapport procédant à son évaluation.
Un arrêté du 25 avril 2019 précise que l'expérimentation débute le 13 mai 2019 dans les départements des Ardennes, du Calvados, du Cher, de la Moselle, de la Réunion, de la Seine-Maritime et des Yvelines. Elle a été étendue aux départements de l'Hérault et des Pyrénées atlantiques par un arrêté du 2 mars 2020. Les premières audiences des cours criminelles ont débuté le 1er septembre 2019.

§2 Le tribunal correctionnel

Il s'agit de la formation correctionnelle du TJ compétente pour juger les auteurs de délits, c'est-à-dire les infractions punies de peines d'emprisonnement ou d'amende d'un montant supérieur à 3 750 € *(CPP, art. 381)*. En principe, **le tribunal correctionnel est composé de 3 magistrats du TJ mais il peut statuer à juge unique pour juger de nombreux délits énumérés** par l'article 398-1 du CPP, lorsqu'ils sont punis d'une peine inférieure ou égale à 5 ans d'emprisonnement. Cependant, il doit obligatoirement statuer en formation collégiale :
- si le prévenu est en détention provisoire au moment d'être jugé ;
- lorsqu'il est poursuivi en comparution immédiate ;
- lorsque le prévenu est poursuivi pour d'autres infractions connexes à celles, prévues par l'article 398-1, qui pourraient donner lieu à un jugement à juge unique.

En outre, le tribunal correctionnel siégeant à juge unique peut renvoyer l'affaire devant une formation collégiale si ce renvoi lui paraît justifié en raison de la complexité des faits ou, au regard notamment des dispositions du dernier alinéa, en raison de l'importance de la peine susceptible d'être prononcée. De plus, le tribunal correctionnel siégeant à juge unique ne peut prononcer une peine d'emprisonnement ferme d'une durée supérieure à 5 ans.

D'une manière générale, **le tribunal correctionnel territorialement compétent est celui du lieu de l'infraction, celui de la résidence du prévenu ou du lieu de son arrestation ou de sa détention** *(CPP, art. 382)*. Il faut noter encore que le tribunal correctionnel est compétent pour juger les contraventions connexes au délit pour lequel il a été saisi et sa compétence s'étend aux coauteurs et aux complices de la personne qui est renvoyée devant lui.

Dans certains domaines, il existe des tribunaux correctionnels dont la compétence territoriale est plus étendue. Ainsi, l'article 704 du CPP prévoit que, pour certaines infractions relevant du domaine économique et financier, dans les « *affaires qui sont ou apparaîtraient d'une grande complexité* », la compétence territoriale d'un TJ peut être étendue au ressort de plusieurs cours d'appel (V. Fiche n° 9).

De même, **pour les infractions terroristes, le TJ de Paris possède une compétence concurrente de celle des autres juridictions nationales** *(CPP, art. 706-17)*. Enfin, en matière de **délinquance organisée**, il existe des juridictions spécialement désignées pour traiter les affaires d'une grande complexité, cette compétence s'étendant au ressort d'une ou plusieurs cours d'appel *(CPP, art. 706-75)*.

§3 Le tribunal de police

Depuis le 1er juillet 2017, la juridiction de proximité, qui possédait une compétence en matière contraventionnelle, a été supprimée. L'article 521 du CPP prévoit que le **tribunal de police est compétent pour juger toutes les contraventions**.

Selon l'article 523, alinéa 1, il est **constitué d'un juge unique**, qui est un juge du TJ, assisté d'un greffier. Il existe au moins un tribunal de police par arrondissement. Cependant, l'article 523, alinéa 2 du CPP précise que **pour juger les contraventions des 4 premières classes, à l'exception de celles déterminées par un décret en Conseil d'État, ainsi que des contraventions de la 5ème classe relevant de la procédure de l'amende forfaitaire, le tribunal de police peut être constitué par un magistrat exerçant à titre temporaire**, dont le statut est précisé par les articles 41-10 et suivants de l'ordonnance précitée du 22 décembre 1958 relative au statut de la magistrature.

> **Attention** Le tribunal de police n'est pas compétent pour les contraventions de 5ème classe commises par un mineur, qui ressortissent à la compétence des juridictions spécialisées pour les mineurs, ni pour les infractions portées initialement devant le tribunal correctionnel sous une qualification délictuelle et requalifiées en contraventions. Il ne l'est pas davantage pour les contraventions connexes à un délit ou qui forment avec ce dernier un tout indivisible, l'ensemble des faits relevant de la compétence du tribunal correctionnel *(CPP, art. 382)*. De même, la cour d'assises est compétente pour juger les contraventions et les délits qui seraient connexes à un crime, en vertu de sa plénitude de juridiction *(CPP, art. 231)*.

Les fonctions du ministère public sont assurées par le procureur de la République obligatoirement pour les contraventions de la 5ème classe ou par le commissaire de police du lieu où siège le tribunal pour les autres contraventions.

S'agissant de la compétence territoriale, le tribunal de police ou la juridiction de proximité compétent est celui du lieu de commission ou de constatation de la contravention ou de la résidence du contrevenant *(CPP, art. 522 et 522-1)*.

Il existe des procédures simplifiées en matière contraventionnelle, telles que l'ordonnance pénale *(CPP, art. 524 s.)* ou la procédure d'amende forfaitaire *(CPP, art. 529 s.)*, qui ne donnent pas lieu à la saisine d'un juge sauf en cas de contestation par le contrevenant (V. Fiche n° 43).

§4 La cour d'appel

La chambre des appels correctionnels est une chambre de la cour d'appel, compétente pour statuer sur l'appel des jugements rendus par les tribunaux correctionnels et de police. Elle est composée de 3 magistrats, un président et 2 assesseurs, mais, en matière de contraventions, l'article 547, alinéa 3 du CPP dispose que la chambre est composée du seul président statuant à juge unique. En outre, la loi du 23 mars 2019 instaure, à compter du 1er juin 2019, une chambre correctionnelle à juge unique qui est compétente, en principe, pour statuer sur les appels formés contre les jugements des tribunaux correctionnels qui ont, eux-mêmes, été rendus à juge unique *(CPP, art. 510, al. 2)*.

Les fonctions du ministère public sont assurées par le procureur général, un avocat général ou encore un substitut du procureur général.

⏭ POUR ALLER PLUS LOIN...

- G. ALARD et K. AUDUREAU, Contribution à la connaissance des jurys criminels, RSC 2012, p. 523 ;
- C. PAFFENHOFF, La délibération de la cour d'assises, Procédures 2011, Dossier 7, page 35.

Fiche n° 9 Les juridictions de jugement spécialisées

⏭ L'ESSENTIEL

Il existe des juridictions spécialisées pour juger les mineurs. Il s'agit du juge des enfants, du tribunal pour enfants et de la cour d'assises des mineurs.

Il existe également des juridictions spécialisées en matière politique, la Haute cour et la Cour de justice de la République, et en matière militaire.

Enfin, des juridictions interrégionales ont une compétence particulière pour le jugement d'infractions en matière économique et financière.

⏭ LES CONNAISSANCES

Le principe constitutionnel de spécialisation des juridictions pour mineurs a pour conséquence l'existence de juridictions particulières pour les juger. De plus, il existe des juridictions spécialisées en matière politique, en matière militaire et en matière économique et financière.

§1 Les juridictions pour mineurs

L'ordonnance [n° 45-174] du 2 février 1945 relative à l'enfance délinquante énonce, dans son article 1er, que les mineurs auxquels est imputée une infraction qualifiée crime ou délit ne seront pas déférés aux juridictions pénales de droit commun, et ne seront justiciables que de juridictions spécialisées. Il s'agit du juge des enfants, du tribunal pour enfants et de la cour d'assises des mineurs.

Ces juridictions sont maintenues dans le Code de la Justice pénale des mineurs (CJPM), issu de l'ordonnance n° 2019-222 du 11 septembre 2019, qui entre en vigueur, en principe, le 30 septembre 2021.

I. Le juge des enfants

Le juge des enfants est un magistrat spécialisé du TJ qui est compétent pour les délits et contraventions de 5ème classe commises par un mineur. Dans le cadre de l'ordonnance du 2 février 1945, il est à la fois juge d'instruction et de jugement. Plus précisément, il peut juger lui-même le mineur s'il n'envisage pas de prononcer une sanction pénale ou une sanction éducative mais seulement une mesure éducative telle que l'admonestation, la remise aux parents ou la mise sous protection judiciaire *(Ord. n° 45-174, 2 févr. 1945, art. 8)*. En revanche, s'il envisage le prononcé d'une sanction éducative ou pénale, il doit renvoyer devant le tribunal pour enfants.

Selon le CJPM, le juge des enfants n'est plus juge d'instruction, le législateur supprimant l'instruction obligatoire dans les affaires concernant des mineurs. Le procureur de la République peut décider de saisir un juge d'instruction en matière de contraventions de la 5ème classe ou de délits mais il le doit en matière criminelle, comme pour les majeurs *(CJPM, art. L. 423-2 et L. 423-3)*. Ceci a pour conséquence que **le juge des enfants est saisi soit par le procureur de la République** *(CJPM, art. L. 423-4 et L. 423-7)*, **soit par ordonnance de renvoi du juge d'instruction lorsque le mineur est âgé de moins de 13 ans** *(CJPM, art. L. 434-1)*. On notera également que **les sanctions éducatives sont supprimées**, étant absorbées, pour certaines, par les mesures éducatives.

Le juge des enfants ne peut pas exercer cette fonction plus de 10 ans au sein du même tribunal *(Ord. n° 58-1270 du 22 déc. 1958, art. 28-3)*.

II. Le tribunal pour enfants

Cette juridiction est présidée par le juge des enfants et comprend 2 assesseurs qui ne sont pas des magistrats mais des personnes nommées par le ministre de la Justice en raison de leurs compétences à l'égard de la jeunesse. Comme on l'a vu, le Conseil constitutionnel a jugé, dans une décision du 8 juillet 2011, que l'article L. 251-3 du COJ, prévoyant la présidence du tribunal pour enfants par le juge des enfants, était contraire à la Constitution. Le texte a été modifié par la loi [n° 2011-1940] du 26 décembre 2011. Il prévoit toujours que le tribunal pour enfants est composé d'un juge des enfants, président, et de plusieurs assesseurs mais l'alinéa 2 du texte précise que le juge des enfants qui a renvoyé l'affaire devant le tribunal pour enfants ne peut présider cette juridiction.

Le tribunal est **compétent pour les contraventions de 5ème classe et les délits commis par tous les mineurs âgés d'au moins 13 ans mais aussi, de manière exclusive, pour les crimes commis par les mineurs de 16 ans**, c'est-à-dire âgés de moins de 16 ans au jour de l'infraction. En outre, le mineur âgé de plus de 16 ans qui a commis un délit puni d'au moins 7 ans d'emprisonnement ne peut pas être jugé par le juge des enfants, qui doit obligatoirement le renvoyer en jugement devant le tribunal pour enfants *(Ord. n° 45-174, 2 févr. 1945, art. 8)*.

Dans tous les cas, le tribunal peut prononcer des **mesures éducatives** mais aussi des **sanctions éducatives**, du moins jusqu'à l'entrée en vigueur du CJPM, ainsi que des peines. Ses décisions, comme celles du juge des enfants, peuvent faire l'objet d'un appel devant la chambre spéciale des mineurs de la cour d'appel.

L'article L. 231-3 du CJPM prévoit les mêmes règles de compétence (hormis celle relative au mineur de 16 ans auteur d'un délit puni de 7 ans d'emprisonnement).

Le tribunal pour enfants peut être saisi pour des faits commis par un mineur âgé de plus de 13 ans, soit par le procureur de la République, à certaines conditions *(CJPM, art. L. 423-4)*, soit par ordonnance de renvoi du juge d'instruction à l'issue de l'instruction *(CJPM, art. L. 434-1, 3°)*.

III. La cour d'assises des mineurs

La cour d'assises des mineurs est composée d'un conseiller à la cour d'appel qui la préside, de 2 assesseurs qui sont, en principe, juges des enfants et de 6 jurés, en premier ressort et de 9 pour la cour d'assises de second degré. Elle est **compétente pour juger les mineurs, âgés de 16 à 18 ans au moment des faits, auteurs de crimes ainsi que d'éventuels coaccusés majeurs**. De plus, elle peut juger les crimes et délits commis par le mineur avant qu'il ait atteint l'âge de 16 ans révolus lorsqu'ils forment avec le crime principalement poursuivi un ensemble connexe ou indivisible *(Ord. n° 45-174, 2 févr. 1945, art. 20)*. Cela suppose donc que le mineur ait commis un crime ou un délit avant 16 ans et qu'il ait commis un crime après 16 ans. Il pourra être renvoyé pour le tout devant la cour d'assises des mineurs.

Enfin, la cour d'assises des mineurs peut juger des faits commis par des majeurs si ces derniers étaient coauteurs ou complices du mineur mais le juge d'instruction peut aussi renvoyer séparément les majeurs devant la cour d'assises ordinaire *(Ord. n° 45-174, 2 févr. 1945, art. 9)*.

Sous ces réserves, elle ne présente pas de particularités par rapport à la cour d'assises des majeurs.

À compter de l'entrée en vigueur du CJPM, l'article L. 231-9 dispose que la cour d'assises des mineurs connaît des crimes commis par les mineurs âgés d'au moins 16 ans mais également, lorsqu'ils sont connexes ou forment un ensemble indivisible avec des crimes commis par des mineurs âgés d'au moins 16 ans :
1° des crimes et délits commis par les intéressés avant qu'ils n'aient atteint l'âge d'au moins 16 ans ;
2° des crimes et délits commis par les intéressés à compter de leur majorité, ce qui constitue une innovation ;
3° des crimes et délits commis par leurs coauteurs ou complices majeurs.

§2 Les juridictions politiques

Il en existe deux en droit français : la Haute cour et la Cour de justice de la République.

I. La Haute cour

La Haute cour est une institution très particulière, prévue par l'article 68 de la Constitution, dans sa rédaction issue de la loi constitutionnelle [n° 2007-237] du 23 février 2007. Ce texte prévoit que le président de la République, qui, selon l'article 67, ne peut être mis en cause au cours de son mandat pour des infractions qu'il aurait pu commettre avant ou pendant celui-ci, ne peut être destitué qu'en cas de manquement à ses devoirs manifestement incompatible avec l'exercice de son mandat, cette destitution étant prononcée par le parlement constitué en Haute Cour. **La Haute cour ne constitue donc pas une juridiction à proprement parler puisqu'elle peut être saisie pour des faits ne constituant pas des infractions pénales**.

Il est prévu que la proposition de réunion de la Haute Cour adoptée par une des assemblées du parlement est aussitôt transmise à l'autre qui se prononce dans les 15 jours et que la Haute Cour est présidée par le président de l'assemblée nationale. Elle statue dans un délai d'un mois, à bulletins secrets, sur la destitution et sa décision est d'effet immédiat.

II. La Cour de justice de la République (CJR)

Cette juridiction est compétente, en vertu de l'article 68-1 de la Constitution, pour juger les membres du gouvernement pour les infractions commises dans l'exercice de leurs fonctions. Créée par une loi constitutionnelle [n° 93-952] du 27 juillet 1993, elle se compose de 12 parlementaires élus, en leur sein et en nombre égal, par l'assemblée nationale et le sénat après chaque renouvellement général ou partiel de ces assemblées, ainsi que de 3 magistrats du siège à la Cour de cassation, dont l'un est président de la Cour. Le ministère public est le même que pour la Haute cour de justice.

L'article 68-2 de la Constitution énonce que toute personne qui se prétend lésée par un crime ou un délit commis par un membre du gouvernement dans l'exercice de ses fonctions peut porter plainte auprès d'une **commission des requêtes**. En revanche, la constitution de partie civile n'est pas recevable *(L. n° 93-952, 27 juill. 1993, art. 13)*. Les actions en dommages-intérêts résultant des faits poursuivis devant la CJR ne peuvent donc être portées que devant les juridictions de droit commun.

Cette commission des requêtes, composée de 3 magistrats du siège de la Cour de cassation, de 2 conseillers d'État et de 2 conseillers maîtres à la Cour des comptes, désignés pour 5 ans, ordonne soit le classement de la procédure, soit sa transmission au procureur général près la Cour de cassation aux fins de saisine de la CJR *(L. n° 93-952, 27 juill. 1993, art. 14)*.

En cas de poursuite de la procédure, une **commission d'instruction** est saisie. Composée de 3 magistrats du siège de la Cour de cassation, elle peut procéder à tous les actes qu'elle juge utiles à la manifestation de la vérité selon les règles édictées par le CPP et spécialement celles relatives aux droits de la défense. Quand l'instruction lui paraît terminée, elle communique le dossier au procureur général pour qu'il prenne ses réquisitions *(L. n° 93-952, 27 juill. 1993, art. 23)*. Elle peut décider qu'il n'y a pas lieu à poursuivre ou ordonner le renvoi de l'affaire devant la CJR. Les arrêts de la commission d'instruction peuvent faire l'objet de pourvois en cassation qui sont portés devant l'assemblée plénière de la Cour de cassation *(L. n° 93-952, 27 juill. 1993, art. 24)*.

Les règles du CPP concernant les débats et le jugement sont applicables devant la CJR *(L. n° 93-952, 27 juill. 1993, art. 26)*. Celle-ci statue sur la culpabilité puis sur la peine à bulletins secrets *(L. n° 93-952, 27 juill. 1993, art. 32)*. Ses arrêts peuvent faire l'objet d'un pourvoi en cassation qui est porté devant l'assemblée plénière *(L. n° 93-952, 27 juill. 1993, art. 33)*.

Cette juridiction a déjà eu l'occasion de statuer, notamment dans le cadre de l'affaire du sang contaminé *(CJR, 9 mars 1999, n° 99-001)* ou, plus récemment, dans l'affaire Lagarde *(CJR, 19 déc. 2016, n° 2016/001)*.

§3 Les juridictions militaires

Elles diffèrent selon que les infractions concernées sont commises en temps de paix ou en temps de guerre.

En temps de paix, les infractions militaires ou les infractions de droit commun commises par des militaires dans le cadre de leur fonction et sur le territoire français, sont jugées par des juridictions de droit commun, un TJ et une cour d'assises sans jurés *(CPP, art. 698-6)* étant spécialement désignés dans le ressort de chaque cour d'appel *(CPP, art. 697)*. S'agissant des infractions commises à l'étranger, c'est le tribunal aux armées de Paris qui est compétent. Le Code de justice militaire prévoit que des chambres détachées de ce tribunal peuvent éventuellement être créées à titre temporaire en dehors du territoire français.
En cas d'état de siège ou d'état d'urgence déclaré, des tribunaux territoriaux des forces armées peuvent être institués *(CPP, art. 700)*.

En temps de guerre, des juridictions spéciales sont créées : les tribunaux territoriaux des forces armées *(C. just. mil., art. L. 112-1 s.)* lorsque les armées se trouvent sur le territoire français et, le cas échéant, des tribunaux militaires aux armées (*C. just. mil., art. L. 112-27 et s.)* lorsque ces dernières se trouvent à l'étranger.

§4 Les juridictions interrégionales spécialisées (JIRS) en matière économique et financière

Le législateur a souhaité spécialiser certaines juridictions dans le jugement de délits présentant une technicité juridique particulière. Ces juridictions, dénommées juridictions interrégionales spécialisées en matière économique et financière (JIRS) ne sont compétentes que pour certains délits énumérés par l'article 704 du Code de procédure pénale et seulement s'il s'agit d'affaires qui « *sont ou apparaîtraient d'une grande complexité, en raison notamment du grand nombre d'auteurs, de complices ou de victimes ou du ressort géographique sur lequel elles s'étendent* ». Dans ce cas, la compétence territoriale d'un TJ est étendue au ressort de plusieurs cours d'appel pour l'enquête, la poursuite, l'instruction et le jugement des infractions.

Ces juridictions sont actuellement les suivantes : Paris, Lyon, Marseille, Lille, Rennes, Bordeaux, Nancy et Fort de France *(CPP, art. D. 47-3)*.

Le domaine de compétence est étendu puisque ces juridictions sont compétentes, notamment, en matière d'escroquerie, d'abus de confiance, de blanchiment, de manquements à la probité par des agents publics, de fraude fiscale, de délits prévus par le Code de commerce, le Code monétaire et financier, le Code de la propriété intellectuelle, le Code des douanes ou de l'urbanisme.

Ces juridictions exercent une compétence concurrente à celle des juridictions ordinaires *(CPP, art. 704-1)*. La juridiction d'instruction saisie peut ainsi se dessaisir au profit de celle d'une juridiction interrégionale *(CPP, art. 704-2)*.

⏭ POUR ALLER PLUS LOIN…

– G. CARCASSONNE, La Cour de justice de la République : renoncer au salmigondis à la française, JCP G 2012, libres propos, 305 ;

– L. GONDRE et J. PRADEL, La Cour de justice de la République : à conserver et à améliorer, JCP G 2012, libres propos, 466 ;

– F. LOMBARD, Les jurés, justice représentative et représentation de la justice, L'Harmattan, 1993 ; La réforme de la cour d'assises ou les limites de la souveraineté populaire, RSC 1996, p 773 ;

– M.-L. RASSAT, Du statut dit « pénal » du président de la République, Dr. pén. 2007, étude 8 ;

– M. VERPEAUX, Le faux « impeachement » à la française ou la nouvelle combinaison du pénal et du politique, JCP G 2007, I, 141.

P@RTIE 2

LES ACTIONS

L'ACTION PUBLIQUE

L'ACTION CIVILE

TITRE 1
L'ACTION PUBLIQUE

Au sens strict, le procès pénal oppose, d'une part, la personne poursuivie pour avoir commis une infraction pénale et, d'autre part, la société, représentée par le ministère public. Le procès pénal est fondamentalement un procès en répression des auteurs d'actes portant atteinte à l'ordre public ou social, et c'est donc la société qui a, avant tout, intérêt à voir punir les criminels ou délinquants. L'objet premier du procès pénal est dès lors l'action publique en répression.

Les parties à l'action publique sont, dans le cas général, toujours les mêmes, quelle que soit l'infraction commise. Il convient d'étudier avec précision les parties à l'action publique avant d'examiner les conditions essentielles de l'existence de cette action.

Fiche n° 10 Les parties à l'action publique

⏭ L'ESSENTIEL

Comme toute action en justice, l'action publique oppose un défendeur, qui est l'auteur de l'infraction, à un demandeur, qui est généralement le ministère public, spécialement chargé par la loi d'exercer l'action publique. Le législateur permet cependant à certaines administrations d'exercer une action en répression spéciale. C'est le cas, en particulier, de l'administration des douanes et de l'administration fiscale qui peuvent exercer l'action dite douanière ou fiscale, qui vise à infliger des sanctions spéciales, laquelle s'ajoute, en général, à l'action publique proprement dite destinée à infliger des sanctions pénales.

⏭ LES CONNAISSANCES

On distinguera le défendeur des demandeurs à l'action publique.

§1 Le défendeur à l'action publique

Il s'agit d'une personne physique ou d'une personne morale, à qui est reprochée la commission d'une infraction pénale. Le Code pénal rappelant que l'on ne peut être jugé responsable pénalement que de son propre fait *(C. pén., art. 121-1)*, les seules personnes qui peuvent être poursuivies et jugées sont celles qui ont commis les infractions. Il n'y a pas en droit pénal de responsabilité du fait d'autrui.

On notera que si le principe de la responsabilité du fait personnel ne connaît pas d'exceptions, il n'en va de même du principe qui lui est souvent associé, celui de la personnalité des peines. En effet, le législateur prévoit parfois, pour des raisons d'opportunité, que la peine prévue pour une infraction peut être supportée par un autre que l'auteur des faits. Ainsi, l'article L. 4741-2 du Code du travail prévoit que, lorsqu'un préposé est condamné pénalement pour homicide ou blessures par imprudence résultant de l'inobservation des règles d'hygiène et de sécurité, le tribunal peut décider que le paiement des amendes sera mis, en totalité ou en partie à la charge de l'employeur. Dans ce cas, ce dernier n'est pas condamné pénalement mais il supportera le paiement des amendes. Dans le même ordre d'idées, si les héritiers de l'auteur des faits ne peuvent être poursuivis ou condamnés à sa place en raison de l'extinction de l'action publique, le Code pénal prévoit néanmoins que les amendes prononcées contre un condamné décédé se transmettent aux héritiers, qui sont tenus de les payer *(C. pén., art. 133-1)*.

> **Attention** En fonction du stade de la procédure, le défendeur à l'action publique n'a pas la même qualité. Au stade de l'instruction, la personne poursuivie est appelée **mis en examen**. Lorsqu'elle se trouve devant la juridiction de jugement, elle prend le nom de **prévenu** ou **accusé**, si les faits sont criminels.

§2 Les demandeurs à l'action publique

Le demandeur à l'action publique tient une place prépondérante dans le procès pénal, étant à la fois partie au procès et investi du pouvoir de déclencher les poursuites. Si ce demandeur est dans la plupart des cas le ministère public, certaines administrations sont également compétentes, dans leur domaine d'intervention, pour exercer les fonctions du ministère public ainsi que le prévoit l'article 1er du CPP. On étudiera donc successivement le ministère public et les administrations habilitées à exercer l'action publique.

I. Le ministère public

Le ministère public est constitué par un corps particulier de magistrats dont l'organisation est spécifique, comme on l'a vu. Le parquet joue deux rôles différents, quoique liés, dans le procès pénal. D'une part il est une autorité qui dispose du pouvoir de déclencher les poursuites ou l'action publique. D'autre part, il est une partie au procès pénal.

A Le ministère public, autorité de poursuite

Le procureur de la République dispose du **pouvoir de déclencher l'action publique**, et ce en toute liberté. En effet, le principe qui s'applique en droit français est celui de **l'opportunité des poursuites** et non de la légalité des poursuites (V. Fiche n° 25). Ainsi, le parquet peut, lorsque des faits constitutifs d'infraction viennent à sa connaissance, décider de les poursuivre ou de les classer sans suite, c'est-à-dire refuser de poursuivre. Cette liberté n'est limitée que par l'injonction émanant du supérieur hiérarchique, dans le cadre de l'article 36 du CPP, qui permet au procureur général d'enjoindre au procureur de la République d'exercer des poursuites dans une affaire donnée. Cette liberté d'action subsiste même après le déclenchement de l'action publique en ce sens que le parquet peut, après avoir déclenché des poursuites, changer d'opinion et requérir un **non-lieu**, une relaxe ou un acquittement. Cependant, dans cette hypothèse, il n'est pas en mesure de mettre fin lui-même à l'action publique, seule la juridiction saisie ayant un tel pouvoir.

Le ministère public dispose donc d'une grande liberté d'appréciation et d'une indépendance à l'égard des parties aux procès, comme la victime par exemple, mais aussi à l'égard des juridictions, d'instruction ou de jugement, qui ne peuvent en aucun cas lui enjoindre de déclencher des poursuites ou de requérir en tel ou tel sens.

B Le ministère public, partie au procès pénal

Le ministère public est chargé, selon l'article 31 du CPP, d'exercer l'action publique et de requérir l'application de la loi pénale. Par conséquent, le parquet constitue une partie essentielle au procès pénal, sans laquelle celui-ci ne peut avoir lieu. Il s'en déduit que le parquet fait partie des juridictions pénales et qu'il doit donc être présent devant toutes les juridictions répressives, et ce même lorsque l'action publique est exercée par une administration.

En tant que partie au procès, le ministère public est doté des mêmes droits voire de droits supérieurs à ceux des autres parties, comme le droit de demander au juge d'instruction d'effectuer certains actes, de faire appel des ordonnances de ce juge ou d'exercer les voies de recours contre les décisions rendues par les juridictions de fond *(V. CPP, art. 185, 380-2, 497 et 546)*.

II. Les administrations

Aux termes de l'article 1er du CPP, l'action publique peut être mise en mouvement par des fonctionnaires à qui la loi confère cette prérogative. En réalité, ce pouvoir de certaines administrations ne s'arrête pas au déclenchement des poursuites, ce qui peut être effectué également par la victime de l'infraction. Les administrations en question peuvent exercer l'action publique, en concurrence avec le ministère public, ce qu'un simple particulier victime, ne peut jamais faire. Au surplus, il arrive que ces administrations disposent d'un pouvoir particulier, qui n'appartient pas au parquet, celui de transiger sur l'action publique.

A L'exercice de l'action publique par les administrations

En premier lieu, l'administration des Eaux et forêts exerce la poursuite des infractions spécifiques à la matière. Cette administration déclenche donc les poursuites, mais le ministère public pourrait le faire également. Elle est investie du droit d'exercer l'action publique puisqu'elle peut demander la condamnation pénale de l'auteur des infractions. Ce schéma se retrouve à l'identique s'agissant de l'administration des Ponts et chaussées, pour les infractions en matière de voirie routière.

L'administration des douanes peut, quant à elle, déclencher « *l'action pour l'application des sanctions fiscales* » *(C. douanes, art. 343)* et donc poursuivre les auteurs d'infractions douanières. En pratique, certaines d'entre elles ne sont punies, à titre principal, que d'une amende douanière ou fiscale, sans aucune sanction pénale ordinaire. Seule l'administration douanière peut poursuivre leurs auteurs. En revanche, pour les infractions douanières punies à la fois de sanctions pénales ordinaires comme l'emprisonnement et de sanctions douanières ou fiscales, l'action pour l'application des peines est déclenchée par le ministère public, qui conserve le droit, à titre accessoire, de mettre en œuvre l'action fiscale. C'est le cas, par exemple, du délit de l'article 414 du Code des douanes, qui réprime l'importation ou l'exportation en contrebande de marchandises prohibées. Par conséquent, dans ce domaine, l'action publique en application des peines reste de la compétence exclusive du parquet, l'administration des douanes pouvant déclencher seulement l'action fiscale.

L'administration des contributions indirectes détient, de la même manière, la compétence exclusive pour la poursuite des infractions en matière de contributions indirectes entraînant seulement des sanctions fiscales pécuniaires *(LPF, art. L. 235)*. Le ministère public ne peut ici agir que dans des cas particuliers comme lorsque la procédure a été confiée à des agents des douanes visés par l'article 28-1 du CPP. Dans cette hypothèse, le procureur de la République exerce à la fois l'action publique et l'action fiscale sauf s'il autorise l'administration douanière à exercer cette dernière action *(LPF, art. L. 235, al. 3)*. S'il s'agit d'un délit puni à la fois de peines ordinaires et de sanctions fiscales, le système qui s'applique est le même que pour les infractions au Code des douanes : l'administration exerce seulement l'action fiscale, le parquet exerce l'action publique en application des peines et peut également exercer l'action fiscale.

En résumé, **les administrations fiscales n'exercent qu'une action particulière, relative aux intérêts lésés par le délinquant sont ceux de ces administrations**. Par conséquent, elles ne peuvent pas réclamer la condamnation à des peines proprement dites mais seulement à des sanctions spécifiques et elles ne peuvent former de recours que sur la décision relative à cette action fiscale. En pratique cependant, ces administrations disposent de fonctionnaires habilités à constater les infractions qui les concernent et elles possèdent donc un pouvoir d'initiative particulièrement important.

B Le pouvoir de transaction des administrations

En principe, l'action pour l'application de la loi pénale, intéressant l'ensemble de la société, ne saurait faire l'objet d'une transaction, c'est-à-dire d'un accord entre celui qui exerce l'action et celui qui a commis l'infraction, en vue de mettre fin au litige. Le ministère public ne dispose pas de l'action publique, parce qu'il n'en est pas titulaire.

Il en va autrement de certaines administrations, qui peuvent proposer au délinquant un « arrangement » qui mettra fin à l'action qu'elles exercent. Selon l'article 6, alinéa 3 du CPP, la transaction, quand elle est prévue par la loi, a pour effet d'éteindre l'action publique dans son intégralité, c'est-à-dire y compris l'action relative aux sanctions pénales proprement dites. En d'autres termes, en cas de transaction en matière douanière ou fiscale, l'action fiscale est éteinte mais l'action publique aussi.

Dans certains cas, la transaction n'est possible qu'avec l'accord préalable du ministère public sur le principe et le montant de la transaction. C'est le cas, notamment, dans le domaine d'action de l'administration des eaux et forêts, c'est-à-dire les infractions forestières, ou dans celui de l'autorité administrative chargée de la concurrence et de la consommation pour certaines contraventions prévues par le Code de la consommation. Concrètement, la transaction peut consister dans le paiement d'une somme (amende transactionnelle) ou en des obligations de réparer un dommage (remise en état des lieux par exemple). Dans ces domaines, il s'agit d'infractions de faible gravité.

Dans d'autres cas, la transaction n'est pas soumise à l'accord préalable du parquet. C'est le cas en matière de voirie routière, de contributions indirectes *(LPF, art. L. 248 et 249)* et de douanes *(C. douanes, art. 350)*. Cependant, il faut noter que si l'action publique est déclenchée, l'administration concernée ne peut transiger que si l'autorité judiciaire y consent. Après jugement définitif, la transaction n'est plus possible.

Enfin, il arrive que la transaction suppose une homologation par le procureur de la République, comme en matière de délits et de contraventions réprimés par le Code de l'environnement *(C. envir., art. L. 173-12)*.

On notera enfin que se sont développées, ces dernières années, des procédures au profit du ministère public, qui, sans constituer à proprement parler des transactions, peuvent néanmoins être qualifiées de transactionnelles (V. Fiche n° 27).

⏭ POUR ALLER PLUS LOIN...

- S. DETRAZ, Jurisclasseur Pénal des affaires, V° Douanes, fasc. 20 et V° Impôts, fasc. 40.

Fiche n° 11 Les causes d'extinction de l'action publique

L'ESSENTIEL

Dans certaines situations, l'action publique ne peut pas être exercée en raison de l'existence d'obstacles à sa mise en œuvre. Les causes d'extinction de l'action publique, applicables à toutes les infractions, sont énumérées par le législateur. Il s'agit du décès de l'auteur des faits et de la liquidation de la personne morale. L'amnistie, qui consiste en une mesure de pardon voulue par le législateur, empêche également les poursuites pénales. De la même manière, si le texte d'incrimination des faits est abrogé, l'auteur ne peut être poursuivi ou condamné. Si l'auteur de l'infraction a déjà été jugé précédemment pour les mêmes faits, l'autorité de la chose jugée exclut une nouvelle poursuite.

En outre, si l'action publique n'est pas déclenchée durant un certain délai légal, elle ne peut plus être exercée en raison de la prescription. Les délais de droit commun sont d'un an pour les contraventions, de 6 ans pour les délits et de 20 ans pour les crimes. Le point de départ de la prescription est, en principe, fixé au moment de la consommation de l'infraction mais il arrive que ce délai soit fixé à un moment ultérieur. Le délai de prescription peut être interrompu et suspendu.

LES CONNAISSANCES

Pour pouvoir être exercée, l'action publique ne doit pas rencontrer d'obstacles à sa mise en œuvre. Dès le stade de la commission des faits, il se peut que le ministère public ne puisse exercer l'action publique parce qu'elle sera atteinte par une **cause d'extinction**. Ces causes d'extinction sont énumérées par l'article 6 du CPP.

Le législateur prévoit parfois que l'action publique ne peut être déclenchée qu'après une plainte préalable de la victime de l'infraction. Tel est le cas par exemple des infractions « de presse » que sont l'injure ou la diffamation publique envers un particulier *(L. 29 juill. 1881, art. 48, 6°)*, ou de l'atteinte à l'intimité de la vie privée *(C. pén., art. 226-6)*. La conséquence de cette règle consiste, selon l'article 6, alinéa 3, du CPP, dans le fait qu'en cas de retrait de la plainte, l'action publique est éteinte. Ainsi l'extinction de l'action civile entraîne celle de l'action publique.

En outre, il existe des causes d'extinction particulières de l'action publique, comme l'exécution d'une composition pénale. De plus, pour les infractions fiscales notamment, l'administration possède un pouvoir de transiger et la transaction a aussi pour effet d'éteindre l'action publique *(CPP, art. 6, al.3)*.

Il existe cependant des causes générales d'extinction de l'action publique. Les cas sont visés par l'article 6, alinéa 1er du CPP. Il s'agit de la mort de l'auteur de l'infraction, de l'amnistie, de l'abrogation de la loi pénale, de la chose jugée et de la prescription.

§1 Le décès de l'auteur de l'infraction

Cet évènement s'oppose naturellement aux poursuites de la personne si elles n'ont pas commencé et il interrompt la procédure si elle a débuté, du moins tant qu'une décision de condamnation définitive n'a pas été prononcée. En effet, dans ce dernier cas, la décision ne pourra pas être mise à exécution mais la condamnation demeure. Cependant, l'article 133-1, alinéa 1er du Code pénal prévoit que les amendes peuvent être recouvrées même après le décès du condamné, c'est-à-dire auprès de ses héritiers.

On notera que pour les personnes morales, la dissolution équivaut au décès de l'auteur, mais elle n'est pas prévue spécialement par l'article 6 du CPP. Cependant, la jurisprudence considère logiquement que la dissolution, ou plus exactement la liquidation, de la personne morale éteint l'action publique.

Jurisprudence

La Cour de cassation a ainsi jugé que lorsqu'une société fait l'objet d'une fusion-absorption par une autre société (*cette opération se réalisant sans liquidation*) et a ainsi perdu son existence juridique en qualité de personne morale, l'action publique à son égard est éteinte par application de l'article 6 du CPP *(Cass. crim., 7 janv. 2020, n° 18-86.293)*. Cependant, **dans un important arrêt du 25 novembre 2020 *(Cass. crim., 25 nov. 2020, n° 18-86.955)*,** elle a estimé, au contraire, **qu'en cas de fusion-absorption d'une société par une autre société, la société absorbante peut être condamnée pénalement à une peine d'amende ou de confiscation pour des faits constitutifs d'une infraction commise par la société absorbée avant l'opération, ce dont il faut donc déduire que l'action publique n'est pas éteinte.** Il faut cependant noter que cette solution ne vaut que dans le cas de la fusion-absorption et qu'en cas de dissolution suivie d'une liquidation de la personne morale, l'action publique est éteinte.

Le problème qui se pose cependant réside dans le fait que la dissolution peut être volontaire et donc permettre d'échapper aux poursuites. Dans l'arrêt du 25 novembre 2020, la Cour de cassation énonce encore que **l'existence d'une fraude**

à la loi permet au juge de prononcer une sanction pénale à l'encontre de la société absorbante lorsque l'opération de fusion-absorption a eu pour objectif de faire échapper la société absorbée à sa responsabilité pénale. Toutefois, de nouveau, une telle affirmation, qui ne repose, au demeurant, sur aucun fondement juridique précis, ne permet de résoudre que le problème de la fusion-absorption.

§2 L'amnistie

L'amnistie consiste dans une mesure spéciale de clémence décidée par le législateur en faveur de certaines personnes ayant commis des infractions, qui a pour effet de retirer aux faits commis leur caractère d'infraction punissable. L'amnistie est une cause d'effacement des condamnations déjà prononcées, selon l'article 133-9 du Code pénal. Cependant, elle s'oppose également aux poursuites ou elle met fin à la procédure déjà entamée. On rappellera que l'amnistie ne préjudicie pas aux tiers *(C. pén., art. 133-10)*, ce qui signifie que l'action civile peut se poursuivre soit devant le tribunal répressif, s'il avait été saisi de l'action civile avant l'intervention de la loi d'amnistie, soit devant la juridiction civile, dans le cas contraire.

§3 L'abrogation de la loi pénale

Elle a également pour effet logique de mettre un terme à l'action publique, puisqu'il s'agit ici de prendre en considération une loi nouvelle qui supprime une incrimination et qui retire donc aux faits leur caractère punissable. En application du principe de l'application immédiate des lois de fond plus douces, l'auteur des faits bénéficie de la disparition de l'incrimination. Les poursuites ne peuvent donc être intentées et si elles l'ont été avant l'entrée en vigueur de la loi nouvelle, elles doivent s'interrompre. Le principe s'applique même devant la Cour de cassation, si la loi nouvelle est entrée en vigueur avant l'examen du pourvoi en cassation.

Il faut remarquer que l'abrogation peut, depuis 2008, être la conséquence d'une décision du Conseil constitutionnel rendue à la suite d'une question prioritaire de constitutionnalité. Tel fut le cas de l'abrogation du texte incriminant le harcèlement sexuel *(C. pén., art. 222-33 ; Cons. const., 4 mai 2012, n° 2012 240 QPC)*.

Enfin, dans tous les cas, il convient de nuancer l'effet de l'abrogation de la loi pénale dès lors que, dans certains cas, les faits sont susceptibles d'être autrement qualifiés, ce qui n'empêche donc pas toute répression.

§4 La chose jugée

Il s'agit de prendre en considération une décision définitive rendue par une juridiction répressive à propos des mêmes faits. L'autorité de la chose jugée empêche qu'une nouvelle poursuite soit mise en mouvement contre la même personne à propos de ces faits. L'article 368 du CPP exprime spécialement cette règle, en matière criminelle, en énonçant qu'« *aucune personne acquittée légalement ne peut plus être reprise ou accusée à raison des mêmes faits, même sous une qualification différente* ».

On notera que 3 conditions doivent être réunies pour pouvoir appliquer la règle *non bis in idem* : il faut qu'il s'agisse de la même personne qui est poursuivie 2 fois (identité de parties et d'objet sachant que l'objet du procès pénal consiste dans l'application d'une peine) et pour les mêmes faits (identité de cause).

> **Attention** Cette dernière condition est susceptible de poser des problèmes d'application car il faut savoir ce qu'on entend par « identité de fait ». Par exemple, la Cour de cassation a admis, dans un arrêt du 19 mai 1983 *(Cass. crim., 19 mai 1983, n° 82-90.251)*, que la condamnation d'un prévenu pour homicide involontaire ne faisait pas obstacle à une nouvelle poursuite pour les mêmes faits au titre de l'homicide volontaire dès lors qu'il a été révélé après la première condamnation que la mort n'était pas accidentelle mais donnée volontairement. La chambre criminelle a jugé que « le crime d'homicide qui se commet par la détermination de la volonté et le délit d'imprudence qui l'exclut sont deux infractions distinctes en leurs éléments de fait, aussi bien qu'en leurs éléments de droit ». L'individu a donc été condamné, à bon droit, à la réclusion à perpétuité.

§5 La prescription de l'action publique

La prescription consiste, en procédure, dans l'extinction d'une action en justice par l'effet de l'écoulement du temps. L'institution de la prescription en matière pénale est justifiée par plusieurs motifs d'inégale valeur. On avance d'abord qu'il est nécessaire afin de préserver la paix sociale d'oublier les faits infractionnels trop anciens qui n'ont pas été jugés. On ajoute souvent que s'ils ne l'ont pas été, c'est en raison de la carence des pouvoirs publics. En outre, l'ancienneté des faits a pour conséquence l'effacement progressif des indices et preuves de la culpabilité, ce qui rend aléatoire des procès tenus trop longtemps après la commission des faits. Enfin, une peine prononcée longtemps après la commission de l'infraction perd beaucoup de sa signification, la personnalité de l'auteur des actes pouvant avoir beaucoup changé notamment.

À vrai dire, seuls les deux derniers arguments ont un certain poids. Quoi qu'il en soit, la prescription est une institution à laquelle le législateur montre un certain attachement même s'il se montre de moins en moins favorable aux auteurs d'infractions, comme on le constate au travers de la loi [n° 2017-242] du 27 février 2017, qui a réformé la matière.

Les effets de la prescription sont les mêmes que pour les autres causes d'extinction de l'action publique. D'une part la prescription dûment constatée constitue un obstacle juridique aux poursuites. D'autre part, les poursuites déjà entamées sont arrêtées une fois la prescription acquise, empêchant ainsi le jugement et l'éventuelle condamnation de l'auteur de l'infraction. La prescription joue à l'égard de tous ceux qui ont participé à l'infraction et elle est d'ordre public. Ceci a pour conséquence que le délinquant ne peut pas y renoncer, que le moyen tiré de la prescription doit être relevé d'office par le juge si le prévenu ne s'en prévaut pas et qu'il peut être invoqué en tout état de cause et même, pour la première fois, devant la Cour de cassation. Cependant, en cas de relevé d'office, les juges ont le devoir de provoquer un débat contradictoire sur la question de la prescription *(Cass. crim., 29 janv. 2020, n° 19-81.888)*.

On observera encore que le Conseil constitutionnel a considéré qu'il n'existait **pas de principe constitutionnel en matière de prescription** même s'il se reconnaît le pouvoir, en vertu du principe de nécessité des délits et des peines, de contrôler si les règles relatives à la prescription de l'action publique ne sont pas manifestement inadaptées à la nature ou à la gravité des infractions (*Cons. constit., 24 mai 2019, n° 2019-785 QPC)*.

La question de la prescription pose deux sortes de problèmes : le point de départ du délai et le calcul du délai.

I. Le point de départ du délai de prescription

La prescription commence à courir le lendemain du jour où l'infraction a été commise, c'est-à-dire consommée *(CPP, art. 7, al. 1, 8, al. 1 et 9, al. 1)*, la jurisprudence précisant qu'il faut exclure le jour où le délit a été perpétré du délai pendant lequel court le temps de la prescription, laquelle se calcule de quantième à quantième et expire le dernier jour à minuit *(Cass. crim., 9 janv. 2018, n° 16-86.735)*.

Il en résulte que tous les éléments constitutifs de l'infraction doivent être réunis pour que le délai commence à courir. Ainsi, en matière d'homicide par imprudence, si la personne décède de ses blessures un certain temps après l'accident de la circulation qui en est à l'origine, la prescription de l'homicide ne débute que du jour du décès et non pas du jour de l'accident. Il existe une autre conséquence, pour l'**infraction continue**, c'est-à-dire celle dont la consommation se poursuit un certain temps, comme la séquestration arbitraire ou le recel. Ici, **la prescription ne commence pas le jour où les faits débutent mais celui où ils cessent**, c'est-à-dire le jour de la libération de la personne dans le cas de la séquestration et le jour où la personne se dessaisit des objets dans le cas du recel (V. *Cass. crim., 13 déc. 2017, n° 17-83.330*, pour le cas du recel de cadavre pour lequel le point de départ est le jour où la dissimulation a cessé). **Ce report du point de départ a été jugé conforme à la Constitution** (*Cons. const., 24 mai 2019, précité*).

Le législateur prévoit **des exceptions au principe pour certaines infractions commises contre les mineurs, le point de départ étant reporté à la majorité de la victime**.

D'une part, l'article 7, alinéa 3, du CPP énonce ainsi que le délai de prescription de l'action publique des crimes mentionnés à l'article 706-47 (meurtre, viol, etc.) lorsqu'ils sont commis sur un mineur, court à compter de la majorité de ce dernier.

D'autre part, l'article 8, alinéas 2 et 3, prévoit que la prescription de l'action publique pour les délits mentionnés au même article 706-47 (agressions sexuelles notamment) ainsi que pour les délits des articles 222-12, 222-29-1 et 227-26 du Code pénal, lorsqu'ils sont commis sur des mineurs, commence à courir à la majorité de la victime. Enfin, selon l'article 9-1, alinéa 1, le délai de prescription de l'action publique du crime de clonage reproductif *(C. pén., art. 214-2)*, lorsqu'il a conduit à la naissance d'un enfant, court à compter de la majorité de ce dernier.

De son côté, la jurisprudence a longtemps retardé le point de départ du délai de prescription, par faveur pour la victime, lorsque l'infraction était occulte ou dissimulée, ce qui en empêchait la dénonciation et la poursuite. Cette solution était applicable seulement à certains délits tels que l'abus de confiance et l'abus de biens sociaux et la Cour de cassation avait, sans raison particulière, refusé, dans un arrêt du 16 octobre 2013 *(Cass. crim., 16 oct. 2013, n° 11-89.002 et 13-85.232)* d'admettre que le point de départ de la prescription du meurtre soit reporté, en cas de dissimulation du corps des victimes, au moment de la découverte des cadavres.

La loi du 27 février 2017 a consacré la solution, pour tout crime ou délit, sans l'étendre toutefois aux contraventions.

En vertu de l'article 9-1, alinéas 2 à 4 du CPP, **le délai de prescription de l'action publique de l'infraction occulte ou dissimulée court à compter du jour où l'infraction est apparue et a pu être constatée** dans des conditions permettant la mise en mouvement ou l'exercice de l'action publique. Le texte précise, d'une part, qu'est occulte l'infraction qui, en raison de ses éléments constitutifs, ne peut être connue ni de la victime ni de l'autorité judiciaire et, d'autre part, qu'est dissimulée l'infraction dont l'auteur accomplit délibérément toute manœuvre caractérisée tendant à en empêcher la découverte. Le législateur a cependant introduit une limite en prévoyant que le délai de prescription ne pourra, malgré l'application de la règle du report du point de départ du délai, jamais excédé 12 années révolues pour les délits et 30 années révolues pour les crimes à compter du jour où l'infraction a été commise.

Jurisprudence

Le directeur de cabinet du ministre de l'intérieur a été poursuivi du chef de complicité de détournement de fonds publics pour avoir ordonné au directeur général de la police nationale, qui la détenait à raison de ses fonctions, de lui remettre, en espèces, une somme issue de fonds destinés à couvrir des frais d'enquête et de surveillance. La chambre criminelle approuve les juges du fond d'avoir écarté la prescription et considère que l'affectation des fonds d'enquête et de surveillance a été tenue secrète, leurs bénéficiaires demeurant anonymes et les sommes par eux perçues, non formellement justifiées en leur principe, ni quantifiables en leur montant, ce qui permet de caractériser la dissimulation imputée aux prévenus des flux d'espèces et de leurs allocataires *(Cass. crim., 16 janv. 2019, n° 17-81.529)*.

La chambre criminelle a jugé que le délit de **blanchiment** est un **délit instantané** mais que, lorsqu'il consiste à faciliter la justification mensongère de l'origine de biens ou de revenus ou à apporter un concours à une opération de dissimulation du produit direct ou indirect d'un crime ou d'un délit, il constitue une **infraction occulte par nature** *(Cass. crim., 11 sept. 2019, n° 18-83.484)*.

II. Le calcul du délai de prescription

La question de l'écoulement du délai de prescription suppose d'abord que soit fixée la durée de ce délai, qui varie en fonction de la nature des infractions. Se pose ensuite la question de l'interruption et de la suspension de ce délai.

A La durée du délai de prescription

Les articles 7 à 9 du CPP fixent la durée des délais de prescription. Les délais applicables en principe sont, depuis la loi [n° 2017-242] du 27 février 2017, les suivants :
- **pour les crimes, 20 ans révolus** (au lieu de 10 ans auparavant) ;
- **pour les délits, 6 ans** (au lieu de 3 ans) ;
- **pour les contraventions, un an** comme par le passé.

> **Attention** Il existe de nombreuses exceptions légales dans le sens d'un allongement des délais et parfois dans le sens d'un raccourcissement.
>
> En **matière criminelle**, les crimes contre l'humanité sont imprescriptibles *(CPP, art. 7, al. 4)*.
> Il existe un délai de prescription de **30 ans** applicable aux crimes *(CPP, art. 7, al. 2)* :
> — en matière de terrorisme *(CPP, art. 706-16)* ;
> — en matière de trafic de stupéfiants *(CPP, art. 706-26)* ;

— en matière d'infractions relatives à la prolifération d'armes de destruction massive et de leurs vecteurs *(CPP, art. 706-167)* ;
— en matière d'eugénisme et de clonage reproductif *(C. pén., art. 214-1 à 214-4)* ;
— en matière de disparition forcée *(C. pén., art. 221-12)* ;
— en matière de crimes de guerre *(C. pén., Livre IV bis).*

Ce délai est également applicable aux crimes commis contre les mineurs mentionnés à l'article 706-47 du CPP *(meurtre, assassinat, tortures et actes de barbarie, viol etc.).*

En **matière délictuelle**, l'article 8, alinéas 2 à 4 du CPP, prévoit également des délais plus longs pour certains délits commis à l'encontre des **mineurs** ou pour des délits d'une nature particulière.

Il existe, en premier lieu, un délai de **10 ans** applicable aux délits mentionnés à l'article 706-47 du CPP, lorsqu'ils sont commis sur des mineurs, à l'exception de ceux mentionnés aux articles 222-29-1 et 227-26 du Code pénal.

Il existe, en second lieu, un délai de **20 ans** applicable aux délits :
— des articles 222-12, 222-29-1 et 227-26 du Code pénal, lorsqu'ils sont commis sur des **mineurs** ;
— en matière de prolifération d'armes de destruction massive et de leurs vecteurs énumérés par l'article 706-167 du CPP, lorsqu'ils sont punis de 10 ans d'emprisonnement ;
— **terroristes** énumérés par l'article 706-16 du CPP, à l'exclusion de ceux définis aux articles 421-2-5 à 421-2-5-2 du Code pénal :
— **en matière de stupéfiants** ;
— de guerre.

On rappellera que lorsqu'il s'agit d'infractions commises à l'encontre de **mineurs**, le point de départ du délai de prescription est reporté à la majorité de la victime.

Inversement, certains délais sont écourtés par le législateur, notamment pour les infractions à la loi sur la **presse** qui se prescrivent par un délai de **3 mois** *(L. 29 juill. 1881, art. 65)* ou d'un an, pour certaines d'entre elles *(L. 29 juill. 1881, art. 65-3).*

B L'interruption du délai de prescription

Les délais de prescription sont susceptibles d'être interrompus, ce qui a pour conséquence de faire repartir le délai à zéro à compter de l'acte interruptif. En pratique, les actes d'interruption peuvent se succéder, ce qui a pour conséquence une imprescriptibilité de fait de l'action publique.

Les causes d'interruption de la prescription sont énumérées, pour toutes les infractions, par l'article 9-2 du CPP, plus précisément qu'avant la loi du 27 février 2017 précitée.

Causes d'interruption (CPP, art. 9-2) :
« (...)
1° Tout acte, émanant du ministère public ou de la partie civile, tendant à la mise en mouvement de l'action publique, prévu aux articles 80, 82, 87, 88, 388, 531 et 532 du présent code et à l'article 65 de la loi du 29 juillet 1881 sur la liberté de la presse ;
2° Tout acte d'enquête émanant du ministère public, tout PV dressé par un officier de police judiciaire ou un agent habilité exerçant des pouvoirs de police judiciaire tendant effectivement à la recherche et à la poursuite des auteurs d'une infraction ;
3° Tout acte d'instruction prévu aux articles 79 à 230 du présent code, accompli par un juge d'instruction, une chambre de l'instruction ou des magistrats et officiers de police judiciaire par eux délégués, tendant effectivement à la recherche et à la poursuite des auteurs d'une infraction ;
4° Tout jugement ou arrêt, même non définitif, s'il n'est pas entaché de nullité. (...) »

Le législateur précise que l'acte interruptif fait courir un délai de prescription d'une durée égale au délai initial et que l'effet interruptif s'étend aux infractions connexes ainsi qu'aux auteurs ou complices non visés par l'acte (*V., pour la connexité, Cass. crim., 23 oct. 2019, n° 18-83.804*).

Jurisprudence

Il a donc repris les solutions admises par la jurisprudence mais la Cour de cassation a jugé que la liste des actes interruptifs n'était pas limitative *(Cass. crim., 21 janv. 2020, n° 19-84.450)*, ce qui laisse donc une grande latitude aux juges, comme par le passé. Elle a également considéré, logiquement, que le délai de prescription de l'action publique est interrompu par une ordonnance pénale, assimilable à un jugement *(Cass. crim., 21 janv. 2020, n° 19-81.066)*. De même, la consultation du fichier national des permis de conduire constitue un acte d'instruction ou de poursuite même lorsque la consultation vise une infraction ne donnant pas lieu à retrait de points du permis de conduire *(Cass. crim., 1er sept. 2020, n° 19-87.157)*.

On notera encore que la plainte simple, adressée au procureur de la République n'interrompt pas la prescription, contrairement à la plainte avec constitution de partie civile adressée au juge d'instruction, qui est un acte de poursuite (*CPP, art. 87 et 88 ; V. Cass. crim., 8 janv. 2019, n° 18-82.235*).

C La suspension du délai de prescription

Lorsqu'il existe une cause de suspension du délai, le décompte de ce dernier arrête de courir mais reprend après la fin de l'évènement suspensif.

Les cas de suspension de la prescription sont beaucoup plus restreints et rares que les actes interruptifs.

L'article 6, alinéa 2, du CPP prévoit un premier cas de suspension du délai de prescription. Selon ce texte, si des poursuites ayant entraîné condamnation ont révélé la fausseté du jugement ou de l'arrêt qui a déclaré l'action publique éteinte, celle-ci pourra être reprise. La prescription doit alors être considérée comme suspendue depuis le jour où le jugement ou arrêt était devenu définitif jusqu'à celui de la condamnation du coupable de faux ou usage de faux. En pratique, une telle hypothèse est évidemment extrêmement rare.

L'article 6-1 du CPP envisage une autre situation, celle où il est allégué qu'un crime ou un délit a été commis à l'occasion d'une poursuite judiciaire et en violation d'une disposition de procédure pénale. Le délai de prescription est suspendu tant que le caractère illégal de la poursuite n'a pas été définitivement constaté par la juridiction saisie. Selon la jurisprudence, il y a, dans ce cas, un obstacle de droit à l'exercice de l'action publique, puisqu'il est nécessaire que soit établi d'abord le caractère illégal de l'acte ou de la poursuite. Cet obstacle constitue une cause de suspension du délai de prescription.

Il existe d'autres cas particuliers de suspension, notamment à l'article 41-1 du CPP relatif aux alternatives aux poursuites (V. Fiche n° 20) ou à l'article L. 1142-7 du Code de la santé publique selon lequel la saisine de la commission régionale de conciliation et d'indemnisation des accidents médicaux suspend le délai de prescription de l'action publique *(V. Cass. crim., 8 janv. 2019, n° 18-82.235)*.

La jurisprudence a, par analogie, étendu les hypothèses de suspension de la prescription aux cas où il existe un empêchement pour une partie d'agir. Cet obstacle peut être, par exemple, un pourvoi en cassation et l'on considère que la prescription est suspendue pendant la durée de l'instance devant la Cour de cassation. L'empêchement d'agir peut être de fait, comme dans le cas d'une situation de force majeure, telle une catastrophe naturelle empêchant la victime de déposer plainte avec constitution de partie civile par exemple.

La loi du 27 février 2017 a inscrit cette jurisprudence à l'article 9-3 du CPP, selon lequel **tout obstacle de droit, prévu par la loi, ou tout obstacle de fait insurmontable et assimilable à la force majeure, qui rend impossible la mise en mouvement ou l'exercice de l'action publique, suspend la prescription**. Avant la réforme, l'assemblée plénière de la Cour de cassation avait énoncé cette règle dans un arrêt du 7 novembre 2014 *(Cass. ass. plén., 7 nov. 2014, n° 14-83.739)*, en considérant, dans une affaire de meurtres de nouveau-nés par leur mère suivis de la dissimulation des cadavres, qu'il existait un obstacle insurmontable à l'exercice des poursuites. On notera, en revanche, que la chambre criminelle *(Cass. crim., 13 déc. 2017, n° 17-83.330)* a refusé d'admettre que la seule dissimulation du cadavre d'une personne victime d'un meurtre constitue un tel obstacle.

LA PRESCRIPTION DE L'ACTION PUBLIQUE EN MATIÈRE CRIMINELLE

	Délai	Point de départ	Point de départ retardé à la découverte des faits en cas de dissimulation ou de clandestinité
Crimes de droit commun	20 ans	lendemain de la commission	oui
Crimes commis contre un mineur (CPP, art. 706-47)	30 ans	jour de la majorité de la victime	oui (sous réserve d'interprétation jurisprudentielle)
Crimes terroristes	30 ans	lendemain de la commission	oui
Crimes en matière de trafic de stupéfiants	30 ans	lendemain de la commission	oui
Crimes en matière d'infractions relatives à la prolifération d'armes de destruction massive	30 ans	lendemain de la commission	oui
Crimes en matière d'eugénisme et de clonage reproductif	30 ans	lendemain de la commission	oui
Crimes en matière de disparition forcée	30 ans	lendemain de la commission	oui
Crimes de guerre	30 ans	lendemain de la commission	oui
Crimes contre l'humanité	Aucun		

LA PRESCRIPTION DE L'ACTION PUBLIQUE EN MATIÈRE DÉLICTUELLE

	Délai	Point de départ	Point de départ retardé à la découverte des faits en cas de dissimulation ou de clandestinité
Délits de droit commun	6 ans	lendemain de la commission	oui
Délits commis contre un mineur (CPP, art. 706-47)	10 ans	jour de la majorité de la victime	oui (sous réserve d'interprétation jurisprudentielle)
Violences entraînant une ITT > 8 jours sur mineur (C. pén., art. 222-12)	20 ans	jour de la majorité de la victime	oui (sous réserve d'interprétation jurisprudentielle)
Agressions sexuelles sur mineur de 15 ans (C. pén., art. 222-29-1)	20 ans	jour de la majorité de la victime	oui (sous réserve d'interprétation jurisprudentielle)
Atteintes sexuelles sans violence avec circonstance aggravante (C. pén., art. 227-26)	20 ans	jour de la majorité de la victime	oui (sous réserve d'interprétation jurisprudentielle)
Délits terroristes (sauf exception)	20 ans	lendemain de la commission	oui
Délits en matière de trafic de stupéfiants	20 ans	lendemain de la commission	oui
Délits en matière de prolifération d'armes de destruction massive (punis de 10 ans d'emprisonnement)	20 ans	lendemain de la commission	oui
Délits de guerre	20 ans	lendemain de la commission	oui
Délits de presse ordinaires (art. 65 de la loi du 29 juill. 1881)	3 mois	lendemain de la commission	non
Délits de presse particuliers (art. 65-3 de la loi du 29 juill. 1881)	1 an	lendemain de la commission	non

LA PRESCRIPTION DE L'ACTION PUBLIQUE EN MATIÈRE CONTRAVENTIONNELLE

	Délai	Point de départ	Point de départ retardé à la découverte des faits en cas de dissimulation ou de clandestinité
Contraventions de droit commun	1 an	lendemain de la commission	non
Contraventions de presse (art. 65 de la loi du 29 juill. 1881)	3 mois	lendemain de la commission	non

POUR ALLER PLUS LOIN...

– J. BUISSON, La réforme de la prescription en matière pénale par la loi n° 2017-242 du 27 février 2017, Procédures 2017, étude 20 ;

– E. DAOUD, La prescription des infractions occultes ou dissimulées en droit pénal des affaires : à la poursuite du temps perdu, Dr. pén. 2017, dossier 3 ;

– M. DOBKINE, La transaction en matière pénale, D. 1994, chron. p 137. ;

– L. GRIFFON-YARZA, Aspects pratiques de la réforme de la prescription pénale, Dr. pén. 2017, dossier 2 ;

– A. LEPAGE et H. MATSOPOULOU, La prescription de l'action publique entre pérennité et innovations, Dr. pén. 2017, dossier 1 ;

– J.-Y. MARÉCHAL, Prescription du meurtre : « Couvrez ces cadavres que je ne saurais voir », Dr. pén. 2013, étude 18 ; Les conséquences de la dissimulation du meurtre sur sa prescription, JCP G 2018, 177.

TITRE 2
L'ACTION CIVILE

Si le procès pénal oppose en principe la société tout entière représentée par le ministère public, à l'auteur de l'infraction, il arrive fréquemment que les faits commis par ce dernier aient causé un dommage à une ou plusieurs personnes. Outre la faculté qui est donnée à ces personnes, par l'article 1er du CPP, de déclencher elles-mêmes l'action publique lorsque le ministère public ne le fait pas, elles ont le droit de demander devant le juge pénal la réparation de leur dommage, en se constituant partie civile.

Cette action civile devant le juge répressif est prévue par l'article 2 du CPP, afin de simplifier les démarches de la personne ayant souffert du dommage. En effet, en principe, l'action en réparation d'un préjudice relève de la compétence des juridictions civiles et non pénales. En tout état de cause, l'action de la partie civile se fonde nécessairement sur le droit de la responsabilité civile, le plus souvent sur l'existence d'une faute, intentionnelle ou non, commise par l'auteur des faits. Par conséquent, si le juge établit la culpabilité pénale, il s'en déduit nécessairement que la victime peut obtenir indemnisation, si les conditions d'existence de l'action civile sont réunies.

L'action civile au procès pénal présente une double nature. Si elle est fondamentalement une action en réparation du préjudice subi personnellement et résultant de l'infraction, l'exercice de l'action civile permet aussi le cas échéant le déclenchement des poursuites, si le ministère public ne l'a pas fait. Ainsi, l'on peut dire que la partie civile participe à l'accusation pénale parce qu'elle y a un intérêt évident. En effet, il faut, en principe, que la culpabilité de l'auteur des faits soit établie pour que la victime puisse obtenir devant le juge pénal une indemnisation.

L'étude de l'action civile suppose, dans un premier temps, de déterminer qui sont les parties à ladite action, en distinguant les demandeurs des défendeurs puis, dans un second temps, d'étudier l'exercice de cette action civile devant la juridiction répressive.

Fiche n° 12 Les demandeurs à l'action civile

L'ESSENTIEL

Le demandeur à l'action civile est la personne qui agit en réparation du préjudice qui découle de l'infraction. **En principe, il s'agit de la victime** de celle-ci, qui doit démontrer avoir subi un préjudice personnel découlant directement des faits constitutifs de l'infraction. Cependant, **il arrive que le demandeur à l'action civile ne soit pas dans cette situation parce qu'il défend un intérêt collectif lésé par l'infraction**. En principe, les groupements qui défendent ces intérêts collectifs ne peuvent pas agir devant les juridictions pénales parce qu'ils ne souffrent pas d'un **préjudice personnel et direct**. Cependant, le législateur les habilite parfois spécialement à exercer l'action civile. C'est le cas pour les syndicats professionnels ou certaines associations.

LES CONNAISSANCES

(CPP, art. 2)
Selon l'article 2 du CPP, « *l'action civile en réparation du dommage causé par un crime, un délit ou une contravention appartient à tous ceux qui ont personnellement souffert du dommage directement causé par l'infraction* ».

Cette formule ne vise que les victimes au sens strict alors que la réalité est plus complexe, certaines personnes pouvant se constituer parties civiles alors qu'elles ne sont pas des victimes à proprement parler. Par conséquent, la faculté de se constituer partie civile appartient d'abord à la victime mais aussi dans certains cas à d'autres personnes.

§1 La partie civile victime

Plusieurs conditions sont requises pour que la victime puisse se constituer partie civile. Elle doit justifier d'abord de sa capacité juridique mais également d'un dommage dont elle souffre personnellement et qui est causé directement par les faits commis par l'auteur de l'infraction.

I. La capacité d'agir en justice

En vertu des principes généraux applicables à toute action en justice, **l'action civile devant le juge pénal suppose que la victime soit juridiquement capable** d'exercer elle-même l'action. Par conséquent, les incapables selon les règles du droit civil ne peuvent agir en leur nom propre. Il s'agit des mineurs non émancipés et des majeurs placés sous tutelle. Dans le cas où ces personnes sont victimes d'infraction, l'action en réparation du dommage qu'elles subissent est exercée par leurs représentants légaux, pour les mineurs, et par le tuteur, pour l'incapable majeur.

Le problème qui se présente éventuellement est celui de l'infraction dont est victime un mineur dont les représentants légaux sont incapables de le protéger efficacement, le cas le plus simple étant naturellement celui où les auteurs des faits sont les parents. Le législateur a prévu ici que le procureur de la République ou le juge peut désigner un administrateur *ad hoc* qui exercera, au nom de l'enfant, les droits reconnus à la partie civile *(CPP, art. 706-50)*. D'autres dispositions permettent indirectement de faire en sorte que la victime mineure puisse se constituer partie civile. Il s'agit des règles spéciales prévues en matière de prescription de l'action publique pour les crimes et délits dont les victimes sont mineures, selon lesquelles, le délai de prescription ne commence à courir qu'à partir de la majorité des victimes *(CPP, art. 7 et 8)*.

II. Un dommage actuel personnellement causé à la victime

Selon l'article 2 du CPP, **l'action civile suppose que la victime démontre qu'elle souffre personnellement d'un dommage découlant de l'infraction**. Il est donc interdit de demander réparation d'un dommage qui a été causé à un tiers. Le préjudice pouvant présenter une nature corporelle, matérielle ou morale, les parents d'une victime de viol sont recevables à porter plainte avec constitution de partie civile même si leur enfant n'agit pas lui-même *(Cass. crim., 26 févr. 2020, n° 19-82.119)*.

La Cour de cassation considère également que l'enfant, dès sa naissance, a le droit de demander réparation du préjudice moral résultant du décès accidentel de son père survenu alors qu'il était seulement conçu *(Cass. crim., 10 nov. 2020, n° 19-87.136)*. La qualité de victime est ainsi accordée à l'enfant à naître, qui n'est pas encore une personne, à la condition qu'il naisse, ce qui constitue une application, en matière pénale, de l'adage *infans conceptus* appliqué en droit civil.

Le dommage doit être actuel, c'est-à-dire qu'il ne peut pas seulement être éventuel, susceptible de se produire. Le préjudice doit déjà être réalisé au moment où la victime se constitue partie civile. Cela pose la question de savoir si la perte d'une chance peut constituer un préjudice réparable. La perte d'une chance est celle de la survenance d'un événement favorable escompté par la victime et la jurisprudence civile comme pénale n'admet le caractère réparable de cette perte que si la chance était sérieuse et si la perte est bien réelle.

En pratique, la question du dommage est étroitement liée à la définition même de l'infraction et à ses composantes. Ainsi, certaines infractions ne causent pas de préjudice à des personnes privées, parce qu'elles protègent les intérêts juridiques de la seule société. La doctrine les qualifie d'« infractions d'intérêt général » et la jurisprudence interdit à toute personne privée de se constituer partie civile. Ainsi, les infractions incriminées par le Titre premier du Livre IV du Code pénal, et dénommées *« Atteintes aux intérêts fondamentaux de la nation »*, ne semblent pas créer de préjudice pour les particuliers mais seulement pour la société elle-même, ce qui constitue un obstacle à une action civile.

Jurisprudence

Dans certains cas, il n'est pas aisé de savoir qui peut se constituer partie civile. Ainsi, il a été jugé que le ministre du culte affectataire d'un édifice religieux au sens de l'article 5 de la loi du 2 janvier 1907, investi du pouvoir d'en organiser le fonctionnement, est recevable en cette qualité à réclamer réparation du dommage directement causé par les infractions y étant commises, qui en troublent l'ordre et le caractère propre, telles qu'une exhibition sexuelle commise dans une église *(Cass. crim., 9 janv. 2019, n° 17-81.618)*.

III. Un dommage directement causé par l'infraction

Le dommage réparable est celui qui prend directement sa source dans l'infraction. Cette condition ne se distingue pas toujours très facilement de la nécessité d'un dommage personnel, surtout en jurisprudence. Cependant, on peut illustrer la question en relevant que la détérioration d'un véhicule dans un accident de la circulation constitue un dommage découlant directement des faits mais qui peut ne pas être personnel à la victime de l'accident, si elle n'était que locataire du véhicule.

Jurisprudence

Le dommage doit découler de l'ensemble des éléments constitutifs de l'infraction visée à la poursuite. En l'occurrence, le préjudice invoqué par des personnes morales dirigeant un club sportif était celui découlant du comportement consistant, pour des participants à une compétition sportive, à s'entendre pour en fausser le résultat. La Cour de cassation estime que ce comportement n'est que l'un des faits constitutifs de l'infraction d'escroquerie dont la Française des jeux a été victime par suite de la modification frauduleuse du résultat des paris pris sur cette compétition *(Cass. crim., 21 nov. 2018, n° 17-81.096)*.

La condition de la causalité directe signifie donc que la partie civile ne peut réclamer la réparation que du dommage qui découle directement de l'infraction et non pas d'un dommage plus éloigné. La jurisprudence pénale admet que les proches de la victime de blessures par imprudence peuvent subir un dommage direct et personnel. Il s'agit là des victimes par ricochet, dont le préjudice est pourtant, en théorie, indirect. Lorsque la victime a intenté une action elle-même mais qu'elle décède en cours d'instance, les tribunaux autorisent les héritiers à poursuivre l'action qui se transmet avec le patrimoine du défunt. Dans deux arrêts du 9 mai 2008 *(Cass. ass. plén., 9 mai 2008, n° 06-85.751 et 05-87.379 ; Bull. ass. plén., n° 2)*, l'assemblée plénière de la Cour de cassation a fixé les règles applicables dans ce domaine en restreignant les droits des héritiers de la victime. Il se déduit de ces deux arrêts que si la victime directe n'a pas agi elle-même de son vivant devant le juge pénal, ses héritiers ne peuvent plus obtenir la réparation du préjudice du défunt devant le juge répressif et doivent se tourner vers le juge civil sauf si le ministère public a déclenché l'action publique, les héritiers pouvant alors se constituer parties civiles dès lors que la victime n'a pas renoncé à son droit à réparation.

Dans un autre domaine, la compagnie d'assurance qui a payé une indemnité à l'assuré, à la suite d'une infraction pénale dont celui-ci a été la victime, ne subit pas un préjudice direct parce que le paiement de l'indemnité n'est pas la conséquence de l'infraction mais résulte uniquement de l'exécution d'un contrat *(Cass. crim. 26 mars 1990, n° 88-84.584)*. De même, en présence d'un délit d'abus de biens sociaux, la Cour de cassation décide, depuis des arrêts du 13 décembre 2000 *(Cass. crim. 13 déc. 2000, n° 99-80.387)*, que seule la société subit un préjudice direct mais pas les actionnaires du fait de la dévalorisation des titres sociaux. La solution est la même pour les salariés de la société ou ses créanciers, leur préjudice étant également indirect.

Jurisprudence

Plus récemment, dans une affaire de vol à main armée dans un hôtel de luxe, la société gérant ce dernier s'est constituée partie civile devant le juge d'instruction en invoquant notamment le préjudice lié à l'obligation d'indemniser la victime du vol. La chambre criminelle a estimé que ce préjudice est susceptible d'être considéré comme découlant directement des faits en vertu des articles 1952 et 1953 du Code civil qui créent une obligation, pour l'hôtelier, d'indemniser la personne qui loge chez lui et qui est victime d'une soustraction frauduleuse (*Cass. crim., 25 juin 2019, n° 18-84.653*).

En matière de violation du secret professionnel, elle considère que le secret médical étant un droit propre au patient, son médecin n'est pas recevable à se constituer partie civile du chef de violation du secret professionnel, dans l'intérêt de celui-ci. Ainsi ne peut être qu'indirect, pour un médecin ou la société dans le cadre de laquelle il exerce ses fonctions, le préjudice résultant de l'atteinte que porterait à sa réputation la violation du secret professionnel par une salariée de cette société *(Cass. crim., 13 oct. 2020, n° 19-87.341)*.

§2 La partie civile non victime

Le problème posé ici consiste à se demander si d'autres personnes que les victimes peuvent se constituer partie civile. La question paraît se résoudre facilement au regard des exigences de l'article 2 du CPP. En effet, toute personne, physique ou morale, est apte à se constituer partie civile si elle peut démontrer qu'elle souffre d'un préjudice personnel et direct. En pratique, la question présente une acuité particulière pour les groupements défendant des intérêts collectifs. Ainsi, une association de défense des consommateurs ou des victimes d'infractions sexuelles peut-elle se constituer partie civile dans le cadre d'un procès pénal en rapport avec les intérêts qu'elle défend ?

Au point de vue théorique, la réponse est nécessairement négative. En effet, la défense d'intérêts collectifs s'identifie à celle de l'intérêt de l'ensemble de la société. Or, c'est précisément le rôle du ministère public de défendre l'intérêt général ou social. Par conséquent, les groupements prétendant défendre un intérêt collectif ne sont pas en mesure de démontrer l'existence d'un préjudice personnel directement causé par l'infraction.

Ainsi, il arrive fréquemment à la Cour de cassation de rappeler que l'action civile n'appartient qu'à ceux qui ont personnellement souffert du préjudice directement causé par l'infraction et que tel n'est pas le cas, par exemple, de la fédération de chasseurs qui invoque un « préjudice moral » tenant à l'image déplorable renvoyée par l'action de chasseurs condamnés pour infraction de chasse *(Cass. crim., 8 févr. 1995, n° 94-81.031)*. Un tel préjudice se confond avec le préjudice souffert par la société elle-même qui est « réparé » par la peine prononcée à la requête du ministère public.

En pratique cependant, face à la montée en puissance de nombreux groupements défendant des intérêts légitimes, le législateur a entendu leur permettre d'exercer les droits reconnus à la partie civile. Tel est le cas des syndicats professionnels et de certaines associations.

I. Les syndicats professionnels

Selon l'article L. 2132-3 du Code du travail, **les syndicats professionnels peuvent agir devant les juridictions répressives, s'agissant des faits qui causent un préjudice direct ou indirect à l'intérêt collectif de la profession qu'ils représentent**. Une solution identique est admise en jurisprudence, faute de texte, pour les ordres professionnels défendant l'intérêt collectif de certaines professions libérales (médecins, avocats, architectes etc.). Toute la difficulté ici est de savoir ce qu'il faut entendre par « intérêt collectif ». Il est évident que cet intérêt n'est pas la somme des intérêts personnels des membres du groupement constitué en personne morale. Si un membre d'un syndicat souffre d'un préjudice personnel et direct, le syndicat ne peut pas agir pour obtenir réparation au nom de la victime. Il faut pour cela démontrer un préjudice porté à l'intérêt collectif de la profession, pour les syndicats. Or, cet intérêt ne peut pas non plus se confondre avec l'intérêt général, parce que dans ce cas, seul le ministère public peut agir. À titre d'exemple, l'action civile d'un syndicat de bijoutier à la suite du meurtre commis sur un de ses adhérents, a été jugée irrecevable par la Cour de cassation *(Cass. crim., 29 janv. 1986, n° 85-93.219)*. Finalement, l'action civile d'un syndicat professionnel est recevable si l'infraction a porté préjudice à l'ensemble de la profession représentée par le syndicat. Par exemple, les syndicats d'ouvriers peuvent agir dans le cadre de la poursuite d'un chef d'entreprise pour homicide ou blessures par imprudence dans le cadre d'un accident du travail, parce que la sécurité des travailleurs concerne toute la profession.

En revanche, la Cour de cassation a décidé, dans un arrêt du 23 janvier 2002 *(Cass. crim., 23 janv. 2002, n° 01-83.559)*, qu'il n'y a pas d'atteinte à l'intérêt collectif de la profession en cas de poursuite d'un dirigeant d'entreprise pour harcèlement sexuel d'une salariée, le syndicat ne pouvant donc se constituer partie civile. Ceci montre que, même si l'action des syndicats est largement admise, il existe néanmoins des limites à ce pouvoir important.

II. Les associations défendant un intérêt collectif

Le législateur accorde également à certaines **associations défendant des intérêts collectifs** la possibilité de se constituer partie civile pour certaines infractions limitativement énumérées. Le législateur accroît régulièrement la liste de ces associations privilégiées, n'ayant **pas à démontrer un préjudice personnel**. On trouve un certain nombre d'exemples aux articles 2-1 à 2-24 du CPP : associations de lutte contre le racisme, les violences sexuelles, les enfants victimes de maltraitance ou d'infractions sexuelles etc. Le législateur impose souvent une certaine durée d'existence de l'association avant le procès (5 ans en général) et parfois que l'association ait obtenu l'accord de la victime directe de l'infraction considérée *(CPP, art. 2-2)*.

En outre, il existe de nombreux textes similaires extérieurs au CPP, tel que l'article L. 142-2 du Code de la consommation pour les associations de consommateurs, ou l'article L. 611-1 du Code de l'environnement pour les associations de défense de l'environnement. **Dans certains cas, le législateur autorise ces associations à agir même pour la réparation d'un préjudice indirect** causé à l'intérêt qu'elles défendent et c'est notamment le cas des associations de consommateurs.

Ceci ne permet pas, toutefois, à ces associations d'agir d'une manière générale comme en témoignent des arrêts considérant qu'une association de défense de l'environnement est irrecevable en sa plainte avec constitution de partie civile du chef de risques causés à autrui, au motif que ce délit ne fait pas partie de ceux visés par l'article L. 142-2 du Code de l'environnement, d'une part. D'autre part, elle n'est pas susceptible de subir un préjudice personnel directement causé par ce délit, au sens de l'article 2 du Code de procédure pénale *(Cass. crim., 8 sept. 2020, n° 19-85.004 et n° 19-84.995)*.

Enfin, certains textes autorisent d'autres personnes morales que des associations à exercer l'action civile, comme c'est le cas des services départementaux d'incendie et de secours, qui, en tant que personnes publiques, peuvent se constituer partie civile devant la juridiction de jugement en vue d'obtenir le remboursement des frais qu'ils ont exposés pour lutter contre un incendie *(V. Cass. crim., 14 janv. 2020, n° 19-80.186, rappelant que l'action n'est recevable qu'en cas d'incendie volontaire et non involontaire)*.

⏭ POUR ALLER PLUS LOIN...

- F. ALT-MAES, Le concept de victime en droit civil et en droit pénal, RSC 1994, p 35 ;
- R. CARIO, De la victime oubliée... à la victime sacralisée ? AJ pénal 2009, p. 491 ;
- S. DETRAZ, La théorie des infractions d'intérêt général : moribonde ou assainie ? Procédures 2009, étude 10 ;
- P. HENNION-JACQUET, L'indemnisation du dommage causé par une infraction : une forme atypique de réparation ? RSC 2013, p. 517 ;
- J.-Y. MARÉCHAL, L'assemblée plénière prend position sur l'action civile des héritiers d'une infraction pénale, JCP G 2008, II, 10124.

Fiche n° 13 Les défendeurs à l'action civile

L'ESSENTIEL

L'action civile en réparation du dommage est exercée, normalement, contre celui qui a causé le dommage, c'est-à-dire l'auteur de l'infraction. Cependant, elle peut être dirigée contre les héritiers de celui-ci, après son décès. Elle peut aussi s'exercer contre les personnes civilement responsables c'est-à-dire les personnes qui doivent juridiquement répondre des dommages causés par un tiers, ce qui est notamment le cas des parents pour les dommages causés par leurs enfants mineurs ou des commettants pour ceux causés par leurs préposés.

L'action civile peut aussi être exercée contre l'administration lorsque l'infraction a été commise par un fonctionnaire dans le cadre de ses fonctions et que la faute commise est considérée comme une faute de service.

Enfin, elle peut être dirigée contre l'assureur de l'auteur des faits si ceux-ci constituent un homicide ou des blessures involontaires.

LES CONNAISSANCES

En principe, l'action civile en réparation du dommage causé par l'infraction est dirigée contre l'auteur des faits et, le cas échéant, son complice. Cependant, contrairement à l'action publique qui ne peut être dirigée que contre ces personnes, l'action civile peut parfois viser d'autres personnes : les héritiers du délinquant, les personnes qui sont civilement responsables de lui, l'administration lorsqu'il s'agit d'un de ses préposés et enfin l'assureur de l'auteur d'un homicide ou de blessures par imprudence.

§1 Les héritiers

En vertu de la théorie du patrimoine, les héritiers sont considérés comme continuant la personne de leur auteur. Par conséquent, la dette de réparation qui naît de l'infraction se transmet aux héritiers avec l'ensemble du patrimoine. Cependant, on a dit que le décès de l'auteur de l'infraction est une cause d'extinction de l'action publique. Dès lors, les héritiers sont appelés à répondre des dommages causés par le défunt devant les juridictions civiles, en principe. Exceptionnellement, malgré l'extinction de l'action publique, l'action civile peut se poursuivre devant la juridiction répressive lorsque les poursuites ont été déclenchées contre le prévenu et que la juridiction pénale a déjà rendu une première décision au fond. Ainsi, les héritiers du délinquant peuvent être appelés à réparer le dommage causé par lui devant la cour d'appel si le tribunal correctionnel avait condamné le prévenu.

§2 Les personnes civilement responsables

Les défendeurs à l'action civile peuvent parfois être les personnes civilement responsables de l'auteur de l'infraction. Il s'agit des personnes visées par l'article 1242 du Code civil, à savoir les parents, tenus de réparer les dommages causés par leurs enfants mineurs, les commettants, devant réparer le préjudice causé par leurs préposés et les artisans pour les dommages causés par leurs apprentis. Depuis un célèbre arrêt de l'assemblée plénière de la Cour de cassation du 29 mars 1991 *(Cass. ass. plén., 29 mars 1991, n° 89-15.231 ; Bull. civ. n° 1)*, il faut considérer que cette liste n'est pas exhaustive et qu'il existe un principe général de responsabilité du fait d'autrui.

Pour être parties au procès pénal, ces personnes doivent avoir été citées devant le tribunal, en qualité de civilement responsables, par la partie civile ou par le ministère public. Elles peuvent également intervenir volontairement au cours de l'instance, si elles n'ont pas été citées.

Le statut procédural de ces personnes se révèle spécifique puisqu'elles ne disposent d'aucun droit lors de l'instruction. Elles peuvent, en revanche, se défendre à l'audience *(CPP, art. 460)*, soit en démontrant que la personne dont elles doivent répondre n'est pas coupable, soit en tentant d'échapper à leur responsabilité au regard des règles du droit de la responsabilité civile. Les personnes civilement responsables peuvent exercer les voies de recours, sur les seuls intérêts civils *(CPP, art. 497, 2°)*.

§3 L'administration

La question se pose lorsque l'infraction a été commise par un fonctionnaire et qu'elle cause un dommage à une victime. Il est admis que le fonctionnaire n'est tenu de réparer que les conséquences de ses fautes personnelles détachables de sa fonction. Les autres fautes, commises dans l'exercice de la fonction, sont des fautes de service qui engagent la responsabilité de l'administration seulement. Selon la Cour de cassation, la faute personnelle du fonctionnaire s'entend d'un manquement volontaire ou inexcusable à des obligations d'ordre professionnel ou déontologique *(Cass. crim., 2 avr. 1992, n° 90-87.579)*. Le Tribunal des conflits décide, pour sa part, que la faute commise dans l'exercice des fonctions, avec les moyens du service, par un agent qui n'était pas animé par la recherche d'un intérêt personnel, n'est pas détachable des fonctions, quelle que soit sa gravité *(T. confl., 19 oct. 1998, JCP G 1999, II, 10225)*.

S'il s'agit d'une faute de service, seules les juridictions administratives sont compétentes pour accorder une indemnisation à la victime, les juridictions judiciaires ne pouvant mettre en jeu la responsabilité de l'administration. Cependant, il existe un certain nombre d'exceptions prévues par des textes. Ainsi, seuls les tribunaux judiciaires sont compétents pour indemniser les victimes de dommages causés par un membre de l'enseignement public, et ce, quelle que soit la nature de la faute commise *(C. éduc., art. L. 911-4)*. Ici l'action est dirigée contre l'État, substitué à l'enseignant. La solution est la même pour les dommages causés par des véhicules appartenant à une administration *(L. 31 déc. 1957)*. De même, en cas d'atteintes aux libertés individuelles commises par un fonctionnaire *(C. pén., art. 432-4 à 432-6 et 432-8)*, l'article 136 du CPP prévoit que le conflit ne peut jamais être élevé par l'autorité administrative, la juridiction judiciaire étant donc compétente.

§4 L'assureur de l'auteur d'un homicide ou de blessures par imprudence

Dans certains cas, l'assureur de l'auteur d'une infraction peut être appelé en garantie. Le législateur permet l'intervention de l'assureur de l'auteur du dommage au procès pénal. Le domaine d'application de la règle est limité aux infractions d'homicide et de blessures par imprudence, selon l'article 388-1 du CPP. Il faut donc que l'auteur des faits soit poursuivi pour une de ces infractions et que le préjudice causé à la victime soit couvert par une assurance. L'assureur est assimilé procéduralement au civilement responsable, selon l'alinéa 3 du même texte. Il peut se défendre soit en démontrant que l'assuré n'est pas responsable de l'infraction, soit en déniant sa garantie, en soutenant par exemple que le contrat d'assurance est nul ou ne couvre pas le sinistre.

⏭ POUR ALLER PLUS LOIN…

- L. BORÉ, JurisClasseur Procédure pénale, Art. 2 à 3, fasc. 30.

Fiche n° 14 L'exercice de l'action civile

L'ESSENTIEL

L'action civile peut être exercée soit devant la juridiction civile, soit devant la juridiction pénale. Cette option procédurale, supposant la réunion de certaines conditions, produit des conséquences importantes puisque, si la victime du dommage choisit d'abord la voie civile, elle ne peut plus, en principe, revenir devant la juridiction pénale sauf si les poursuites sont mises en mouvement par le ministère public. En outre, si l'action civile est exercée séparément de l'action publique, des problèmes de cohérence entre les décisions peuvent se poser. Pour les éviter, on applique deux principes : celui selon lequel « *le criminel tient le civil en l'état* » et celui de « *l'autorité du pénal sur le civil* ».

Enfin, l'action civile peut être éteinte par certains évènements tels que la prescription, cause d'extinction applicable aussi à l'action publique.

LES CONNAISSANCES

En raison de sa nature d'action en responsabilité civile, l'action civile n'est pas nécessairement exercée devant la juridiction pénale mais peut l'être devant une juridiction civile. De plus, l'exercice de l'action civile suppose qu'elle ne soit pas atteinte par une cause d'extinction.

§1 L'option procédurale du demandeur à l'action civile

On verra d'abord les conditions de cette option puis sa mise en œuvre et enfin les conséquences de l'option.

I. Les conditions de l'option

Les articles 3 et 4 du CPP prévoient **que l'action civile peut être exercée soit en même temps que l'action publique devant la juridiction répressive, soit séparément de l'action publique, devant la juridiction civile**. Ce choix que possède le demandeur à l'action civile n'est cependant pas totalement discrétionnaire.

Si l'action publique est prescrite ou éteinte pour une autre cause, avant que la victime du dommage ait agi, cette dernière ne dispose plus de la possibilité de porter son action devant la juridiction pénale. Seule la voie civile lui reste ouverte. Il existe cependant des exceptions notamment dans le cas de la composition pénale. Selon l'article 41-2, alinéa 9 du CPP, en cas d'exécution de la composition pénale, l'action publique est éteinte mais la victime conserve le droit de faire citer directement l'auteur des faits devant la juridiction pénale, qui statuera sur les seuls intérêts civils. En revanche, si la victime du dommage avait déjà entamé la procédure devant le tribunal pénal, l'extinction de l'action publique n'a pas pour conséquence celle de l'action civile, la juridiction répressive restant saisie de l'action civile.

De plus, le choix entre la voie civile ou pénale suppose que les deux voies soient ouvertes ce qui n'est pas toujours le cas. Par exemple, la juridiction civile est incompétente, en vertu de l'article 46 de la loi du 29 juillet 1881 sur la liberté de la presse, pour statuer sur la réparation du dommage causé par le délit de diffamation envers un corps constitué, une administration ou un agent public notamment (*V. art. 30 et 31 de la loi*), sauf en cas de décès de l'auteur ou d'amnistie. La victime doit donc agir ici devant le tribunal correctionnel pour exercer l'action civile. Inversement, certaines juridictions pénales d'exception ne statuent que sur l'action publique et sont incompétentes sur l'action civile. C'est le cas de la CJR, compétente pour juger les infractions commises, à l'occasion de leurs fonctions par les ministres et membres du gouvernement, devant laquelle la constitution de partie civile est interdite. Dans le même ordre d'idées, la loi n° 2019-222 du 23 mars 2019 a créé un article 706-16-1 du CPP selon lequel lorsqu'elle est exercée devant les juridictions répressives, l'action civile portant sur une infraction de terrorisme ne peut avoir pour objet que de mettre en mouvement l'action publique ou de soutenir cette action. Elle ne peut tendre à la réparation du dommage causé par cette infraction. L'action civile en réparation de ce dommage ne peut être exercée que devant une juridiction civile, séparément de l'action publique, l'article 5 n'étant alors pas applicable. Cette règle s'explique par le fait qu'en vertu de l'article L. 217-6 du COJ, créé par la même loi, le TJ de Paris est désormais seul compétent pour statuer sur les demandes d'indemnisation de victimes d'infractions de terrorisme.

Il faut enfin noter que le dommage subi par la victime trouve sa source dans une infraction. Aux termes de l'article 2, alinéa 1 du CPP, le dommage doit avoir été causé directement par un crime, un délit ou une contravention. Donc, si le dommage trouve sa source ailleurs que dans l'infraction elle-même, la victime ne peut pas agir devant la juridiction pénale mais seulement devant la juridiction civile. L'article 3, alinéa 2 du CPP apporte néanmoins des tempéraments à ce principe. En effet, il dispose que l'action civile « *sera recevable pour tous chefs de dommages, aussi bien matériels que corporels ou moraux qui découleront des faits objets de la poursuite* ». Par conséquent, ce texte permet à la victime d'un dommage corporel résultant directement d'une infraction, de demander au juge pénal la réparation du dommage corporel et du dommage matériel même si ce dernier ne trouve pas son origine dans la qualification pénale, du moment qu'il résulte des mêmes faits matériels que ceux qui ont fait l'objet de la poursuite pénale. Par exemple, la victime de blessures par imprudence commises dans un accident de la circulation peut agir devant le juge pénal pour la réparation de son préjudice corporel mais aussi de son préjudice matériel consistant dans la destruction de son véhicule, alors que ce dernier préjudice ne découle pas de l'infraction mais seulement des faits.

II. La mise en œuvre de l'option

L'option du demandeur à l'action civile signifie qu'il est **libre de présenter sa demande en réparation devant la juridiction civile ou pénale**. Cette faculté va même jusqu'à permettre à la victime du dommage de déclencher elle-même les poursuites, si le parquet ne l'a pas encore fait, selon l'article 1er, alinéa 2 du CPP. Cependant, **ce choix est, en principe, irrévocable c'est-à-dire qu'il n'est pas possible au demandeur de revenir en arrière**.

Cette règle, exprimée par l'adage latin « *electa una via non datur recursus ad alteram* », n'a cependant pas une portée générale. En effet, selon l'article 5 du CPP, le choix de la victime n'est irrévocable que dans un sens, à savoir lorsqu'elle a choisi la voie civile. Dans ce cas, le texte énonce qu'elle ne peut plus porter l'action devant la juridiction répressive. Mais la suite du texte atténue encore la force de la règle puisqu'il dispose que si, après que la victime a saisi la juridiction civile, le ministère public déclenche des poursuites pénales, la victime peut revenir devant la juridiction pénale, à condition que la juridiction civile n'ait pas encore statué par un jugement au fond.

Dans le cas inverse où la victime aura saisi d'abord la juridiction pénale, il ne lui est pas interdit de se désister de son action pour la reprendre devant une juridiction civile *(CPP, art. 426)*. En outre, la règle ne s'oppose pas à l'existence de deux actions dirigées par la victime contre la même personne, l'une au civil et l'autre au pénal, si les deux actions n'ont pas le même fondement. En d'autres termes, la victime ne peut réclamer réparation devant les deux juridictions en même temps mais elle peut agir devant le tribunal civil en nullité d'un contrat et réclamer devant le juge pénal une indemnisation pour le dommage causé par l'escroquerie consistant à avoir fait signer le contrat. L'existence d'une action devant la juridiction civile n'empêche donc pas nécessairement l'exercice de l'action civile devant la juridiction répressive, s'il n'y a pas identité de parties, de cause et d'objet entre les deux actions. En résumé, le caractère irrévocable de l'option de la victime du dommage est largement atténué en pratique.

Si la victime choisit la voie pénale, soit elle déclenche les poursuites, par la voie d'action, lorsque le ministère public n'a pas encore agi ; soit elle se constitue partie civile dans la procédure pénale déjà mise en mouvement par le parquet, par voie d'intervention, quel que soit le stade de cette procédure, instruction ou jugement. En tout état de cause, elle devient partie à la procédure, ce qui lui donne le droit notamment d'exercer les voies de recours contre certaines ordonnances du juge d'instruction et contre tous les jugements, avec cette réserve cependant qu'elle ne peut user de ces voies de recours que relativement à l'action civile.

III. Les conséquences de l'option

Ces conséquences diffèrent selon que la victime a fait le choix de la voie civile ou de la voie pénale.

A L'exercice de l'action civile devant la juridiction civile

La victime peut choisir d'exercer son action devant une juridiction civile. Dans ce cas, l'affaire est jugée en application des règles du droit et de la procédure civils. Cependant, l'origine pénale du dommage de la victime peut avoir une influence sur le procès civil. En effet, soit le ministère public n'a pas exercé l'action publique devant la juridiction pénale ou le procès civil est jugé avant toute saisine du juge pénal. Dans ce cas, le procès civil est complètement indépendant du procès pénal, le juge civil ayant toute liberté d'appréciation et de jugement. Soit, le procès civil est engagé après que le ministère public a lui-même exercé l'action publique devant une juridiction pénale. Le procès civil va alors dépendre du jugement de l'action publique.

Cette dépendance, qui tient au fait que l'action civile est une action en réparation d'un dommage pénal, entraîne deux conséquences importantes :

— d'une part, tant que la juridiction pénale n'a pas statué sur l'action publique, la juridiction civile doit surseoir à statuer, en attendant la décision du juge pénal. Cette règle est posée à l'article 4, alinéa 2 du CPP et s'exprime par la formule « *le criminel tient le civil en l'état* » ;

— d'autre part, quand la juridiction civile statue après la décision du juge pénal, elle doit respecter la décision du juge pénal pour qu'il n'y ait pas de contrariété entre leurs décisions respectives. Cette règle, affirmée par la jurisprudence, pose le principe de l'autorité de la chose jugée au pénal sur le civil.

1 Le criminel tient le civil en l'état

L'article 4, alinéa 2 du CPP dispose qu'« *il est sursis au jugement de cette action* (l'action en réparation du dommage) *exercée devant la juridiction civile tant qu'il n'a pas été prononcé définitivement sur l'action publique lorsque celle-ci a été mise en mouvement* ».

L'application de cette règle suppose la réunion de deux conditions. En premier lieu, il est **nécessaire que l'action publique soit mise en mouvement avant ou pendant le procès civil**. Il faut ensuite qu'il **y ait identité de fait entre les deux actions**, ce qui veut dire que l'action publique et l'action civile doivent être relatives au même fait. Selon la jurisprudence, pour qu'il y ait identité de fait, il n'est pas absolument nécessaire qu'il y ait identité d'objet, ni même identité de cause : il suffit qu'il existe entre les deux actions une question commune que la juridiction civile ne puisse pas trancher sans constater l'infraction commise et donc risquer de se mettre en contradiction avec le juge pénal. Par exemple, il y a identité de fait lorsque l'action civile exercée devant le juge civil consiste à demander réparation du dommage directement causé par l'infraction et qu'elle a pour fondement la faute pénale.

Lorsque ces deux conditions sont réunies, le juge civil doit surseoir à statuer, sous peine de nullité absolue de la procédure, jusqu'à ce qu'une décision pénale définitive soit intervenue. Cette règle revêt un caractère d'ordre public mais le sursis doit être demandé par l'une des parties, lesquelles ne peuvent y renoncer.

> **Attention** L'article 4, alinéa 3, du CPP dispose que « *la mise en mouvement de l'action publique n'impose pas la suspension du jugement des autres actions exercées devant la juridiction civile, de quelque nature qu'elles soient, même si la décision à intervenir au pénal est susceptible d'exercer, directement ou indirectement, une influence sur la solution du procès civil* ». Cette disposition a pour objet de faire obstacle à la manœuvre d'un justiciable qui consisterait à déclencher l'action publique, par exemple par une citation directe, dans le but dilatoire d'entraver un procès civil déjà engagé mais n'ayant pas pour objet la réparation du dommage causé par une infraction. Il donne une certaine liberté au juge civil qui n'est plus contraint de surseoir à statuer en cas de déclenchement de l'action publique, sauf dans le cas où il est saisi d'une action en responsabilité en vue de la réparation d'un dommage consécutif à une infraction, lorsque des poursuites pour cette dernière sont engagées.

2 L'autorité de la chose jugée au criminel sur le civil

Quand il statue après le juge pénal, le juge civil est lié par la décision du premier. La jurisprudence affirme que le juge civil ne peut méconnaître ce qui a été jugé certainement et nécessairement par le juge pénal *(V. par ex., Cass. 3e civ., 11 mai 2000 ; n° 98-18.791)*.

Attention Il existe cependant des atténuations importantes à cette règle, notamment dans le domaine des infractions non-intentionnelles, depuis la loi [n° 2000-647] du 10 juillet 2000. Ainsi, l'article 4-1 du CPP prévoit que l'absence de faute pénale non-intentionnelle au sens de l'article 121-3 du Code pénal ne fait pas obstacle à l'exercice d'une action devant les juridictions civiles afin d'obtenir la réparation d'un dommage sur le fondement de l'article 1241 du Code civil si l'existence de la faute civile est établie. Avant la loi du 10 juillet 2000, si le prévenu poursuivi pour blessures par imprudence était relaxé, il était exclu que le juge civil saisi par la victime affirme l'existence d'une faute civile. C'est désormais possible, ce qui montre que la décision de relaxe n'a plus, dans ce domaine, autorité sur le civil.

B L'exercice de l'action civile devant la juridiction pénale

La victime peut exercer son action civile devant une juridiction pénale en se constituant partie civile. Cette constitution de partie civile peut avoir lieu par **voie d'action**, lorsqu'elle a pour conséquence de déclencher les poursuites, ou par **voie d'intervention**, lorsque la poursuite a déjà été mise en mouvement par le ministère public. La voie d'action consiste soit dans une citation directe devant le tribunal de police ou le tribunal correctionnel, soit en une plainte avec constitution de partie civile devant un juge d'instruction (V. Fiche n° 29).

Quand le ministère public a déjà engagé l'action publique, la victime peut se constituer partie civile soit devant la juridiction de jugement, soit devant le juge d'instruction.

Devant le juge d'instruction, c'est l'article 87, alinéa 1er du CPP qui dispose :

(CPP, art. 87, al. 1er)
« La constitution de partie civile peut avoir lieu à tout moment au cours de l'instruction ».
Elle se formalise par l'envoi d'une simple lettre au juge d'instruction.
Devant la juridiction de jugement, le principe est posé par l'article 418 du CPP.
(CPP, art. 418)
« Toute personne qui, conformément à l'article 2, prétend avoir été lésée par un délit, peut, si elle ne l'a déjà fait, se constituer partie civile à l'audience même.
Le ministère d'un avocat n'est pas obligatoire.
La partie civile peut, à l'appui de sa constitution, demander des dommages-intérêts correspondant au préjudice qui lui a été causé ».

La constitution de partie civile peut avoir lieu soit avant l'audience, au greffe du tribunal ou par lettre recommandée avec avis de réception ou encore par télécopie *(CPP, art. 420-1)*, soit au cours de l'audience, avant les réquisitions du procureur de la République *(CPP, art. 421)*.

§2 L'extinction de l'action civile

L'action civile peut s'éteindre par les modes ordinaires d'extinction des actions de nature civile mais elle peut disparaître aussi en raison de la disparition de l'action publique.

I. L'extinction de l'action civile par voie principale

Il s'agit de la transaction avec l'auteur du dommage, contrat par lequel les parties s'accordent pour mettre fin au litige selon les articles 2044 et 2046 du Code civil. Cette transaction n'a pas d'effet sur l'action publique sauf dans les cas où ce sont les administrations qui peuvent transiger (V. Fiche n° 10). La victime peut également renoncer à réclamer l'indemnisation du préjudice qu'elle a subi. L'article 2, alinéa 2, du CPP indique que la renonciation n'a pas d'effet sur l'action publique sauf si l'infraction poursuivie supposait une plainte préalable de la victime. De la renonciation proprement dite qui intervient avant toute poursuite, peut être rapproché le désistement de la partie civile, intervenant après le déclenchement de l'action publique et qui n'a pas non plus d'effet sur celle-ci. Son effet est même limité sur l'action en réparation puisque le désistement de partie civile n'interdit pas de demander une réparation devant la juridiction civile selon l'article 426 du CPP.

II. L'extinction de l'action civile par voie de conséquence

L'extinction de l'action publique peut entraîner celle de l'action civile. La cause d'extinction qui touche à la fois l'action publique et l'action civile est la prescription. Pendant très longtemps, la règle appliquée devant les juridictions répressives quant à la prescription de l'action civile fut celle de la « solidarité des prescriptions ». Cette règle signifiait que l'action civile née d'une infraction se prescrivait dans les mêmes délais que l'action publique (10 ans, 3 ans ou 1 an, à l'époque). Cette règle était défavorable aux victimes d'infractions puisque lorsque l'action publique était prescrite, la victime était privée de toute action même devant une juridiction civile. Le législateur y a mis fin par la loi [n° 80-1042] du 23 décembre 1980 en prévoyant, à l'article 10, alinéa 1er du CPP, que « *l'action civile se prescrit selon les règles du Code civil* ». Cependant, une nouvelle réforme étant intervenue par la loi n° 2008 561 du 17 juin 2008, le texte prévoit désormais que « ***lorsque l'action civile est exercée devant une juridiction répressive, elle se prescrit selon les règles de l'action publique. Lorsqu'elle est exercée devant une juridiction civile, elle se prescrit selon les règles du code civil*** » *(V., pour un rappel de la règle, Cass. crim., 23 oct. 2018, n° 17-84.018)*. Il existe donc un alignement des délais de prescription, qui s'explique par le fait que la loi de 2008 a raccourci les délais de prescription en matière civile en prévoyant, notamment, que le délai de droit commun est désormais de **5 ans** *(C. civ., art. 2224)*. Le but est donc de permettre à la victime d'un dommage de réclamer réparation de celui-ci devant le juge répressif même si l'action civile est déjà prescrite selon les règles du Code civil. On notera que l'article 2226 du Code civil prévoit que l'action en responsabilité née à raison d'un évènement ayant entraîné un dommage corporel se prescrit par **10 ans**. Le délai pour les autres dommages est donc de **5 ans**.

En pratique, tant que l'action publique n'est pas prescrite, la victime peut donc agir devant le juge pénal, même si l'action civile est prescrite selon le Code civil. Lorsque l'action publique est prescrite, elle peut encore demander réparation devant le juge civil si la prescription de l'action civile selon les règles du Code civil n'est pas déjà acquise. Par exemple, s'il s'agit d'un délit de violences volontaires, l'action publique sera prescrite au bout de 6 années à compter des faits mais la victime pourra encore demander réparation devant le juge civil puisque le délai pour un dommage corporel est de 10 ans.

CONDITIONS DE L'ACTION CIVILE

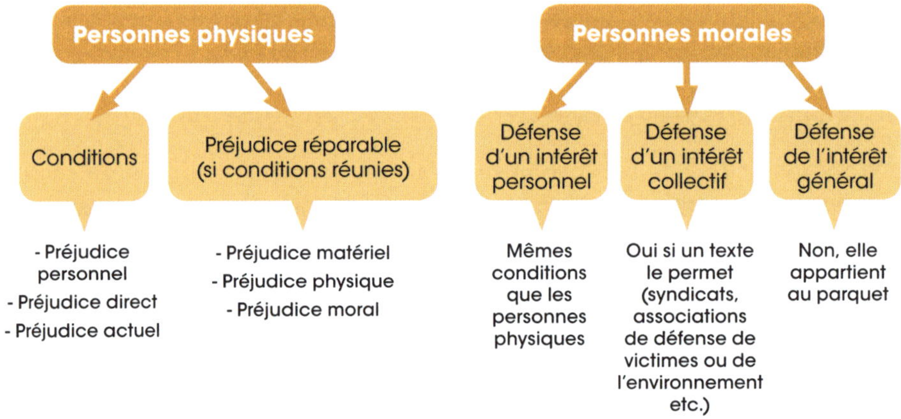

POUR ALLER PLUS LOIN...

- C. DESNOYER, L'article 4-1 du Code de procédure pénale, la loi du 10 juillet 2000 et les ambitions du législateur : l'esprit contrarié par la lettre, D. 2012, p. 979 ;
- M. PRALUS, Observations sur l'application de la règle « Le criminel tient le civil en l'état », RSC 1972, p. 322 ;
- L. RASCHEL, Responsabilité civile, responsabilité pénale : regards croisés – L'option de la victime entre la voie civile et la voie pénale, Responsabilité civile et assurances 2013, dossier 24.

P@RTIE 3

LES INVESTIGATIONS PRÉALABLES AUX POURSUITES

Au sens strict, poursuivre signifie déclencher l'action publique en répression et en application de la loi pénale, ce qui implique, sauf exception, de saisir une juridiction. Cependant, intenter des poursuites n'est pas toujours possible ou souhaitable selon les circonstances. Il se peut notamment que l'on ne connaisse pas l'auteur des faits constitutifs de l'infraction ou qu'il soit nécessaire d'éclaircir une situation de fait complexe ou obscure. C'est pourquoi l'acte de poursuite peut être précédé d'opérations préalables destinées à éclairer le ministère public sur la décision à prendre concernant l'action publique. Ces actes sont réalisés par la police judiciaire et précèdent fréquemment le déclenchement des poursuites pénales. On étudiera donc ces opérations que sont les contrôles et vérifications d'identité (Titre 1) et les enquêtes de police (Titre 2). Cependant, il convient, à titre préliminaire, d'analyser les règles de preuve applicables en matière pénale.

Fiche n° 15 Les règles de preuve en matière pénale

L'ESSENTIEL

Le principe essentiel en matière de preuve pénale est celui de la présomption d'innocence qui signifie qu'il revient à l'autorité de poursuite d'établir l'existence de l'infraction et la culpabilité de l'auteur. Les moyens de preuve en matière pénale sont très variés en raison du principe de la liberté de la preuve qui a pour effet que tout mode de preuve est admissible, aucun n'ayant, *a priori*, une valeur supérieure à un autre. La liberté de la preuve a pour conséquence le principe de l'intime conviction selon lequel la juridiction apprécie librement la valeur probante des éléments de preuve, aucune hiérarchie n'existant entre eux, sauf exceptions. Enfin, la preuve doit être administrée de manière loyale c'est-à-dire sans que des ruses ou stratagèmes soient utilisés.

LES CONNAISSANCES

La question de la preuve en droit pénal est dominée par un principe fondamental qui est celui de la présomption d'innocence. Deux autres principes complémentaires s'appliquent à l'administration de la preuve : celui de la liberté des preuves et celui de l'intime conviction.

§1 La présomption d'innocence

(CPP, art. prélim., III)
« *Toute personne suspectée ou poursuivie est présumée innocente tant que sa culpabilité n'a pas été établie. Les atteintes à sa présomption d'innocence sont prévenues, réparées et réprimées dans les conditions prévues par la loi* ».

La présomption d'innocence est également évoquée par l'article 9 de la Déclaration des droits de l'homme et du citoyen de 1789, texte possédant une valeur constitutionnelle, et elle constitue un véritable droit subjectif de la personne, reconnu également par l'article 6, 2° de la Conv. EDH, texte ayant une valeur supérieure à la loi interne.

En théorie, la présomption d'innocence n'est relative qu'à la charge de la preuve. Elle consiste donc à affirmer que c'est à l'autorité de poursuite d'établir la preuve de la culpabilité de la personne poursuivie ou suspectée puisque c'est elle qui est demandeur à l'action publique. Cependant, le principe ne peut être réduit à une telle acception, limitée et dépourvue de toute spécificité. En réalité, le constat qui conduit à protéger la présomption d'innocence, est celui de l'existence de fréquentes atteintes à celle-ci, liées à des facteurs très variables. Ainsi, la détention provisoire, constitue, en soi, une atteinte à cette présomption. De même, le fait d'être exposé dans les journaux comme le suspect principal d'une infraction apparaît attentatoire à ce droit.

Aussi, la protection de la présomption d'innocence consiste à permettre notamment à la personne présentée publiquement comme coupable d'infractions de saisir le juge civil qui pourra prescrire, aux termes de l'article 9-1 du Code civil, « *toutes mesures, telles que l'insertion d'une rectification ou la diffusion d'un communiqué, aux fins de faire cesser l'atteinte à la présomption d'innocence, et ce aux frais de la personne, physique ou morale, responsable de cette atteinte* ». Naturellement, cette procédure peut se cumuler avec un procès plus classique en responsabilité civile pour faute *(C. civ., art. 1240)*. Il est même possible que cette atteinte à la présomption d'innocence prenne la forme d'une infraction pénale : diffamation, violation du secret de l'instruction et du secret professionnel ou dénonciation calomnieuse.

La Cour de cassation considère toutefois, dans le cadre de l'article 9-1 du Code civil, que les droits à la présomption d'innocence et à la liberté d'expression ayant la même valeur normative, le juge doit les mettre en balance en fonction des intérêts en jeu et privilégier la solution la plus protectrice de l'intérêt le plus légitime *(Cass. 1re civ., 6 janv. 2021, n° 19-21.718)*.

Cependant, **la protection de la présomption d'innocence consiste aussi à permettre à la personne suspectée de pouvoir se défendre dans les meilleures conditions**. Aussi faut-il rattacher à la présomption d'innocence de nombreuses règles plus techniques destinées à favoriser les droits de la défense. Par exemple, selon l'article 81, alinéa 1er du CPP, le juge d'instruction instruit « *à charge et à décharge* », c'est-à-dire que son rôle n'est pas limité à la recherche d'éléments de preuve de la culpabilité d'une personne suspectée mais aussi de son innocence. Dans un autre domaine, les droits de la personne gardée à vue, prévus par les articles 63-2 et suivants du CPP, se rattachent directement à la présomption d'innocence. De même, l'affirmation selon laquelle la liberté est le principe et le placement en détention provisoire, l'assignation à résidence sous surveillance électronique ou le contrôle judiciaire l'exception, est une conséquence de la présomption d'innocence *(CPP, art. 137)*.

Ainsi, **la présomption d'innocence constitue une notion transversale qui ne se limite nullement au problème de la charge de la preuve**. En outre, elle se situe au cœur de la question omniprésente en procédure pénale et en droit pénal, à savoir le difficile équilibre entre, d'une part, les libertés individuelles et, d'autre part, les nécessités de la protection de la société contre les agissements qui troublent l'ordre public.

§2 L'administration de la preuve

Le principe de la liberté des preuves en matière pénale possède deux sens complémentaires. En premier lieu, il signifie que **tous les modes de preuve sont admis**, sans restriction. En second lieu, **le juge est également libre d'apprécier la valeur des modes de preuve qui lui sont soumis**, aucun n'ayant, sauf exception, une valeur probante supérieure à un autre. C'est le célèbre **principe de l'intime conviction** du juge. Il reste cependant que ce principe trouve une limite dans une exigence supérieure : la preuve ne doit pas avoir été obtenue par des moyens illégaux ou déloyaux.

I. Les différents modes de preuve

Selon l'article 427 du CPP, sauf exception légale, « *les infractions peuvent être établies par tout mode de preuve* ». Les moyens les plus courants sont les aveux, les écrits, les témoignages et les présomptions ou indices. Les moyens de preuve scientifiques doivent aussi être évoqués.

A L'aveu

Il consiste dans la reconnaissance par la personne suspectée de sa culpabilité. Longtemps considérée comme la « reine des preuves » en matière pénale, l'aveu conserve une place importante. Cependant, ce mode de preuve n'a juridiquement aucune supériorité par rapport aux autres et il inspire même parfois une certaine méfiance dès lors que l'aveu peut avoir été formulé à la suite de pressions ou plus simplement par lassitude de la personne interrogée. En outre, il peut avoir des motivations, telle que la volonté de « couvrir » le vrai coupable, qui obligent à le considérer avec circonspection.

On observera cependant **que le législateur lui confère dans certains cas un rôle non négligeable**. Par exemple, la procédure de composition pénale, qui permet au procureur de la République de proposer à l'auteur de certaines infractions d'accomplir des mesures afin d'éviter des poursuites, suppose, selon l'article 41-2 du CPP, que la personne ait reconnu avoir commis l'infraction (V. Fiche n° 27). Il existe une autre procédure proche de la composition qui suppose, elle aussi, l'aveu du prévenu : la comparution sur reconnaissance préalable de culpabilité (V. Fiche n° 28).

Inversement, l'article préliminaire du CPP mentionne qu'« *en matière criminelle et correctionnelle, aucune condamnation ne peut être prononcée contre une personne sur le seul fondement de déclarations qu'elle a faites sans avoir pu s'entretenir avec un avocat et être assistée par lui* », ce qui revient à réglementer en partie la preuve par l'aveu.

B La preuve écrite

Les écrits présentant un caractère probatoire en matière pénale sont **les procès-verbaux** (PV) ou **les rapports**, les lettres missives ou autres écrits constituant en réalité des présomptions ou des indices.

Les PV émanent, selon les articles 19 et 20 du CPP, des OPJ ou des APJ. Ils peuvent aussi être dressés, quand la loi le prévoit, par certains fonctionnaires habilités à constater des infractions, comme par exemple les ingénieurs, chefs de district et agents techniques des eaux et forêts ou les gardes champêtres *(CPP, art. 22)* mais aussi les inspecteurs ou contrôleurs du travail pour les infractions du Code du travail, par exemple *(C. trav., art. L. 8113-7)*. Les rapports sont rédigés par les APJ adjoints, qui doivent les transmettre à leurs supérieurs hiérarchiques, selon l'article 21 du CPP. On notera cependant que les agents de police municipale, qui sont APJ adjoints, peuvent dresser des PV pour les contraventions aux arrêtés municipaux et pour certaines infractions au Code de la route *(CPP, art. 21-2, al. 2 ; CSI, art. L. 511-1 et R. 511-1)*.

L'objet des PV est d'abord de constater les infractions mais aussi de mentionner les opérations de police judiciaire effectuées par les agents. Si les rapports n'exigent pas de conditions de forme particulière, il en va différemment des PV, dont le formalisme est variable et peut conditionner leur force probante. En effet, dans certains domaines, les PV constituent un mode de preuve auquel la loi accorde une primauté, par exception au principe.

C Les témoignages

Le témoignage est le **récit fait par une personne à un enquêteur ou à un juge d'instruction de ce qu'elle peut savoir sur les circonstances d'une infraction ou sur son auteur**. Le témoignage peut intervenir soit au cours de l'enquête, soit au cours de l'instruction, soit devant la juridiction de jugement.

Les témoignages revêtent une importance très grande en pratique mais présentent des faiblesses. Le témoin peut mentir ou bien, s'il est sincère, il peut se tromper ou avoir oublié.
Le législateur réglemente ce mode de preuve en prévoyant notamment que toute personne ne peut être témoin. Ainsi, l'interprète intervenant dans une procédure ne peut être témoin *(CPP, art. 344)*, pas plus que le juge, le juré ou le greffier, en raison du risque de partialité. En revanche, les acteurs de la procédure, comme les policiers ou même le juge d'instruction, peuvent témoigner au cours du procès dès lors que leur rôle est achevé. De la même manière, la victime qui s'est constituée partie civile ne peut plus témoigner. Il en va de même des personnes mises en examen ou poursuivies, le principe étant que les qualités de témoin et de partie sont exclusives l'une de l'autre.

Il existe également des incapacités de témoigner. Tel est le cas notamment du mineur âgé de moins de 16 ans, qui peut être entendu mais sans prêter serment *(CPP, art. 108 et 335)* ou des ascendants, conjoints, descendants, frères et sœurs des accusés ou prévenus *(CPP, art. 335, 448 et 536)*. Toutes ces personnes peuvent déposer mais leurs dires ne vaudront que comme simples renseignements.

Il convient de noter, au contraire, que toute personne est tenue d'apporter son concours à la justice *(C. civ., art. 10)*, au besoin en témoignant, et que l'abstention de dénoncer des infractions constitue une infraction pénale *(C. pén., art. 434-1)*, tout comme celle de témoigner en faveur d'un innocent *(C. pén., art. 434-11)*.

Selon l'article 103 du CPP, **le témoignage est effectué sous serment devant le juge d'instruction** (sauf pour le témoin assisté, *CPP, art. 113-7*), ce qui donne une valeur particulière aux dires de la personne et a pour conséquence que les fausses déclarations faites dans ce cadre constituent le délit de faux témoignage. Ce serment consiste à jurer de dire la vérité, toute la vérité et rien que la vérité. La solution est la même pour les témoins déposant oralement devant les juridictions de jugement et qui doivent répondre aux questions des magistrats ou des parties au procès. **En revanche, les témoignages recueillis par les policiers au cours des enquêtes le sont sans prestation de serment** *(CPP, art. 62 et 78)*.

Les témoins ont l'obligation de déposer sincèrement mais cette obligation n'est sanctionnée pénalement qu'à la suite d'un long parcours : le témoin qui fait une déposition mensongère sous serment n'encourt les peines du faux témoignage que si la déposition est devenue irrévocable, c'est-à-dire maintenue jusqu'à la clôture des débats.

Le témoignage sans prestation de serment a valeur de simple renseignement et apparaît donc comme un élément de preuve moins convaincant. Mais la juridiction de jugement se prononce selon son intime conviction et apprécie donc souverainement la valeur des témoignages, qu'ils soient ou non précédés d'un serment.

On notera encore qu'un témoin peut, à certaines conditions, déposer de manière anonyme *(V. CPP, art. 706-58 à 706-63)* et que, dans ce cas, aucune condamnation ne peut être prononcée sur le seul fondement de déclarations recueillies de cette manière.

D Les présomptions et indices

On peut définir l'indice ou la présomption de fait comme un **élément quelconque dont on peut déduire une probabilité ou une certitude quant à la réalité des faits ou à la culpabilité de la personne**. En pratique, cette catégorie est très vaste et regroupe des situations extrêmement variées, comme des constatations purement matérielles, des déclarations de personnes qui ne sont pas témoins, des dénonciations etc. C'est fréquemment la réunion ou le faisceau d'indices qui permet d'établir indirectement la culpabilité.

Il convient de distinguer la présomption de fait de la présomption légale, qui n'existe qu'exceptionnellement parce qu'elle est, en soi, contraire à la présomption d'innocence. Ainsi, en matière de blanchiment, l'article 324-1-1 du Code pénal prévoit que, pour caractériser le délit qui consiste, notamment, dans la justification mensongère de l'origine des biens ou des revenus de l'auteur d'un crime ou d'un délit ayant procuré à celui-ci un profit direct ou indirect, *« les biens ou les revenus sont présumés être le produit direct ou indirect d'un crime ou d'un délit dès lors que les conditions matérielles, juridiques ou financières de l'opération de placement, de dissimulation ou de conversion ne peuvent avoir d'autre justification que de dissimuler l'origine ou le bénéficiaire effectif de ces biens ou revenus »*. D'autres présomptions de même nature ont été instituées, notamment en matière d'infractions douanières *(C. douanes, art. 424 à 428)*. En tout état de cause, de telles présomptions de culpabilité ne sont admissibles qu'à condition de pouvoir être combattues par les personnes sur qui elles pèsent, sinon elles sont contraires à la présomption d'innocence, et donc à l'article 6, 2° de la Conv. EDH.

E Les moyens de preuve scientifiques

Des modes d'investigation techniques et scientifiques se développent depuis plusieurs décennies, en raison des évolutions de la science. Ils sont souvent utilisés et susceptibles d'apporter des éléments déterminant pour confondre les criminels et délinquants. On évoquera, à ce titre, l'utilisation des empreintes génétiques, la géolocalisation et l'enquête sous pseudonyme, ces différents procédés étant aujourd'hui applicables de manière générale.

1. Les empreintes génétiques

D'une manière générale, la loi [n° 94-653] du 29 juillet 1994 a créé un article 16-11 dans le Code civil, qui prévoit, notamment, que « *l'identification d'une personne par ses empreintes génétiques ne peut être recherchée que dans le cadre de mesures d'enquête ou d'instruction diligentées lors d'une procédure judiciaire* ». Dans un second temps, la loi [n° 98-468] du 17 juin 1998 a créé un fichier national des empreintes génétiques d'auteurs d'infractions sexuelles, réglementé par les articles 706-54 et suivants du CPP. Le législateur a ensuite élargi et précisé les hypothèses où les prélèvements aux fins d'établir des empreintes génétiques sont possibles. On notera que le fichier contient non seulement les empreintes de personnes condamnées mais aussi celles de personnes seulement suspectées. De plus, la France a été condamnée récemment par la CEDH *(CEDH, 22 juin 2017, n° 8806/12, Aycaguer c. France)* pour violation du droit au respect de la vie privée, en raison du dispositif de conservation des empreintes génétiques dans le fichier. Le législateur a réagi par la loi du 23 mars 2019 qui a créé un article 706-54-1 du CPP donnant le droit aux personnes inscrites dans le fichier de demander l'effacement de leurs empreintes, à certaines conditions.

2. La géolocalisation

Le procédé de la **géolocalisation**, permettant de suivre les déplacements d'une personne ou d'un véhicule notamment, a fait l'objet d'une loi [n° 2014-372] du 28 mars 2014 qui en a fixé les conditions aux articles 230-32 et suivants du CPP. Avant cette loi, la Cour de cassation avait admis le procédé à condition qu'il soit autorisé par un juge d'instruction, l'autorisation du procureur, dans le cadre d'une enquête, n'étant pas suffisante *(Cass. crim., 22 oct. 2013, n° 13-81.949)*.

Le législateur s'est montré moins exigeant que la Cour de cassation. En effet, le procédé peut être utilisé dans le cadre des enquêtes de police et de l'instruction portant sur un crime ou un délit puni d'au moins 3 ans d'emprisonnement.

Il est autorisé, dans le cadre d'une enquête, par le procureur de la République, pour 15 jours ou 8 jours, selon les cas.

La durée est de 15 jours consécutifs s'il s'agit d'une enquête portant sur une mort suspecte, une disparition inquiétante ou la recherche d'une personne en fuite *(CPP, art. 74 à 74-2)* ou lorsque l'enquête porte sur un crime ou sur une infraction en matière de criminalité ou de délinquance organisée *(CPP, art. 706-73 et 706-73-1)*. La durée est de 8 jours dans les autres cas d'enquête. **À l'issue de cette durée variable, la géolocalisation peut être poursuivie sur autorisation du JLD à la requête du procureur de la République, pour une durée d'un mois renouvelable** *(CPP, art. 230-33, 1°)*.

Dans le cadre d'une instruction, elle est autorisée par le juge d'instruction, pour une durée maximale de 4 mois renouvelable *(CPP, art. 230-33, 2°)*.

Dans tous les cas, quel que soit le cadre juridique, la géolocalisation ne peut durer plus d'un an en droit commun ou plus de 2 ans en matière de criminalité et de délinquance organisée *(CPP, art. 230-33)*.

Aucune autorisation n'est requise lorsque le procédé est destiné à retrouver une victime, un objet volé ou une personne disparue *(CPP, art. 230-44)*.

La décision d'autorisation est écrite et motivée par référence aux éléments de fait et de droit justifiant que les opérations sont nécessaires, n'a pas de caractère juridictionnel et n'est susceptible d'aucun recours.

Pour la mise en place du dispositif, le magistrat peut autoriser l'introduction, y compris en dehors des heures des perquisitions, dans des lieux privés destinés ou utilisés à l'entrepôt de véhicules, fonds, valeurs, marchandises ou matériel, ou dans un véhicule situé sur la voie publique ou dans de tels lieux, à l'insu ou sans le consentement du propriétaire. S'il s'agit d'un autre lieu privé, il est nécessaire que l'enquête ou l'instruction porte sur un crime ou un délit puni d'au moins 5 ans d'emprisonnement. Si le lieu est une habitation, il faut une autorisation du JLD ou du juge d'instruction selon les cas *(CPP, art. 230-34)*.

Attention L'article 230-35 du CPP énonce qu'en cas d'**urgence**, l'opération peut être mise en place ou prescrite par un OPJ qui doit en avertir immédiatement le procureur ou le juge d'instruction, ces magistrats disposant d'un délai de 24 heures pour prescrire, par décision écrite, la poursuite des opérations, l'autorisation devant comporter l'énoncé des circonstances de fait établissant l'existence du risque imminent de dépérissement des preuves ou d'atteinte grave aux personnes ou aux biens justifiant la mise en place de la technique en urgence. Cependant, l'introduction dans un lieu d'habitation n'est possible qu'avec l'autorisation préalable du juge d'instruction ou du JLD. En tout état de cause, la poursuite de l'opération au-delà de 24 heures exige une autorisation d'un magistrat.

Jurisprudence

La Cour de cassation impose un strict respect de l'article 230-35 du CPP notamment quant à la motivation de la décision de prolongation de la géolocalisation mise en place par un OPJ. Ainsi, elle a jugé que le texte est méconnu lorsque le PV établi par l'OPJ après l'information donnée au procureur de la République n'énonce que la nécessité d'exercer de manière efficace une surveillance physique et de pouvoir suivre techniquement les déplacements de la voiture qu'il pourrait être amené à utiliser pour ses trajets et lorsque l'autorisation de prolongation donnée par le procureur ne comporte aucun énoncé des circonstances de fait établissant l'existence d'un risque imminent de dépérissement des preuves ou d'atteinte grave aux personnes ou aux biens *(Cass. crim., 9 mai 2018, n° 17-86.638 ; V. également Cass. crim., 20 juin 2018, n° 17-86.657)*. Il a également été jugé que la chambre de l'instruction, saisie d'une requête en annulation, ne peut substituer sa propre motivation à celle du magistrat, pour refuser d'annuler l'autorisation de prolongation des actes *(Cass. crim., 25 juill. 2018, n° 18-80.651)*.

Les opérations de géolocalisation font l'objet de PV qui mentionnent la date et l'heure auxquelles l'opération a commencé et celles auxquelles elle s'est terminée *(CPP, art. 230-38)*.

Jurisprudence

Une question s'est posée en jurisprudence au sujet de la **géolocalisation transfrontalière** c'est-à-dire celle qui débute sur le territoire français et qui se poursuit à l'étranger. Ce cas n'est pas prévu par les textes et la chambre criminelle a considéré **que les données issues d'une géolocalisation mise en oeuvre sur le territoire national et s'étant poursuivie sur le territoire d'un autre État ne peuvent, lorsque cette mesure n'a pas fait l'objet d'une acceptation préalable ou concomitante de celui-ci au titre de l'entraide pénale, être exploitées en procédure qu'avec son autorisation** *(Cass. crim., 9 févr. 2016, n° 15-85.070)*.

On notera enfin qu'il existe des règles particulières, applicables seulement aux infractions de criminalité et de délinquance organisée, permettant d'omettre, sur décision du JLD, des pièces de la procédure certaines informations susceptibles de mettre gravement en danger la vie ou l'intégrité physique d'une personne, des membres de sa famille ou de ses proches et qui ne sont pas utiles à la manifestation de la vérité, ni indispensables à l'exercice des droits de la défense (*CPP, art. 230-40 à 230-42*).

3. L'enquête sous pseudonyme

Ce procédé a été créé, initialement, pour lutter contre certaines formes de criminalité et notamment celles dont les mineurs sont les victimes. **La loi n° 2019-222 du 23 mars 2019 l'a généralisé dans un chapitre spécial du CPP** et c'est désormais l'article 230-46 qui détermine les conditions dans lesquelles cette enquête peut être menée.

Le procédé peut être utilisé aux seules fins de constater **les crimes et les délits punis d'une peine d'emprisonnement commis par la voie des communications électroniques**, et lorsque les nécessités de l'enquête ou de l'instruction le justifient. **Les OPJ et APJ** agissant au cours de l'enquête ou sur commission rogatoire peuvent, s'ils sont affectés dans un service spécialisé et spécialement habilités à cette fin, **procéder sous pseudonyme à 3 sortes d'actes sans en être pénalement responsables**.

Ils peuvent :
1° **participer à des échanges électroniques**, y compris avec les personnes susceptibles d'être les auteurs de ces infractions ;
2° **extraire ou conserver par ce moyen les données sur les personnes susceptibles d'être les auteurs de ces infractions et tout élément de preuve** ;
3° **après autorisation du procureur de la République ou du juge d'instruction** saisi des faits, **acquérir tout contenu, produit, substance, prélèvement ou service**, y compris illicite, ou transmettre en réponse à une demande expresse des contenus illicites. Cette autorisation peut être donnée par tout moyen et est mentionnée ou versée au dossier de la procédure.

Le législateur précise que **les actes autorisés ne peuvent constituer une incitation à commettre des infractions** et qu'ils s'effectuent sous le contrôle du procureur de la République ou du juge d'instruction.

II. Le principe de l'intime conviction

Ce principe signifie que le juge pénal apprécie souverainement le caractère probant des éléments de preuve. L'article 427 du CPP dispose ainsi que « *le juge décide d'après son intime conviction* ». En pratique, **le juge est donc totalement libre d'écarter un moyen de preuve qui serait *a priori* convaincant, tel un aveu par exemple. Il peut, inversement, fonder sa décision sur un élément qui peut apparaître accessoire dès lors qu'il explique pourquoi il est convaincu par cette preuve**. On rappellera qu'en l'absence de preuve ou en présence d'éléments insuffisants, le doute sur la culpabilité doit profiter à l'accusé ou à la personne poursuivie.

Ce principe de l'intime conviction s'oppose à celui de la preuve légale, qui contraint le juge à retenir la culpabilité ou l'innocence en fonction des moyens de preuve dont la valeur est réglementée. Il ne pose pas de difficulté dès lors que les juridictions motivent leurs décisions. Ainsi, en appel, il est toujours possible de contester la valeur de la preuve retenue par le premier juge.

L'intime conviction connaît des exceptions. Le juge est parfois tenu de considérer comme vrai ce qui est relaté dans certains PV. En principe, le contenu des PV n'a valeur que de simple renseignement *(CPP, art. 430)*. Ainsi, si le juge n'est pas convaincu par ce que relate son auteur, il peut écarter le PV. En revanche, certains PV font foi jusqu'à preuve contraire, ce qui signifie que leur contenu doit être tenu pour exact sauf preuve contraire, par écrit ou par témoins. Dès lors, la seule dénégation de la personne poursuivie est insuffisante pour contredire ce type de PV. Le domaine d'élection de ces PV ayant une force particulière est celui des contraventions, l'article 537 du CPP prévoyant que les PV constatant des contraventions font foi jusqu'à preuve contraire, celle-ci ne pouvant être rapportée que par écrit ou par témoins. La jurisprudence est restrictive sur ce point et n'admet comme preuve contraire que des écrits ou des témoignages extérieurs au contrevenant *(Cass. crim., 16 déc. 2015, n° 14-88.199 ; Cass. crim., 13 janv. 2016, n° 15-81.596)*, ce qui est le cas d'un rapport d'expertise, par exemple *(Cass. crim., 8 mars 2016, n° 15-83.019)*. Il a également été admis que l'enregistrement d'un chronotachygraphe constitue un écrit permettant d'apporter la preuve contraire au PV *(Cass. crim., 30 oct. 2018, n° 18-81.318)*.

Enfin, certains PV possèdent une force probante considérable puisqu'ils font foi jusqu'à inscription de faux. Le contenu de ces PV doit donc être considéré comme exact sauf à démontrer que l'auteur a commis un faux et a menti. La procédure d'inscription de faux est donc particulièrement grave, ce qui assure une valeur supérieure au PV. Ces PV se rencontrent par exemple en matière douanière *(C. douanes, art. 336, 1°)*.

On ajoutera que l'article 427, alinéa 2, du CPP prévoit que le juge ne peut fonder sa décision que sur des éléments de preuve qui ont été contradictoirement discutés, ce qui signifie que la personne poursuivie doit pouvoir contester la valeur des éléments de preuve apportés devant la juridiction. Ceci a pour conséquence que le juge ne peut se fonder sur des preuves qui ne figureraient pas dans le dossier mais qui auraient été révélées en dehors de celui-ci, par la presse par exemple.

III. La loyauté de la preuve

Si les principes dominant la preuve sont ceux de la liberté et de l'intime conviction, il ne faut pas en déduire que « tout est permis » pour prouver la culpabilité. Ainsi se justifie la prohibition de la violence pour extorquer des aveux ou l'utilisation de moyens chimiques ou autres, comme l'hypnose. Mais **la question se pose surtout de savoir s'il est possible de recourir à certains stratagèmes afin de se procurer des preuves**. En pratique, le problème se pose soit pour les policiers, soit pour les particuliers et, en l'absence de texte, c'est la jurisprudence qui fournit des solutions.

A La preuve produite par les agents publics

Plusieurs cas doivent ici être distingués, en fonction de la jurisprudence, qui s'est beaucoup développée depuis quelques années.

Lorsque la **ruse ou un stratagème est employé uniquement afin de fournir la preuve d'infractions**, la jurisprudence estime qu'elle est admissible. Tel est le cas du policier qui s'infiltre dans un réseau de délinquance afin d'en découvrir les dirigeants. Le législateur a même consacré la solution, dans le domaine du trafic de stupéfiants d'abord *(C. douanes, art. 67 bis et CPP, art. 706-32)* puis pour un grand nombre d'infractions de délinquance ou de criminalité organisée (*CPP, art. 706-81* – V. Fiche n° 24). On notera que les différents textes rappellent le principe de la loyauté de la preuve en précisant qu'à peine de nullité, les actes d'infiltration ne peuvent constituer une incitation à commettre des infractions. Selon l'assemblée plénière de la Cour de cassation, **le stratagème employé par un agent de l'autorité publique pour la constatation d'une infraction ou l'identification de ses auteurs ne constitue pas en soi une atteinte au principe de loyauté de la preuve et seul est proscrit le stratagème qui, par un contournement ou un détournement d'une règle de procédure, a pour objet ou pour effet de vicier la recherche de la preuve en portant atteinte à l'un des droits essentiels ou à l'une des garanties fondamentales de la personne suspectée ou poursuivie** *(Cass. ass. plén., 9 déc. 2019, n° 18-86.767)*.

En revanche, si **la provocation a pour conséquence la commission d'une infraction** qui, sans elle, n'aurait pas été commise, la Cour de cassation condamne le procédé au motif qu'il est ainsi porté atteinte au principe de la loyauté des preuves *(Cass. crim., 27 févr. 1996, n° 95-81.366 – Cass. ass. plén., 9 déc. 2019, précité)*.

Jurisprudence

Elle affirme ainsi, dans une affaire où des policiers américains avaient créé un site pédopornographique afin de piéger des internautes, que « *porte atteinte au principe de loyauté des preuves et au droit à un procès équitable, la provocation à la commission d'une infraction par un agent public, fût-elle réalisée à l'étranger par un agent public étranger, ou par son intermédiaire* » et que « *la déloyauté d'un tel procédé rend irrecevables en justice les éléments de preuve ainsi obtenus* » *(Cass. crim., 7 févr. 2007, n° 06-87.753)*.

Cependant, **même en l'absence d'une provocation à commettre une infraction, la procédure peut être jugée déloyale**.

Jurisprudence

Ainsi, la Cour de cassation a estimé que « *porte atteinte au droit à un procès équitable et au principe de loyauté des preuves le stratagème qui en vicie la recherche par un agent de l'autorité publique* » *(Cass. crim., 7 janv. 2014, n° 13-85.246 - Cass. ass. plén., 6 mars 2015, n° 14-84.339)*, dans une affaire dans laquelle un juge d'instruction avait fait placer en garde à vue deux suspects, placés dans des cellules contiguës et préalablement sonorisées, la sonorisation étant un procédé utilisable en matière de criminalité et de délinquance organisée. En l'occurrence, il y avait ici conjugaison de plusieurs procédés qui, en eux-mêmes n'étaient pas illégaux mais qui conduisaient à contourner le droit au silence des gardés à vue, ce qui devenait déloyal.

B La preuve produite par un particulier

La jurisprudence se montre beaucoup plus tolérante à l'égard des procédés utilisés par les particuliers et notamment les victimes d'infractions. Ils sont, en effet, autorisés à produire en justice, par exemple, des enregistrements sonores ou audiovisuels pour prouver la culpabilité de la personne poursuivie. La Cour de cassation considère ici que le juge est libre d'apprécier la valeur de tels moyens de preuve. Elle admet même que la preuve obtenue par la partie civile de manière illicite ne doit pas être déclarée irrecevable *(Cass. crim., 11 juin 2002, n° 01-85.559)*.

Une question se pose encore lorsque la preuve a été obtenue par une ruse d'un particulier agissant en lien avec des agents publics. Sur ce point, la Cour de cassation considère que **si l'autorité publique a participé, même indirectement, à**

l'obtention de la preuve par un moyen déloyal, la procédure est entachée de nullité, l'appréciation de la nature de l'intervention des agents publics appartenant aux juges du fond *(Cass. ass. plén., 10 nov. 2017, n° 17-82.028)*.

Elle a précisé que, dans le cas où l'origine des éléments de preuve produits par un particulier, un journaliste en l'occurrence, n'est pas connue, ce qui conduit à envisager que des agents publics ont pu participer à l'obtention desdits éléments, les juges doivent s'efforcer de rechercher leur origine, le fait que celle-ci demeure inconnue après des investigations n'étant pas une cause de nullité du versement des preuves au dossier de la procédure *(Cass. crim., 1er déc. 2020, n° 20-82.078)*.

PRINCIPES DE LA PREUVE PÉNALE

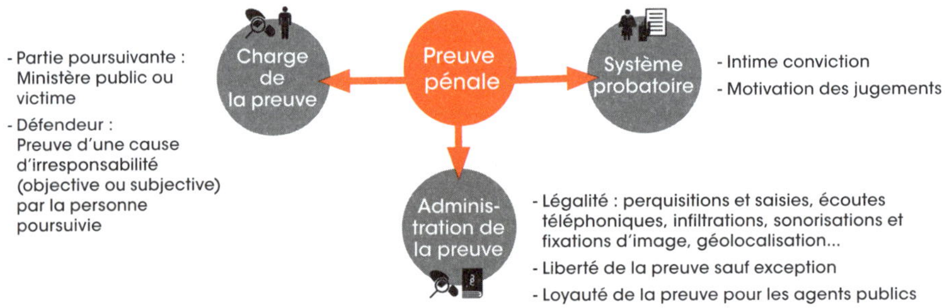

⏭ POUR ALLER PLUS LOIN...

- C. AMBROISE-CASTÉROT, Recherche et administration des preuves en procédure pénale : AJ pénal 2005, p 261 ;
- P. AUVRET, Le droit au respect de la présomption d'innocence, JCP 1994, I, 3802 ;
- B. BOCCON-GIBOD, Géolocalisation et intrusion dans la vie familiale, RSC 2013, p. 847 ;
- J. BUISSON, La géolocalisation enfin prévue par une loi, Procédures 2014, étude 10 ;
- P. CONTE, La loyauté de la preuve en procédure pénale : fragile essai de synthèse, Procédures 2015, n° 12, Dossier 12 ;
- D. GUÉRIN, La loyauté de la preuve devant le juge pénal, Procédures 2015, n° 12, Dossier 11 ;
- M. RACT-MADOUX, La loyauté de la preuve en procédure pénale : la liberté des preuves, Procédures 2015, n° 12, Dossier 15 ;
- H. MATSOPOULOU, Une restriction importante à l'application du principe de loyauté des preuves, JCP G 2020, 129 ;

– T. SOULARD, Réflexion sur la notion d'intime conviction, RPDP 2004, p 555 ;

– J.-P. VALAT, La loi du 28 mars 20414 relative à la géolocalisation, Dr. pén. 2014, étude 12.

Le point sur…
La géolocalisation

TITRE 1

LES CONTRÔLES D'IDENTITÉ ET LES FOUILLES

Pendant longtemps, les contrôles d'identité n'ont été prévus, dans les textes, que dans le cadre de recherches judiciaires, c'est-à-dire pendant une enquête de police, à l'égard de personnes soupçonnées d'être les auteurs d'infractions. Cependant, en pratique, des contrôles étaient aussi effectués, en dehors de toute prévision légale, dans un cadre de police administrative. Il est bien évident que la question s'avère très délicate car il s'agit de s'interroger sur ce qui peut justifier que l'on demande à une personne, en dehors de tout soupçon de participation à une infraction, de justifier de son identité. L'on se trouve ici au cœur du problème omniprésent en procédure pénale qui consiste à rechercher un équilibre entre les intérêts de l'ordre public et celui des libertés individuelles. Le législateur intervient régulièrement sur cette question controversée, qui fait l'objet d'un chapitre du CPP, même si certaines des opérations ne relèvent pas de la police judiciaire. De surcroît, le législateur a ajouté, plus récemment, au pouvoir de contrôler et de vérifier l'identité des personnes celui de procéder à la visite de véhicules et de bagages.

Fiche n° 16 Les contrôles et relevés d'identité

L'ESSENTIEL

Les contrôles d'identité peuvent être de plusieurs natures : soit ils sont liés à l'existence réelle ou supposée d'une infraction et ils sont qualifiés de contrôles d'identité de police judiciaire ; soit ils sont destinés à prévenir la commission d'infractions et sont qualifiés de contrôles de police administrative ; soit ils sont destinés à surveiller les frontières. Dans certains cas, les contrôles d'identité de police judiciaire s'effectuent sur réquisitions du procureur de la République dans des buts particuliers.

Le contrôle de police administrative est celui qui pose le plus de problèmes car il n'est pas lié à un soupçon d'infraction et repose donc largement sur l'appréciation des policiers ou gendarmes.

LES CONNAISSANCES

L'article 78-1, alinéa 2 du CPP énonce que toute personne se trouvant sur le territoire national doit accepter de se prêter à un contrôle d'identité effectué dans les conditions et par les autorités de police visées par les textes qui suivent. Ces derniers prévoient des cas de contrôles d'identité de police judiciaire et de police administrative ainsi que des contrôles spécifiques aux frontières.

Le contrôle d'identité doit être distingué du simple relevé d'identité.

§1 Les contrôles d'identité

I. Les contrôles d'identité de police judiciaire

On distinguera les contrôles effectués à l'initiative des agents de ceux ordonnés par l'autorité judiciaire.

A Les contrôles d'identité à l'initiative d'un agent

L'article 78-2 du CPP prévoit un certain nombre d'hypothèses dans lesquelles l'identité d'une personne peut être contrôlée et vérifiée, dans un cadre de police judiciaire, par un agent de la force publique.

(CPP, art. 78-2)

L'alinéa 1er de ce texte énonce que les OPJ et, sur l'ordre et sous la responsabilité de ceux-ci, les APJ et APJA, peuvent inviter à justifier, par tout moyen, de son identité toute personne à l'égard de laquelle existe une ou plusieurs raisons plausibles de soupçonner :

« – qu'elle a commis ou tenté de commettre une infraction ;
- *qu'elle se prépare à commettre un crime ou un délit ;*
- *qu'elle est susceptible de fournir des renseignements utiles à l'enquête en cas de crime ou de délit ;*
- *qu'elle a violé les obligations ou interdictions auxquelles elle est soumise dans le cadre d'un contrôle judiciaire, d'une mesure d'assignation à résidence avec surveillance électronique, d'une peine ou d'une mesure suivie par le juge de l'application des peines ;*
- *qu'elle fait l'objet de recherches ordonnées par une autorité judiciaire. »*

Cette première série de cas se rattache, de manière directe ou non, à la commission d'une infraction réelle ou supposée. La nature d'acte de police judiciaire ne fait donc pas de doute et la différence essentielle qui sépare le contrôle de nature judiciaire du contrôle de police administrative réside dans le fait que le contrôle de police judiciaire n'est concevable en principe qu'à l'égard de certaines personnes, celles sur lesquelles pèse un soupçon, que celui-ci soit ou non avéré par la suite d'ailleurs. L'existence du soupçon ou de l'indice est d'abord appréciée naturellement par le fonctionnaire de police judiciaire mais la jurisprudence contrôle la réalité de cette circonstance qui constitue le fondement du contrôle d'identité et dont dépend sa validité *(V. par ex., Cass. crim., 28 sept. 2010, n° 10-83.756)*.

B Les contrôles sur réquisitions du procureur de la République

L'article 78-2, alinéa 7 du CPP énonce que **des contrôles peuvent être effectués par les policiers agissant sur réquisitions du procureur de la République aux fins de rechercher et de poursuivre des infractions qu'il mentionne dans ses réquisitions, pendant un temps et dans des lieux qu'il détermine**, sans limites légales. Ces contrôles présentent un caractère systématique en ce sens que les agents sont autorisés à contrôler toute personne, même si aucun soupçon ne pèse sur elle. Le texte ajoute que si le contrôle permet de découvrir une autre infraction que celle pour laquelle il a été requis par le procureur, il n'en reste pas moins valable, les policiers pouvant diligenter une enquête de police de flagrance le plus souvent.

Jurisprudence

Selon la Cour de cassation, si la succession ininterrompue de réquisitions de contrôles d'identité dans les mêmes lieux peut caractériser un contrôle unique généralisé dans le temps et dans l'espace, contraire à la réserve d'interprétation émise par le Conseil constitutionnel dans sa décision n° 2016-606/607 du 24 janvier 2017, selon laquelle les dispositions de ce texte ne sauraient, sans méconnaître la liberté d'aller et de venir, autoriser le procureur de la République à requérir de tels contrôles d'identité, tel n'est pas le cas d'autorisations données pour des périodes limitées de huit à douze heures, qui sont espacées entre elles de plus de vingt-quatre heures *(Cass. 1re civ., 5 sept. 2018, n° 17-22.507).*

Une deuxième hypothèse proche de la précédente est prévue par l'article 78-2-1 du CPP. Il s'agit encore de **réquisitions du procureur de la République qui autorisent les OPJ et, sur l'ordre ou la responsabilité de ceux-ci, les APJ et APJ adjoints à effectuer des contrôles dans des lieux à usage professionnel**, c'est-à-dire dans les entreprises, sauf s'ils constituent un domicile, dans le but de rechercher d'éventuelles infractions de travail illégal et de vérifier si les personnes présentes figurent sur le registre du personnel ou ont fait l'objet des déclarations préalables à l'embauche. Le texte précise que le contrôle ne peut être fait que dans ce but et que les réquisitions écrites du procureur doivent préciser les infractions au Code du travail qu'il entend faire rechercher et poursuivre et les lieux où les contrôles se dérouleront. Ces réquisitions sont prises pour une durée maximum d'un mois et sont présentées à la personne disposant des lieux ou à celle qui la représente.

Jurisprudence

Dans deux arrêts du 1er septembre 2020 *(n° 19-87.499 et n° 19-87.505)*, la Cour de cassation a jugé qu'excèdent les pouvoirs qu'ils tiennent de la réquisition du procureur de la République les policiers qui, après être entrés dans des lieux à usage professionnel, sans constater qu'une activité était en cours, effectuent néanmoins des actes d'investigation.

Une **troisième hypothèse est prévue par l'article 78-2-2 du CPP**. Il s'agit encore de contrôles sur réquisitions du procureur de la République, dans les lieux et pour la période de temps qu'il détermine mais qui ne peut excéder 24 heures, renouvelables sur décision expresse et motivée.

Ces réquisitions ont pour but la recherche et la poursuite des infractions suivantes :
- actes de terrorisme ;
- infractions en matière de prolifération des armes de destruction massive et de leurs vecteurs ;
- infractions en matière d'armes et d'explosifs ;
- vols et recel ;
- trafic de stupéfiants.

La révélation d'infractions autres que celles visées dans les réquisitions ne constitue pas une cause de nullité de la procédure.

II. Les contrôles d'identité de police administrative

L'article 78-2, alinéa 8, du CPP prévoit que **l'identité de toute personne, quel que soit son comportement, peut également être contrôlée pour prévenir une atteinte à l'ordre public, notamment à la sécurité des personnes ou des biens**. Il s'agit ici du contrôle de police administrative par excellence, à l'initiative du policier. Il se caractérise par le fait, d'une part, qu'il vise n'importe quelle personne, en l'absence de tout signe extérieur laissant supposer un comportement délictueux, et, d'autre part, qu'il se situe avant la réalisation de tout acte portant atteinte à l'ordre public, c'est-à-dire avant une infraction pénale. Le problème posé ici est celui du caractère plus ou moins discrétionnaire de ce genre de contrôle, qui repose sur un critère très vague, « la prévention d'une atteinte à l'ordre public ». Le risque d'atteinte à la liberté individuelle est ici important. Le Conseil constitutionnel, dans sa décision du 5 août 1993 *(Cons. const., 5 août 1993, n° 93-323 DC)*, relative à la loi dont est issu l'alinéa 8 de l'article 78-2 du CPP, n'a pas censuré cette disposition mais a émis des réserves d'interprétation, en exigeant notamment que le policier qui effectue le contrôle justifie, dans tous les cas, des circonstances particulières établissant le risque d'atteinte à l'ordre public qui a motivé le contrôle. La Cour de cassation en a déduit que ces contrôles purement administratifs devaient être motivés par les policiers qui y procèdent, au regard des circonstances de temps et de lieu justifiant concrètement la nécessité de procéder à un contrôle d'identité.

Jurisprudence

À titre d'exemple, elle a jugé que la référence abstraite au plan Vigipirate et à l'état d'urgence ne permet pas, à elle seule, de justifier le contrôle d'identité, en l'absence de circonstances particulières constitutives d'un risque d'atteinte à l'ordre public *(Cass. 1re civ. 13 sept. 2017, n° 16-22.967)*.

III. Les contrôles d'identité frontaliers

Des cas particuliers de contrôle d'identité figurent à l'article 78-2, alinéas 9 et suivants du CPP. Il s'agit ici **de rechercher spécialement les infractions à la législation sur les étrangers dans les zones proches des frontières.** Les policiers peuvent ainsi contrôler l'identité de toute personne dans le but de vérifier le respect des obligations prévues par la loi pour l'entrée et le séjour régulier en France.

Ces contrôles ne peuvent avoir lieu que dans un cadre géographique délimité.

L'alinéa 9 vise une zone comprise entre la frontière terrestre de la France avec les États parties à la Convention signée à Schengen le 19 juin 1990 et une ligne tracée à

20 kilomètres en deçà, ainsi que les zones accessibles au public des ports, aéroports et gares ferroviaires ou routières ouverts au trafic international et désignés par arrêté et les abords de ces gares. Le contrôle peut aussi avoir lieu, à certaines conditions, à bord d'un train effectuant une liaison internationale ou sur une autoroute frontalière. Le texte précise que le contrôle doit être effectué pour la prévention et la recherche des infractions liées à la criminalité transfrontalière et en vue de vérifier le respect des obligations de détention, de port et de présentation des titres et documents prévues par la loi. Il ne peut être pratiqué que pour une durée maximum de 12 heures consécutives dans un même lieu et ne peut consister en un contrôle systématique des personnes présentes ou circulant dans les zones ou lieux mentionnés.

L'alinéa 10 de l'article 78-2 permet le même type de contrôle dans un rayon maximal de 10 kilomètres autour des ports et aéroports constituant des points de passage frontaliers, désignés par arrêté en raison de l'importance de leur fréquentation et de leur vulnérabilité.

Enfin, les alinéas 11 à 17 autorisent les mêmes contrôles dans les zones frontalières de certains départements et territoires d'outre-mer.

Dans tous les cas, le fait que le contrôle d'identité révèle une infraction autre que celle de non-respect des obligations mentionnées précédemment ne constitue pas une cause de nullité des procédures incidentes.

IV. La sanction de l'irrégularité des contrôles d'identité

En premier lieu, les textes précisant les conditions dans lesquelles les contrôles peuvent avoir lieu, le non-respect de celles-ci peut entraîner la nullité des opérations de contrôle et des actes qui ont pu suivre. Cependant, le législateur exclut la nullité lorsque les contrôles révèlent des infractions différentes de celles qui étaient recherchées. Le problème qui se pose ici est lié au fait que la nullité du contrôle ne peut être demandée que si la personne contrôlée fait elle-même l'objet d'une procédure pénale (V. Fiche n° 40).

Jurisprudence

C'est pourquoi, en second lieu, la jurisprudence considère que la personne qui fait l'objet d'un contrôle d'identité fondé sur un critère discriminatoire peut obtenir une indemnisation en engageant une action en responsabilité contre l'État sur le fondement de l'article L. 141-1 du COJ qui prévoit cette responsabilité en cas de fonctionnement défectueux du service de la justice. La preuve d'une faute lourde est nécessaire mais elle résulte du seul caractère discriminatoire des contrôles *(Cass. 1re civ., 9 nov. 2016, n° 15-25.873 – Cass. 1re civ., 9 nov. 2016, n° 15-24.210 – Cass. 1re civ., 9 nov. 2016, n° 15-24.212 – Cass., 1re civ., 9 nov. 2016, n° 15-25.872).*

§2 Les relevés d'identité

L'article 78-6 du CPP autorise certains agents de police à procéder non pas à des contrôles d'identité, ce qui suppose d'éventuelles mesures de contrainte, mais seulement à relever l'identité de certaines personnes. Il s'agit des agents de police municipale, des adjoints de sécurité, des agents de surveillance de Paris et des volontaires servant en qualité de militaire dans la gendarmerie et les militaires servant au titre de la réserve opérationnelle de la gendarmerie nationale et n'ayant pas la qualité d'APJ.

Les relevés d'identité sont destinés uniquement à permettre de dresser les PV que ces agents ont le pouvoir de rédiger, à savoir ceux relatifs aux contraventions aux arrêtés du maire et à certaines contraventions au Code de la route notamment. Si le contrevenant ne peut justifier de son identité, l'agent en rend compte immédiatement à tout OPJ compétent qui peut lui ordonner de lui présenter sur-le-champ le contrevenant ou de le retenir pendant le temps nécessaire à son arrivée ou à celle d'un APJ agissant sous son contrôle. À défaut de cet ordre, l'APJ adjoint ne peut retenir le contrevenant.

On ajoutera que les agents assermentés des exploitants de services de transports publics de personnes (SNCF, RATP, par exemple), s'ils ont été agréés par le procureur de la République, sont également habilités, par l'article 529-4, II du CPP, à relever l'identité et l'adresse des auteurs de contraventions des 4 premières classes à la police des services publics de transports, lorsque le contrevenant ne paie pas immédiatement l'indemnité forfaitaire. Celle-ci a valeur de transaction éteignant l'action publique *(CPP, art. 529-3)*. Le but de ce relevé d'identité est ici encore de permettre de rédiger le PV et il ne peut avoir lieu que dans le cadre du contrôle de l'existence et de la validité des titres de transport. Si le contrevenant refuse ou ne peut justifier de son identité, le texte prévoit le même dispositif que celui inscrit à l'article 78-6 du CPP : l'agent de l'exploitant rend compte immédiatement à tout OPJ du refus ou de l'impossibilité et l'OPJ peut lui ordonner de lui présenter le contrevenant et procéder à une vérification d'identité. À défaut, l'agent de l'exploitant ne peut retenir le contrevenant.

TABLEAU SIMPLIFIÉ DES CONTRÔLES D'IDENTITÉ

	Contrôles de police judiciaire		Contrôles de police administrative	Contrôles frontaliers
Initiative	OPJ ou APJ	Procureur de la République (réquisitions)	OPJ ou APJ	OPJ ou APJ
Conditions de lieu	Indifférentes	Déterminées par le magistrat	Indifférentes	- Zones frontalières - Ports, aéroports, gares désignées par arrêté et abords
Limites temporelles	Non	- Déterminées par le magistrat - Parfois fixées par les textes	Non	- 12 h consécutives dans un même lieu
Motifs	Comportement particulier de la personne ou personne recherchée	Recherche d'infractions déterminées	Prévention des atteintes à l'ordre public	Vérification de la possession des documents permettant la présence en France
Personne contrôlée	Personne déterminée	Toute personne	Toute personne	Toute personne

⏭ POUR ALLER PLUS LOIN…

– F. FOURMENT, Contrôles d'identité : « Contrôlez, contrôlez, il en restera toujours quelque chose », Gaz. Pal. 2012, n° 13-14, p. 8 ; Contrôles d'identité au faciès : « le changement c'est maintenant », Gaz. Pal. 2017, n° 4, p. 58 ;

– J. KARSENTI, Contrôles d'identité : comment lutter contre le contrôle au faciès ?, Gaz. Pal. 2012, n° 13-14, p. 19 ;

– N. ANCEL, Contrôles d'identité : de l'aménagement de la charge de la preuve à la preuve partagée, JCP G 2017, 116 ;

– D. TURPIN, Contrôles au faciès : les contrôleurs enfin contrôlés ! JCP G 2017, doctr. 126.

Fiche n° 17 Les vérifications d'identité et de situation

L'ESSENTIEL

La vérification d'identité peut être la conséquence du contrôle si la personne qui en fait l'objet ne peut pas prouver son identité immédiatement. Elle peut donner lieu à une rétention de la personne dans des locaux de police pour une durée limitée au cours de laquelle des recherches pourront être faites pour déterminer l'identité de la personne.

Un cas particulier de vérification a été introduit récemment en cas de suspicion que la personne contrôlée présente des liens avec le terrorisme.

LES CONNAISSANCES

Il convient de distinguer la vérification d'identité proprement dite de la vérification de situation qui concerne la personne soupçonnée de terrorisme.

§1 La vérification d'identité

La procédure de vérification d'identité n'est pas systématique : elle ne se conçoit qu'en cas d'impossibilité ou de refus de la personne contrôlée de justifier de son identité. L'article 78-3 du CPP prévoit que, dans cette situation, la personne peut être retenue sur place ou dans un local de police aux fins d'effectuer la vérification. Dans tous les cas, seul un OPJ peut procéder à la vérification, c'est-à-dire mettre en mesure l'intéressé d'établir par tout moyen son identité. L'OPJ doit également aussitôt informer la personne de son droit de faire aviser le procureur de la République de la vérification dont il fait l'objet et de prévenir sa famille ou toute autre personne. L'avis donné au procureur est obligatoire s'il s'agit d'un mineur, lequel, sauf impossibilité, doit être assisté de son représentant légal.

La rétention pour vérification d'identité est une mesure privative de liberté qui ne peut durer que le temps strictement nécessaire à l'établissement de l'identité de la personne concernée, le maximum prévu étant un délai de **4 heures** (ou 8 heures à Mayotte), et le procureur peut décider d'y mettre fin à tout moment. En cas d'obstacle mis par la personne à l'établissement de son identité, des empreintes digitales et des photographies peuvent être prises avec l'accord du procureur, s'il s'agit du seul moyen d'établir l'identité. Le refus de cette mesure constitue un délit prévu par l'article 78-5 du CPP. L'ensemble de l'opération de vérification d'identité fait l'objet d'un PV qui doit mentionner notamment les motifs justifiant le contrôle et la vérification d'identité ainsi que le jour et l'heure à partir duquel le contrôle a été effectué et la durée de la rétention.

L'opération peut se poursuivre le cas échéant par une garde à vue de l'intéressé, la durée de la rétention s'imputant sur celle de la garde à vue *(CPP, art. 78-4)*. Les formalités de la vérification d'identité sont exigées à peine de nullité du contrôle d'identité.

Enfin, l'article 78-5 du CPP punit de 3 mois d'emprisonnement et de 3 750 € d'amende le fait de refuser de se prêter aux prises d'empreintes digitales ou de photographies qui ont été autorisées par le procureur, dans le cadre de la procédure de vérification.

§2 La vérification de situation en matière de terrorisme

Un nouvel article 78-3-1 a été créé par la loi [n° 2016-731] du 3 juin 2016. Il prévoit que toute personne faisant l'objet d'un contrôle ou d'une vérification d'identité peut, lorsque ce contrôle ou cette vérification révèle qu'il existe des raisons sérieuses de penser que son comportement peut être lié à des activités à caractère terroriste, faire l'objet d'une retenue sur place ou dans le local de police où elle est conduite pour une vérification de sa situation par un OPJ permettant de consulter des fichiers et le cas échéant, d'interroger les services à l'origine du signalement de l'intéressé ainsi que des organismes de coopération internationale en matière de police judiciaire ou des services de police étrangers. L'audition de la personne n'est pas possible et le procureur doit être informé immédiatement.

> (CPP, art. 78-3-1, extrait) :
> La personne retenue est immédiatement informée, dans une langue qu'elle comprend :
> *« 1° Du fondement légal de son placement en retenue ;*
> *2° De la durée maximale de la mesure ;*
> *3° Du fait que la retenue dont elle fait l'objet ne peut donner lieu à audition et qu'elle a le droit de garder le silence ;*
> *4° Du fait qu'elle bénéficie du droit de faire prévenir par l'officier de police judiciaire toute personne de son choix ainsi que son employeur. »*
> Si l'officier de police judiciaire estime ne pas devoir faire droit à cette demande, il en réfère au procureur de la République qui décide si la personne en bénéficiera ou non.

Lorsqu'il s'agit d'un mineur, la retenue fait l'objet d'un accord exprès du procureur de la République. Le mineur doit être assisté de son représentant légal, sauf impossibilité dûment justifiée.

La personne ne peut être retenue que pendant le temps strictement nécessaire à l'accomplissement des vérifications et pour une durée qui ne peut excéder **4 heures** à compter du début du contrôle effectué. Un PV doit être rédigé et les formalités énoncées par le texte sont prévues à peine de nullité.

POUR ALLER PLUS LOIN…

– F. GRANET-LAMBRECHTS, Contrôle de l'immigration et mesures de vérification d'identité : la situation en Europe, Dr. famille 2008, étude 4.

Fiche n° 18 Les fouilles de véhicules et de bagages

L'ESSENTIEL

Le Code de procédure pénale réglemente les fouilles de véhicules, de navires et de bagages, en s'inspirant des textes relatifs aux contrôles d'identité c'est-à-dire en distinguant des opérations de police judiciaire et de police administrative.

LES CONNAISSANCES

Il existe trois hypothèses distinctes prévues par les articles 78-2-2 et suivants du CPP, dont deux relèvent de la police judiciaire et une troisième de la police administrative. De surcroît, des lois [n° 2016-339] du 22 mars et [n° 2016-731] du 3 juin 2016 ont créé un nouveau pouvoir qui est celui de fouiller les bagages, dans certains cas et à certaines conditions. Enfin, la loi n° 2019-222 du 23 mars 2019 étend ce pouvoir aux navires.

On distinguera donc les deux cadres juridiques dans lesquels ces actes peuvent être accomplis.

§1 La visite des véhicules ou navires et la fouille des bagages dans un cadre de police judiciaire

I. La visite des véhicules

L'article 78-2-3 du CPP reprend, pour la visite des véhicules, un dispositif proche de celui des contrôles d'identité de police judiciaire. Il dispose que les OPJ, assistés le cas échéant d'APJ et APJ adjoints peuvent procéder à **la visite des véhicules circulant ou arrêtés sur la voie publique** ou dans des lieux accessibles au public lorsqu'il existe à l'égard du conducteur ou d'un passager **une ou plusieurs raisons plausibles de soupçonner qu'il a commis, comme auteur ou complice, un crime ou un délit flagrant ou à une tentative de crime ou délit flagrant**.

Seul un OPJ peut opérer la visite, alors qu'en matière de contrôle d'identité, un simple APJ ou APJ adjoint peut intervenir.

Un autre cas est prévu par l'article 78-2-2 du CPP. On a vu que ce texte autorise les contrôles d'identité sur **réquisitions du procureur de la République** aux fins de recherche et de poursuite de certaines infractions telles que le terrorisme ou le trafic de stupéfiants. Le texte prévoit que le procureur peut également autoriser les policiers, en complément de ces contrôles d'identité, à visiter les véhicules circulant, arrêtés ou stationnant sur la voie publique ou dans des lieux accessibles au public *(CPP, art. 78-2-2, II)*. De nouveau seuls les OPJ peuvent agir, éventuellement assistés par des APJ et APJ adjoints. Les fouilles ne peuvent avoir lieu que dans les lieux et pour la période de temps déterminés par le procureur de la République (24 heures maximum renouvelables).

Enfin, la loi n° 2019-290 du 10 avril 2019 visant à renforcer et garantir le maintien de l'ordre public lors des manifestations a créé un article 78-2-5 du CPP selon lequel, aux fins de recherche et de poursuite de l'infraction prévue à l'article 431-10 du Code pénal, c'est-à-dire la participation à une manifestation ou à une réunion publique en étant porteur d'une arme, les OPJ et, sous la responsabilité de ces derniers, les APJ et certains APJA peuvent, sur réquisitions écrites du procureur de la République, procéder sur les lieux d'une manifestation sur la voie publique et à ses abords immédiats à la visite des véhicules circulant, arrêtés ou stationnant sur la voie publique ou dans des lieux accessibles au public, dans les conditions prévues au II du même article 78-2-2. Le texte précise que le fait que les opérations révèlent d'autres infractions ne constitue pas une cause de nullité des procédures incidentes.

S'agissant des fouilles de véhicules, l'article 78-2-2, II, qui s'applique également dans le cas d'une fouille fondée sur l'article 78-2-3, énonce que les véhicules en circulation ne peuvent être immobilisés que le temps strictement nécessaire au déroulement de la visite et le conducteur doit être présent. S'il s'agit d'un véhicule arrêté ou stationné, en principe le conducteur ou le propriétaire doivent être présents mais l'OPJ peut requérir une personne qui sera témoin et qui ne doit pas relever de son autorité. La présence de ce témoin extérieur n'est pas requise en cas de risque grave pour la sécurité des personnes ou des biens.

En cas de découverte d'une infraction, ou si le conducteur ou le propriétaire du véhicule le demande, ou encore si la visite du véhicule a lieu en leur absence, un PV est établi, mentionnant le lieu et les dates et heures du début et de la fin de l'opération. Un exemplaire est remis à l'intéressé et un autre est transmis sans délai au procureur de la République. Enfin, s'il s'agit d'un véhicule spécialement aménagé à usage d'habitation et utilisé comme résidence, la visite ne peut avoir lieu sans respecter les règles des perquisitions.

L'article 78-2-2, IV précise que le fait que les opérations révèlent des infractions autres que celles visées par le magistrat dans ses réquisitions ne constitue pas une cause de nullité de la procédure.

II. La visite des navires

Ces visites, complétant celles des véhicules, ont été instituées par la loi n° 2019-222 du 23 mars 2019. Selon l'article 78-2-2 III *bis* du CPP, **elles sont possibles sur réquisitions du procureur aux fins de recherche et de poursuite de certaines infractions telles que le terrorisme ou le trafic de stupéfiants** *(CPP, art. 78-2-2, I)*. Elles consistent pour les OPJ assistés le cas échéant d'APJ et de d'APJA à **accéder à bord et procéder à une visite des navires** présents en mer territoriale, se dirigeant ou ayant déclaré leur intention de se diriger vers un port ou vers les eaux intérieures, ou présents en amont de la limite transversale de la mer, ainsi que des bateaux, engins flottants, établissements flottants et matériels flottants se trouvant dans la mer territoriale ou en amont de la limite transversale de la mer, ainsi que sur les lacs et plans d'eau.

La visite se déroule en présence du capitaine ou de son représentant et comprend l'inspection des extérieurs ainsi que des cales, des soutes et des locaux. La visite des locaux spécialement aménagés à un usage d'habitation et effectivement utilisés comme résidence ne peut être faite que conformément aux dispositions relatives aux perquisitions et visites domiciliaires. **Le navire ne peut être immobilisé que le temps strictement nécessaire au déroulement de la visite, dans la limite de 12 heures**. L'OPJ responsable de la visite rend compte du déroulement des opérations au procureur de la République et l'informe sans délai de toute infraction constatée.

III. Les fouilles de bagages

En principe, elles supposent des **réquisitions du procureur de la République** en vue de contrôles d'identité qui permettront également ces fouilles *(CPP, art. 78-2-2, III)*.

Cependant, en vertu de l'article 78-2-5 créé par la loi du 10 avril 2019, elles sont possibles également, de manière autonome, en cas de réquisitions en vue de rechercher et de poursuivre le délit de participation à une manifestation ou à une réunion publique en étant porteur d'une arme. Dans ce cas, elles peuvent être associées à des visites de véhicules.

Le régime juridique est proche de celui des visites de véhicules. Il faut donc des réquisitions visant certaines infractions (terrorisme, stupéfiants, participation à une manifestation etc.) et la présence d'un OPJ. Ce dernier peut procéder à l'inspection visuelle des bagages ou à leur fouille. Les propriétaires des bagages ne peuvent être retenus que le temps strictement nécessaire au déroulement de l'inspection visuelle ou de la fouille, qui doit avoir lieu en présence du propriétaire.

En cas de découverte d'une infraction ou si le propriétaire du bagage le demande, il est établi un PV mentionnant le lieu et les dates et heures de début et de fin de ces opérations. Un exemplaire en est remis à l'intéressé et un autre est transmis sans délai au procureur de la République.

On ajoutera qu'en dehors de ces règles particulières, les fouilles de bagages sont considérées comme une perquisition et supposent donc le respect des règles de celles-ci, différentes selon le cadre juridique de l'enquête (V. Fiche n° 21).

§2 La visite des véhicules et la fouille des bagages dans un cadre de police administrative

L'article 78-2-4 prévoit un cas de visite de véhicule et de fouilles de bagages inspiré des contrôles d'identité de police administrative.

Le texte prévoit que, **pour prévenir une atteinte grave à la sécurité des personnes et des biens**, les OPJ et, sur leur ordre et sous leur responsabilité, les APJ et APJ adjoints, peuvent visiter les véhicules circulant, arrêtés ou stationnant sur la voie publique ou dans des lieux accessibles au public et procéder à l'inspection visuelle des bagages ou leur fouille.

> **Attention** Il est ici nécessaire de recueillir l'accord du conducteur ou du propriétaire du bagage. À défaut, il faut que le policier obtienne des instructions spéciales du procureur de la République communiquées par tous moyens. Le législateur précise que, dans l'attente des instructions du procureur de la République, le véhicule ou le propriétaire du bagage peut être immobilisé pour **30 minutes** maximum.

Les règles vues précédemment, relatives à la présence du conducteur du véhicule ou d'un témoin et au PV, sont également applicables ici.

⏭ POUR ALLER PLUS LOIN…

– J. BUISSON, JurisClasseur Procédure pénale, Art. 78-1 à 78-6, fasc. 10.

TITRE 2
LES ENQUÊTES DE POLICE

Les OPJ peuvent mener des enquêtes lorsque vient à leur connaissance la commission d'une infraction, réelle ou supposée. Cette information se fait souvent par la victime des faits elle-même. Elle peut ainsi porter plainte dans un service de police ou de gendarmerie et l'article 15-3 du CPP impose de recevoir les plaintes et de les transmettre, le cas échéant, au service ou à l'unité de police judiciaire territorialement compétent.

La victime peut encore s'adresser directement par courrier au procureur de la République pour dénoncer l'infraction dont elle se dit victime. Dans ce dernier cas, le ministère public a la faculté de saisir les policiers ou gendarmes d'une enquête sur ces faits. La plainte, devant un OPJ ou le procureur de la République, n'a d'autre effet que celui d'informer ces autorités de la commission de faits éventuellement constitutifs d'infractions. Elle ne déclenche pas l'action publique, contrairement à la plainte avec constitution de partie civile devant le juge d'instruction.

En dehors des cas où elle émane de la victime des faits, l'information peut provenir de toute autre source, comme des renseignements ou dénonciations anonymes, surveillances policières etc.

Les deux cadres juridiques d'enquête traditionnellement prévus par le CPP sont ceux de l'enquête de flagrance et de l'enquête préliminaire. Dans tous les cas, les enquêtes de police sont dirigées par le procureur de la République *(V. notamment, CPP, art. 12 et 19)*.

Après avoir exposé la distinction entre les types d'enquête, on exposera les actes d'investigation qui peuvent être menés par les enquêteurs, dans le cadre du droit commun et dans celui, dérogatoire, de la criminalité et de la délinquance organisées.

Fiche n° 19 Les différents types d'enquête

L'ESSENTIEL

L'infraction flagrante, qui autorise l'ouverture d'une **enquête de flagrance**, est définie par le CPP qui décrit 4 hypothèses dont le point commun est la proximité dans le temps entre l'infraction et sa constatation.

La jurisprudence considère que la notion de flagrance est unique et suppose l'existence de cette condition temporelle mais aussi le constat d'indices apparents de la commission de l'infraction, qui doit s'être extériorisée.

L'**enquête préliminaire** peut être menée par les OPJ d'office ou sur instructions du procureur de la République, dans les cas où les conditions de l'enquête de flagrance ne sont pas réunies.

LES CONNAISSANCES

Le législateur distingue l'enquête de flagrance, en définissant celle-ci précisément, de l'enquête préliminaire, dont les critères sont plus vagues.

§1 L'enquête de flagrance

L'article 53 du CPP prévoit un certain nombre d'hypothèses d'infractions flagrantes, qui possèdent en réalité des traits communs. Il faut noter que toute infraction ne peut justifier l'ouverture d'une enquête de flagrance. En effet, sont concernés les crimes et les délits punis d'une peine d'emprisonnement *(CPP, art. 67)*. La jurisprudence estime cependant qu'il suffit que le policier ait pu croire, au moment de son intervention, que l'infraction était punie d'emprisonnement pour que l'enquête de flagrance soit valable, même s'il s'avère que les faits étaient moins graves.

I. Les cas de flagrance

Aux termes de l'article 53, alinéa 1er du CPP, il existe **4 types d'infractions flagrantes**. Le premier est celui dans lequel le crime ou le délit se commet actuellement, c'est-à-dire, notamment, sous les yeux de l'enquêteur. Le second cas est très proche et correspond à l'infraction qui vient de se commettre, ce qui peut être le cas, par exemple, d'une victime allongée sur le trottoir et d'un individu qui s'enfuit. Le texte vise également le cas où, *« dans un temps très voisin de l'action, la personne soupçonnée est poursuivie par la clameur publique »*. Ce troisième cas peut être illustré par l'hypothèse de cris tels « à l'assassin ! » ou « au voleur ! » mais la jurisprudence estime que la plainte d'une victime adressée à la police correspond aussi à ce cas. Enfin, le législateur évoque la situation dans laquelle, dans un temps très voisin de l'action, la personne soupçonnée *« présente des traces ou indices, laissant penser qu'elle a participé au crime ou au délit »*. Ainsi en est-il de la personne dont les vêtements sont tâchés de sang, alors qu'un meurtre à l'arme blanche a été commis quelques minutes avant. Toutes ces situations présentent des similitudes étroites et un critère paraît déterminant, celui de la proximité dans le temps de la commission de l'infraction.

II. L'appréciation de la flagrance

L'infraction flagrante est, de manière générale, celle qui, soit est en train de se commettre, soit vient de se commettre, dans un laps de temps relativement court. Le déclenchement de l'enquête de flagrance exige donc que soit démontrée cette proximité temporelle entre le début de l'enquête et des investigations, et le moment où l'infraction a été commise. La jurisprudence a apporté un certain nombre d'indications sur cette durée au-delà de laquelle seule une enquête préliminaire peut être entamée.

Jurisprudence

Par exemple, la Cour de cassation a considéré comme flagrant un viol dénoncé par la victime 24 heures après les faits *(Cass. crim., 26 févr. 1991, n° 90-87.360)* ou une extorsion commise 48 h auparavant *(Cass. crim., 8 avr. 1998, n° 97-80.610)* mais elle juge en revanche qu'il n'y a plus flagrance en cas de révélation d'un crime 6 jours après sa commission *(Cass. crim., 11 févr. 1998, n° 97-85.542)*.

Il existe donc une certaine marge d'appréciation dès lors qu'il s'agit d'une question de faits et que la détermination du moment de la commission de l'infraction n'est pas toujours aisée.

Le second critère de la flagrance consiste dans le fait que la commission de l'infraction se manifeste extérieurement, d'une manière ou d'une autre. Soit le policier la voit se dérouler devant lui, soit il perçoit des indices matériels de sa commission.

Jurisprudence

À ce titre, la jurisprudence exige de manière constante que l'OPJ relève des **indices apparents d'un comportement délictueux** révélant l'infraction *(Cass. crim., 6 févr. 1997, n° 96-84.018)*. La Cour de cassation a jugé que le seul marquage d'un chien spécialisé dans la détection de produits stupéfiants devant la porte d'un appartement constitue l'indice objectif et apparent d'un comportement suspect, caractérisant la flagrance *(Cass. crim., 11 déc. 2019, n° 19-82.457)*.

Il faut ajouter que l'infraction flagrante constitue le point de départ de l'enquête et non l'inverse. Autrement dit, il n'est pas permis au policier d'user de pouvoirs d'investigations dans le but de découvrir une infraction qu'il soupçonne, mais qui n'est pas révélée extérieurement par des indices. Ainsi, il n'est pas possible de procéder à une perquisition dans le but de découvrir des objets que l'on croit dissimulés au domicile d'une personne, s'il n'existe aucun élément objectif permettant de considérer celle-ci comme un receleur. C'est seulement si cette personne se trouve en possession d'un objet dont elle ne peut justifier de l'origine, qu'il est concevable d'entamer une enquête de flagrance, le fait d'avoir l'objet entre les mains étant un indice de commission de l'infraction.

Jurisprudence

On ajoutera que la jurisprudence admet sans difficulté que la dénonciation des faits par la victime suffit pour déclencher l'enquête, dès lors que le critère temporel est rempli *(Cass. crim., 8 oct. 1985, n° 84-95.606)*.

En outre, **certaines infractions présentent la particularité de se commettre pendant un certain temps**. Les infractions continues, telles que le recel ou la séquestration, se consomment sur une certaine durée, ce qui permet aux OPJ de toujours déclencher une enquête de flagrance, même si, par exemple, l'objet recelé est en possession de la personne depuis plusieurs mois.

> **Attention** L'article 53, alinéa 2 du CPP précise que, à la suite de la constatation d'un crime ou d'un délit flagrant, l'enquête peut se poursuivre sans discontinuer pendant une durée de 8 jours. En outre, le procureur de la République peut décider, lorsque les investigations nécessaires à la manifestation de la vérité, pour un crime ou un délit puni d'au moins 5 ans d'emprisonnement, ne peuvent être différées, de prolonger la durée de l'enquête pour une durée de 8 jours maximum. Il résulte de ce dispositif que, après **8 jours ou 16 jours**

> **maximum**, les OPJ ne peuvent poursuivre leurs investigations que dans le cadre voisin de l'enquête préliminaire, à moins que le procureur de la République ait requis l'ouverture d'une instruction.

On ajoutera qu'il existe également des cadres spécifiques d'enquête, très proches de la flagrance. Ces enquêtes sont menées en cas de découverte d'une personne dont la mort ou les blessures sont suspectes *(CPP, art. 74)*, en cas de disparition d'un mineur ou d'un majeur protégé *(CPP, art. 74-1)* ou afin de rechercher des personnes en fuite *(CPP, art. 74-2)*. Les enquêteurs peuvent ici faire usage des pouvoirs qu'ils possèdent en enquête de flagrance hormis la garde à vue. Dans le cas de la recherche de personnes en fuite, des interceptions de correspondances émises par la voie des télécommunications (c'est-à-dire émises par la voie des communications électroniques si l'on respecte la nouvelle terminologie figurant à partir de l'article 100 du CPP) sont possibles pendant une durée de 2 mois renouvelable 2 fois, sur autorisation du JLD.

§2 L'enquête préliminaire

L'article 75 du CPP dispose que les OPJ, et, sous leur contrôle, les APJ, procèdent à des enquêtes préliminaires soit sur instructions du procureur de la République, soit d'office. Le premier cas peut correspondre à l'hypothèse de la victime qui a dénoncé des faits non flagrants directement au procureur, lequel souhaite être éclairé sur ceux-ci avant toute poursuite. En tout état de cause, le ministère public joue ici pleinement son rôle de direction de la police judiciaire, prévu par les articles 12 et 41 du CPP. L'article 39-3 du CPP énonce, plus précisément, que, dans le cadre de ses attributions de direction de la police judiciaire, **le procureur de la République peut adresser des instructions générales ou particulières aux enquêteurs**. Il contrôle la légalité des moyens mis en œuvre par ces derniers, la proportionnalité des actes d'investigation au regard de la nature et de la gravité des faits, l'orientation donnée à l'enquête ainsi que la qualité de celle-ci. Enfin, **il veille à ce que les investigations tendent à la manifestation de la vérité et qu'elles soient accomplies à charge et à décharge**, dans le respect des droits de la victime, du plaignant et de la personne suspectée. Ces dernières précisions rappellent l'énoncé de l'article 81 du CPP relatif aux pouvoirs du JI (V. Fiche n° 31).

L'article 75, alinéa 2 du CPP ajoute que les opérations d'enquête préliminaire relèvent de la surveillance du procureur général. En outre, l'article 75-2 du CPP énonce que l'OPJ avise le procureur dès qu'il a identifié une personne soupçonnée d'être l'auteur d'une infraction.

En théorie, l'enquête préliminaire ne doit pas être illimitée dans le temps. Lorsqu'elle est diligentée sur instructions du parquet, le procureur doit fixer un délai dans lequel l'enquête doit être effectuée. Ce délai peut être prorogé au vu des justifications fournies par les enquêteurs. Si l'enquête est menée d'office par les OPJ, ils doivent rendre compte au procureur de son état d'avancement lorsqu'elle est commencée depuis **6 mois** *(CPP, art. 75-1)*. Cependant, **en pratique, tout dépend de l'appréciation du procureur de la République et, aujourd'hui, il existe une tendance à mener des enquêtes préliminaires d'une durée de plusieurs mois voire plusieurs années**.

Comme on va le voir, la différence essentielle entre les deux types d'enquête réside dans le fait qu'en enquête de flagrance, les OPJ disposent de pouvoirs coercitifs importants alors qu'en enquête préliminaire, leurs pouvoirs sont moindres et souvent soumis à une autorisation du procureur de la République.

On notera également qu'il est concevable que l'enquête, commencée sous la forme préliminaire, se poursuive en flagrance si les enquêteurs constatent des indices apparents d'un comportement délictueux *(V., par exemple, Cass. crim., 5 sept. 2018, n° 16-87.180)*.

⏭ POUR ALLER PLUS LOIN...

- P. MORVAN : Le policier enquêteur, RPDP 2003, p 619 ;
- H. VLAMYNCK : La théorie de l'apparence : enquêtes préliminaire, de flagrance et enquêtes spécifiques de mort suspecte et de disparition inquiétante, AJ pénal 2005, p. 322.

Fiche n° 20 Les constatations matérielles et les réquisitions

L'ESSENTIEL

Les enquêteurs, quel que soit le cadre dans lequel ils agissent, peuvent procéder à des constatations matérielles et obtenir des informations et documents au moyen de réquisitions adressées aux personnes qui les détiennent.

LES CONNAISSANCES

Les investigations que les OPJ peuvent mener en cas de flagrance se justifient par une idée essentielle, qui est l'urgence. Par hypothèse, l'infraction a été commise peu de temps auparavant et plus les opérations de recherche des preuves et des personnes soupçonnées sont rapides, plus l'enquête sera efficace. Cette idée justifie que les libertés individuelles soient moins bien protégées que dans le cadre de l'enquête préliminaire, l'intérêt de la répression ayant pour conséquence de conférer des pouvoirs plus grands aux enquêteurs.

On peut distinguer plusieurs sortes de moyens d'investigation utilisés par les OPJ. Ainsi, l'enquêteur procède d'abord au recueil d'indices matériels et à des constatations techniques. Il peut ensuite prendre des réquisitions afin d'obtenir des informations ou documents.

Toutefois, **certains actes ne sont pas encadrés par un texte**, ce qui conduit la Cour de cassation à en apprécier la régularité. Ainsi, elle a jugé que le procureur de la République tient des articles 39-3 et 41 du Code de procédure pénale le pouvoir de faire procéder, sous son contrôle effectif et selon les modalités qu'il autorise s'agissant de sa durée et de son périmètre, à une vidéosurveillance sur la voie publique, aux fins de rechercher la preuve des infractions à la loi pénale, l'ingérence dans la vie privée qui résulte d'une telle mesure étant limitée et proportionnée au regard de l'objectif poursuivi, et donc non contraire à l'article 8 Conv. EDH (*Cass. crim., 8 déc. 2020, n° 20-83.885 – V., dans le cadre de l'instruction, Cass. crim., 11 déc. 2018, n° 18-82.365*, Fiche n° 31).

§1 Les constatations matérielles et examens techniques

Les lois récentes ont précisé quels sont les pouvoirs des policiers qui se rendent sur les lieux d'une infraction flagrante. En vertu de l'article 54 du CPP, l'officier de police judiciaire avisé de l'infraction informe immédiatement le procureur de la République, se transporte sans délai sur le lieu du crime et procède à toutes constatations utiles. Il veille à la conservation des indices, saisit les armes et instruments ayant servi à commettre les faits ou destinés à les commettre ainsi que tout ce qui paraît avoir été le produit direct ou indirect de ce crime. Il représente les objets saisis, pour reconnaissance, aux personnes qui paraissent avoir participé au crime, si elles sont présentes. Un rôle important est ici joué par les techniciens de la police scientifique.

Cependant, les enquêteurs peuvent avoir besoin de faire réaliser des constatations ou examens techniques par des personnes compétentes dans un domaine précis. En **enquête de flagrance**, l'article 60 du CPP énonce que l'OPJ, ou l'APJ sous son contrôle, peut avoir recours à *« toutes personnes qualifiées »* pour procéder à ces examens techniques. S'il s'agit d'une **enquête préliminaire**, c'est le procureur qui peut ordonner ou autoriser l'OPJ à avoir recours à ces personnes qualifiées (CPP, art. 77-1). Les réquisitions non autorisées sont donc irrégulières et l'absence d'autorisation peut être invoquée par toute partie y ayant intérêt *(Cass. crim., 18 juin 2019, n° 19-80.105)*. De même, **l'autorisation du procureur de la République doit être donnée dans le cadre de la procédure en cours et non par voie d'autorisation générale et permanente préalable**, cette interprétation étant, selon la chambre criminelle, commandée par la nécessité de garantir la direction effective des enquêtes préliminaires par le procureur de la République *(Cass. crim., 17 déc. 2019, n° 19-83.574)*.

Toutefois, **le législateur a décidé de rendre possible de telles autorisations générales dans certains cas.** L'article 77-1 CPP a, en effet, été complété par la loi du 24 décembre 2020, afin de prévoir que le procureur de la République peut, par la voie d'instructions générales, autoriser les OPJ et APJ à requérir toutes personnes qualifiées afin de procéder à des examens médicaux ou psychologiques de la victime ou de procéder à des examens médicaux de la personne suspectée d'avoir commis une des infractions mentionnées à l'article 706-47 *(infractions sexuelles et infractions commises sur des mineurs, notamment)* ou exigés en application de l'article 706-115 c'est-à-dire en cas d'infraction commise par un majeur protégé. Le procureur est avisé sans délai de ces réquisitions et ces instructions générales ont une durée qui ne peut excéder 6 mois, tout en étant renouvelables.

En outre, le texte dispose qu'**aucune autorisation n'est nécessaire** lorsque l'OPJ a recours à une personne qualifiée aux fins de :

- procéder à la comparaison entre une **empreinte génétique** issue de trace biologique et l'empreinte génétique d'une personne à l'encontre de laquelle il existe une ou plusieurs raisons plausibles de soupçonner qu'elle a commis l'une des infractions mentionnées à l'article 706-55, c'est-à-dire celles qui peuvent faire l'objet d'une inscription au Fichier des empreintes génétiques, ou à la comparaison entre plusieurs traces biologiques.

– procéder à la comparaison entre une **trace digitale ou palmaire** et l'empreinte digitale ou palmaire d'une personne à l'encontre de laquelle il existe une ou plusieurs raisons plausibles de soupçonner qu'elle a commis un crime ou un délit, ou à la comparaison entre plusieurs traces digitales ou palmaires.

Les *« personnes qualifiées »* peuvent être des **experts judiciaires**, c'est-à-dire inscrits sur une liste nationale ou sur des listes régionales mais aussi des personnes n'ayant pas cette qualité qui doivent alors prêter serment, par écrit, « *d'apporter leur concours à la justice en leur honneur et en leur conscience* » *(CPP, art. 60, al. 2)*. Ainsi, des agents de l'administration des impôts et de l'URSSAF, requis pour assister des enquêteurs lors d'une perquisition, sont tenus de prêter le serment *(Cass. crim., 27 mars 2019, n° 18-83.493)*.

Jurisprudence

Selon la chambre criminelle, l'article 8 de la Conv. EDH n'interdit pas en tant que tel le recours à une intervention médicale sans le consentement d'un suspect en vue de l'obtention de la preuve de sa participation à une infraction, s'agissant, en l'espèce, de prélèvements sanguins en vue d'un dosage d'alcoolémie et du dépistage de stupéfiants, effectués sur le fondement de l'article 60 du CPP *(Cass. crim., 31 mars 2020, n° 19-85.756)*.

Par ailleurs, l'OPJ peut procéder ou faire procéder sous son contrôle à des opérations de prélèvements externes nécessaires à la réalisation d'examens techniques et scientifiques de comparaison avec les traces et indices prélevés pour les nécessités de l'enquête. Il s'agit d'un pouvoir propre à l'OPJ dans le cadre d'une **enquête de flagrance** *(CPP, art. 55-1)* alors qu'une autorisation du procureur est nécessaire dans le cadre d'une **enquête préliminaire** *(CPP, art. 76-2)*. Ces prélèvements, permettant, par exemple, de déceler des traces de poudre ou de procéder à la recherche d'empreinte génétique à partir d'un cheveu, peuvent être réalisés soit sur un suspect, soit sur toute personne susceptible de fournir des renseignements sur les faits, c'est-à-dire un simple témoin. Le texte indique encore que le policier fait procéder à des relevés d'empreintes digitales ou à des photographies destinés à alimenter les fichiers de police.

§2 Les réquisitions

Les enquêteurs peuvent obtenir de tiers détenant des informations relatives aux faits, la communication de celles-ci. En **enquête de flagrance**, le procureur de la République, l'OPJ ou l'APJ sous le contrôle de ce dernier, peut, par tout moyen, requérir de toute personne, tout établissement ou organisme privé ou public ou de toute administration publique, qui sont susceptibles de détenir des documents intéressant l'enquête de remettre ces documents, notamment sous forme numérique, sans que puisse être opposée, sans motif légitime, l'obligation au secret professionnel *(CPP, art. 60-1)*. En **enquête préliminaire**, l'OPJ ou l'APJ doit obtenir une autorisation du procureur *(CPP, art. 77-1-1)*.

Cependant, la loi du 24 décembre 2020 a modifié l'article 77-1-1 afin de prévoir que le procureur de la République peut, par voie d'instructions générales, **autoriser** les OPJ ou APJ, pour des catégories d'infractions qu'il détermine, **à requérir de toute personne, de tout établissement ou organisme privé ou public ou de toute administration publique, de leur remettre des informations intéressant l'enquête qui sont issues d'un système de vidéoprotection**. Le procureur doit être avisé de telles réquisitions. Ces instructions ont une durée qui ne peut excéder 6 mois mais sont renouvelables.

Le texte précise que les informations demandées peuvent être issues d'un système informatique ou d'un traitement de données nominatives. En outre, il est prévu que lorsque ces réquisitions concernent un avocat, une entreprise de presse, un médecin, un notaire ou un huissier, la remise des documents suppose l'accord de celui qui les détient.

Le législateur prévoit également que l'OPJ ou l'APJ agissant sous son contrôle peut, en **enquête de flagrance** *(CPP, art. 60-2, al. 1er)*, demander aux organismes publics ou aux personnes morales de droit privé de mettre à sa disposition les informations utiles à la manifestation de la vérité, à l'exception de celles protégées par un secret prévu par la loi, contenues dans le ou les systèmes informatiques ou traitements de données nominatives qu'ils administrent. En **enquête préliminaire**, l'OPJ ou l'APJ doit avoir obtenu une autorisation du procureur de la République *(CPP, art. 77-1-2, al. 1er)*.

De plus, sur réquisition du procureur de la République préalablement autorisé par ordonnance du JLD, l'OPJ ou l'APJ agissant sous son contrôle peut requérir des opérateurs de télécommunications de prendre les mesures propres à assurer la préservation, pour une durée maximum d'un an, du contenu des informations consultées par les personnes utilisatrices des services fournis par les opérateurs *(CPP, art. 60-2, al. 2, et 77-1-2, al. 2)*. Ceci concerne donc les fournisseurs d'accès internet en particulier.

⏭ POUR ALLER PLUS LOIN...

– W. DUHEN, Réquisitions judiciaires et conservation des données de connexion par les opérateurs de communication en ligne, AJ pénal 2011, p. 184.

Fiche n° 21 Les perquisitions et saisies

L'ESSENTIEL

Les enquêteurs peuvent réaliser des perquisitions, dont la réglementation diffère selon le type d'enquête. De plus, dans certains lieux, les conditions de la perquisition sont plus strictes en raison de la nécessité de protéger le secret professionnel ou la liberté de la presse, notamment.

La saisie des objets ou documents est également réglementée précisément.

Le non-respect des règles entraîne la nullité des actes, ce qui est rappelé expressément par le législateur en matière de perquisitions.

LES CONNAISSANCES

Après avoir présenté la notion de perquisition, on en exposera les conditions avant d'évoquer les saisies qui en sont une suite fréquente.

§1 Notion de perquisition

La perquisition consiste à fouiller dans un lieu où peuvent se trouver des indices relatifs à une infraction et à son auteur. Cette définition a pour conséquence que si une personne remet délibérément à un OPJ un objet que ce dernier lui a demandé, il ne s'agit pas d'une perquisition et les conditions fixées par le CPP n'ont donc pas à être respectées. Il faut noter que la perquisition n'a plus, aujourd'hui, pour seule fin de découvrir des éléments de preuve. Une loi du 9 juillet 2010 visant à faciliter la saisie et la confiscation a élargi le domaine des perquisitions et saisies afin que ces dernières puissent servir à mettre en œuvre une confiscation ultérieure des objets saisis *(L. n° 2010-768, 9 juill. 2010)*.

L'article 56 du CPP permet de cerner la notion juridique de perquisition. Il dispose que l'OPJ peut se transporter au domicile des personnes qui paraissent avoir participé à l'infraction constatée ou qui peuvent détenir des pièces ou objets relatifs aux faits incriminés. Ce texte réglemente donc les perquisitions domiciliaires, effectuées soit chez les personnes soupçonnées, soit chez toute autre personne susceptible de détenir un indice ou un élément de preuve.

La notion de domicile en procédure pénale recouvre le lieu clos et habitable où une personne a le droit de se dire chez elle, qu'elle y habite ou non et qu'elle en soit propriétaire ou non. Par conséquent, une chambre d'hôtel ou un bureau professionnel constituent des domiciles mais pas une automobile, sauf si elle est aménagée afin d'être habitable *(V. CPP, art. 78-2-2, II, al. 4)*. En réalité, la jurisprudence a élargi la notion de domicile en considérant que le critère essentiel était le fait que le lieu soit clos *(Cass. crim., 29 mars 1994, n° 93-84.995)*. Ainsi, un garage attenant à une habitation, un jardin clos ou le parking souterrain d'une copropriété sont considérés comme tels, ce qui implique de respecter les conditions de la perquisition pour y pénétrer *(Cass. crim., 27 mai 2009, n° 09-82.115)*.

La loi du 9 juillet 2010 a complété les textes afin de prévoir que l'OPJ peut se transporter « *en tous lieux dans lesquels sont susceptibles de se trouver des biens dont la confiscation est prévue à l'article 131-21 du Code pénal, pour y procéder à une perquisition aux fins de saisie de ces biens* ». De plus, le législateur a créé une procédure de « saisie spéciale » *(CPP, art. 706-141 et s.)* afin de garantir l'exécution de la peine de confiscation, à la suite de saisies portant sur tout ou partie des biens d'une personne, sur un bien immobilier, sur un bien ou un droit mobilier incorporel ou une créance ainsi qu'aux saisies qui n'entraînent pas de dépossession du bien.

La jurisprudence assimile à la perquisition domiciliaire les fouilles corporelles **qui doivent être effectuées par une personne du même sexe.** Cependant, en pratique, on distingue la fouille corporelle, qui est approfondie, de la palpation de sécurité, considérée comme une mesure préventive et qui n'est pas assimilée à une perquisition. Cette palpation de sécurité correspond par exemple à l'hypothèse où le policier tâte les poches de la veste d'un individu qui paraissent révéler le port d'une arme ou la présence de sachets de drogue. Cet acte est autorisé, malgré l'absence de texte, dans le cadre des contrôles d'identité *(V. Cass. crim., 11 déc. 2019, n° 19-82.454, faisant la distinction entre palpation et perquisition)*.

Seul l'article 63-7 du CPP réglemente, dans le cadre de la garde à vue, la fouille corporelle (V. Fiche n° 23).

Jurisprudence

De même, la fouille d'une valise, en dehors des cas prévus par les articles 78-2-2 et 78-2-4 du CPP, a été assimilée à une perquisition, l'opération n'étant régulière, sans le consentement du propriétaire, qu'en enquête de flagrance *(Cass. crim., 5 oct. 2011, n° 11-81.125)*.

C'est aussi le cas de l'exploitation d'un téléphone portable, étant précisé que la communication à un OPJ, à sa demande, du code de déverrouillage de l'appareil ne constitue pas une audition au sens de l'article 63-4-2 du CPP et peut donc avoir lieu hors la présence d'un avocat *(Cass. crim., 12 janv. 2021, n° 20-84.045)*.

Enfin, le législateur a fixé les conditions des **perquisitions « informatiques »**. En vertu de l'article 57-1 du CPP, **les OPJ peuvent, au cours d'une perquisition accéder par un système informatique implanté sur les lieux où se déroule la perquisition à des données stockées dans ledit système ou dans un autre système informatique, dès lors que ces données sont accessibles à partir du système initial ou disponibles pour le système initial.**

Ils peuvent également accéder par un système informatique implanté dans des locaux de police à des données stockées dans un autre système informatique, si ces données sont accessibles à partir du système initial.

Ces données peuvent être copiées sur tout support. Enfin, les OPJ peuvent requérir toute personne susceptible d'avoir connaissance des mesures appliquées pour protéger les données auxquelles il est permis d'accéder dans le cadre de la perquisition ou de leur remettre les informations permettant d'accéder à ces données.

Ce dispositif est applicable dans les deux cadres d'enquête *(CPP, art. 76-3)*.

§2 Conditions de la perquisition

Les conditions diffèrent selon les lieux, certains étant plus spécialement protégés.

I. Régime de droit commun

Quel que soit le cadre juridique de l'enquête, une perquisition ne peut être effectuée que par un OPJ, éventuellement accompagné d'APJ. Elle doit avoir lieu **entre 6 heures et 21 heures** *(CPP, art. 59)*. Il existe cependant une exception lorsque le policier fait l'objet d'une « réclamation faite de l'intérieur de la maison » c'est-à-dire lorsque c'est l'occupant des lieux qui lui a demandé d'entrer. En outre, la perquisition peut débuter avant 21 heures et se poursuivre après. Par ailleurs, lorsque l'enquête porte sur une infraction relevant du régime dérogatoire de la criminalité et de la délinquance organisées, les perquisitions peuvent avoir lieu de nuit (V. Fiche n° 24).

La perquisition suppose également la présence de la personne au domicile de laquelle elle se réalise. L'article 57, alinéa 2 du CPP prévoit qu'**en cas d'impossi-**

bilité, l'OPJ doit inviter l'intéressé à désigner un représentant de son choix et à défaut, il désigne lui-même 2 témoins indépendants, c'est-à-dire qui ne dépendent pas de son autorité. La jurisprudence considère traditionnellement que le fait que la personne soit placée en garde à vue ne constitue pas une impossibilité au sens de ce texte *(V. Cass. crim., 5 févr. 2020, n° 19-85.188)*.

Jurisprudence

En revanche, aucune autre personne ne peut assister à la perquisition et la présence, au cours de l'acte, d'un journaliste constitue une violation du secret de l'instruction concomitante à l'accomplissement de l'acte qui porte nécessairement atteinte aux intérêts de la personne qu'elle concerne, même si le journaliste a obtenu une autorisation à cette fin *(Cass. crim., 10 janv. 2017, n° 16-84.740 - Cass. crim., 9 janv. 2019, n° 17 -84.026)*.

Il existe une **différence de régime selon que la perquisition est effectuée en enquête de flagrance ou en enquête préliminaire**. Dans le premier cas, l'OPJ procède aux opérations sans avoir à obtenir **l'assentiment de la personne concernée**, ce qui montre le caractère coercitif de l'enquête de flagrance.

Dans le second cas, en revanche, l'article 76 du CPP prévoit ainsi que les perquisitions, visites domiciliaires et saisies requièrent l'assentiment exprès et écrit de la personne chez laquelle l'opération a lieu. Cependant, l'alinéa 4 dispose que, **si les nécessités de l'enquête relative à un crime ou à un délit puni d'une peine d'emprisonnement d'au moins 3 ans l'exigent, le JLD peut, à la requête du procureur de la République, décider par décision écrite et motivée, que les perquisitions et saisies s'effectueront sans l'assentiment de la personne concernée**.

À peine de nullité, la décision du JLD doit préciser la qualification de l'infraction et l'adresse des lieux. La motivation doit porter sur la nécessité d'opérer sans le consentement.

Le juge contrôle l'opération et peut se déplacer sur les lieux pour ce faire. Si les opérations révèlent d'autres infractions que celles recherchées, les procédures incidentes ne sont pas susceptibles d'être annulées pour cette raison.

Jurisprudence

La Cour de cassation a jugé, sur ce point, que le JLD ne peut motiver sa décision en se bornant à se référer à la requête du procureur *(Cass. crim., 23 nov. 2016, n° 15-83.649)*. Cependant, il peut valablement reprendre exactement les mêmes motifs que ce dernier si ces motifs correspondent à ceux prévus par l'article 76 *(Cass. crim., 21 janv. 2020, n° 18-84.899)*.

II. Régimes particuliers

Lorsque les perquisitions sont effectuées dans certains lieux, elles doivent répondre à des conditions plus strictes, dans le but de protéger le secret, notamment professionnel. Le législateur a créé successivement plusieurs textes, applicables dans le cadre des enquêtes de police et de l'instruction.

A Cabinet et domicile d'un avocat

L'article 56-1 du CPP réglemente les **perquisitions dans le cabinet ou au domicile d'un avocat.** Il prévoit, que la **perquisition ne peut être réalisée que par un magistrat** à la suite d'une décision écrite et motivée prise par lui, qui indique la nature de l'infraction ou des infractions sur lesquelles portent les investigations, les raisons justifiant la perquisition et l'objet de celle-ci. **Ce magistrat est soit le procureur de la République ou un de ses substituts dans le cadre d'une enquête de police, soit le juge d'instruction dans le cadre d'une information.** Selon la Cour de cassation, l'absence, dans la décision prise par le magistrat, des motifs justifiant la perquisition et décrivant l'objet de celle-ci, qui prive le bâtonnier, chargé de la protection des droits de la défense, de l'information qui lui est réservée et qui interdit ensuite le contrôle réel et effectif de cette mesure par le juge des libertés et de la détention éventuellement saisi, porte nécessairement atteinte aux intérêts de l'avocat concerné *(Cass. crim., 8 juill. 2020, n° 19-85.491).*

La perquisition se déroule également **en présence du bâtonnier** de l'ordre ou de son délégué. Le contenu de la décision de perquisition est porté dès le début de l'opération à la connaissance du bâtonnier ou de son délégué par le magistrat. Celui-ci et le bâtonnier ou son délégué ont seuls le droit de consulter ou de prendre connaissance des documents se trouvant sur les lieux préalablement à leur éventuelle saisie. Aucune saisie ne peut concerner des documents relatifs à d'autres infractions que celles mentionnées dans la décision. **Toutes ces dispositions sont édictées à peine de nullité** et le magistrat qui effectue la perquisition veille à ce que les investigations conduites ne portent pas atteinte au libre exercice de la profession d'avocat. En outre, la correspondance entre un avocat et ses clients ou confrères ainsi que toutes les pièces de ses dossiers sont couvertes par le secret professionnel. De tels documents, dès lors qu'ils relèvent de l'exercice des droits de la défense, ne peuvent être en principe l'objet d'une saisie sauf si celle-ci permet d'établir que l'avocat est l'auteur d'une infraction pénale *(Cass. crim., 12 mars 1992, n° 91-86.843).* L'article 56-1 prévoit, à cette fin, que **le bâtonnier peut s'opposer à la saisie d'un document qu'il juge irrégulière. La saisie a lieu mais la contestation est soumise au JLD qui statue dans les 5 jours sur le point de savoir si la saisie est maintenue ou non, sa décision étant insusceptible de recours.**

L'article 56-1 est également applicable aux perquisitions ou visites domiciliaires effectuées, sur le fondement d'autres codes ou de lois spéciales, dans le cabinet d'un avocat ou à son domicile ou dans les locaux de l'ordre des avocats ou des caisses de règlement pécuniaire des avocats.

B Entreprise de presse et domicile d'un journaliste

L'article 56-2 du CPP prévoit que les perquisitions dans les locaux d'une entreprise de presse ou de communication audiovisuelle ou de communication au public en ligne, dans les locaux d'une agence de presse, dans les véhicules professionnels de ces entreprises ou agences ou au domicile d'un journaliste lorsque les investigations sont liées à son activité professionnelle ne peuvent être effectuées que par un magistrat. Il faut une décision écrite et motivée qui indique la nature de l'infraction ou des infractions sur lesquelles portent les investigations, ainsi que les raisons justifiant la perquisition et l'objet de celle-ci. Le contenu de cette décision est porté dès le début de la perquisition à la connaissance de la personne présente dans les lieux. Le magistrat et cette personne ont seuls le droit de prendre connaissance des documents ou des objets découverts lors de la perquisition préalablement à leur éventuelle saisie. Aucune saisie ne peut concerner des documents ou des objets relatifs à d'autres infractions que celles mentionnées dans cette décision.

Ces dispositions sont édictées à peine de nullité et le magistrat qui effectue la perquisition veille à ce que les investigations respectent le libre exercice de la profession de journaliste, ne portent pas atteinte au secret des sources en violation de l'article 2 de la loi du 29 juillet 1881 sur la liberté de la presse et ne constituent pas un obstacle ou n'entraînent pas un retard injustifié à la diffusion de l'information. Comme dans le cas des cabinets d'avocat, la personne présente lors de la perquisition peut s'opposer à la saisie d'un document ou de tout objet si elle estime que cette saisie serait irrégulière. Le document ou l'objet est néanmoins saisi mais le JLD est saisi afin de statuer dans un délai de 5 jours.

C Cabinet de médecin, notaire ou huissier de justice

Les perquisitions dans le cabinet d'un médecin, d'un notaire ou d'un huissier sont effectuées par un magistrat et en présence de la personne responsable de l'ordre ou de l'organisation professionnelle à laquelle appartient l'intéressé *(CPP, art. 56-3)*. Le dispositif est ici beaucoup moins protecteur puisque le responsable présent ne peut pas s'opposer à la saisie.

D Lieux contenant des documents protégés par le secret de la défense nationale

L'article 56-4 du CPP vise, d'une part, le cas d'une perquisition dans un lieu précisément identifié, abritant des éléments couverts par le secret de la défense nationale. Une telle perquisition ne peut être réalisée que par un magistrat en présence du président de la Commission consultative du secret de la défense nationale ou son représentant. D'autre part, le texte vise l'hypothèse d'une perquisition dans un lieu dans lequel on découvre des éléments couverts par le secret de la défense nationale. Ici, le magistrat présent sur le lieu ou avisé par l'officier de police judiciaire en informe le président de la Commission consultative du secret de la défense nationale. Les éléments classifiés sont placés sous scellés, sans qu'il en soit pris connaissance, par le magistrat ou l'officier de police judiciaire qui les a découverts, puis sont remis ou transmis au président de la Commission afin qu'il en assure la garde. La déclassification et la communication des éléments placés sous scellés relèvent d'une procédure spéciale prévue par les articles L. 2312-4 et suivants du Code de la défense.

E Locaux d'une juridiction et domicile d'un magistrat

À la suite d'une décision du Conseil constitutionnel du 4 décembre 2015 *(Cons. const., 4 déc. 2015, n° 2015-506 QPC)*, la loi [n° 2016-731] du 3 juin 2016 a ajouté un nouveau texte réglementant les perquisitions dans les locaux d'une juridiction ou au domicile d'une personne exerçant des fonctions juridictionnelles et qui tendent à la saisie de documents susceptibles d'être couverts par le secret du délibéré *(CPP, art. 56-5)*.

On retrouve le même schéma que dans le cas d'un cabinet d'avocat puisque les opérations ne peuvent être effectuées que par un magistrat, sur décision écrite et motivée de celui-ci, en présence du premier président de la cour d'appel ou du premier président de la Cour de cassation ou de son délégué.

Le contenu de la décision est porté, dès le début de la perquisition, à la connaissance du premier président ou de son délégué par le magistrat. Celui-ci, le premier président ou son délégué ont seuls le droit de consulter ou de prendre connaissance des documents ou des objets se trouvant sur les lieux préalablement à leur éventuelle saisie. Le magistrat qui effectue la perquisition veille à ce que les investigations conduites ne portent pas atteinte à l'indépendance de la justice.

Le premier président ou son délégué peut s'opposer à la saisie d'un document ou d'un objet s'il estime cette saisie irrégulière. Le document ou l'objet est alors saisi et, dans un délai de 5 jours, le JLD statue sur l'opposition par ordonnance motivée non susceptible de recours.

III. Contrôle de la régularité de la perquisition

Les perquisitions font l'objet d'un PV et **la violation des formalités des articles 56, 57 et 59 du CPP entraîne la nullité des opérations**. On a vu également que les textes concernant des lieux particuliers (sauf les cabinets de médecins, notaires et huissiers de justice) prévoient la nullité en cas de non-respect des conditions de la perquisition et de la saisie. On ajoutera que le fait que le JLD ne s'oppose pas à une saisie, en cas de contestation, n'empêche pas d'en demander la nullité.

Mais il convient d'ajouter que **la loi du 23 mars 2019 a mis en place un mécanisme particulier de contrôle des perquisitions et visites domiciliaires pour le cas où la personne ayant fait l'objet de l'acte n'a pas été poursuivie au plus tôt 6 mois après l'accomplissement de celui-ci**.

L'article 802-2 du CPP prévoit que la personne peut, dans un délai d'un an à compter de la date à laquelle elle a eu connaissance de cette mesure, saisir le JLD d'une demande tendant à son annulation. Cette requête n'a aucun effet suspensif sur l'enquête ou l'instruction en cours.
Le juge statue, dans le mois suivant la réception de la requête, après avoir recueilli les observations écrites du procureur de la République, du requérant et, le cas échéant, de son avocat. Si les nécessités de l'enquête le justifient, le procureur peut demander au JLD de se prononcer dans un délai de 8 jours. Le juge statue par une ordonnance motivée susceptible d'appel, dans un délai de 10 jours à compter de sa notification, devant le président de la chambre de l'instruction.
Si la perquisition est intervenue à l'occasion d'une procédure pour laquelle des poursuites ont été engagées à l'encontre d'autres personnes que celle ayant formé la demande d'annulation, celle-ci est transmise par le JLD soit au président de la chambre de l'instruction lorsqu'une instruction est en cours, soit au président de la juridiction de jugement lorsque celle-ci est saisie.

§3 Saisies

De manière générale, lors de la perquisition, des documents et objets peuvent être saisis ainsi que des données informatiques. La loi du 30 juillet 2020 a précisé que lorsque l'enquête porte sur des infractions de violences, l'OPJ peut, d'office ou sur instructions du procureur de la République, procéder à la saisie des armes qui sont détenues par la personne suspectée ou dont celle-ci a la libre disposition, quel que soit le lieu où se trouvent ces armes *(CPP, art. 56, al. 1er)*.

Les documents ou objets sont inventoriés et placés par l'OPJ sous scellés, définitifs ou provisoires, et les droits de la défense doivent être respectés, c'est-à-dire que les objets saisis sont présentés aux personnes concernées qui peuvent formuler des explications. S'agissant des données informatiques, le texte précise que l'enquêteur place sous main de justice soit le support physique des données (disque dur, cd-rom), soit une copie réalisée en présence des personnes qui assistent à la perquisition. Si une copie est réalisée, il peut être procédé, sur instruction du procureur de la République, à l'effacement définitif, sur le support physique qui n'a pas été placé sous main de justice, des données dont la détention et l'usage est illégal ou dangereux pour la sécurité des personnes ou des biens.

Enfin, le dernier alinéa de l'article 56 du CPP indique que, si elles sont susceptibles de fournir des renseignements sur les objets, documents ou données informatiques saisis, les personnes présentes peuvent être retenues sur place par l'OPJ le temps strictement nécessairement à l'accomplissement de ces opérations.

Les saisies, comme les perquisitions, sont susceptibles d'annulation en cas de violation des formalités prescrites par le CPP.

Jurisprudence

Cependant, la Cour de cassation a jugé qu'il n'y a pas lieu à annulation de la perquisition réalisée, au cours d'une enquête préliminaire, sans assentiment de la personne concernée lorsque cette perquisition n'a donné lieu à aucune investigation et constatation de nature à fonder les poursuites *(Cass. crim., 30 janv. 2019, n° 17-85.304)*.

POUR ALLER PLUS LOIN...

- F. DUPUIS, Les saisies en matière pénale, de l'opportun à l'opportunisme, Procédures 2014, étude 6 ;
- C. MICHALSKI, La recherche et la saisie des preuves électroniques, Gaz. Pal., 9-11 févr. 2014, p. 12 ;
- P. PIOT, Perquisitions : les garanties spéciales de procédure pour les avocats et les journalistes, Gaz. Pal., 9-11 févr. 2014, p. 17 ;
- V. TELLIER-CAYROL, Les perquisitions : de quelques questions d'actualité, Gaz. Pal. 2014, 9-11 févr. 2014, p. 4.

Le point sur...
Les perquisitions

Fiche n° 22 Les auditions de personnes et les droits des suspects

L'ESSENTIEL

Les enquêteurs peuvent recueillir les dires des personnes qui ont vu, entendu ou savent quelque chose au sujet de l'infraction ou des auteurs supposés de cette dernière. Il s'agit donc des personnes qualifiées de témoins, qui sont obligées de répondre aux convocations des enquêteurs. Ils peuvent aussi entendre, sans les priver de liberté, les personnes soupçonnées d'une infraction, en respectant certaines conditions. Ces dernières se sont vues octroyer certains droits depuis quelques années, en dehors du cadre de la garde à vue.

LES CONNAISSANCES

Dans le cadre des enquêtes de police, il est très fréquent que des personnes soient entendues afin d'éclairer les OPJ sur les circonstances de l'infraction ou les personnes impliquées. Ces personnes peuvent être de simples témoins mais aussi, parfois, des personnes suspectes et l'OPJ peut entendre ces dernières sans les placer en garde à vue. Un statut du suspect a commencé à être élaboré par le législateur récemment.

§1 L'audition du témoin

Dans le cadre de **l'enquête de flagrance**, l'article 61 du CPP dispose que l'OPJ peut appeler et entendre toutes personnes susceptibles de fournir des renseignements sur les faits ou sur les objets et documents saisis. Ces personnes sont tenues de comparaître. L'OPJ peut contraindre, par la force publique, les personnes qui se trouvaient sur les lieux de l'infraction, à comparaître. Il peut également contraindre à comparaître, avec l'autorisation du procureur de la République, les personnes qui n'ont pas répondu à une convocation ou dont on peut craindre qu'elles n'y répondront pas. Le procureur peut également autoriser la comparution par la force publique sans convocation préalable en cas de risque de modification des preuves ou indices, de pressions sur les témoins ou les victimes ainsi que sur leur famille ou leurs proches, ou de concertation entre les coauteurs ou complices de l'infraction.

Le même dispositif s'applique dans le cadre de l'enquête préliminaire, la comparution forcée des témoins impliquant également une autorisation du procureur de la République *(CPP, art. 78)*. La Cour de cassation a jugé, à ce sujet, que cet article ne permet pas à un OPJ, autorisé par le procureur de la République à contraindre une personne à comparaître par la force publique, de pénétrer de force dans un domicile, une telle atteinte à la vie privée ne pouvant résulter que de dispositions légales spécifiques confiant à un juge le soin d'en apprécier préalablement la nécessité *(Cass. crim., 18 sept. 2019, n° 18-84.885)*.

L'article 62 du CPP prévoit que **ces témoins sont entendus sans faire l'objet d'une mesure de contrainte** mais que, si les nécessités de l'enquête le justifient, ils **peuvent être retenus sous contrainte le temps strictement nécessaire à leur audition**, sans que cette durée puisse excéder **4 heures**.

De plus, si, au cours de l'audition sans contrainte, apparaissent des soupçons d'infraction à l'égard de la personne, elle doit être entendue en application de l'article 61-1 (*V. infra*) et les informations prévues aux 1° à 6° du même article lui sont alors notifiées sans délai mais elle peut aussi être placée en garde à vue.

En revanche, si la personne était déjà retenue par la contrainte pour le temps de sa déposition et qu'apparaissent des soupçons d'infraction punie d'une peine privative de liberté, elle devra être placée en garde à vue.

Les personnes déposent sans prestation de serment mais leurs déclarations sont consignées sur un PV. Elles peuvent être entendues par un APJ.

§2 L'audition du suspect

Le législateur distingue, depuis une loi [n° 2014-535] du 27 mai 2014, les personnes contre lesquelles il existe des soupçons des autres, habituellement dénommées témoins. En effet, s'il n'est possible de placer en garde à vue que des suspects, la question qui se pose est de savoir si et dans quelles conditions il est possible d'entendre ces suspects sans les placer en garde à vue c'est-à-dire sans les priver de liberté. Après la loi [n° 2011-392] du 14 avril 2011 relative à la garde à vue, le Conseil constitutionnel avait admis que c'était possible mais à condition d'informer la personne qui accepte d'être entendu librement alors qu'elle est suspecte, de la nature et de la date des faits reprochés et de son droit de quitter les locaux à tout moment *(Cons. const., 18 nov. 2011, déc. n° 2011-191/194/195/196/197 QPC)*.

Le législateur a encadré, en 2014, cette audition libre du suspect à l'article 61-1 du CPP qui est **applicable dans tous les cadres d'enquête**. Cependant, ce texte a été **déclaré contraire au principe constitutionnel de spécialisation de la procédure pénale applicable aux mineurs délinquants, en ce qu'il ne prévoyait aucune**

disposition spéciale concernant ces derniers *(Cons. constit., 8 févr. 2019, n° 2018-762 QPC)*. **La loi du 23 mars 2019 a procédé à sa réécriture partielle**.

(CPP, art. 61-1) :
Le texte énonce que *« Sans préjudice des garanties spécifiques applicables aux mineurs, la personne à l'égard de laquelle il existe des raisons plausibles de soupçonner qu'elle a commis ou tenté de commettre une infraction ne peut être entendue librement sur ces faits qu'après avoir été informée :*
1° De la qualification, de la date et du lieu présumés de l'infraction qu'elle est soupçonnée d'avoir commise ou tenté de commettre ;
2° Du droit de quitter à tout moment les locaux où elle est entendue ;
3° Le cas échéant, du droit d'être assistée par un interprète ;
4° Du droit de faire des déclarations, de répondre aux questions qui lui sont posées ou de se taire ;
5° Si l'infraction pour laquelle elle est entendue est un crime ou un délit puni d'une peine d'emprisonnement, du droit d'être assistée [par un avocat] au cours de son audition ou de sa confrontation (...) ». Elle peut accepter expressément de poursuivre l'audition hors la présence de son avocat ;
« 6° De la possibilité de bénéficier, le cas échéant gratuitement, de conseils juridiques dans une structure d'accès au droit. (...) ».

Le texte précise cependant qu'il n'est pas applicable si la personne a été conduite, sous contrainte, par la force publique devant l'officier de police judiciaire, ce qui est logique car, dans ce cas, c'est-à-dire si elle a été arrêtée, elle est déjà privée de liberté et ne peut donc que continuer de l'être en étant placée en garde à vue.

S'agissant des mineurs, l'article 3-1 de l'ordonnance du 2 février 1945, créé par la loi du 23 mars 2019, énonce que **lorsqu'un mineur est entendu librement** en application de l'article 61-1 du CPP, **l'officier ou l'agent de police judiciaire doit en informer par tout moyen les parents, le tuteur, la personne ou le service auquel le mineur est confié**. Lorsque l'enquête concerne un crime ou un délit puni d'une peine d'emprisonnement et que le mineur n'a pas sollicité l'assistance d'un avocat, cette demande peut être faite par ses représentants légaux, qui sont alors avisés de ce droit lorsqu'ils sont informés de l'audition. Si ni le mineur ni ses représentants légaux n'ont sollicité la désignation d'un avocat, le procureur de la République, le juge des enfants, le juge d'instruction ou l'officier ou l'agent de police judiciaire doit faire désigner d'office un avocat, sauf si le magistrat estime que l'assistance d'un avocat n'apparaît pas proportionnée au regard des circonstances de l'espèce, de la gravité de l'infraction, de la complexité de l'affaire et des mesures susceptibles d'être adoptées en rapport avec celle-ci, étant entendu que l'intérêt supérieur de l'enfant demeure toujours une considération primordiale. Ces règles sont reprises par les articles L. 412-1 et L. 412-2 du CJPM.

S'agissant des **majeurs protégés**, l'article 706-112-2, également créé par la loi du 23 mars 2019, énonce que lorsque les éléments recueillis au cours d'une procédure concernant un crime ou un délit puni d'une peine d'emprisonnement font apparaître qu'une personne devant être entendue librement fait l'objet d'une mesure de protection juridique, l'OPJ ou l'APJ en avise par tout moyen le curateur ou le tuteur, qui peut désigner un avocat ou demander qu'un avocat soit désigné par le bâtonnier pour assister la personne lors de son audition. **Si le tuteur ou le curateur n'a pu être avisé et si la personne entendue n'a pas été assistée par un avocat, les déclarations de cette personne ne peuvent servir de seul fondement à sa condamnation**.

Le législateur a également prévu que si la victime est confrontée avec un suspect entendu librement, elle peut demander à être assistée par un avocat et elle doit être informée de ce droit avant qu'il soit procédé à la confrontation *(CPP, art. 61-2)*.

Le système résultant de la loi de 2014 s'avère donc complexe et il est difficile de savoir s'il est fréquemment appliqué par les enquêteurs. De toute façon, l'appréciation de l'existence de soupçons, notamment en cours d'audition, dépend largement de ces derniers.

§3 Les droits du suspect

En dehors des prérogatives du suspect dans le cadre d'une audition libre, la loi du 3 juin 2016 précitée a créé d'autres droits autonomes, **quel que soit le cadre de l'enquête** *(CPP, art. 61-3 et 76-1)*.

Ainsi, **le suspect d'un délit puni d'emprisonnement peut demander qu'un avocat de son choix ou commis d'office :**
1° l'assiste lorsqu'il participe à une opération de reconstitution de l'infraction ;
2° soit présent lors d'une séance d'identification des suspects dont il fait partie.

La personne est informée de ce droit avant qu'il soit procédé à ces opérations. L'avocat peut, à l'issue des opérations, présenter des observations écrites qui sont jointes à la procédure et il peut directement adresser ces observations au procureur de la République. Le texte ajoute que lorsque la victime ou le plaignant participe à ces opérations, un avocat peut également l'assister.

De plus, **dans le seul cadre d'une enquête préliminaire**, d'autres droits sont prévus par l'article 77-2 du CPP. Ce texte accorde des droits à la « *personne contre laquelle il existe une ou plusieurs raisons plausibles de soupçonner qu'elle a commis ou tenté de commettre une infraction punie d'une peine privative de liberté* » c'est-à-dire à un suspect, qui doit, en outre, avoir fait l'objet d'une audition libre ou d'une garde à vue.

L'intéressé peut, un an après l'accomplissement de l'acte, demander au procureur de la République, par lettre recommandée avec demande d'avis de réception ou par déclaration au greffe contre récépissé, de consulter le dossier de la procédure afin de formuler ses observations.

La réponse à la demande dépend de l'avancée de l'enquête, telle qu'elle est appréciée par le procureur de la République. En effet, s'il estime que l'enquête est terminée et s'il envisage une poursuite par citation directe ou convocation par officier de police judiciaire, il doit aviser le suspect ou son avocat, de la mise à la disposition de son avocat, ou d'elle-même si elle n'est pas assistée par un avocat, d'une copie de la procédure et de la possibilité de formuler des observations ainsi que des demandes d'actes utiles à la manifestation de la vérité dans un délai d'**un mois**.

Pendant ce délai, le procureur ne peut prendre aucune décision sur l'action publique, sauf l'ouverture d'une information, un déferrement de la personne devant lui ou une comparution sur reconnaissance de culpabilité.

Parallèlement, le texte accorde un droit à la victime lorsqu'elle a porté plainte dans le cadre de l'enquête et qu'une demande de consultation du dossier de la procédure a été formulée par le suspect. Dans ce cas, le procureur avise cette victime qu'elle dispose des mêmes droits que le suspect *(CPP, art. 77-2, I, al. 3)*.

En outre, à tout moment de la procédure, même en l'absence de demande du suspect, le procureur peut communiquer tout ou partie de la procédure à la personne mise en cause ou à la victime pour recueillir leurs éventuelles observations ou celles de leur avocat.

Dans tous les cas, les observations ou demandes d'actes de la personne ou de son avocat sont versées au dossier de la procédure. Le procureur de la République apprécie les suites devant être apportées à ces observations et demandes et il en informe les personnes concernées.

La loi du 23 mars 2019 a également introduit dans l'ordonnance du 2 février 1945, une **disposition spécifique aux mineurs suspectés ou poursuivis**. L'article 6-2 de l'ordonnance énonce, en premier lieu, que :
« I. – Le mineur suspecté ou poursuivi en application des dispositions de la présente ordonnance a le droit :
1° que les titulaires de l'autorité parentale reçoivent les mêmes informations que celles qui doivent être communiquées au mineur au cours de la procédure ;

2° d'être accompagné par les titulaires de l'autorité parentale :
a) à chaque audience au cours de la procédure ;
b) lors de ses auditions ou interrogatoires si l'autorité qui procède à cet acte estime qu'il est dans l'intérêt supérieur de l'enfant d'être accompagné et que la présence de ces personnes ne porte pas préjudice à la procédure ; au cours de l'enquête, l'audition ou l'interrogatoire peut débuter en l'absence de ces personnes à l'issue d'un délai de deux heures à compter du moment où celles-ci ont été avisées. »

Le texte précise que l'information n'est toutefois pas délivrée aux titulaires de l'autorité parentale et le mineur n'est pas accompagné par ceux-ci lorsque cette délivrance ou cet accompagnement :
1° serait contraire à l'intérêt supérieur du mineur ;
2° n'est pas possible, parce que, après que des efforts raisonnables ont été déployés, aucun des titulaires de l'autorité parentale ne peut être joint ou que leur identité est inconnue ;
3° pourrait, sur la base d'éléments objectifs et factuels, compromettre de manière significative la procédure pénale.
Dans ces cas, le mineur peut désigner un adulte approprié, qui doit être accepté en tant que tel par l'autorité compétente, pour recevoir ces informations et pour l'accompagner au cours de la procédure. Lorsque le mineur n'a désigné aucun adulte ou que l'adulte désigné n'est pas acceptable pour l'autorité compétente, le procureur de la République, le juge des enfants ou le juge d'instruction désigne, en tenant compte de l'intérêt supérieur de l'enfant, une autre personne pour recevoir ces informations et accompagner le mineur.
L'adulte ainsi désigné peut demander un examen médical du mineur gardé à vue. Si cet adulte n'a pas pu être joint dès le début de la garde à vue, l'examen médical du mineur est obligatoire. Toutes ces dispositions sont reprises au sein des articles L. 311-1 et suivants du CJPM.

Le législateur commence donc à prendre en considération le fait que les enquêtes préliminaires tendent aujourd'hui à remplacer les instructions, en matière délictuelle, et que le suspect, majeur ou mineur, doit se voir accorder un certain nombre de droits pour qu'existe un semblant d'égalité des armes dans le cadre de la procédure.

AUDITIONS ET GARDE À VUE

Nature de la mesure	Personne concernée	Durée maximale	Droits
Audition sans contrainte	Témoin	Temps strictement nécessaire à l'audition	Aucun
Audition sous contrainte	Témoin	4 h	Aucun
Audition libre	Suspect	4 h	Droit de se taire, avocat, etc.
Garde à vue	Suspect	- Droit commun (48 h) - Criminalité et délinquance organisées (96 h) - Terrorisme (144 h)	Droit de se taire, avocat, communication de pièces, etc.

TABLEAU COMPARATIF DU STATUT DES PERSONNES CONCERNÉES PAR UNE PROCÉDURE PÉNALE

	Enquête de police		Instruction		
Qualité	Témoin	Suspect	Témoin	Témoin assisté	Mis en examen
Indices de participation à une infraction	NON	OUI	NON	OUI Indices quelconques	OUI Indices graves ou concordants
Mesures coercitives	OUI - Comparution forcée - Rétention pendant 4 h ou plus	OUI Garde à vue	OUI Comparution forcée	OUI - Mandats de comparution, d'amener et d'arrêt en présence d'indices graves ou concordants	OUI - Mandats - Contrôle judiciaire - Assignation à résidence avec surveillance électronique - Détention provisoire
Prestation de serment	NON	NON	OUI	NON	NON
Droits	NON	OUI En cas de garde à vue et d'audition libre	NON	OUI - Assistance par un avocat - Requête en annulation - Demande de certains actes	OUI - Accès au dossier - Assistance par un avocat - Demandes d'actes - Voies de recours

POUR ALLER PLUS LOIN…

- N. LE COZ, L'audition des personnes soupçonnées dans les enquêtes pénales – Retour sur certaines modifications du code de procédure pénale issues de la loi du 27 mai 2014, AJ pénal 2014, p. 320 ;
- P. HENNION-JACQUET, La consécration légale du statut du suspect libre, Gaz. Pal. 2014, n° 210, p. 9 ;
- R. OLLARD, Quel statut pour le suspect au cours de l'enquête pénale ? JCP G 2014, 912 ;
- E. VERGÈS, Emergence européenne d'un régime juridique du suspect, une nouvelle rationalité juridique, RSC 2012, p. 635 ; Le statut juridique du suspect : un premier défi pour la transposition du droit de l'Union européenne en procédure pénale : Dr. pén. 2014, étude 15.

Fiche n° 23 Les privations de liberté

L'ESSENTIEL

Les personnes suspectes peuvent être appréhendées soit par tout citoyen lorsqu'elles commettent une infraction flagrante, soit dans le cadre d'un mandat de recherche décerné par le procureur de la République.

La garde à vue a fait l'objet d'une réforme importante par une loi [n° 2011-392] du 14 avril 2011. L'OPJ qui décide le placement en garde à vue doit indiquer le ou les motifs de cette décision. La prolongation de la mesure est décidée par le procureur de la République. La durée de la garde à vue en droit commun est de 24 heures renouvelable une fois.

La personne gardée à vue doit être immédiatement informée de ses droits, dont celui de garder le silence et celui d'être assisté par un avocat. Cette assistance par un avocat consiste notamment dans la possibilité pour l'avocat d'assister aux auditions de la personne durant la garde à vue.

Il existe des règles spéciales, plus restrictives, pour la garde à vue des mineurs.

LES CONNAISSANCES

Deux types de privation de liberté sont possibles dans le cadre d'une enquête de police : l'arrestation de l'auteur supposée de l'infraction et son placement en garde à vue.

§1 L'arrestation

Dans le cadre d'une enquête de flagrance, l'OPJ peut, selon l'article 61 du CPP, défendre à toute personne de s'éloigner du lieu de l'infraction jusqu'à la clôture de ses opérations. Le suspect de l'infraction peut être arrêté soit parce qu'il vient de commettre une infraction flagrante, soit en vertu d'un mandat de recherche délivré par le procureur de la République, lequel peut s'appliquer aussi en enquête préliminaire.

I. L'arrestation de l'auteur d'une infraction flagrante

L'article 73 du CPP prévoit qu'en cas de crime ou de délit flagrant puni d'une peine d'emprisonnement, « ***toute personne a qualité pour en appréhender l'auteur et le conduire devant l'OPJ le plus proche*** ». Ce texte justifie, de manière générale, les arrestations de personnes suspectes par les forces de l'ordre agissant dans le cadre d'une enquête de flagrance. On notera que la privation de liberté ne peut durer longtemps, sinon il s'agirait d'une arrestation illégale. Ainsi, le fait d'attendre plusieurs heures après l'appréhension d'un voleur surpris en flagrant délit, pour prévenir un OPJ, constitue le délit de séquestration arbitraire *(Cass. crim., 16 févr. 1988, n° 87-84.107).*

En outre, si des actes de violence sont commis par la personne qui appréhende l'auteur de l'infraction flagrante pour le maîtriser, celle-ci n'engage pas sa responsabilité pénale ni civile à condition que l'usage de la force soit nécessaire et proportionné aux conditions de l'arrestation *(Cass. crim., 13 avr. 2005, n° 04-83.939).*

Il convient d'ajouter que l'article 73, alinéa 2, du CPP dispose que lorsque la personne est présentée devant l'OPJ, son placement en garde à vue n'est pas obligatoire dès lors qu'elle n'est pas tenue sous la contrainte de demeurer à la disposition des enquêteurs et qu'elle a été informée qu'elle peut à tout moment quitter les locaux de police ou de gendarmerie. En revanche, la règle ne s'applique pas si la personne a été conduite, sous contrainte, par la force publique devant l'officier de police judiciaire. Il s'agit donc de rappeler que la garde à vue n'est jamais obligatoire sauf lorsque la personne arrêtée l'a été par des agents de la force publique.

II. L'arrestation dans le cadre d'un mandat de recherche

Le procureur de la République, dans le cas d'un crime flagrant ou d'un délit flagrant puni d'au moins 3 ans d'emprisonnement, a la faculté de délivrer un mandat de recherche contre tout suspect, selon l'article 70 du CPP. Ce mandat est défini par l'article 122 du CPP comme l'ordre donné à la force publique de rechercher la personne visée et de la placer en garde à vue. Si la personne suspecte est découverte, elle est donc placée en garde à vue par l'OPJ qui la découvre et ce dernier peut l'interroger. Les policiers saisis de l'affaire peuvent venir sur place pour l'entendre, en vertu, le cas échéant d'une extension de compétence territoriale prévue par l'article 18 du CPP. Le procureur de la République est informé de la mesure de garde à vue et il peut ordonner que la personne soit transférée dans les locaux du service d'enquête saisi de l'affaire.

§2 La garde à vue

La garde à vue a fait l'objet d'une réforme importante par une loi [n° 2011-392] du 14 avril 2011 après que les textes ont été déclarés non conformes aux principes constitutionnels par le Conseil constitutionnel dans une décision du 30 juillet 2010 *(Cons. const., 30 juill. 2010, n° 2010-14/22 QPC)*.
On exposera les règles relatives au placement en garde à vue, aux droits de la personne concernée et au déroulement de la mesure.

I. Le placement en garde à vue

Selon l'article 62-2 du CPP, la garde à vue est une mesure de contrainte décidée par un officier de police judiciaire, sous le contrôle de l'autorité judiciaire, par laquelle une personne à l'encontre de laquelle il existe une ou plusieurs raisons plausibles de soupçonner qu'elle a commis ou tenté de commettre un crime ou un délit puni d'une peine d'emprisonnement est maintenue à la disposition des enquêteurs. La mesure concerne donc exclusivement des personnes suspectes et non de simples témoins, lesquels ne peuvent être retenus que le temps de leur audition.

La garde à vue ne peut être décidée, selon le même article, que si elle constitue « ***l'unique moyen*** *de parvenir à l'un au moins des objectifs suivants* » :
1° Permettre l'exécution des investigations impliquant la présence ou la participation de la personne ;
2° Garantir la présentation de la personne devant le procureur de la République afin que ce magistrat puisse apprécier la suite à donner à l'enquête ;
3° Empêcher que la personne ne modifie les preuves ou indices matériels ;
4° Empêcher que la personne ne fasse pression sur les témoins ou les victimes ainsi que sur leur famille ou leurs proches ;
5° Empêcher que la personne ne se concerte avec d'autres personnes susceptibles d'être ses coauteurs ou complices ;
6° Garantir la mise en œuvre des mesures destinées à faire cesser le crime ou le délit.

Ces motifs sont contrôlés par les juridictions et la personne peut donc demander et obtenir l'annulation de la garde à vue qui serait infondée *(Cass. crim., 7 juin 2017, n° 16-87.588)*.

L'article 62-3 du CPP précise que la garde à vue s'exécute sous le contrôle du procureur de la République, sous réserve des cas où le juge des libertés et de la détention doit intervenir. Le procureur apprécie si le maintien de la personne en garde à vue et, le cas échéant, la prolongation de cette mesure sont nécessaires à l'enquête et proportionnés à la gravité des faits que la personne est soupçonnée d'avoir commis ou tenté de commettre. Il peut ordonner que la personne lui soit présentée ou soit remise en liberté.

Seul un OPJ peut, d'office ou sur instruction du procureur de la République, placer une personne en garde à vue *(CPP, art. 63)*. Dès le début de la mesure, il informe ce magistrat, par tout moyen, du placement de la personne en garde à vue. Il doit lui donner connaissance des motifs justifiant ce placement et l'avise de la qualification des faits qu'il a notifiée à la personne concernée. Le procureur peut modifier cette qualification et, si tel est le cas, la nouvelle qualification est notifiée à la personne.

> **Attention** Le texte rappelle également que la durée de la garde à vue est de **24 heures** au maximum, sous réserve de **prolongation**. Celle-ci peut être décidée pour un nouveau **délai identique**, sur **autorisation écrite et motivée du procureur** si l'infraction justifiant la mesure est un crime ou un délit puni d'une peine d'emprisonnement supérieure ou égale à un an et si la prolongation de la mesure est l'unique moyen de parvenir à l'un au moins des objectifs mentionnés à l'article 62-2 ou de permettre la présentation de la personne devant l'autorité judiciaire, dans les cas où il n'existe pas dans le tribunal de locaux spécialement aménagés pour retenir la personne avant un déferement.
> Le **procureur de la République peut subordonner son autorisation à la présentation de la personne devant lui**, cette présentation pouvant être réalisée par l'utilisation d'un moyen de télécommunication audiovisuelle, c'est-à-dire par visioconférence.

Il existe des règles particulières en matière de criminalité et de délinquance organisées (V. Fiche n° 24).

Enfin, l'article 63 du CPP énonce que si la personne a déjà été placée en garde à vue pour les mêmes faits, la durée des précédentes périodes de garde à vue s'impute sur la durée de la mesure, ce qui n'est, de nouveau que la consécration de la jurisprudence.

II. Les droits de la personne gardée à vue

On distinguera les règles applicables aux majeurs de celles applicables aux mineurs.

A Règles applicables aux majeurs

1 Information donnée à la personne de ses droits

La personne placée en garde à vue doit être « *immédiatement* » informée d'un certain nombre de droits et la Cour de cassation estime que tout retard injustifié dans la notification emporte la nullité de la garde à vue parce qu'il porte nécessairement atteinte aux droits de l'intéressé. « Immédiatement » signifie dès le début de la garde à vue mais le problème qui se pose est de **savoir quel est le point de départ de la garde à vue**. Le critère appliqué par la jurisprudence est celui de la **privation effective de la liberté d'aller et venir**. Tant que la personne n'est pas contrainte de rester à la disposition du policier, elle n'est pas en garde à vue. Par exemple, si elle se rend librement au commissariat pour y être entendue, elle n'a pas à être placée en garde à vue et elle peut ne l'être qu'après une audition.

La question est compliquée par une **pratique policière qui consiste à faire remonter le point de départ de la mesure de garde à vue, dans l'intérêt de la personne, au moment de son arrivée dans les locaux de police ou du début d'une perquisition qui a été réalisée à son domicile**. En général, dans ces hypothèses, les droits sont notifiés ultérieurement et la personne affirme ensuite qu'ils ont été notifiés avec retard, pour obtenir l'annulation de la garde à vue. La Cour de cassation considérait que le point de départ réel est celui où la personne a été contrainte de rester à la disposition de la justice, en général à l'arrivée dans les locaux de police. Elle ne condamnait pas pour autant la pratique en question, parce qu'elle est favorable aux individus, notamment pour le calcul de la durée de la garde à vue. L'article 63, III du CPP indique aujourd'hui **que si, avant d'être placée en garde à vue, la personne a été appréhendée ou a fait l'objet de toute autre mesure de contrainte, l'heure du début de la garde à vue est fixée à l'heure à partir de laquelle la personne a été privée de liberté. Si celle-ci n'a pas fait l'objet d'une mesure de contrainte préalable mais que son placement en garde à vue est effectué dans le prolongement immédiat d'une audition, cette heure est fixée à celle du début de l'audition**. La pratique est ainsi légalisée.

Il faut encore noter qu'un formulaire, reprenant la totalité des informations devant être fournies à toute personne privée de liberté, doit lui être remis dans une langue qu'elle comprend, au moment de la notification de la mesure. L'article 803-6 CPP donne la liste des droits à communiquer.

(CPP, art., 63-1)

Selon l'article 63-1 du CPP, La personne placée en garde à vue doit être informée, dans une langue qu'elle comprend, le cas échéant au moyen d'un formulaire écrit :

« 1° De son placement en garde à vue ainsi que de la durée de la mesure et de la ou des prolongations dont celle-ci peut faire l'objet ;

2° De la qualification, de la date et du lieu présumés de l'infraction qu'elle est soupçonnée d'avoir commise ou tenté de commettre ainsi que des motifs [du placement en garde à vue] ;

3° Du fait qu'elle bénéficie :

- *du droit de faire prévenir un proche et son employeur ainsi que, si elle est de nationalité étrangère, les autorités consulaires de l'État dont elle est ressortissante, et, le cas échéant, de communiquer avec ces personnes (...) ;*
- *du droit d'être examinée par un médecin (...) ;*
- *du droit d'être assistée par un avocat (...) ;*
- *s'il y a lieu, du droit d'être assistée par un interprète ;*

- *du droit de consulter, dans les meilleurs délais et au plus tard avant l'éventuelle prolongation de la garde à vue, les documents mentionnés à l'article 63-4-1 ;*
- *du droit de présenter des observations au procureur de la République ou, le cas échéant, au juge des libertés et de la détention, lorsque ce magistrat se prononce sur l'éventuelle prolongation de la garde à vue, tendant à ce qu'il soit mis fin à cette mesure. Si la personne n'est pas présentée devant le magistrat, elle peut faire connaître oralement ses observations dans un PV d'audition, qui est communiqué à celui-ci avant qu'il ne statue sur la prolongation de la mesure ;*
- *du droit, lors des auditions, après avoir décliné son identité, de faire des déclarations, de répondre aux questions qui lui sont posées ou de se taire. (...) »*

Si la personne ne comprend pas le français, ses droits doivent lui être notifiés par un interprète, le cas échéant après qu'un formulaire lui a été remis pour son information immédiate.

On observera que le **droit de se taire** ou de ne pas s'auto-incriminer constitue un droit fondamental selon la CEDH, qui a condamné la France à ce sujet dans un arrêt du 14 octobre 2010 *(CEDH, 14 oct. 2010, n° 1466/07, Brusco c/ France)*. La Cour de cassation, dans trois importants arrêts du 19 octobre 2010 *(Cass. crim., 19 oct. 2010, n° 10-82.306, n° 10-82.902 et n° 10-85.051)*, a ensuite jugé que les textes relatifs à la garde à vue et ne prévoyant pas l'information du droit de garder le silence étaient contraires à l'article 6 Conv. EDH. La réforme s'avérait donc inéluctable.

2 Droits octroyés à la personne

a) Droit de faire prévenir un tiers

La personne gardée à vue dispose d'abord, selon l'article 63-2 du CPP, du droit de faire prévenir, par téléphone, une personne avec laquelle elle vit habituellement ou l'un de ses parents en ligne directe, l'un de ses frères et sœurs de la mesure dont elle est l'objet. Elle peut, en outre, faire prévenir son employeur. Si elle est de nationalité étrangère, elle peut faire contacter les autorités consulaires de son pays.

Sauf en cas de circonstance insurmontable, **l'avis doit être donné au plus tard dans un délai de 3 heures** à compter du moment où la personne le demande.

À la demande de l'OPJ, **le procureur peut décider que l'avis au tiers sera différé ou ne sera pas délivré** si cette décision est, au regard des circonstances, indispensable afin de permettre le recueil ou la conservation des preuves ou de prévenir une atteinte grave à la vie, à la liberté ou à l'intégrité physique d'une personne.

La loi [n° 2016-731] du 3 juin 2016 a complété le texte afin de prévoir que l'OPJ peut autoriser la personne gardée à vue qui le demande à communiquer, par écrit, par téléphone ou lors d'un entretien, avec un des tiers qui peut être averti, s'il lui apparaît que cette communication n'est pas incompatible avec les objectifs de la garde à vue ne risque pas de permettre une infraction.

Le texte précise que l'OPJ détermine les modalités et la durée de cette communication, qui ne peut excéder 30 minutes et intervient sous son contrôle, le cas échéant en sa présence ou en la présence d'une personne qu'il désigne. Si la demande de communication concerne les autorités consulaires, l'officier de police judiciaire ne peut s'y opposer au-delà de la 48ème heure de la garde à vue. Cette communication directe est exclue avec le tiers dont il a été décidé qu'il ne serait pas avisé de la garde à vue.

Jurisprudence

La question de la garde à vue des personnes majeures objet d'une mesure de protection a fait l'objet d'une décision du Conseil constitutionnel qui a conduit le législateur à modifier les règles applicables *(Cons. const., 14 sept. 2018, n° 2018-730 QPC)*.

(CPP, art. 706-112-1)
L'article 706-112-1 du CPP prévoit, à ce titre que :

« ***Lorsque les éléments recueillis au cours de la garde à vue d'une personne font apparaître que celle-ci fait l'objet d'une mesure de protection juridique, l'officier ou l'agent de police judiciaire en avise le curateur ou le tuteur.*** *S'il est établi que la personne bénéficie d'une mesure de sauvegarde de justice, l'officier ou l'agent de police judiciaire avise s'il y a lieu le mandataire spécial désigné par le juge des tutelles.*
Si la personne n'est pas assistée d'un avocat ou n'a pas fait l'objet d'un examen médical, le curateur, le tuteur ou le mandataire spécial peuvent désigner un avocat ou demander qu'un avocat soit désigné par le bâtonnier, et ils peuvent demander que la personne soit examinée par un médecin.
Sauf en cas de circonstance insurmontable, les diligences incombant aux enquêteurs doivent intervenir au plus tard dans un délai de 6 heures à compter du moment où est apparue l'existence d'une mesure de protection juridique.
Le procureur peut, à la demande de l'OPJ, décider que l'avis sera différé ou ne sera pas délivré si cette décision est, au regard des circonstances, indispensable afin de permettre le recueil ou la conservation des preuves ou de prévenir une atteinte grave à la vie, à la liberté ou à l'intégrité physique d'une personne. »

b) Droit à un examen médical

La personne placée en garde à vue peut, à sa demande, être examinée par un médecin désigné par le procureur de la République ou l'officier de police judiciaire *(CPP, art. 63-3)*. En cas de prolongation, elle peut demander à être examinée une seconde fois. Le médecin se prononce sur l'aptitude au maintien en garde à vue et procède à toutes constatations utiles. Le texte prévoit de nouveau que, sauf en cas de circonstance insurmontable, **les enquêteurs doivent faire réaliser l'examen médical dans un délai de 3 heures à compter de la demande**. Sauf décision contraire du médecin, l'examen médical doit être pratiqué à l'abri du regard et de toute écoute extérieure afin de permettre le respect de la dignité et du secret professionnel.

En outre, le procureur de la République ou l'OPJ peut d'office désigner un médecin pour examiner la personne gardée à vue, à tout moment et donc même en l'absence d'une demande de celle-ci. De même, si ni l'intéressé, ni le procureur ni l'OPJ ne demande l'examen médical, un membre de la famille peut le faire et cet examen est de droit, c'est-à-dire qu'il ne peut pas être refusé.

Enfin, le texte précise qu'il ne s'applique pas lorsqu'il est procédé à un examen médical en application de règles particulières.

c) Droit à l'assistance d'un avocat

L'apport le plus important de la loi [n° 2011-392] du 14 avril 2011 réside dans la place accordée à l'avocat pendant la garde à vue, plus grande qu'auparavant. Selon l'article 63-3-1 du CPP, **dès le début de la mesure, la personne peut demander à être assistée par un avocat**. Si elle n'est pas en mesure d'en désigner un ou si l'avocat choisi ne peut être contacté, elle peut demander qu'il lui en soit commis un d'office par le bâtonnier.

L'avocat peut également être désigné par la ou les personnes prévenues en application du premier alinéa de l'article 63-2. Cette désignation doit toutefois être confirmée par la personne gardée à vue *(V. Cass. crim., 13 nov. 2018, n° 18-82.108)*. L'avocat désigné est informé par l'OPJ ou, sous son contrôle, par un APJ de la nature et de la date présumée de l'infraction sur laquelle porte l'enquête. Le texte envisage l'existence d'un conflit d'intérêts et énonce que l'avocat qui constate celui-ci fait demander la désignation d'un autre avocat. Ce conflit d'intérêt pourrait naître du fait que l'avocat défend déjà une autre personne dans la même affaire, par exemple.

L'article 63-4 dispose, ensuite, que **l'avocat peut, d'abord, communiquer avec la personne gardée à vue** dans des conditions qui garantissent la confidentialité de l'entretien pendant une **durée maximum de 30 minutes**. Lorsque la garde à vue fait l'objet d'une prolongation, la personne peut, à sa demande, s'entretenir à nouveau avec un avocat dès le début de la prolongation, dans les mêmes conditions.

L'avocat peut, ensuite, à sa demande, **consulter le PV constatant la notification du placement en garde à vue et des droits y étant attachés, le certificat médical éventuellement établi, ainsi que les PV d'audition de la personne** *(CPP, art. 63-4-1)*. Il ne peut en demander ou en réaliser une copie mais peut toutefois prendre des notes. La personne peut elle-même consulter ces documents, notamment si elle n'est pas assistée par un avocat.

L'avocat peut enfin, selon l'article 63-4-2, **si le gardé à vue le demande, assister à ses auditions et confrontations**. Dans ce cas, la première audition, sauf si elle porte uniquement sur les éléments d'identité, ne peut débuter sans la présence de l'avocat choisi ou commis d'office avant l'expiration d'un délai de **2 heures** suivant l'avis de la demande par la personne gardée à vue d'être assistée par un avocat. Au cours des auditions ou confrontations, l'avocat peut prendre des notes. Si l'avocat se présente après l'expiration de ce délai alors qu'une audition ou une confrontation est en cours, celle-ci est interrompue à la demande de la personne gardée à vue afin de lui permettre de s'entretenir avec son avocat et que celui-ci prenne connaissance des documents qu'il peut consulter. Si la personne gardée à vue ne demande pas à s'entretenir avec son avocat, celui-ci peut assister à l'audition ou la confrontation en cours dès son arrivée.

Lorsque les nécessités de l'enquête exigent une audition immédiate de la personne, le procureur de la République peut autoriser, par décision écrite et motivée, que l'audition débute sans attendre l'expiration du délai de 2 heures.

Il est également **possible, à titre exceptionnel, de reporter la présence de l'avocat lors des auditions ou confrontations**. Cela suppose une demande de l'OPJ et la décision est prise soit par le procureur de la République, soit par le JLD. Elle doit être écrite et motivée par le fait que ce report apparaît indispensable pour des raisons impérieuses tenant aux circonstances particulières de l'enquête, soit pour permettre le bon déroulement d'investigations urgentes tendant au recueil ou à la conservation des preuves, soit pour prévenir une atteinte imminente aux personnes.

C'est le procureur de la République qui peut différer la présence de l'avocat si le report est d'une durée maximale de 12 heures. En revanche, et à condition que la personne soit gardée à vue pour un crime ou un délit puni d'une peine d'emprisonnement supérieure ou égale à 5 ans, **seul le JLD peut, sur requête du procureur, autoriser à différer la présence de l'avocat, au-delà de la 12ème heure, jusqu'à la 24ème heure**. Le texte prévoit enfin que si la présence de l'avocat est différée, le magistrat compétent peut également décider que l'avocat ne pourra, pour une durée identique, consulter les PV d'audition de la personne gardée à vue.

Le rôle exact de l'avocat est décrit par l'article 63-4-3 du CPP selon lequel les auditions sont menées sous la direction de l'OPJ ou de l'APJ qui peut à tout moment, en cas de difficulté, y mettre un terme et en aviser immédiatement le procureur de la République qui informe, s'il y a lieu, le bâtonnier aux fins de désignation d'un autre avocat. À l'issue de chaque audition ou confrontation, l'avocat peut poser des questions et l'OPJ ne peut s'opposer aux questions que si celles-ci sont de nature à nuire au bon déroulement de l'enquête. En outre, à l'issue de chaque entretien avec la personne gardée à vue et de chaque audition ou confrontation, l'avocat peut présenter des observations écrites dans lesquelles il peut consigner les questions qui lui ont été refusées. Celles-ci sont jointes à la procédure. Enfin, le défenseur peut adresser ses observations au procureur de la République pendant la durée de la garde à vue.

Attention L'avocat ne peut donc, en théorie, intervenir pendant les auditions ou confrontations mais seulement à l'issue de celles-ci et l'enquêteur en reste maître du déroulement.

On notera que la loi [n° 2016-731] du 3 juin 2016 a créé un article 63-4-3-1 au CPP en vertu duquel si la personne gardée à vue est transportée sur un autre lieu où elle doit être entendue ou faire l'objet d'un des actes prévus à l'article 61-3 (reconstitution, séance d'identification), son avocat en est informé sans délai.

Enfin, en cas de confrontation du gardé à vue avec une victime, l'article 63-4-5 du CPP dispose que cette dernière peut demander à être également assistée par un avocat. La victime doit être informée de ce droit avant la confrontation. L'avocat de la victime peut consulter les PV d'audition de la personne qu'il assiste.

B Règles applicables aux mineurs

Les règles relatives à la garde à vue des mineurs sont prévues par l'article 4 de l'ordonnance [n° 45-174] du 2 février 1945 et par les articles L. 413-1 et suivants du CJPM.

Le mineur de 13 ans ne peut jamais être placé en garde à vue mais il peut, exceptionnellement, être **« retenu », s'il est âgé de 10 à 13 ans**, et s'il existe des indices graves ou concordants laissant présumer qu'il a commis ou tenté de commettre un crime ou un délit puni d'au moins 5 ans d'emprisonnement *(Ord. n° 45-174, 2 févr. 1945, art. 4, I ; CJPM, art. L. 413-1 à L. 413-5)*. La mesure doit être fondée sur l'un des motifs énoncés par l'article 62-2 du CPP. Elle ne peut cependant pas être décidée par un OPJ mais par un magistrat du ministère public ou un juge d'instruction spécialisés dans la protection de l'enfance ou un juge des enfants. Ce magistrat indique la durée de la rétention du mineur, qui ne peut excéder **12 heures**. Une prolongation de 12 heures est possible à titre exceptionnel, après présentation du mineur au magistrat, sauf impossibilité.

Si le mineur est âgé de 13 à 16 ans, il peut être placé en garde à vue mais celle-ci ne peut être prolongée que si l'infraction commise est un crime ou un délit puni d'au moins 5 ans d'emprisonnement *(Ord. n° 45-174, 2 févr. 1945, art. 4, V ; CJPM, art. L. 413-10)*. La prolongation ne peut avoir lieu sans présentation au procureur de la République, contrairement aux majeurs.

En cas de retenue comme de garde à vue, les parents ou personnes auxquelles le mineur est confié doivent être prévenues immédiatement de la mesure. Il ne peut être dérogé à cette obligation que pour permettre le recueil ou la conservation des preuves ou pour prévenir une atteinte grave à la vie, à la liberté ou à l'intégrité physique d'une personne, sur décision du procureur de la République ou du juge chargé de l'information, pour la durée que le magistrat détermine et qui ne peut excéder 12 heures en cas de retenue, 24 heures en cas de garde à vue ou, lorsque la garde à vue ne peut faire l'objet d'une prolongation, 12 heures.

Dès le début de la retenue ou de la garde à vue d'un mineur de 16 ans, le procureur de la République ou le juge chargé de l'information doit désigner un médecin qui examine le mineur. C'est donc une obligation et non une simple possibilité. Si le mineur est âgé de 16 à 18 ans, ses représentants légaux sont avisés de leur droit de demander un examen médical lorsqu'ils sont informés de la garde à vue (*Ord. n° 45-174, 2 févr. 1945, art. 4, III ; CJPM, art. L. 413-4 et L. 413-8)*.

Le mineur, retenu ou placé en garde à vue, doit être assisté par un avocat dès le début de la garde à vue *(V. Cass. crim., 20 déc. 2017, n° 17-84.017)*. Il doit être avisé de ce droit et s'il ne demande pas l'assistance par un avocat, ses représentants peuvent le faire pour lui. À défaut, c'est le procureur de la République, le juge chargé de l'instruction ou l'OPJ qui devra faire désigner d'office un avocat *(Ord. n° 45-174, 2 févr. 1945, art. 4, IV ; CJPM, art. L. 413-5 et L. 413-9)*.

III. Le déroulement et l'issue de la garde à vue

La loi du 14 avril 2011 précise dans quelles conditions la personne gardée à vue peut subir des investigations sur sa personne. Selon l'article 63-5 du CPP, la garde à vue doit s'exécuter dans des conditions assurant le respect de la dignité de la personne et seules peuvent être imposées à la personne gardée à vue les mesures de sécurité strictement nécessaires. L'article 63-6 du CPP énonce, plus précisément, que les mesures de sécurité ayant pour objet de s'assurer que la personne gardée à vue ne détient aucun objet dangereux pour elle-même ou pour autrui sont définies par arrêté de l'autorité ministérielle compétente. Elles ne peuvent consister en une fouille intégrale. La personne gardée à vue dispose, au cours de son audition, des objets dont le port ou la détention sont nécessaires au respect de sa dignité. La fouille intégrale de la personne ne peut être décidée par un OPJ que si elle est indispensable pour les nécessités de l'enquête et elle est réalisée dans un espace fermé par une personne de même sexe que la personne faisant l'objet de la fouille. La fouille intégrale n'est possible que si la fouille par palpation ou l'utilisation des moyens de détection électronique ne peuvent être réalisées. Lorsqu'il est indispensable pour les nécessités de l'enquête de procéder à des investigations corporelles internes sur une personne gardée à vue, celles-ci ne peuvent être réalisées que par un médecin requis à cet effet *(CPP, art. 63-7)*.

Un PV doit indiquer les motifs du placement en garde à vue, la durée des auditions, les temps de repos, les moments où la personne a pu s'alimenter etc. et il doit être signé par l'intéressé *(CPP, art. 64)*. L'article 63-8 du CPP dispose que s'il existe, à l'issue de la garde à vue, des éléments justifiant des poursuites, la personne peut être, sur instructions du procureur de la République, soit remise en liberté, soit déférée devant lui. Le cas échéant, le ministère public déclenchera des poursuites en ouvrant une information ou en poursuivant directement l'intéressé devant la juridiction de jugement, par voie de comparution immédiate, par exemple. Il peut aussi décider de prolonger l'enquête de police s'il l'estime insuffisante.

On notera encore que **les auditions des mineurs retenus ou placés en garde à vue doivent faire l'objet d'un enregistrement audiovisuel** *(Ord. n° 45-174, 2 févr. 1945, art. 4, VI ; CJPM, art. L. 413-12 à L. 413-15)* qui ne peut être visionné qu'en cas de contestation du contenu du PV d'interrogatoire, sur décision du juge des enfants ou du juge d'instruction saisi par une partie. **Cette règle a été étendue aux majeurs placés en garde à vue pour crime**, la consultation de l'enregistrement étant possible dans les mêmes conditions que pour les mineurs *(CPP, art. 64-1)*.

La garde à vue, comme tout acte de procédure, est susceptible d'être annulée en cas d'irrégularité. La jurisprudence considère que les irrégularités telles que la notification tardive des droits de la personne, l'impossibilité pour elle de les exercer, ou encore l'information tardive du procureur de la République de la mesure, entraînent la nullité de celle-ci. Cependant, la nullité de la mesure elle-même n'a pas d'effet sur les actes antérieurs ni nécessairement sur les actes postérieurs à la garde à vue (V. Fiche n° 40).

TABLEAU COMPARATIF DE LA GARDE À VUE SELON LE TYPE D'INFRACTIONS

	Droit commun	Procédure de criminalité et de délinquance organisée	Terrorisme
Durée	24 H + 24 H Prolongation par le procureur de la République ou le juge d'instruction (peine ≥ à 1 an)	Prolongations supplémentaires de 2 fois 24 H ou d'une fois 48 H (96 H) Prolongation par le juge d'instruction ou le JLD	Prolongations supplémentaires de 2 fois 24 H (144 H) Prolongation par le JLD
Présentation au magistrat	Possible sur décision du magistrat	Obligatoire à la première prolongation supplémentaire Obligatoire à la seconde prolongation sauf exception	Obligatoire à la première prolongation supplémentaire - Obligatoire à la seconde prolongation sauf exception
Examen médical	Possible une fois par 24 H sur demande du gardé à vue Obligatoire sur décision de l'OPJ, du procureur de la République ou du juge d'instruction	Obligatoire lors de la première prolongation Possible à la seconde prolongation Examen supplémentaire possible sur demande du gardé à vue	Obligatoire lors de chaque prolongation Examen supplémentaire possible sur demande du gardé à vue
Avis à un tiers	Possible sur demande du gardé à vue Avis donné par téléphone par l'OPJ Communication directe possible sur autorisation de l'OPJ pendant 30 minutes Report possible ou exclusion de l'avis sur décision du procureur de la République		
Intervention de l'avocat	Dès le début de la garde à vue sur demande du gardé à vue Un entretien de 30 minutes par 24 H Consultation de certaines pièces Assistance durant les auditions Report de la présence lors des auditions pendant 12 H maximum sur décision du procureur de la République Report de 12 H supplémentaire sur décision du JLD si délit puni de plus de 5 ans d'emprisonnement	Dès le début de la garde à vue sur demande du gardé à vue Un entretien de 30 minutes par 24 H Consultation de certaines pièces Assistance durant les auditions Report de l'entretien et de la présence lors des auditions pendant 24 H sur décision du procureur de la République ou du juge d'instruction Report supplémentaire de 24 H sur décision du JLD ou du juge d'instruction (report total de 48 H) Report supplémentaire de 24 H sur décision du JLD u du juge d'instruction en matière de stupéfiants ou de terrorisme (report total de 72 H).	

GARDE À VUE ET RETENUE DES MINEURS

<table>
<tr><th></th><th>Mineurs
de 10 à 13 ans
Retenue</th><th>Mineurs
de 13 à 16 ans
Garde à vue</th><th>Mineurs
de 16 à 18 ans
Garde à vue</th></tr>
<tr><td>Conditions</td><td>Crimes ou délits punis d'une peine ≥ à 5 ans
Accord préalable du procureur de la République, du juge d'instruction ou du juge des enfants
Décision écrite et motivée</td><td colspan="2">Crimes ou délits punis d'emprisonnement
Enregistrement obligatoire des auditions</td></tr>
<tr><td>Durée</td><td>12 H + 12 H
Prolongation après présentation au magistrat sauf impossibilité</td><td>24 H + 24 H
Prolongation après présentation au magistrat
Prolongation possible si peine encourue ≥ 5 ans</td><td>24 H + 24 H
Prolongation après présentation au magistrat
Prolongation possible si peine encourue ≥ 1 an
Prolongations supplémentaires de 2 fois 24 H ou 1 fois 48 H si participation d'un majeur comme auteur ou complice à la commission de l'infraction relevant de l'article 706-73 CPP
Présentation obligatoire pour la première prolongation supplémentaire de 24 H, obligatoire sauf exception pour la seconde</td></tr>
<tr><td>Information</td><td colspan="3">Avis obligatoire au représentant légal ou tuteur ou service à qui le mineur est confié
Droit d'informer l'employeur et les autorités consulaires si mineur étranger
Report possible sur décision du magistrat pour 12 H si la mesure ne peut être prolongée et pour 24 H dans le cas contraire</td></tr>
<tr><td>Examen médical</td><td colspan="2">Obligatoire lors du placement</td><td>Droit à un examen par 24 H à la demande du mineur
Examens obligatoires si prolongations après 48 H</td></tr>
<tr><td>Assistance par un avocat</td><td colspan="3">Obligatoire
Désignation par le mineur, son représentant légal
A défaut, par l'OPJ, le procureur de la République, le juge d'instruction ou le juge des enfants
Prérogatives de l'avocat identiques à celles prévues pour les majeurs
Report possible pour l'assistance aux auditions et la consultation des pièces
Report pour 24 H au plus : 12 H sur décision du procureur de la République
12 H supplémentaires sur décision du juge des libertés et de la détention si délit puni d'au moins 5 ans d'emprisonnement</td></tr>
</table>

POUR ALLER PLUS LOIN...

- J. ALIX, Les droits de la défense au cours de l'enquête de police après la réforme de la garde à vue : état des lieux et perspectives, D. 2011, p. 1699 ;
- B. DALLE, La réforme de la garde à vue : effets et perspectives pour le praticien, Gaz. Pal. 2012, n° 78, p. 10 ;
- J. MIGNAUX, Vers la recherche d'un équilibre entre les droits de la défense et les nécessités opérationnelles des services d'enquête, Gaz. Pal. 2012, n° 78, p. 8 ;
- Y. MULLER, La réforme de la garde à vue ou la figure brisée de la procédure pénale française, Dr. pén. 2011, étude 2 ;
- J. PRADEL, Un regard perplexe sur la nouvelle garde à vue, JCP G 2011, 665.

Fiche n° 24 Les spécificités des enquêtes en matière de criminalité organisée

L'ESSENTIEL

Depuis la loi [n° 2004-204] du 9 mars 2004, le législateur a instauré et renforcé régulièrement un régime dérogatoire au droit commun des enquêtes de police notamment, qui accorde des prérogatives plus importantes aux enquêteurs. Ce régime peut être appliqué pour certaines infractions dont la liste est fixée mais ne cesse d'être étendue.

Des modes d'investigations particuliers peuvent être utilisés et les dispositifs existant en droit commun, tels que les perquisitions et la garde à vue font l'objet de dérogations, au détriment de la protection des libertés individuelles.

LES CONNAISSANCES

Le législateur, confronté à des formes de criminalité particulièrement graves comme le terrorisme ou le trafic de stupéfiants, a développé depuis une vingtaine d'années des procédures spéciales dérogatoires au droit commun, se fondant sur l'idée que, pour lutter contre de tels phénomènes générateurs de troubles à l'ordre public très importants, les moyens habituels, confiés aux policiers, s'avéraient insuffisants. Ces règles dérogatoires se sont multipliées, de manière ponctuelle, puis la loi du 9 mars 2004 précitée a complété ce dispositif par la création d'une procédure spéciale applicable aux infractions de criminalité ou de délinquance organisée, faisant l'objet des articles 706-73 et suivants du CPP.

Il convient de délimiter le domaine d'application de ces règles dérogatoires avant de les examiner On rappellera également que certaines techniques, telles que la géolocalisation ou l'enquête sous pseudonyme, sont applicables d'une manière générale, sans être réservée à la criminalité ou la délinquance organisée *(V. sur ces procédés, Fiche n° 15)*.

§1 Le domaine d'application des règles dérogatoires

Le législateur a choisi de ne pas définir précisément ce qu'est la criminalité organisée pour se borner à déterminer une liste d'infractions considérées comme relevant du régime de cette criminalité. Au fil des modifications, le dispositif comporte plusieurs séries d'infractions.

La **première liste est celle de l'article 706-73 du CPP, pour laquelle l'ensemble des règles dérogatoires est applicable.** Sans être exhaustif, on notera que figurent dans cette liste de nombreux crimes contre les personnes, commis en bande organisée, les crimes et délits en matière de trafic de stupéfiants, le proxénétisme, le vol et l'extorsion aggravés, les actes de terrorisme, les crimes portant atteinte aux intérêts fondamentaux de la nation prévus au titre Ier du livre IV du Code pénal ou encore les délits en matière d'armes et de produits explosifs.

Une **deuxième liste énumère de nombreux délits auxquels s'applique le régime dérogatoire, à l'exception des règles relatives à la garde à vue** de l'article 706-88 du CPP *(art. 706-73-1)*. On y trouve notamment, l'escroquerie en bande organisée, l'évasion commise en bande organisée, les délits de travail illégal commis en bande organisée ou encore les infractions de trafic de biens culturels.

Enfin, l'article 706-74 du CPP énonce que, lorsque la loi le prévoit, les règles dérogatoires s'appliquent aux crimes et délits commis en bande organisée, autres que ceux relevant des articles 706-73 et 706-73-1 et aux délits d'association de malfaiteurs autres que ceux relevant de ces mêmes articles. Il est donc nécessaire, pour ces infractions, que le législateur prévoit spécialement l'application du régime dérogatoire, ce qui n'est pas le cas pour celles des deux premières listes.

Il faut encore noter que **la loi n° 2019-222 du 23 mars 2019 a modifié l'intitulé même du chapitre consacré jusque-là à la criminalité et à la délinquance organisée en y ajoutant les crimes, en général**. L'objectif était d'étendre les procédés dérogatoires à tous les crimes mais **le Conseil constitutionnel a censuré cette extension considérable du domaine de ces procédés**, en l'estimant injustifiée *(Cons. const., 21 mars 2019, n° 2019-778 DC)*. Finalement, **seule la technique de l'accès à distance aux correspondances stockées par la voie des communications électroniques accessibles au moyen d'un identifiant informatique est étendue à tous les crimes** *(V. infra §4)*.

Il demeure que le nombre d'infractions concernées par des techniques spéciales et souvent très intrusives est de plus en plus important, ce qui pose **la question de**

savoir si ce régime, présenté comme dérogatoire et exceptionnel, ne tend pas à devenir aujourd'hui le droit commun.

Jurisprudence

La Cour de cassation a été saisie de la question d'un éventuel **détournement de cette procédure dérogatoire** et elle a estimé que l'existence d'un tel détournement s'entend **du fait, pour des agents publics, de se placer faussement et à dessein dans le champ d'application des articles 706-73 et 706-73-1, à seule fin de mettre en œuvre les pouvoirs** conférés, dans cette affaire, par les articles 706-96 et 706-96-1 du CPP, dont ils n'auraient pu disposer autrement, tout en jugeant, contrairement aux juges du fond, que ce détournement n'était pas démontré *(Cass. crim., 18 juin 2019, n° 19-80.015).*

§2 Les perquisitions

Les articles 706-89 et 706-90 du CPP prévoient la possibilité de réaliser des **perquisitions en dehors des heures légales** dans le cadre d'enquêtes portant sur des infractions visées par les articles 706-73 et 706-73-1 du CPP.

En enquête de flagrance, le JLD peut, à la requête du procureur de la République, autoriser des perquisitions nocturnes *(CPP, art. 706-89)*. En enquête préliminaire, cette possibilité n'existe que pour des lieux ne constituant pas des locaux d'habitation *(CPP, art. 706-90)*. Cependant, en cas d'urgence et pour les enquêtes préliminaires portant sur des actes de terrorisme, ces perquisitions nocturnes peuvent concerner des locaux d'habitation lorsque leur réalisation est nécessaire afin de prévenir un risque d'atteinte à la vie ou à l'intégrité physique.

L'article 706-92 du CPP précise qu'à peine de nullité, l'autorisation est donnée par une ordonnance écrite, insusceptible de recours, précisant la qualification de l'infraction et l'adresse des lieux et motivée au regard des nécessités de procéder de la sorte.

L'article 706-94 du CPP apporte une autre dérogation quant à la condition de **présence de la personne lors de la perquisition**. Lorsque, au cours d'une enquête de flagrance relative à l'une des infractions visées par les articles 706-73 et 706-73-1 du CPP, la personne au domicile de laquelle est faite une perquisition est en garde à vue ou détenue en un autre lieu et que son transport sur place paraît devoir être évité en raison des risques graves soit de troubles à l'ordre public ou d'évasion, soit de disparition des preuves pendant le temps nécessaire au transport, la perquisition peut être faite, avec l'accord préalable du procureur de la République, en présence de 2 témoins ou d'un représentant désigné par celui dont le domicile est en cause.

Cette règle s'applique également aux enquêtes préliminaires, lorsque la perquisition est faite sans l'assentiment de la personne et en dehors des heures légales mais l'accord doit ici être donné par le JLD.

§3 La garde à vue

L'article 706-88 du CPP prévoit des dérogations concernant la durée de la garde à vue et les droits de la personne concernée.

Le texte s'applique aux seules infractions de l'article 706-73 du CPP et quel que soit le cadre de l'enquête. Il prévoit la **possibilité de 2 prolongations de 24 heures après la durée de droit commun de la garde à vue de 2 fois 24 heures**. Ces prolongations exceptionnelles sont accordées par décision écrite et motivée du JLD, sur requête du procureur de la République. Le législateur autorise une seule prolongation de 48 heures lorsque, à l'issue du délai normal de garde à vue de 48 heures, la durée prévisible des investigations à réaliser le justifie. Avant cette prolongation de 24 ou 48 heures, l'intéressé doit être présenté au magistrat qui va l'autoriser mais cette présentation peut avoir lieu par visioconférence *(CPP, art. 706-71)*. Dans l'hypothèse d'une seconde prolongation de 24 heures, l'autorisation peut être donnée sans présentation préalable.

Dans tous les cas, si une prolongation est décidée, la personne doit être examinée par un médecin qui doit dire si elle est apte à être maintenue en garde à vue. Cet examen s'ajoute à ceux qu'elle peut demander en vertu du droit commun. La personne est avisée du droit de demander un autre examen médical.

S'agissant de l'assistance par un avocat, l'article 706-88 du CPP dispose que, l'intervention de l'avocat peut être différée, en considération de raisons impérieuses tenant aux circonstances particulières de l'enquête ou de l'instruction, soit pour permettre le recueil ou la conservation des preuves, soit pour prévenir une atteinte aux personnes, pendant une durée maximale de 48 heures ou, s'il s'agit d'une infraction terroriste ou en matière de trafic de stupéfiants, pendant une durée maximale de 72 heures. En droit commun, il peut déjà y avoir un report jusqu'à la 24ème heure. Ici, le report jusqu'à la fin de la 24ème heure est décidé par le procureur de la République, d'office ou à la demande de l'OPJ. Le report de l'intervention de l'avocat au-delà de la 24ème heure relève de la compétence du JLD saisi par le procureur de la République. Dans tous les cas, la décision du magistrat, écrite et motivée, précise la durée pour laquelle l'intervention de l'avocat est différée.

Si le report est décidé, l'avocat, à partir du moment où il est autorisé à intervenir, peut s'entretenir avec le gardé à vue pendant 30 minutes, consulter le PV constatant la notification du placement en garde à vue et des droits y étant attachés, le certificat médical, ainsi que les PV d'audition de la personne qu'il assiste et assister aux auditions et confrontations.

En matière de terrorisme, le régime est encore plus sévère. En effet, l'article 706-88-1 du CPP dispose que s'il ressort des premiers éléments de l'enquête ou de la garde à vue elle-même qu'il existe un risque sérieux de l'imminence d'une action terroriste en France ou à l'étranger ou que les nécessités de la coopération internationale le requièrent impérativement, le JLD peut, à titre exceptionnel, décider que la garde à vue en cours d'une personne, se fondant sur une infraction terroriste, fera l'objet **d'une prolongation supplémentaire de 24 heures, renouvelable une fois, ce qui aboutit donc à une durée de 5 voire 6 jours**.

À l'expiration de la 96ème heure et de la 120ème heure, la personne peut demander à s'entretenir avec un avocat. Elle est avisée de ce droit dès la notification de la prolongation exceptionnelle. Outre la possibilité d'examen médical effectué à l'initiative du gardé à vue, dès le début de chacune des deux prolongations supplémentaires, il est obligatoirement examiné par un médecin qui doit se prononcer sur la compatibilité de la prolongation de la mesure avec l'état de santé de l'intéressé.

Le texte prévoit encore que s'il n'a pas été fait droit à la demande de la personne gardée à vue de faire prévenir, par téléphone, une personne avec laquelle elle vit habituellement ou l'un de ses parents en ligne directe, l'un de ses frères et sœurs ou son employeur, de la mesure dont elle est l'objet, elle peut réitérer cette demande à compter de la 96ème heure.

§4 Les moyens d'investigation particuliers

Il s'agit de la surveillance des personnes ou des biens, de l'infiltration, de l'accès à distance aux correspondances stockées par la voie des communications électroniques mais aussi de plusieurs autres techniques pour lesquelles le législateur a créé, par la loi du 23 mars 2019, un régime juridique unifié. Les règles nouvelles étant applicables, à des conditions très proches, dans le cadre de l'enquête de police et de l'instruction, l'ensemble des règles sera ici exposé.

I. La surveillance

L'article 706-80 du CPP autorise les enquêteurs à procéder à des opérations de surveillance. Il prévoit que les OPJ et les APJ sous l'autorité des premiers peuvent étendre à l'ensemble du territoire national la surveillance de personnes soupçonnées d'avoir commis l'une des infractions prévues par les articles 706-73, 706-73-1 ou 706-74 du CPP ainsi que celle de l'acheminement ou du transport des objets ou produits tirés de la commission des infractions en question ou servant à les commettre.

Il suffit pour cela qu'ils en informent le procureur de la République et que celui-ci ne s'y oppose pas.

La loi du 23 mars 2019 a complété les textes relatifs aux opérations de surveillance.

(CPP, art. 780-80-1 et 780-80-2)
En premier lieu, un nouvel article 706-80-1 énonce que lorsqu'il existe une ou plusieurs raisons plausibles de soupçonner des personnes d'avoir commis l'une des infractions entrant dans le champ d'application des articles 706-73, 706-73-1 ou 706-74, dans le cadre d'une opération de surveillance, et lorsque les nécessités de l'enquête ou de l'instruction l'exigent, les OPJ et, sous leur autorité, les APJ en charge des investigations peuvent, avec l'autorisation du procureur de la République chargé de l'enquête ou du juge d'instruction saisi, qui en avise préalablement le parquet, **demander à tout fonctionnaire ou agent public de ne pas procéder au contrôle et à l'interpellation de ces personnes afin de ne pas compromettre la poursuite des investigations**.
La même règle est instaurée lorsqu'il s'agit d'une opération de surveillance de l'acheminement ou du transport des objets, biens ou produits tirés de la commission de l'une des infractions visées précédemment.
L'autorisation peut être donnée par tout moyen et elle est mentionnée ou versée au dossier de la procédure. Le procureur de la République informe sans délai le procureur de la République près le TJ de Paris de la délivrance de cette autorisation.

En outre, le nouvel article 706-80-2 énonce que dans le cadre d'une opération de surveillance de l'acheminement ou du transport des objets, biens ou produits tirés de la commission de l'une des infractions précédemment évoquées ou servant à les commettre, et lorsque les nécessités de l'enquête ou de l'instruction l'exigent, **les OPJ et, sous leur autorité, les APJ** en charge des investigations **peuvent**, avec l'autorisation du procureur de la République ou du juge d'instruction saisi des faits, qui en avise préalablement le parquet, **livrer ou délivrer à la place des prestataires de services postaux et des opérateurs de fret ces objets, biens ou produits**, sans être pénalement responsables.
À peine de nullité, l'autorisation est écrite et motivée, et elle est versée au dossier de la procédure. Enfin, le législateur précise que les actes autorisés ne peuvent constituer une incitation à commettre une infraction.

II. L'infiltration

L'infiltration a pour but de se procurer des moyens de preuve des infractions en s'introduisant au sein d'une organisation criminelle afin de la démanteler. Le danger existe pour la sécurité des agents infiltrés, notamment s'ils sont démasqués. Il existe aussi par le fait que ces agents vont participer aux infractions et qu'ils vont jouer un « double jeu » : leur probité doit donc être parfaite.

Dans le cadre d'une enquête de flagrance ou préliminaire portant sur une infraction visée par les articles 706-73 et 706-73-1 du CPP, le procureur peut autoriser, sous son contrôle, une opération d'infiltration. **Dans le cadre d'une instruction, c'est le juge d'instruction qui est compétent.** L'opération consiste, pour un OPJ ou APJ spécialement habilité et agissant sous la responsabilité d'un OPJ chargé de coordonner l'opération, à surveiller des personnes suspectées de commettre un crime ou un délit, en se faisant passer, auprès de ces personnes, comme un coauteur, un complice ou un receleur. **L'agent infiltré est autorisé, dans ce but, à faire usage d'une identité d'emprunt et à commettre si nécessaire un certain nombre d'infractions**, visées à l'article 706-82 du CPP.

Ce dernier texte crée donc une **cause d'irresponsabilité pénale fondée sur l'autorisation de la loi** pour des faits d'acquisition, détention, transport etc., de substances, biens ou produits tirés de la commission d'infractions ou servant à les commettre (stupéfiants, armes...). Le texte vise également le fait d'utiliser ou de mettre à disposition des auteurs d'infractions des moyens de caractère juridique ou financier ainsi que des moyens de transport, d'hébergement ou de télécommunications. La cause d'irresponsabilité s'étend aussi aux actes commis par des personnes requises par les enquêteurs pour permettre l'infiltration.

L'article 706-81 du CPP précise que les actes des agents infiltrés ne peuvent constituer une incitation à commettre des infractions, à peine de nullité de la procédure.

Il existe des conditions de forme prévues par l'article 706-83 du CPP : **l'autorisation** du procureur de la République ou du juge d'instruction **doit être écrite et spécialement motivée** et doit fixer la durée de **l'opération** qui **ne peut excéder 4 mois, renouvelable**. Le procureur de la République ou le juge d'instruction peut interrompre l'opération à tout moment. L'infiltration fait l'objet d'un rapport rédigé par l'OPJ ayant coordonné l'opération, les éléments y figurant ne devant pas mettre en danger la sécurité de l'agent infiltré.

L'article 706-84 précise que l'identité réelle des agents infiltrés ne doit apparaître à aucun stade de la procédure. La révélation de cette identité constitue un délit puni de 5 ans d'emprisonnement et de 75 000 € d'amende. L'OPJ qui supervise l'opération peut seul être entendu en qualité de témoin sur l'opération *(CPP, art. 706-86)*. Cependant si le rapport d'infiltration met en cause directement une personne poursuivie, celle-ci peut demander à être confrontée avec l'agent infiltré, qui conserve cependant son anonymat.

Enfin, se pose le problème de la portée des constatations des agents infiltrés. L'article 706-87 du CPP prévoit à ce titre qu'aucune condamnation ne peut être prononcée sur le seul fondement des déclarations des agents infiltrés, sauf si ceux-ci déposent sous leur véritable identité.

III. Les interceptions de correspondances et l'accès à distance aux correspondances stockées par la voie des communications électroniques

Jusqu'à la loi du 9 mars 2004 précitée, les écoutes téléphoniques ont constitué une prérogative réservée au juge d'instruction. Depuis cette date, elles sont aussi possibles dans le cadre d'enquêtes de police.

L'article 706-95 du CPP dispose que, pour les infractions de l'article 706-73 et 706-73-1 du CPP, **en enquête de flagrance ou en enquête préliminaire, le JLD, sur requête du procureur de la République, peut autoriser l'interception, l'enregistrement et la transcription de correspondances émises par la voie des communications électroniques selon les modalités prévues dans le cadre d'une instruction**. La durée de ces écoutes est limitée : **un mois renouvelable une seule fois**. Le JLD est chargé de surveiller les opérations et doit être informé sans délai par le procureur de la République des actes accomplis par les enquêteurs. Pour le reste, la procédure est celle applicable en cours d'instruction, le texte renvoyant aux articles 100-3 à 100-7.

Jurisprudence

La Cour de cassation a jugé que la mention de la durée pour laquelle la mesure est autorisée constitue une garantie essentielle contre le risque d'une atteinte disproportionnée au droit au respect de la vie privée des personnes concernées, aux intérêts desquelles son absence porte nécessairement atteinte *(Cass. crim., 9 janv. 2018, n° 17-82.946).*

(CPP, art. 706-95-1)

La loi du 3 juin 2016 a créé un nouveau pouvoir à l'article 706-95-1 du CPP qui énonce que, **dans le cadre des enquêtes relatives à une infraction visée par les articles 706-73 et 706-73-1 mais aussi relatives à tout crime, le JLD peut, à la requête du procureur de la République, autoriser par ordonnance motivée l'accès, à distance et à l'insu de la personne visée, aux correspondances stockées par la voie des communications électroniques accessibles au moyen d'un identifiant informatique.**

Il s'agit donc ici d'accéder au contenu de messageries électroniques. La technique peut aussi être mise en œuvre dans le cadre d'une instruction sur autorisation du juge d'instruction (*CPP, art. 706-95-2).* Les données peuvent être saisies et enregistrées ou copiées sur tout support.

Le texte *(CPP, art. 706-95-3)* précise que si l'identifiant informatique est associé au compte d'un avocat, d'un magistrat, d'un sénateur ou d'un député, l'article 100-7 est applicable, c'est-à-dire que le magistrat devra informer, selon les cas, le président de l'assemblée concernée, le bâtonnier ou le premier président ou le procureur général de la juridiction où réside le magistrat concerné.

IV. Les autres techniques spéciales d'enquête

La loi du 23 mars 2019 a créé des règles communes aux autres techniques spéciales d'enquête qui peuvent être mises en œuvre en matière de criminalité et de délinquance organisée. On examinera ce régime commun avant d'exposer les techniques en question, qui consistent dans le recueil de données techniques de connexion, les sonorisations et fixations d'images et la captation de données informatiques.

A Les règles communes

Les techniques spéciales d'enquête concernées sont **autorisées soit au cours de l'enquête, par le JLD à la requête du procureur de la République, soit, au cours de l'information, par le juge d'instruction, après avis du procureur de la République** *(CPP, art. 706-95-12)*. L'autorisation est donnée par une **ordonnance écrite et motivée** se référant aux éléments de fait et de droit justifiant que ces opérations sont nécessaires et qui, dépourvue de caractère juridictionnel, n'est **pas susceptible de recours** *(CPP, art. 706-95-13, al. 1er)*. **Elle est donnée pour une durée d'un mois renouvelable une fois dans le cadre d'une enquête et pour une durée de 4 mois renouvelable à concurrence de 2 ans dans le cadre d'une instruction** *(CPP, art. 706-95-16)* **sauf cas particulier** *(V. infra, B, le recueil des données techniques de connexion)*.

Dans le cadre d'une instruction, en cas d'urgence résultant d'un risque imminent de dépérissement des preuves ou d'atteinte grave aux personnes ou aux biens, l'autorisation du juge d'instruction peut être délivrée sans avis préalable du procureur mais doit comporter l'énoncé des circonstances de fait établissant l'existence du risque imminent *(CPP, art. 706-95-13, al. 2)*.

Les investigations se déroulent sous l'autorité et le contrôle du magistrat qui les a autorisées, qui peut ordonner à tout moment leur interruption. **Le JLD est informé sans délai par le procureur de la République des actes accomplis** et les PV d'exécution de la décision du JLD lui sont communiqués. **Si ce magistrat estime que les opérations n'ont pas été réalisées conformément à son autorisation ou que les dispositions applicables du CPP n'ont pas été respectées, il ordonne la destruction des PV et des enregistrements effectués.** Il statue par une ordonnance motivée qu'il notifie au procureur de la République, qui peut former appel devant le président de la chambre de l'instruction dans un délai de 10 jours à compter de la notification *(CPP, art. 706-95-14)*. **Le législateur a donc souhaité donner un pouvoir de contrôle renforcé au JLD sur les actes autorisés dans le cadre d'une enquête de police**.

Les procédés autorisés sont mis en place par l'OPJ commis par le juge d'instruction ou requis par le procureur de la République *(CPP, art. 706-95-17).* Un PV de la mise en place des dispositifs techniques est rédigé et l'OPJ décrit ou transcrit, dans un PV qui est versé au dossier, les données enregistrées qui sont utiles à la manifestation de la vérité *(CPP, art. 706-95-18).* Enfin, les enregistrements et données recueillies sont détruits, à la diligence du procureur de la République ou du procureur général, à l'expiration du délai de prescription de l'action publique *(CPP, art. 706-95-19).*

B Le recueil de données techniques de connexion

La loi [n° 2016-731] du 3 juin 2016 a autorisé le **procédé des IMSI catcher**, c'est-à-dire des dispositifs permettant de capter notamment toutes les conversations passées par des téléphones portables dans un secteur donné. L'article 706-95-20 du CPP permet donc, aux conditions précédemment évoquées de mettre en place et utiliser un appareil ou un dispositif technique afin de recueillir les données techniques de connexion permettant l'identification d'un équipement terminal ou du numéro d'abonnement de son utilisateur, ainsi que les données relatives à la localisation d'un équipement terminal utilisé.

Le JLD ou le juge d'instruction peut également **autoriser l'utilisation de ce dispositif afin d'intercepter des correspondances émises ou reçues par un équipement terminal**, pendant une **durée maximale de 48 heures, renouvelable une fois**.

C La sonorisation et la fixation d'images de lieux ou véhicules

Ce mode d'investigation, également très intrusif, était initialement réservé au cas où une instruction était ouverte. Depuis la loi 3 juin 2016 précitée, il a été rendu applicable dans le cadre d'une enquête.

Selon l'article 706-96 du CPP, dans le cadre d'une enquête ou d'une instruction, il peut être recouru, aux conditions énoncées précédemment, à la mise en place d'**un dispositif technique ayant pour objet, sans le consentement des intéressés, la captation, la fixation, la transmission et l'enregistrement de paroles prononcées par une ou plusieurs personnes à titre privé ou confidentiel, dans des lieux ou véhicules privés ou publics, ou de l'image d'une ou de plusieurs personnes se trouvant dans un lieu privé.**

Pour mettre en place et désinstaller le dispositif au cours d'une enquête, le JLD peut autoriser l'introduction dans un véhicule ou un lieu privé, y compris en dehors des heures légales de perquisition (6 heures à 21 heures), à l'insu ou sans le consentement du propriétaire ou du possesseur du véhicule ou de l'occupant des lieux ou de toute personne titulaire d'un droit sur ceux-ci. Au cours d'une information, le juge d'instruction est compétent pour donner cette autorisation mais, s'il s'agit d'un lieu d'habitation et qu'il est nécessaire d'y entrer de nuit, c'est le JLD qui donne l'autorisation à la requête du juge d'instruction *(CPP, art. 706-96-1)*.

Il existe une limite tenant aux lieux puisque le législateur précise que la mise en place du dispositif ne peut concerner les lieux mentionnés aux articles 56-1, 56-2, 56-3 et 56-5 du CPP (cabinets d'avocats, de médecin, d'huissier, entreprises de presse etc.) ni être mise en œuvre dans le véhicule, le bureau ou le domicile des députés, sénateurs, avocats et magistrats *(CPP, art. 706-96-1)*.

D La captation de données informatiques

De nouveau, ce procédé a d'abord été prévu seulement dans le cadre de l'instruction avant d'être étendu aux enquêtes, par la loi [n° 2016-731] du 3 juin 2016.

En vertu de l'article 706-102-1 du CPP, il peut être recouru, dans les cas et aux conditions précédemment évoquées, à la mise en place d'un **dispositif technique ayant pour objet, sans le consentement des intéressés, d'accéder, en tous lieux, à des données informatiques, de les enregistrer, de les conserver et de les transmettre, telles qu'elles sont stockées dans un système informatique, telles qu'elles s'affichent sur un écran pour l'utilisateur d'un système de traitement automatisé de données, telles qu'il les y introduit par saisie de caractères ou telles qu'elles sont reçues et émises par des périphériques**.

Le JLD, dans le cadre d'une enquête, peut autoriser ici également, en vue d'installer et de désinstaller le dispositif, l'introduction dans un véhicule ou dans un lieu privé, même en dehors des heures légales de perquisition, à l'insu ou sans le consentement du propriétaire du véhicule ou de l'occupant des lieux. Dans le cadre d'une instruction, l'autorisation est donnée par le juge d'instruction sauf si l'opération nécessite l'introduction dans un lieu d'habitation, en dehors des heures de perquisition.

La décision doit préciser l'infraction qui motive le recours à ces opérations, la localisation exacte ou la description détaillée des systèmes de traitement automatisé de données ainsi que la durée des opérations *(CPP, art. 706-102-3)*.

Le JLD, à la requête du procureur de la République dans le cadre d'une enquête, ou le juge d'instruction, en cours d'instruction, peut également autoriser la transmission par un réseau de communications électroniques du dispositif technique en question, c'est-à-dire, en l'occurrence, d'un « logiciel espion ». Enfin, cette technique ne peut concerner un système informatique se trouvant dans les lieux visés aux articles 56-1, 56-2, 56-3 et 56-5 du CPP (domiciles ou cabinets des avocats, médecins, notaires, huissiers, magistrats ou entreprises de presse), ni être réalisée dans le véhicule, le bureau ou le domicile des personnes visées à l'article 100-7 (députés, sénateurs, avocats et magistrats) *(CPP, art. 706-102-5).*

⏭ POUR ALLER PLUS LOIN...

- J. BUISSON, Parution du nouvel arsenal de lutte contre le terrorisme, Procédures 2016, comm. 239 ;
- A.-S. CHAVENT-LECLÈRE, Identification des appels, géolocalisation de véhicule, sonorisation et captation d'images : tous les moyens technologiques sont-ils permis ? Procédures 2012, comm. 18 ;
- F. FOURMENT, Précisions autour du régime des sonorisations et fixations d'images de certains lieux ou véhicules, Gaz. Pal. 2013, n° 128-131, page 40 ;
- H. MATSOPOULOU, Les nouveaux moyens de preuve au service de la criminalité organisée, JCP G 2016, 707.

P@RTIE 4

LA MISE EN ŒUVRE DE L'ACTION PUBLIQUE

L'exercice de l'action publique implique, sauf cas particulier, la saisine d'une juridiction, par le ministère public ou par la victime de l'infraction. Cette saisine permet de déclencher la poursuite et il convient de préciser que si cette mise en mouvement de l'action publique peut être le fait d'une victime, cette dernière ne peut pas exercer l'action, c'est-à-dire demander la condamnation pénale et, plus généralement, l'application de la loi pénale, ces prérogatives appartenant exclusivement au ministère public. La partie civile ne peut en effet exercer que l'action civile.

Le ministère public dispose d'une grande liberté d'action concernant l'action publique, n'étant pas obligé de poursuivre les auteurs d'infractions et pouvant utiliser des procédures alternatives à la poursuite, dans le cadre du pouvoir d'apprécier l'opportunité de cette dernière. Après avoir exposé, à titre préliminaire, le mécanisme de l'opportunité des poursuites, il conviendra d'analyser les alternatives aux poursuites (Titre 1) puis le déclenchement des poursuites (Titre 2).

Fiche n° 25 Le principe de l'opportunité des poursuites

L'ESSENTIEL

L'opportunité des poursuites consiste, pour le ministère public, dans le pouvoir de ne pas poursuivre systématiquement lorsque vient à sa connaissance une infraction, dont il est établi qu'elle a été commise et qu'elle peut être poursuivie. Le parquet peut soit poursuivre, soit classer sans suite, soit mettre en œuvre une procédure alternative aux poursuites.

Le principe n'est pas absolu car, dans certains cas, le ministère public ne peut pas poursuivre même s'il le souhaite, tandis que, dans d'autres, la poursuite pourra être exercée, par la victime, alors même que le procureur avait préalablement classé sans suite une plainte émanant de cette dernière.

LES CONNAISSANCES

Le Code de procédure pénale prévoit un principe d'opportunité des poursuites, dont il convient de préciser le sens avant d'en voir les limites.

§1 La signification du mécanisme

Si le ministère public est doté d'un statut spécial caractérisé par son absence d'indépendance à l'égard du pouvoir exécutif, parce qu'il représente les intérêts de la société, les magistrats du parquet disposent, en revanche, d'un pouvoir important qui est celui d'apprécier l'opportunité des poursuites. Ce système s'oppose à celui de la légalité des poursuites qui implique que toutes les infractions fassent l'objet d'une poursuite et que leurs auteurs soient traduits devant la justice pénale. Décider en opportunité signifie donc avoir la liberté de déclencher l'action publique, dès lors que les conditions sont réunies, ou, au contraire, de refuser de poursuivre l'auteur des faits. C'est l'article 40, alinéa 1 du CPP qui prévoit ce pouvoir, en énonçant que « *le procureur de la République reçoit les plaintes et dénonciations et apprécie la suite à leur donner conformément aux dispositions de l'article 40-1* ».

Le procureur de la République peut donc soit poursuivre, soit utiliser une procédure alternative aux poursuites, soit classer sans suite la plainte. On notera que la décision de poursuivre ne se conçoit que s'il est vérifié que les faits sont constitutifs d'une infraction pénale punissable. Il faut donc qu'il y ait une concordance apparente des faits avec un texte d'incrimination et qu'il n'existe pas, au moins de manière évidente, un obstacle à la poursuite, comme une cause d'irresponsabilité pénale, par exemple. Cependant, dans ce genre de situation, le procureur de la République peut s'éclairer sur les faits avant de décider la suite à donner, par une enquête préliminaire qu'il ordonnera.

Il faut encore que la poursuite soit recevable, ce qui implique que le parquet vérifie sa propre compétence territoriale et l'absence de cause d'extinction de l'action publique, comme le décès ou l'amnistie. C'est seulement à la suite de ces opérations préalables que s'exerce véritablement le pouvoir d'apprécier l'opportunité de la poursuite.

Les avantages du mécanisme résident dans le fait qu'il permet d'éviter d'engorger les tribunaux avec des affaires d'une faible importance, en termes de préjudice social ou de préjudice pour une victime. Cela permet aussi, paradoxalement, d'apaiser un trouble social, comme dans le cas de l'euthanasie où il peut apparaître préférable de ne pas porter devant la justice des affaires dans lesquelles les mobiles des auteurs n'ont peut-être pas été condamnables et qui aboutissent souvent à des acquittements ou à des condamnations symboliques.

Il existe cependant des inconvénients à un tel mécanisme. Le premier est lié à l'importance du tribunal : le taux de poursuites est toujours plus faible dans les grandes juridictions que dans celles qui ne sont pas encombrées, ce qui crée une certaine inégalité entre les justiciables. Par ailleurs, les parquets adoptent nécessairement des critères de poursuites (importance du préjudice, type d'infractions...) qui peuvent être différents d'un tribunal à l'autre, ce qui aboutit à la même conséquence.

Les textes relatifs à l'opportunité des poursuites sont rédigés de manière à prendre en compte les droits des victimes et à laisser le moins possible de plaintes sans aucune réponse de la part du ministère public.

(CPP, art. 40-1)
Une hiérarchisation des réponses possibles est ainsi inscrite à l'article 40-1 du CPP. Ce texte dispose que « *lorsqu'il estime que les faits qui ont été portés à sa connaissance (...) constituent une infraction commise par une personne dont l'identité et le domicile sont connus et pour laquelle aucune disposition légale ne fait obstacle à la mise en mouvement de l'action publique, le procureur de la République territorialement compétent décide s'il est opportun :*
1° soit d'engager des poursuites ;

2° soit de mettre en œuvre une procédure alternative aux poursuites en application des dispositions des articles 41-1, 41-1-2 ou 41-2 ;
3° soit de classer sans suite la procédure dès lors que les circonstances particulières liées à la commission des faits le justifient ».

Il convient de remarquer que le domaine d'application du texte est limité aux faits commis par des personnes identifiées, ce qui, en pratique, est assez rare. Sa portée doit donc être relativisée.

De même, l'opportunité n'existe qu'au stade du déclenchement de l'action publique. En effet, si les poursuites sont mises en mouvement, le ministère public ne dispose plus de la possibilité d'y mettre fin par lui-même : il ne peut dessaisir une juridiction d'instruction ou de jugement qu'il a précédemment saisie, en raison de la séparation des autorités de poursuite, d'instruction et de jugement. Tout au plus, le parquet peut-il s'abstenir d'exercer les voies de recours en cas de relaxe, par exemple, ou même requérir celle-ci.

§2 Les limites du mécanisme

Le pouvoir de déclencher les poursuites en opportunité subit deux sortes de limitations : il arrive que le parquet ne puisse poursuivre alors qu'il l'aurait souhaité et inversement, il peut y avoir des poursuites contraires à la volonté du parquet de ne pas les déclencher.

On peut citer, pour illustrer le premier cas, l'hypothèse des immunités diplomatiques, qui s'opposent à la poursuite des diplomates et représentants d'un État étranger auteurs d'infractions. L'immunité parlementaire constitue en revanche un obstacle qui peut être levé sur décision de l'assemblée à laquelle appartient la personne concernée *(Const., 4 oct. 1958, art. 26)*. Dans d'autres situations, le ministère public ne peut poursuivre qu'après réalisation d'un acte émanant d'une autre personne. Il existe ainsi des infractions qui ne peuvent être poursuivies qu'après une plainte préalable de la victime, comme la diffamation ou l'atteinte à l'intimité de la vie privée.

À l'inverse, le ministère public peut voir l'action publique déclenchée contre son avis, notamment dans le cas où la partie civile décide de mettre en œuvre la poursuite alors que le parquet aura refusé de le faire. De manière plus résiduelle, on signalera que les juridictions de jugement ont, en vertu des articles 675 et suivants du CPP, la faculté de poursuivre et juger d'office les infractions qui sont commises à l'audience, telles que l'outrage à magistrat notamment.

L'OPPORTUNITÉ DES POURSUITES

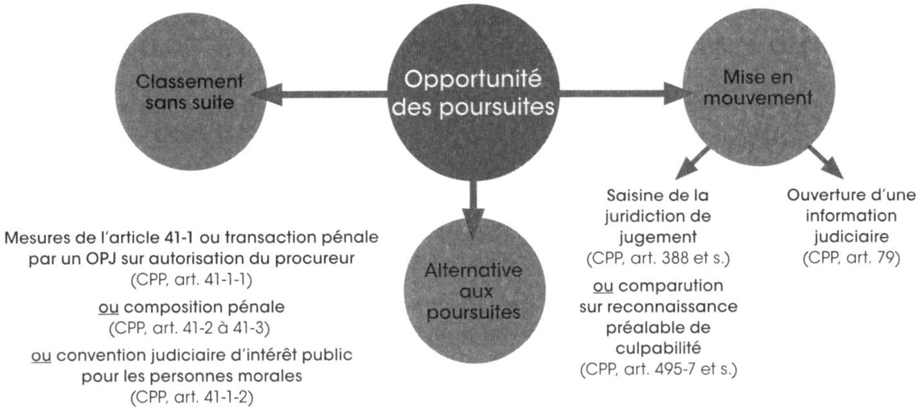

⏭ POUR ALLER PLUS LOIN…

– E. VERGÈS, Politique pénale et action publique : la difficile conciliation du modèle français de ministère public et des standards européens, RSC 2013, p. 605.

TITRE 1
LA DÉCISION DE NE PAS POURSUIVRE

Si le ministère public décide de ne pas donner suite à une plainte ou une dénonciation d'infraction, cela ne signifie pas nécessairement qu'il fera preuve d'une inaction totale. En effet, le classement sans suite peut être conditionné à l'exécution d'une mesure prescrite par le procureur de la République. En outre, le législateur a développé, depuis plusieurs années, des procédures élaborées visant à parvenir à un accord entre le parquet et l'auteur des faits, en dehors d'une véritable poursuite, cet accord devant cependant être validé par un juge du siège.

Fiche n° 26 Le classement sans suite et les alternatives aux poursuites

L'ESSENTIEL

Dans le cadre de l'opportunité des poursuites, le procureur de la République peut classer sans suite, décision qui peut faire l'objet d'un recours hiérarchique auprès du procureur général. Il peut aussi mettre en œuvre un classement sous condition c'est-à-dire prendre une mesure à l'égard de l'auteur des faits ou lui demander d'exécuter une prestation, ce qui lui permettra de bénéficier d'un classement. Dans tous les cas, le classement sans suite n'est pas définitif et n'a aucune autorité de chose jugée.

LES CONNAISSANCES

La décision que prend le ministère public à l'égard d'une plainte peut prendre des formes diverses. L'alternative ne se limite plus aujourd'hui à poursuivre ou à classer sans suite. En effet, il existe un certain nombre de procédures qui sont destinées à donner une réponse judiciaire à des faits infractionnels sans pour autant saisir une juridiction en vue d'un jugement de l'auteur. Il convient donc de distinguer le classement sans suite proprement dit des procédures alternatives aux poursuites.

§1 Le classement sans suite

La décision de classement peut faire l'objet d'un recours hiérarchique.

I. La décision de classement sans suite

Au point de vue formel, le classement sans suite ne se caractérise pas forcément par une décision positive, la simple inaction du parquet concrétisant juridiquement le fait que l'action publique ne soit pas mise ne mouvement. Ceci est d'ailleurs admis par le législateur, implicitement, à l'article 85 du CPP (V. Fiche n° 29).

L'article 40-2 du CPP prévoit que le procureur avise les plaignants et les victimes, si elles sont identifiées, des poursuites ou des mesures alternatives aux poursuites qui ont été décidées à la suite de leur plainte ou de leur signalement. Lorsqu'il décide de classer sans suite la plainte, il doit les aviser également en indiquant les raisons juridiques ou d'opportunité qui la justifient.

La motivation du classement sans suite peut être très variable : outre le cas où l'auteur est inconnu, la décision peut se fonder sur la faiblesse du préjudice subi par la victime, le fait que celui-ci soit réparé, le fait que le plaignant se désiste en retirant sa plainte etc.

La décision de classement sans suite n'est pas définitive. Ainsi, tant que les faits ne sont pas prescrits, ils sont susceptibles de faire l'objet de poursuites alors même qu'ils ont été classés dans un premier temps. En pratique, plus de 80 % des plaintes sont classées sans suite et c'est précisément ce chiffre élevé qui a conduit à rechercher des procédures intermédiaires entre le classement pur et simple et la poursuite pénale.

II. Le recours contre la décision de classement sans suite

Le législateur a introduit à l'article 40-3 du CPP un recours contre le classement sans suite auprès du parquet général. Le texte prévoit que toute personne ayant dénoncé des faits au procureur de la République peut former un recours auprès du procureur général contre la décision de classement sans suite. Ce magistrat peut alors juger le recours sans fondement et dans ce cas il en informe le requérant. Il peut aussi décider d'enjoindre au procureur de la République d'engager des poursuites, en vertu des dispositions de l'article 36 du CPP, qui expriment la hiérarchisation du parquet. Le législateur s'est contenté par cette disposition de consacrer une pratique qui a toujours été admise, précisément parce que le procureur général est le supérieur hiérarchique du procureur de la République et qu'il peut donc lui donner des ordres, notamment celui de poursuivre.

L'article 40-3 du CPP vise celui qui a dénoncé les faits c'est-à-dire la victime elle-même, les autorités visées à l'article 40, alinéa 2 du CPP ou n'importe quelle personne ayant fait une dénonciation au parquet. Le procureur général qui rejette le recours doit en informer le requérant.

§2 Les mesures alternatives aux poursuites

La fréquence des classements sans suite conduit inévitablement à un sentiment d'insatisfaction chez la victime qui souhaite obtenir une réponse de la justice pénale. Cependant, l'absence de poursuite peut être justifiée par le souci de ne pas encombrer les juridictions pénales d'affaires d'importance trop faible, qui ne méritent pas forcément un jugement. Le législateur a souhaité développer des procédures permettant de donner une réponse à la victime sans pour autant poursuivre systématiquement l'auteur des faits. Ces nouveaux procédés sont confiés au ministère public, qui reçoit ainsi le pouvoir de mettre fin à un certain nombre de situations conflictuelles liées à une infraction pénale.

La loi [n° 99-515] du 23 juin 1999 a inséré un article 41-1 au CPP qui légalise un certain nombre de pratiques mises en place par les parquets pour donner une réponse à des plaintes ou dénonciations ne méritant pas forcément la saisine d'une juridiction.

Selon ce texte, le procureur de la République, avant de prendre une décision sur l'action publique, et s'il lui apparaît qu'une telle mesure peut assurer la réparation du dommage causé à la victime, mettre fin au trouble résultant de l'infraction ou contribuer au reclassement de l'auteur des faits, peut directement ou par l'intermédiaire d'un OPJ, d'un délégué ou d'un médiateur :

1° **procéder au rappel à la loi de l'auteur des faits** ;

2° **l'orienter vers une structure sanitaire, sociale ou professionnelle** ;
Cette mesure peut consister dans l'accomplissement par l'auteur des faits, à ses frais, d'un stage ou d'une formation dans un service ou un organisme sanitaire, social ou professionnel et notamment d'un stage de citoyenneté. Ce dernier a pour objet de rappeler à l'auteur des faits les valeurs républicaines de tolérance et de respect de la dignité humaine sur lesquelles est fondée la société. Il est également possible de proposer à l'auteur des faits d'effectuer un stage de responsabilité parentale, un stage de sensibilisation aux dangers de l'usage de produits stupéfiants, un stage de responsabilisation pour la prévention et la lutte contre les violences au sein du couple et sexistes ou, en cas d'infraction commise à l'occasion de la conduite d'un véhicule terrestre à moteur, un stage de sensibilisation à la sécurité routière ;

3° **lui demander de régulariser sa situation au regard de la loi ou des règlements** (ex : si une activité requiert une autorisation administrative sans laquelle l'infraction est constituée) ;

4° **lui demander de réparer le dommage qu'il a causé ;**

5° **faire procéder, avec l'accord des parties, à une mission de médiation entre l'auteur et la victime** ; en cas de réussite de la médiation, le procureur ou le médiateur en dresse un PV, signé par lui et les parties, et dont une copie leur est remise. La médiation pénale est interdite en cas de violences au sein du couple relevant de l'article 132-80 du Code pénal, depuis la loi du 30 juillet 2020 ;

6° **en cas d'infraction commise soit contre son conjoint ou son concubin, soit contre son ancien conjoint ou concubin, soit contre le partenaire d'un Pacs ou l'ancien partenaire d'un Pacs, soit contre ses enfants ou les enfants de l'autre membre du couple**, le procureur de la République peut demander à l'auteur des faits de résider hors du domicile ou de la résidence du couple et, le cas échéant, de s'abstenir de paraître dans ce domicile ou cette résidence ou aux abords immédiats de celui-ci, ainsi que, si nécessaire, de faire l'objet d'une prise en charge sanitaire, sociale ou psychologique. Le procureur recueille l'avis de la victime sur l'opportunité de cette mesure et, sauf circonstances particulières, elle est prise lorsque les violences sont susceptibles d'être renouvelées et que la victime la sollicite ;

7° demander à l'auteur des faits de **ne pas paraître, pour une durée qui ne saurait excéder 6 mois, dans un ou plusieurs lieux déterminés** dans lesquels l'infraction a été commise ou dans lesquels réside la victime.

> **Attention** Le texte précise que si le procureur recourt à l'une de ces mesures, la prescription de l'action publique est suspendue. En pratique, le procureur ou son délégué va classer la plainte sous condition que l'auteur des faits respecte telle ou telle obligation qu'il va fixer, dans l'un de ces cadres.

Il est également prévu qu'en cas de non-exécution de la mesure prescrite, en raison du comportement de l'auteur des faits, le procureur de la République, sauf élément nouveau, met en œuvre une composition pénale ou engage des poursuites.

Cette précision implique que le parquet ne classe pas sans suite en cas d'échec d'une mesure alternative. Il doit, théoriquement, poursuivre ou engager une composition pénale. Cependant, rien ne semble pouvoir contraindre le parquet à suivre ce schéma voulu par le législateur.

> **Attention** Inversement, si le délinquant a bien respecté ou subi la mesure qui lui a été proposée, il ne bénéficie pas pour autant d'un droit au classement sans suite.

Jurisprudence

En effet, il a été jugé que la personne qui fait l'objet d'un rappel à la loi peut néanmoins être poursuivie ultérieurement parce que l'exécution de la mesure prescrite par le procureur de la République n'éteint pas l'action publique, faute que cela soit prévu par l'article 41-1 du CPP *(Cass. crim., 21 juin 2011, n° 11-80.003 – Cass. crim., 17 janv. 2012, n° 10-88.226)*.

Même si le domaine de ces alternatives aux poursuites n'est pas déterminé par le texte, il apparaît évident qu'il n'est concevable d'utiliser ces méthodes que pour des faits de faible gravité, tels que des violences légères ou des dégradations sans préjudice important.

⏭ POUR ALLER PLUS LOIN...

- J.-Y. CHEVALLIER, Le parquet et la troisième voie, RPDP 2003, p 629 ;
- C. LAZERGES, Médiation pénale, justice pénale et politique criminelle, RSC 1988, p 156.

Le point sur...
Les alternatives aux poursuites

Fiche n° 27 Les procédures transactionnelles

⏭ L'ESSENTIEL

En complément des mesures alternatives aux poursuites, qui sont peu élaborées, le législateur a mis en place de véritables procédures qu'il est possible de qualifier de transactionnelles parce qu'elles ont pour objectif de parvenir à un accord entre délinquant et ministère public sur la réponse à donner à l'infraction.

La mesure la plus ancienne est la composition pénale mais le législateur a ajouté plus récemment une procédure de convention judiciaire d'intérêt public, réservée aux personnes morales à qui sont reprochées certaines infractions.

⏭ LES CONNAISSANCES

Les procédures transactionnelles sont la composition pénale, applicables aux personnes physiques et morales, et la convention judiciaire d'intérêt public, uniquement applicable aux personnes morales et dont le domaine d'application a été étendu par la loi du 24 décembre 2020.

§1 La composition pénale

Il faut distinguer son domaine de sa mise en œuvre.

I. Domaine d'application

L'article 41-2 du CPP prévoit que le procureur de la République peut, tant que l'action publique n'a pas été mise en mouvement, proposer une composition pénale à la personne physique qui reconnaît avoir commis un **délit puni, à titre principal d'une peine d'amende ou d'emprisonnement d'une durée inférieure ou égale à 5 ans ou une contravention** *(CPP, art. 41-3)*. Sont cependant exclus les délits de presse (diffamation, injures), les délits politiques ainsi que les homicides involontaires.

La **composition pénale est applicable aux mineurs âgés d'au moins 13 ans** avec certaines adaptations prévues par l'article 7-2 de l'ordonnance n° 45-174 du 2 février 1945 *(V. également, CJPM, art. L. 422-3 et L. 422-4)*.

La composition pénale peut aussi être appliquée aux personnes morales, dans certains cas. L'article 41-3-1 A du CPP dispose en effet que la procédure s'applique aux personnes morales dont le représentant légal ou toute personne bénéficiant, conformément à la loi ou à ses statuts, d'une délégation de pouvoir à cet effet reconnait la responsabilité pénale pour les faits qui lui sont reprochés.

II. Mise en œuvre

La **condition fondamentale** pour mettre en œuvre la procédure réside dans **l'aveu de sa culpabilité par l'auteur des faits**. En présence d'un tel aveu, les mesures de composition pénale sont choisies par le procureur de la République parmi une liste de 21 mesures possibles. Il peut s'agir de verser une amende de composition dont le montant maximum ne peut excéder celui encouru pour l'infraction commise ; de se dessaisir au profit de l'État de la chose ayant servi ou destinée à servir à l'infraction ou qui en est le produit ; de remettre son véhicule, pour 6 mois maximum, à des fins d'immobilisation ; de remettre son permis de conduire pour 6 mois au maximum ; d'effectuer un travail au profit de la collectivité non rémunéré pour une durée maximale de 60 heures dans un délai maximum de 6 mois etc.

Pour les personnes morales, la seule mesure applicable est l'amende de composition dont le montant maximal est égal au quintuple de l'amende encourue par les personnes physiques *(CPP, art. 41-3-1 A).*

Lorsqu'il y a une victime, le procureur doit proposer à l'auteur, personne physique ou morale, de réparer les dommages causés dans un délai de 6 mois et la victime doit en être informée.

La mesure de composition pénale s'apparente à une sanction pénale même si elle ne peut être imposée, comme c'est le cas dans le cadre d'un jugement pénal. C'est la raison pour laquelle, le législateur a dû prévoir un certain nombre de garanties pour la personne concernée, compte tenu du fait que la procédure ne se déroule pas devant une juridiction, mais devant l'autorité de poursuite.

Ainsi, l'auteur des faits peut être assisté d'un avocat avant de donner son accord à la composition proposée par le parquet. Cet accord est formalisé dans un PV transmis à l'auteur des faits. Si la personne refuse, le procureur de la République met en mouvement l'action publique, sauf élément nouveau. En outre, la composition acceptée par la personne doit encore, en principe, être validée par le président du TJ, ou le juge du tribunal de police s'il s'agit d'une contravention, le magistrat étant saisi par le procureur. Le juge peut procéder à l'audition de l'auteur des faits et de la victime, assistés de leurs avocats, le cas échéant. La validation de la composition se matérialise par une ordonnance du président du TJ, insusceptible de recours. Si le juge ne valide pas, la proposition devient caduque, ce qui signifie que le parquet redevient libre de décider une poursuite. Le juge refuse de valider s'il estime que la gravité des faits ou que la personnalité de l'intéressé, la situation de la victime ou les intérêts de la société justifient le recours à une autre procédure, ou lorsque les déclarations de la victime entendue par lui apportent un éclairage nouveau sur les conditions dans lesquelles l'infraction a été commise ou sur la personnalité de son auteur.

En outre, il est **possible que la composition soit mise en œuvre sans validation** lorsque, pour un délit puni d'une peine d'emprisonnement d'une durée inférieure ou égale à 3 ans, elle porte sur une amende de composition n'excédant pas 3000 euros ou sur la mesure de dessaisissement de la chose constituant le moyen ou le produit de l'infraction, à condition que la valeur de la chose remise n'excède pas ce montant.

Lorsque la composition est validée ou si la validation n'est pas nécessaire, la mesure qu'elle contient doit être mise à exécution. Si la personne concernée ne s'exécute pas, le procureur, en principe, déclenche des poursuites. Il faut remarquer que les mesures ne peuvent être exécutées par la contrainte. Leur exécution dépend de la seule volonté de l'auteur des faits. Cependant, si elle a donné son accord, elle reconnaît les faits et avoue sa culpabilité, ce qui rend une condamnation ultérieure, en cas de poursuites, relativement probable. Il n'est donc pas de l'intérêt de l'agent de refuser la mesure ou de ne pas l'exécuter.

L'article 41-2 du CPP précise encore que la prescription de l'action publique est interrompue par les actes tendant à la mise en œuvre ou à l'exécution de la composition, ce qui est défavorable à l'agent. En revanche, si la composition est exécutée, l'action publique est éteinte, ce qui est de nature à motiver la personne concernée. La victime, qui n'a pas de rôle à jouer dans la procédure, n'est cependant pas oubliée. Le législateur a prévu que, même en cas d'exécution de la composition, qui implique comme on l'a vu la réparation du dommage causé, **la victime possède le droit de demander au procureur de faire citer directement l'auteur des faits devant le tribunal correctionnel pour lui permettre de se constituer partie civile**, le tribunal ne statuant ici que sur l'action civile puisque l'action publique est éteinte.

Concernant les mineurs, il est prévu que la proposition de mesures doit être également faite aux représentants légaux du mineur et obtenir l'accord de ces derniers. Le procureur peut proposer, en plus des mesures applicables aux majeurs, 6 mesures particulières telles que l'accomplissement d'un stage de formation civique, le suivi de façon régulière d'une scolarité ou d'une formation professionnelle ou la consultation d'un psychiatre ou d'un psychologue *(Ord. n° 45-174, 2 févr. 1945, art. 7-2 ; CJPM, art. L. 422-3 et L. 422-4)*.

§2 La convention judiciaire d'intérêt public

Cette procédure a été instaurée par la loi [n° 2016-1691] du 9 décembre 2016 relative à la transparence, à la lutte contre la corruption et à la modernisation de la vie économique et elle présente également des similitudes importantes avec la composition pénale mais elle est réservée aux personnes morales mises en cause pour certains délits prévus par le Code pénal *(CPP, art. 41-1-2)* ou le Code de l'environnement, depuis la loi n° 2020-1672 du 24 décembre 2020 *(CPP, art. 41-1-3)*.

La procédure est donc applicable, d'une part *(CPP, art. 41-1-2)* :
- **aux divers délits de corruption active ou de trafic d'influence ;**
- **à la fraude fiscale ;**
- **au blanchiment du produit de tous ces délits ;**
- **aux infractions connexes à ces délits.**

Elle est aussi applicable, d'autre part *(CPP, art. 41-1-3)* :
- **à l'ensemble des délits prévus par le Code de l'environnement ;**
- **aux infractions connexes à ces derniers,** à l'exclusion des crimes et délits contre les personnes prévus au Livre II du Code pénal.

La personne morale doit être « mise en cause », terme vague qui semble signifier qu'elle pourrait être poursuivie comme auteur ou complice de l'infraction. Ceci est confirmé par le fait que la procédure peut être mise en œuvre avant toute poursuite, comme la composition pénale.

Il faut noter également que la procédure peut être mise en œuvre même si un juge d'instruction a été saisi des faits. En effet, le juge d'instruction peut, à la demande ou avec l'accord du procureur de la République, prononcer, par ordonnance, la transmission de la procédure à ce dernier aux fins de mise en œuvre d'une convention judiciaire d'intérêt public *(CPP, art. 180-2 et 180-3)*. Avant la loi du 24 décembre 2020, il était prévu que la personne morale devait reconnaître les faits et accepter la qualification pénale retenue mais cette condition a été supprimée.

Si, dans un délai de 3 mois, aucun accord sur une proposition de convention n'a été trouvé, si le président du TJ refuse de valider la convention, si la personne morale décide d'exercer son droit de rétractation ou si elle n'exécute pas la convention, le procureur renvoie la procédure au juge d'instruction, aux fins de reprise de l'information.

> **Attention** On remarquera que les textes n'imposent pas que les dirigeants de la personne morale reconnaissent la culpabilité de celle-ci alors que cette condition paraît pourtant logiquement nécessaire.

Quelle que soit l'infraction pour laquelle la personne morale est mise en cause, le procureur de la République peut lui proposer de verser une amende d'intérêt public au Trésor public. Le montant de cette amende est fixé de manière proportionnée aux avantages tirés des manquements constatés, dans la limite de 30 % du chiffre d'affaires moyen annuel calculé sur les trois derniers chiffres d'affaires annuels connus à la date du constat de ces manquements *(CPP, art. 41-1-2 et 41-1-3)*.

Lorsqu'il s'agit d'une **infraction visée par l'article 41-1-2**, il peut également proposer à la personne morale de se soumettre, pour une durée maximale de 3 ans et sous le contrôle de l'Agence française anticorruption, à un **programme de mise en conformité** destiné à s'assurer de l'existence et de la mise en œuvre en son sein des mesures et procédures énumérées au II de l'article 131-39-2 du Code pénal. Ce programme constitue une nouvelle peine applicable aux personnes morales, créée par la loi du 9 décembre 2016 précitée.

Pour les infractions **au Code de l'environnement** énumérées par l'article 41-1-3, il peut proposer à la personne morale, outre l'amende, de :
- **régulariser sa situation au regard de la loi ou des règlements dans le cadre d'un programme de mise en conformité** d'une durée maximale de 3 ans, sous le contrôle des services compétents du ministère chargé de l'environnement ;
- d'assurer, dans un délai maximal de 3 ans et sous le contrôle des mêmes services, la **réparation du préjudice écologique** résultant des infractions commises.

Lorsque la victime est identifiée, et sauf si la personne morale mise en cause justifie de la réparation de son préjudice, la convention prévoit également le montant et les modalités de la réparation des dommages causés par l'infraction dans un délai qui ne peut être supérieur à un an.

Les représentants légaux de la personne morale sont informés qu'ils peuvent se faire assister d'un avocat avant de donner leur accord à la proposition de convention. En cas d'accord, le procureur saisit le président du TJ aux fins de validation, laquelle donne lieu à une audience publique. Le juge décide de valider ou non la proposition et sa décision est insusceptible de recours mais en cas de validation, la personne morale dispose d'un délai de 10 jours pour exercer un droit de rétractation. Si tel est le cas, la rétractation est notifiée au procureur par lettre recommandée avec demande d'avis de réception. Si ce n'est pas le cas, les obligations inscrites dans la convention sont mises à exécution. L'ordonnance de validation n'emporte pas déclaration de culpabilité et n'a ni la nature ni les effets d'un jugement de condamnation.

Si le président du tribunal ne valide pas la proposition, si la personne morale exerce son droit de rétractation ou si, dans le délai prévu par la convention, la personne morale ne justifie pas de l'exécution intégrale des obligations prévues, le procureur met en mouvement l'action publique, sauf élément nouveau.

L'exécution des obligations entraîne l'extinction de l'action publique mais ne fait pas échec au droit des victimes, sauf l'État, de poursuivre la réparation de leur préjudice devant la juridiction civile.

Jurisprudence

Une première convention judiciaire d'intérêt public a été validée par le président du TGI de Paris, le 14 novembre 2017 *(TGI Paris, 14 nov. 2017, n° PNF11024092018 : JurisData n° 2017-024393)* dans une affaire dans laquelle une banque suisse était mise en cause pour démarchage bancaire ou financier illicite et blanchiment de fraude fiscale *(V. également TGI Nanterre, 23 févr. 2018, n° 17245045572, JurisData n° 20418-012350 ; TGI Nanterre, 23 févr. 2018, n° 11245045572, JurisData n° 2018-012352 ; TGI Nanterre, 25 mai 2018, n° 11245045572, JurisData n° 2018-012320 ; TGI Paris, 4 juin 2018, n° 15254000424, JurisData n° 2018-012311)*. Dans une autre affaire, une convention judiciaire d'intérêt public a été conclue avec la société Airbus, l'amende étant fixée au montant extrêmement élevé de 2 083 137 455 euros *(TJ Paris, 31 janv. 2020, n° PNF 16 159 000 859)*.

⏭ POUR ALLER PLUS LOIN…

– M.-E. BOURSIER, L'impact de la loi n° 2016-1691 du 9 décembre 2016 relative à la transparence, à la lutte contre la corruption et à la modernisation de la vie économique sur la corruption dans le secteur bancaire et financier : de la sécurisation à l'innovation, RD bancaire et fin. 2016, étude 32 ;

- J.-C. CROCQ, Du droit de la transaction au droit à la transaction en matière pénale : pour une recomposition des procédures alternatives et simplifiées, AJ pénal 2015, p. 465 ; Le pouvoir de transaction et de sanction du procureur de la République : le chaînon manquant, RSC 2015, p. 595 ;
- N. GAUCHER et M. F. MBODJ, La convention judiciaire d'intérêt public et la justice pénale, Procédures 2018, étude 6 ;
- A. GAUDEMET et A. DILL, Convention judiciaire d'intérêt public : une première particulière, JCP G 2017, 1331 ;
- A. HUKKELAAS GAUSTAD et M.-A. NICOLAS, La convention judiciaire d'intérêt public – Quelle compatibilité entre intérêt public de la Société et intérêt privé des sociétés ? CDE, 2017, dossier 9 ;
- J. LEBLOIS-HAPPE, De la transaction à la composition pénale, JCP G 2000, I, 198 ;
- J.-Y. MARECHAL, Propos hétérodoxes sur la convention judiciaire d'intérêt public, Dr. pén. 2020, étude 16
- J. PRADEL, Une consécration du « plea bargaining » à la française : la composition pénale instituée par la loi n° 99-515 du 23 juin 1999, D. 1999, chron. p 379 ;
- C. SAAS, De la composition pénale au plaider coupable, le pouvoir de sanction du procureur de la République, RSC 2004, p. 827.

TITRE 2
LE DÉCLENCHEMENT DES POURSUITES

L'engagement des poursuites est le plus souvent le fait du procureur de la République, qui dispose, à cette fin, de divers procédés pour saisir une juridiction d'instruction ou de jugement. Il peut être également accompli par la victime qui se constitue partie civile, ce qui suppose que le ministère public n'a pas lui-même mis en mouvement l'action publique.

Fiche n° 28 La poursuite engagée par le ministère public

L'ESSENTIEL

Le ministère public dispose de plusieurs possibilités pour poursuivre l'auteur d'une infraction. Il peut saisir un juge d'instruction, ce qui est obligatoire pour les crimes et pour les faits commis par les mineurs, en principe. Il peut également saisir une juridiction de jugement par citation directe, comparution volontaire après avertissement, convocation par PV, comparution immédiate ou comparution différée. Dans toutes ces hypothèses, il faut que l'auteur soit identifié. S'il ne l'est pas, le seul mode utilisable est la saisine d'un juge d'instruction. Il existe également une procédure particulière, dénommée comparution sur reconnaissance préalable de culpabilité, qui implique une adhésion de l'auteur des faits aux peines proposées par le procureur, l'accord intervenu devant être homologué par un juge pour obtenir la force d'un jugement de condamnation.

LES CONNAISSANCES

Il existe de multiples procédures à la disposition du procureur de la République afin de mettre en mouvement l'action publique. On évoquera ici les procédures ayant un domaine général et on reviendra ultérieurement sur les voies simplifiées telles que l'ordonnance pénale dont le domaine est plus limité (V. Fiche n° 43).

S'il décide de déclencher des poursuites, le ministère public dispose de plusieurs possibilités, dont le choix dépend de critères multiples. Il peut ainsi saisir une juridiction d'instruction, ce qui implique une procédure d'une certaine durée, ou une juridiction de jugement, ce qui permet un jugement plus rapide.

§1 Saisine d'une juridiction d'instruction

La saisine d'un juge d'instruction par le parquet peut se justifier parce que les faits dénoncés sont constitutifs d'un crime, auquel cas l'instruction est obligatoire, aux termes de l'article 79 du CPP. **Il en va de même pour les mineurs auteurs de délits**, selon l'article 5, alinéa 2, de l'ordonnance [n° 45-174] du 2 février 1945, sous réserve de la saisine directe du tribunal pour enfants par le procureur de la République, dans le cadre de la procédure de présentation immédiate devant la juridiction pour mineurs *(Ord. n° 45-174, 2 févr. 1945, art. 14-2)*. Cependant, **cette règle est supprimée par le législateur à compter de l'entrée en vigueur du CJPM**

qui prévoit que l'instruction des affaires dans lesquelles des mineurs sont impliqués n'est obligatoire que lorsqu'il s'agit d'un crime, comme pour les majeurs (*CJPM, art. L. 423-2 et L. 423-3.* – V. supra Fiche n° 9).

Dans les autres hypothèses, et notamment en matière de délits, le choix de saisir un juge d'instruction peut s'expliquer par la complexité de l'affaire ou par le fait qu'aucun suspect n'est encore identifié et donc susceptible d'être jugé.

La saisine du juge d'instruction se fait par un réquisitoire introductif d'instance, qui a le double effet de déclencher l'action publique et d'ouvrir l'instruction. Il s'agit d'un document daté et signé par le procureur ou un substitut. La date revêt naturellement une grande importance au regard de la prescription de l'action publique, puisque le réquisitoire constitue un acte interruptif de prescription. Le réquisitoire peut être délivré soit contre personne dénommée, s'il existe un ou des suspects, soit contre personne non dénommée c'est-à-dire contre toute personne que le juge d'instruction identifiera comme l'auteur des faits. Il doit naturellement désigner les faits qui sont l'objet de la saisine du juge d'instruction, avec toutes les pièces de la procédure qui existent déjà (plainte, PV de police judiciaire etc.).

> **Attention** La description des faits dans le réquisitoire doit être précise puisque le juge d'instruction n'a de pouvoirs d'investigations qu'à l'égard de ces seuls faits. S'il vient à découvrir des faits nouveaux, il ne peut instruire sur ceux-ci qu'après avoir obtenu du procureur un réquisitoire supplétif, aux termes de l'article 80, alinéa 3, du CPP.

§2 Saisine d'une juridiction de jugement

Selon l'article 388 du CPP, le tribunal correctionnel est saisi des infractions de sa compétence soit par la comparution volontaire des parties, soit par la citation, soit par la convocation par PV, soit par la comparution immédiate. Il faut y ajouter la comparution différée depuis la loi du 23 mars 2019. Le législateur a également prévu par possibilité de recourir à la comparution sur reconnaissance préalable de culpabilité. On notera que ces procédures sont applicables uniquement aux personnes majeures, les mineurs étant jugés en vertu de procédures particulières.

I. La citation directe

La citation directe consiste dans une convocation en justice délivrée par un acte d'huissier à la requête du procureur de la République ou de la partie civile *(CPP, art. 390)*. La citation directe n'est possible que pour les faits constitutifs d'une contravention ou d'un délit et elle suppose nécessairement, comme tous les modes de saisine directe de la juridiction de jugement, que l'auteur des faits soit identifié.

En effet, elle doit désigner le requérant, la date, la personne qui est citée à comparaître et le nom de l'huissier qui la délivre. Elle décrit les faits poursuivis et le texte applicable, indique le tribunal qui est saisi, l'heure, le lieu et la date de l'audience. Elle énonce également que le prévenu a le droit d'être assisté d'un avocat et qu'il peut bénéficier, le cas échéant gratuitement, de conseils juridiques dans une structure d'accès au droit.

L'article 390-1 du CPP prévoit une procédure dérivée de la citation directe, souvent appelée « **convocation par OPJ** ». **Cette convocation, qui vaut citation directe, est faite, sur instructions du procureur de la République**, par un greffier, un OPJ ou un APJ, un fonctionnaire ou agent d'une administration relevant de l'article 28 du CPP ou un délégué ou un médiateur du procureur de la République, ou encore, si le prévenu est détenu, par le chef de l'établissement pénitentiaire. Elle énonce le fait poursuivi, vise le texte applicable et indique le tribunal saisi, le lieu la date et l'heure de l'audience. Elle doit préciser que le prévenu a le droit d'être assisté d'un avocat et qu'il peut bénéficier, le cas échéant gratuitement, de conseils juridiques dans une structure d'accès au droit. Elle prend la forme d'un PV signé par le prévenu qui en reçoit une copie.

Selon l'article 388-4 du CPP, en cas de poursuites par citation directe ou convocation par OPJ, **les avocats peuvent consulter le dossier** de la procédure au greffe du TJ dès la délivrance de la citation ou au plus tard 2 mois après la notification de la convocation. À leur demande, l**es parties ou leur avocat peuvent se faire délivrer copie des pièces du dossier**. La délivrance de cette copie intervient en principe dans le mois qui suit la demande et la délivrance de la première copie de chaque pièce du dossier est gratuite.

En outre, **les parties ou leur avocat peuvent, avant toute défense au fond ou à tout moment au cours des débats, demander, par conclusions écrites, qu'il soit procédé à tout acte qu'ils estiment nécessaire à la manifestation de la vérité** *(CPP, art. 388-5)*. S'il estime la demande justifiée et qu'il est possible d'exécuter les actes avant la date de l'audience, **le président du tribunal peut en ordonner l'exécution selon les règles applicables au cours de l'enquête préliminaire**. Les PV ou autres pièces relatant leur exécution sont alors joints au dossier de la procédure et mis à la disposition des parties ou de leur avocat.

On notera encore que lorsque le délai entre la signification de la citation directe ou la notification de la convocation par OPJ et l'audience devant le tribunal est inférieur à 2 mois et que le prévenu ou son avocat n'ont pas pu obtenir avant l'audience la copie du dossier en vertu de l'article 388-4, le tribunal doit ordonner, si le prévenu en fait la demande, le renvoi de l'affaire à une date fixée à au moins 2 mois à compter de la délivrance de la citation ou de la notification de la convocation *(CPP, art. 390-2)*.

II. La comparution volontaire après avertissement

Selon l'article 389 du CPP, l'avertissement délivré par le ministère public, dispense de citation, s'il est suivi de la comparution volontaire de la personne à laquelle il est adressé. L'avertissement est donc un mode de saisine du tribunal correctionnel ou de police moins formaliste que la citation directe puisqu'il doit seulement indiquer le délit poursuivi et viser le texte applicable. Ce dispositif peut être utilisé contre une personne libre ou détenue mais, dans ce dernier cas, l'article 389, alinéa 3 du CPP prévoit que le jugement doit constater le consentement de l'intéressé à être jugé sans citation préalable. Cette exigence s'explique par le fait que c'est la comparution volontaire de la personne qui saisit effectivement la juridiction et non pas l'avertissement. Par conséquent, faute de comparution, le tribunal n'est pas saisi et il ne peut donc juger, même par défaut.

Aujourd'hui ce mode de poursuite est tombé en désuétude parce qu'il est relativement aléatoire et que la convocation par OPJ apparaît plus efficace tout en n'étant pas aussi formaliste que la citation directe.

Jurisprudence

On ajoutera que la seule comparution volontaire, sans action préalable du ministère public à l'encontre de la personne qui comparaît, ne saisit pas le tribunal à l'égard de celle-ci *(Cass. crim., 7 févr. 2007, n° 06-80.108 – Cass. crim., 2 févr. 2016, n° 15-82.790).*

III. La convocation par procès-verbal

Ce mode de saisine du tribunal correctionnel, tout comme la comparution immédiate, suppose, selon l'article 393 du CPP, que la personne, majeure, soit déférée devant le procureur, généralement à l'issue d'une garde à vue, et que l'affaire soit en état d'être jugée et ne nécessite donc pas d'investigations supplémentaires ni d'instruction. Lorsque la personne est déférée, le procureur doit l'informer, le cas échéant, de son droit d'être assistée par un interprète et lui faire connaître les faits qui lui sont reprochés ainsi que leur qualification juridique. Il l'informe également qu'elle a le droit à l'assistance d'un avocat. Ce dernier ou la personne déférée lorsqu'elle n'est pas assistée par un avocat peut consulter sur-le-champ le dossier. Le procureur doit encore avertir la personne de son droit de garder le silence.

(CPP, art. 394)
La convocation par PV est prévue par l'article 394 du CPP qui dispose que : *« (...) le procureur de la République peut inviter la personne déférée à comparaître devant le tribunal correctionnel dans un délai qui ne peut être inférieur à 10 jours, sauf renonciation expresse de l'intéressé en présence de son avocat, ni supérieur à 6 mois. »*

Le prévenu se voit notifier les faits retenus contre lui et le lieu, la date et l'heure de l'audience et cette notification vaut citation à personne. L'avocat du prévenu ou le bâtonnier, s'il n'a pas encore d'avocat, est informé, par tout moyen et sans délai, de la date et de l'heure de l'audience. L'avocat ou la personne déférée, lorsqu'elle n'est pas assistée d'un avocat, peut, à tout moment, consulter le dossier.

Le procureur peut estimer nécessaire de soumettre l'intéressé à un contrôle judiciaire ou de le placer sous ARSE. Il peut, à cette fin, traduire sur-le-champ le prévenu devant le JLD.

Lorsque **le tribunal correctionnel** a été saisi, il **peut**, d'office ou à la demande des parties, **faire procéder à un supplément d'information** par un des juges qui le compose ou un juge d'instruction. **Il peut aussi, s'il estime que la complexité de l'affaire nécessite des investigations supplémentaires approfondies, renvoyer le dossier au procureur de la République afin que celui-ci requière l'ouverture d'une information**. Dans ce cas, le tribunal statue sur le maintien du prévenu en détention provisoire jusqu'à sa comparution devant un juge d'instruction, laquelle doit avoir lieu le jour même, à défaut de quoi le prévenu est remis en liberté d'office *(CPP, art. 397-2)*.

IV. La comparution immédiate

La comparution immédiate consiste à juger très rapidement les auteurs, majeurs, de délits lorsque certaines conditions sont réunies. Cette procédure a vocation à prolonger une enquête de flagrance, même si elle n'est pas réservée aux seules infractions flagrantes. Le législateur n'a cessé d'étendre le domaine d'application de cette procédure, quant aux infractions.

Selon l'article 395, alinéa 2 du CPP, ce mode de saisine du tribunal correctionnel concerne les auteurs de délits flagrants punis d'au moins 6 mois d'emprisonnement, c'est-à-dire presque tous les délits. Il concerne également, selon l'alinéa 1er, les auteurs de délits non flagrants punis de 2 ans d'emprisonnement. En revanche, la comparution immédiate est exclue pour les délits de presse, les délits politiques ou les infractions dont la procédure de poursuite est prévue par une loi spéciale *(art. 397-6 CPP)*.

La comparution immédiate consiste à traduire le prévenu devant le tribunal sur-le-champ, dès lors que les charges réunies sont suffisantes et que l'affaire est en état d'être jugée. L'intéressé est alors retenu jusqu'à sa comparution qui doit avoir lieu le jour même. L'exigence d'une comparution *« le jour même »* ne signifie pas qu'il faut juger le prévenu impérativement avant minuit, mais qu'il faut le faire comparaître au cours de l'audience considérée, quand bien même celle-ci se terminerait après minuit *(Cass. crim., 12 janv. 2021, n° 20-80.259)*. Le législateur a cependant prévu qu'il peut être impossible au tribunal de se réunir le jour même. Dans ce cas, si le procureur estime nécessaire le placement de l'intéressé en détention provisoire, il peut le traduire devant le JLD, qui statue sur la requête du ministère public après avoir recueilli les observations du prévenu et de son avocat. Le JLD rend une ordonnance qui n'est pas susceptible d'appel, par laquelle il peut placer le prévenu en détention jusqu'à sa comparution devant le tribunal. Le prévenu doit comparaître le 3ème jour ouvrable suivant cette décision sinon il est remis d'office en liberté. Si le juge refuse le placement en détention provisoire, il peut soumettre le prévenu à un contrôle judiciaire ou à une assignation à résidence avec surveillance électronique. Mais dans ce cas, le procureur doit recourir à une convocation par PV faute de possibilité de jugement immédiat.

Lorsque le tribunal est saisi, le prévenu doit consentir, en présence obligatoirement de son avocat, choisi ou commis d'office, à être jugé le jour même. S'il refuse, ou si l'affaire n'apparaît pas en état d'être jugée, le tribunal renvoie l'affaire à une prochaine audience, qui doit avoir lieu dans un délai de 2 semaines minimum et de 6 semaines maximum *(CPP, art. 397-1)*. Lorsque la peine encourue est supérieure à 7 ans d'emprisonnement, le prévenu peut demander que l'affaire soit renvoyée à une audience qui a lieu dans un délai minimum de 2 mois et maximum de 4 mois.

Le tribunal peut également juger que la complexité de l'affaire nécessite des investigations supplémentaires. Il peut alors commettre un de ses membres ou un juge d'instruction pour procéder à un supplément d'information ou renvoyer le dossier au procureur, qui devra ouvrir une information. Le tribunal, en tout état de cause, statue sur le maintien du prévenu en détention provisoire jusqu'à sa comparution devant un juge d'instruction, qui doit avoir lieu le jour même, sinon l'intéressé est remis en liberté *(CPP, art. 397-2)*.

Lorsque le tribunal renvoie à une audience ultérieure, il statue sur le placement ou le maintien sous contrôle judiciaire ou en détention provisoire du prévenu. En cas de placement en détention provisoire, la personne doit être jugée dans le délai de 2 mois après sa première comparution *(CPP, art. 397-3)*. Le jour où le prévenu est jugé, s'il est condamné à un emprisonnement sans sursis, qu'elle qu'en soit la durée, le tribunal peut ordonner le placement ou le maintien en détention provisoire par une décision spécialement motivée. Si un appel est formé, la cour doit statuer dans un délai de 4 mois sinon l'intéressé est remis en liberté d'office.

V. La comparution différée

Cette procédure a été créée par la loi du 23 mars 2019 et elle constitue **une variante de la comparution immédiate**. Elle peut être mise en œuvre pour les infractions pour lesquelles la comparution immédiate est applicable et s'il existe des charges suffisantes pour faire comparaître le mis en cause devant le tribunal correctionnel. La différence tient au fait **que l'affaire n'est pas en état d'être jugée parce que**

n'ont pas encore été obtenus les résultats de réquisitions, d'examens techniques ou médicaux déjà sollicités. Le procureur peut alors, si le prévenu est assisté par un avocat choisi par lui ou désigné par le bâtonnier, le poursuivre selon la procédure de comparution à délai différé.

Le prévenu est présenté devant le JLD, qui statue sur les réquisitions du ministère public aux fins de contrôle judiciaire, d'ARSE ou de détention provisoire, après avoir recueilli les observations éventuelles du prévenu ou de son avocat. Les réquisitions du procureur doivent préciser les raisons du recours à la comparution à délai différé en indiquant s'il y a lieu les actes en cours dont les résultats sont attendus. La détention provisoire ne peut être ordonnée que si la peine d'emprisonnement encourue est égale ou supérieure à 3 ans. L'ordonnance du JLD est susceptible d'appel dans un délai de 10 jours devant la chambre de l'instruction.

L'ordonnance prescrivant le contrôle judiciaire, l'ARSE ou la détention provisoire énonce les faits retenus et saisit le tribunal. Le prévenu doit alors comparaître devant le tribunal au plus tard dans un délai de 2 mois, à défaut de quoi il est mis fin d'office à la mesure privative ou restrictive de liberté. Il se déduit de la rédaction du texte que si le JLD refuse la mesure restrictive ou privative de liberté, le tribunal n'est pas saisi, ce qui oblige le procureur à mettre en œuvre une autre procédure.

Les PV ou autres pièces résultant des réquisitions, examens techniques ou médicaux attendus sont versés au dossier de la procédure dès leur accomplissement et mis à la disposition des parties ou de leur avocat. Jusqu'à l'audience de jugement, le prévenu ou son avocat peuvent demander au président du tribunal la réalisation de tout acte qu'ils estiment nécessaire à la manifestation de la vérité.

Ici également, le tribunal peut commettre un de ses membres ou un juge d'instruction pour procéder à un supplément d'information ou renvoyer le dossier au procureur, qui devra ouvrir une information (*CPP, art. 397-2*).

En cas de mise en œuvre de la procédure de comparution à délai différé, la victime est avisée par tout moyen, peut se constituer partie civile et déposer des demandes d'actes.

VI. La comparution sur reconnaissance préalable de culpabilité (CRPC)

On distinguera son domaine de sa mise en œuvre.

A Domaine d'application

La CRPC n'est **pas applicable aux mineurs ni en matière de délits de presse, d'homicide involontaire et de délits politiques** ***(CPP, art. 495-16)*****. Elle peut en revanche être utilisée à l'encontre des personnes morales.**

Son domaine d'application, quant aux infractions, est déterminé par l'article 495-7 du CPP. Le texte énonce que pour tous les délits, à l'exception de ceux mentionnés à l'article 495-16 et des délits d'atteintes volontaires et involontaires à l'intégrité des personnes et d'agressions sexuelles prévus aux articles 222-9 à 222-31-2 du Code pénal lorsqu'ils sont punis d'une peine d'emprisonnement d'une durée supérieure à 5 ans, le procureur de la République peut recourir à la CRPC.

Ainsi, **tous les délits sont donc concernés désormais, sauf exceptions citées par le texte qui sont liées à la fois à la nature de l'infraction et à la durée de l'emprisonnement encouru.**

B Mise en œuvre

La condition principale de mise en œuvre est la reconnaissance par l'auteur de l'infraction de sa culpabilité devant le procureur de la République devant qui il va comparaître.

La mise en œuvre de cette procédure peut avoir lieu à l'initiative du procureur mais l'article 495-15 du CPP énonce que **le prévenu qui a fait l'objet d'une citation directe ou d'une convocation en justice peut**, soit lui-même, soit par l'intermédiaire de son avocat, indiquer par lettre recommandée avec AR adressée au procureur qu'il reconnaît les faits qui lui sont reprochés **et demander l'application de la procédure** de CRPC. Le procureur est libre d'accepter ou non et s'il accepte, la citation directe ou la convocation en justice sont alors caduques, sauf si l'auteur refuse d'accepter la peine proposée ou si le président du TJ refuse d'homologuer la proposition quand l'un ou l'autre de ces refus intervient plus de 10 jours avant la date d'audience devant le tribunal correctionnel.

En outre**, une passerelle existe entre l'instruction et la CRPC**, comme en matière de convention judiciaire d'intérêt public. Le juge d'instruction peut ainsi renvoyer une personne mise en examen, qui reconnaît les faits et accepte la qualification retenue, devant le procureur de la République aux fins de mise en œuvre d'une CRPC, soit à la demande ou avec l'accord du procureur, du mis en examen et de la partie civile *(CPP, art. 180-1)*. En cas d'échec de la procédure de CRPC ou si, dans un délai de 3 mois ou, lorsque la personne est placée en détention provisoire, dans un délai d'un mois, aucune décision d'homologation n'est intervenue, le prévenu est de plein droit renvoyé devant le tribunal correctionnel. L'objectif du législateur est donc de permettre le passage d'une procédure longue, l'instruction, vers une procédure rapide, la CRPC, à partir du moment où le délinquant reconnaît sa culpabilité.

Selon l'article 495-8 du CPP, **le procureur de la République peut proposer à la personne d'exécuter une ou plusieurs des peines principales ou complémentaires encourues**. La nature et le *quantum* de la peine sont déterminés en fonction des circonstances de l'infraction et de la personnalité de l'auteur, ou en tenant compte de ses ressources et de ses charges.

Si le procureur propose une **peine d'emprisonnement**, sa durée **ne peut alors être supérieure à 3 ans, ni excéder la moitié de la peine d'emprisonnement encourue**. Le procureur peut aussi proposer que cette peine d'emprisonnement soit assortie en tout ou en partie du sursis, qu'elle fasse l'objet d'une mesure d'aménagement (placement à l'extérieur, semi-liberté, libération conditionnelle, suspension ou fractionnement de peine…) mais aussi qu'elle révoquera un sursis antérieurement accordé. Quand le procureur propose une peine d'amende, son montant ne peut être supérieur à celui de l'amende encourue mais elle peut être assortie du sursis.

Les déclarations par lesquelles l'auteur reconnaît sa culpabilité et la proposition de peine faite par le procureur doivent avoir lieu en présence de l'avocat de l'intéressé, ce dernier ne pouvant pas renoncer à son droit d'être assisté par un avocat. L'avocat doit pouvoir consulter sur-le-champ le dossier. L'auteur des faits peut librement s'entretenir avec son avocat, hors la présence du procureur, avant de faire savoir s'il accepte ou refuse la peine proposée. Il est aussi avisé par le procureur qu'il peut demander à disposer d'un délai de 10 jours avant de faire connaître sa décision.

Si, en présence de son avocat, l'auteur accepte tout de suite la peine proposée, il est aussitôt présenté devant le président du TJ, ou un juge délégué par lui, saisi par le procureur d'une requête en homologation. Le juge entend la personne et son avocat au cours d'une audience publique et il décide ou non d'homologuer la peine proposée par le procureur. Il peut refuser l'homologation s'il estime que la nature des faits, la personnalité de l'intéressé, la situation de la victime ou les intérêts de la société justifient une audience correctionnelle ordinaire ou lorsque les déclarations de la victime entendue préalablement apportent un éclairage nouveau sur les conditions dans lesquelles l'infraction a été commise ou sur la personnalité de son auteur *(CPP, art. 495-11-1)*.

Il statue par une ordonnance motivée.

> **Attention** Si l'auteur demande à bénéficier du délai de 10 jours, le procureur peut le présenter devant le JLD pour que ce dernier ordonne son placement sous contrôle judiciaire, sous assignation à résidence avec surveillance électronique ou, à titre exceptionnel, en détention provisoire jusqu'à une nouvelle comparution devant le procureur. Ce placement en détention provisoire ne peut être requis que si le procureur a proposé une peine d'emprisonnement supérieure à 2 mois ferme et avec une exécution immédiate. La nouvelle comparution devant le procureur doit intervenir dans un délai compris entre 10 et 20 jours à compter de la décision du JLD et, à défaut, il est mis fin au contrôle judiciaire ou à la détention provisoire *(CPP, art. 495-10)*.

L'ordonnance d'homologation possède les mêmes effets qu'un jugement de condamnation et elle est immédiatement exécutoire. Dans tous les cas, **elle peut faire l'objet d'un appel** de la part du condamné ainsi que du ministère public à titre incident. Dans ce cas, la cour d'appel évoquera et statuera sur le fond, comme si le jugement était annulé et elle ne pourra prononcer une peine plus sévère que celle homologuée *(CPP, art. 520-1)*.

Si l'auteur des faits n'accepte pas la peine proposée ou si le président du TJ rend une ordonnance de refus d'homologation, le procureur saisit le tribunal correctionnel ou requiert l'ouverture d'une information *(CPP, art. 495-12)*.

La **victime** de l'infraction doit être informée sans délai et par tous moyens de la procédure de CRPC. Elle est invitée à comparaître, avec son avocat, en même temps que l'auteur des faits devant le président du TJ pour se constituer partie civile et demander réparation de son préjudice. Le président du TJ statue sur cette demande par une ordonnance susceptible d'appel par la partie civile *(CPP, art. 495-13)*.

Si la **victime** n'a pas pu exercer ses droits durant la procédure, le procureur doit l'informer de son droit de lui demander de citer l'auteur des faits à une audience du tribunal correctionnel dont elle sera avisée de la date pour lui permettre de se constituer partie civile. Le tribunal correctionnel statuera alors sur les seuls intérêts civils, au vu du dossier de la procédure qui est versé au débat.

On notera que le PV relatant la procédure ne peut, en cas d'échec de celle-ci, être utilisé par la juridiction d'instruction ou de jugement et le procureur et les parties ne pourront pas en faire état.

Enfin, la mise en œuvre de la CRPC n'interdit pas au procureur de procéder simultanément à une convocation par OPJ. La saisine du tribunal correctionnel résultant de cette convocation en justice est caduque si la personne accepte la ou les peines proposées et que celles-ci font l'objet d'une ordonnance d'homologation.

⏭ POUR ALLER PLUS LOIN...

- P. DE COMBLES DE NAYVES et E. MERCINIER, Comparutions immédiates : La défense in situ, AJ pénal 2011, p. 18 ;
- F. DEFFERRARD, La dénaturation du « plaider coupable » (Après la loi n° 2009-526 du 12 mai 2009, de simplification et de clarification du droit et d'allègement des procédures), Dr. pén. 2009, étude 13 ;
- B. PEREIRA, Justice négociée : efficacité répressive et droits de la défense ? D. 2005, p. 2041 ;
- M. REDON, La gestion pragmatique de la comparution immédiate par les magistrats, AJ pénal 2011, p. 16 ;
- H. VLAMYNCK, La procédure de comparution immédiate : vitesse ou précipitation ? AJ pénal 2011, p. 10.

Le point sur...
Le jugement des délits

Fiche n° 29 La poursuite engagée par la partie civile

⏭ L'ESSENTIEL

La victime de l'infraction peut mettre en mouvement l'action publique lorsque le ministère public ne l'a pas fait, ce qui lui permet d'exercer l'action civile et donc de demander réparation de son préjudice. Elle dispose de deux voies qui sont la saisine d'un tribunal par la citation directe et celle d'un juge d'instruction par la plainte avec constitution de partie civile.

⏭ LES CONNAISSANCES

Comme on l'a vu, la victime de l'infraction a la faculté de porter son action en réparation devant le juge pénal. Cependant, cela suppose que l'action publique soit engagée puisque le tribunal répressif ne peut être saisi principalement, sauf exceptions, que de l'action en application de la loi pénale. C'est la raison pour laquelle le législateur autorise la partie civile, en l'absence de poursuites déjà engagées par le ministère public, à mettre en œuvre elle-même cette action publique afin de pouvoir y greffer son action civile.

Deux voies sont ouvertes à la partie lésée : la citation directe et la plainte avec constitution de partie civile devant un juge d'instruction.

§1 La citation directe

Les règles relatives à la citation directe délivrée par la partie civile sont identiques à celles applicables lorsque c'est le ministère public qui utilise ce mode de saisine du tribunal [V. Fiche n° 28, I]. On rappellera seulement que cette voie n'est concevable que si l'auteur des faits est identifié, puisqu'il doit être nommément désigné dans l'acte d'huissier. La seule spécificité consiste dans le fait que la citation par la partie civile doit comporter, en plus, le montant des réparations demandées.

En outre, l'article 392-1 du CPP prévoit que le tribunal fixe, en fonction des ressources de la partie civile, le montant de la consignation que celle-ci doit, si elle ne bénéficie pas de l'aide juridictionnelle, déposer au greffe du tribunal, ainsi que le délai pour procéder à cette formalité. Cette somme est destinée à garantir le paiement de l'amende civile qui est encourue en cas de citation abusive ou dilatoire.

> **Attention** Cette consignation constitue une condition de recevabilité de l'action de la partie civile, ce qui a pour conséquence que, faute de consignation, l'action publique n'est pas déclenchée et le tribunal n'est pas saisi. En revanche, lorsque l'action de la partie civile n'était pas téméraire, la consignation lui est restituée à la clôture de la procédure.

§2 La plainte avec constitution de partie civile (PCPC)

Ce mode de déclenchement de l'action publique, prévu par l'article 85 du CPP, est particulier parce qu'il entraîne une double conséquence. Non seulement la partie civile va engager la poursuite alors que le ministère ne l'avait pas fait, mais encore cette constitution de partie civile a pour conséquence la saisine d'un juge d'instruction, donc l'ouverture d'une information. Ici la partie civile ne se contente pas de se joindre à l'action du parquet, c'est elle qui prend l'initiative des poursuites et de l'ouverture d'une information.

> **Attention** Selon la nature des faits, la victime n'a pas forcément le choix entre citation directe et PCPC. En effet, si elle dénonce des faits de nature criminelle, seule cette seconde voie est possible. De même si l'auteur des faits est inconnu, la citation directe n'est pas possible.

Il faut distinguer les conditions de forme des conditions de fond de la PCPC.

I. Les conditions de forme de la PCPC

La plainte consiste dans une lettre, datée et signée, dénonçant des faits constitutifs d'une infraction au pôle de l'instruction compétent et demandant la saisine de celui-ci. La victime doit manifester clairement son intention de se constituer partie civile.

Ce mode de déclenchement de l'action publique répond cependant à des conditions de recevabilité. L'article 88 du CPP énonce que le juge d'instruction constate par ordonnance le dépôt de la plainte et, en fonction des ressources de la partie civile, il fixe le montant de la consignation qu'elle doit verser, si elle n'a pas obtenu l'aide juridictionnelle, ainsi que le délai de versement. Cette consignation doit être faite sous peine d'irrecevabilité de la plainte. Le juge d'instruction peut toutefois dispenser de consignation la partie civile.

Si le juge d'instruction renvoie l'affaire devant le tribunal, la consignation sera restituée à la victime parce que ce renvoi indique que la plainte était sérieuse. En revanche, si le juge rend une ordonnance de non-lieu, la plainte était sans doute peu sérieuse. Aussi, la consignation servira au paiement de l'amende civile susceptible d'être infligée à la partie civile à la demande du parquet et prononcée par le juge d'instruction par une ordonnance motivée *(CPP, art. 88-1 et 177-2)*. En outre, le juge d'instruction peut prononcer une amende civile pour constitution de partie civile abusive lorsqu'il rend une ordonnance de refus d'informer *(CPP, art. 86)*.

II. Les conditions de fond de la PCPC

Les conditions tenant à la recevabilité de la plainte sont naturellement celles de l'action civile elle-même. Ainsi, il faut que la partie civile ait qualité pour agir en son nom propre et elle doit pouvoir apporter des éléments de fait permettant de considérer comme possibles l'existence du préjudice qu'elle allègue et ses caractères **personnel et direct**.

Jurisprudence

Il suffit, en effet, que ces éléments rendent vraisemblables le préjudice personnel découlant directement de l'infraction et la partie civile n'a donc pas à faire cette démonstration immédiatement *(V. par ex., Cass. crim., 12 juill. 2016, n° 15-86.248)*.

En vertu de l'article 85 du CPP, la PCPC n'est recevable qu'à condition que la personne justifie :

- soit que le procureur de la République lui a fait connaître, à la suite d'une plainte déposée devant lui ou un service de police judiciaire, qu'il n'engagera pas lui-même des poursuites,
- soit qu'un délai de 3 mois s'est écoulé depuis qu'elle a déposé plainte devant ce magistrat, contre récépissé ou par lettre recommandée avec demande d'avis de réception, ou depuis qu'elle a adressé, selon les mêmes modalités, copie à ce magistrat de sa plainte déposée devant un service de police judiciaire.

Cette condition de recevabilité n'est toutefois pas exigée s'il s'agit d'un crime ou s'il s'agit d'infractions à la loi sur la liberté de la presse ou encore de certains délits prévus par le Code électoral.

Par dérogation à l'article 5 du CPP (V. Fiche n° 14), la victime qui a exercé son action devant une juridiction civile pendant le délai de 3 mois précité peut se constituer partie civile devant le juge d'instruction après s'être désistée de l'instance civile.

La plainte est transmise au ministère public qui prend ses réquisitions *(CPP, art. 86)*.

> **Attention** Le procureur peut demander au juge d'instruction un délai supplémentaire de 3 mois pour permettre la poursuite des investigations avant de faire connaître ses réquisitions. La décision du juge d'instruction sur cette demande est insusceptible de recours.

Le **contenu du réquisitoire du procureur est, en soi, indifférent**. En effet, le juge d'instruction étant d'ores et déjà saisi, le procureur est dépossédé du droit de décider en opportunité de poursuivre ou non. Le juge d'instruction, régulièrement saisi, a un devoir d'information quelles que soient les réquisitions du ministère public *(V., par exemple, Cass. crim., 4 janv. 2005, n° 03-84.652 – Cass. crim., 20 mars 2019, n° 18-83.419)*. Ce devoir ne cesse que dans un cas, prévu par l'article 86, alinéa 4, du CPP. Ce texte prévoit que le procureur peut prendre des réquisitions de non-informer, par lesquelles il demande au juge de ne pas ouvrir l'information. Mais, ces réquisitions ne sont possibles que dans des cas particuliers très limités où, pour des causes affectant l'action publique elle-même, les faits ne peuvent légalement comporter une poursuite ou si, à supposer ces faits démontrés, ils ne constituent pas une infraction pénale.

Ainsi, le juge pourrait refuser d'informer si les faits sont manifestement couverts par la prescription, en cas d'extinction de l'action publique par l'effet de la chose jugée ou encore en cas d'abrogation de la loi pénale et d'impossibilité de qualifier les faits autrement. En pratique, il est très rare que le juge puisse rendre une telle ordonnance de refus d'informer.

Le procureur peut également prendre des réquisitions de non-lieu dans le cas où il est établi de façon manifeste que les faits dénoncés par la partie civile n'ont pas été commis. Enfin, lorsque les investigations réalisées au cours de l'enquête effectuée à la suite de la plainte déposée auprès du procureur ont permis d'établir qu'une personne majeure mise en cause pour les faits de nature délictuelle reprochés par la victime pourrait faire l'objet de poursuites mais que l'action publique n'a pas été mise en mouvement par lui, il peut également requérir du juge d'instruction de rendre une ordonnance de refus d'informer, tout en invitant la partie civile à engager des poursuites par voie de citation directe.

S'il est saisi de réquisitions de non-informer ou de non-lieu, le juge qui entend passer outre, doit le faire par une ordonnance motivée susceptible d'appel par le parquet *(CPP, art. 185, al. 1)*.

⏭ POUR ALLER PLUS LOIN…

- P. BONFILS, Il faut sauver la jurisprudence Laurent-Atthalin, D. 2010, p. 1153 ;
- S. DETRAZ, Le nouveau dispositif de recevabilité de la plainte avec constitution de partie civile, JCP G 2008, I, 111 ;
- V. NIORE, La problématique du déclenchement de l'action publique par la victime et la nécessité d'un système comparable : limites du pouvoir d'inertie lié à l'opportunité des poursuites, Gaz. Pal. 2009, n° 231, p. 9.

P@RTIE 5

L'INSTRUCTION

La phase de l'instruction préparatoire n'existe pas dans tout procès pénal. En effet, dans la majorité des cas, les faits donnant lieu à poursuite sont jugés après une enquête de police voire sur saisine directe de la juridiction de jugement. Dans ce cas, l'instruction a lieu lors de l'enquête puis ensuite directement à l'audience, par l'interrogatoire du prévenu, les auditions des témoins et, plus généralement, par la production des moyens de preuve. L'instruction préparatoire est donc exceptionnelle, tant au point de vue théorique que statistique, puisqu'elle n'est plus mise en œuvre que dans moins de **5 % des affaires**. Comme on le sait, elle n'est obligatoire qu'en matière criminelle, elle est facultative pour les délits et exceptionnelle pour les contraventions, puisque dans ce domaine, seul le procureur de la République peut la requérir *(CPP, art. 44 et 79)*.

L'acteur central de cette phase de la procédure est le juge d'instruction, exerçant sous le contrôle de la chambre de l'instruction. Cette dernière joue un rôle important car, non seulement, elle peut être saisie des appels contre les ordonnances du juge d'instruction, mais encore, elle est chargée de contrôler la régularité des actes d'instruction, ce qui implique le pouvoir de les annuler s'ils sont irréguliers.

Les pouvoirs du juge d'instruction ont une double nature : d'une part, il peut effectuer des actes d'information, c'est-à-dire de recherche des éléments de preuve et des auteurs d'infractions. D'autre part, il a une fonction juridictionnelle qui lui permet de prendre des décisions relatives aux personnes mises en cause. De surcroit, dans le cadre de l'information, d'importantes mesures de contrainte et de privation de liberté peuvent être prises.

On analysera donc l'instruction préparatoire sous ses différents aspects.

TITRE 1
LA RECHERCHE DES PREUVES

Il convient d'exposer quels sont les titulaires de pouvoirs d'instruction avant de présenter leurs nombreuses prérogatives destinées à faire la lumière sur les faits et à permettre de déterminer quelles sont les personnes qui sont susceptibles d'être jugées, à l'issue de l'instruction.

Fiche n° 30 Les titulaires des pouvoirs d'instruction

L'ESSENTIEL

Le juge d'instruction peut effectuer lui-même les actes d'information mais il peut aussi déléguer ses pouvoirs par commission rogatoire, soit à d'autres magistrats, soit à des OPJ.

Le juge est saisi soit par le procureur de la République par réquisitoire introductif, soit par la partie civile, au moyen d'une PCPC. En principe, il est dessaisi à la fin de l'instruction lorsqu'il prend une décision, soit de non-lieu, soit de renvoi devant une juridiction de jugement.

Les commissions rogatoires répondent à des conditions de fond et de forme précises. Le magistrat ou l'OPJ peut exercer les pouvoirs qui lui sont délégués par le juge mandant mais il exerce aussi ses pouvoirs propres.

LES CONNAISSANCES

Les prérogatives du juge d'instruction sont très étendues et procèdent à la fois de pouvoirs d'enquête et de pouvoirs juridictionnels mais il n'est pas le seul à pouvoir effectuer les actes utiles à la manifestation de la vérité. Il a la faculté de déléguer certains de ses pouvoirs à des enquêteurs ou à d'autres magistrats.

§1 Le juge d'instruction

Le juge d'instruction peut être saisi par le ministère public, par un réquisitoire introductif ou par la partie civile, au moyen d'une PCPC. Il faut examiner d'abord quel est l'objet de la saisine du juge d'instruction avant de voir comment il peut être dessaisi.

I. La saisine du juge d'instruction

Il est de principe que le juge d'instruction est saisi de faits (*in rem)* ce qui a des conséquences importantes sur la question de savoir qui peut être mis en cause par lui.

A La saisine quant aux faits

Le juge d'instruction est saisi des faits qui sont visés soit dans le réquisitoire introductif, soit dans la plainte de la partie civile. C'est l'article 80, alinéa 1er, du CPP qui pose ce principe, dont il résulte que le juge d'instruction ne peut se saisir d'office de faits qui ne sont pas contenus dans l'acte de déclenchement des poursuites. Le même texte, dans son alinéa 3, précise que si le juge découvre en cours d'instruction ou est informé de faits qui ne sont pas visés par l'acte initial, il doit les communiquer au procureur de la République. Celui-ci peut alors prendre un réquisitoire supplétif, qui étend la saisine du juge à ces faits nouveaux, ou ouvrir une information distincte confiée à un autre juge d'instruction, ou encore saisir directement une juridiction de jugement, s'il estime que les faits ne nécessitent pas d'instruction. Lorsque c'est la partie civile qui, par voie d'intervention, dénonce des faits qui ne figurent pas dans l'acte initial, la solution ne diffère pas, le juge ne pouvant étendre lui-même sa saisine à ces faits.

Le juge d'instruction n'est, en revanche, pas lié par la qualification donnée aux faits dans l'acte de saisine. Il peut donc procéder en toute liberté à la requalification des faits, voire, dans un premier temps, viser plusieurs qualifications différentes, dans l'attente des éléments de preuve qui permettront de donner aux faits leur étiquette juridique exacte. On précisera enfin qu'il est permis de retenir des circonstances aggravantes, mêmes non visées au départ, dès lors qu'elles sont comprises dans les faits dénoncés, et ce sans solliciter de réquisitoire supplétif du parquet.

Attention Il existe des exceptions à la saisine *in rem* des juridictions d'instruction. Ainsi en matière de délits de presse, le juge d'instruction est lié par la qualification juridique donné aux faits par le plaignant, selon l'article 50 de la loi du 29 juillet 1881. Par exemple, si l'infraction visée est la diffamation, il n'est pas permis au juge de requalifier en injures. La seconde exception, plus générale, concerne la chambre de l'instruction, qui possède, en vertu de l'article 202, alinéa 1er du CPP, le pouvoir d'étendre d'office les poursuites à tous les faits résultant du dossier de la procédure, même s'ils n'étaient pas visés dans l'acte de poursuite initial.

B La saisine quant aux personnes

Le principe de la saisine *in rem* a pour conséquence que **le juge peut et doit rechercher toutes les personnes susceptibles d'être les auteurs ou complices des faits dénoncés par l'acte de poursuite**. À ce titre, il n'est donc pas obligé de s'en tenir aux personnes qui pourraient déjà être désignées comme les auteurs supposés des faits, dans le réquisitoire introductif ou la plainte avec constitution de partie civile. Au demeurant, on sait que l'instruction peut être ouverte par le procureur contre personne non dénommée *(CPP, art. 80, al. 2)*.

Cette absence de saisine *in personam* a pour conséquence que **le juge peut mettre en cause toute personne contre laquelle des charges existent**. Inversement, il n'est pas obligé de mettre en examen celles qui seraient désignées dès le départ par l'acte de poursuite. Pour celles-ci, est prévu un statut protecteur, celui de témoin assisté. Le juge d'instruction n'est tenu de mettre en examen que les personnes à l'encontre desquelles il existe des indices graves et concordants de culpabilité *(CPP, art. 105)*, ce qui signifie qu'il ne peut entendre ces personnes comme témoins, c'est-à-dire sans assistance d'un avocat. En revanche, si les indices sont seulement graves ou concordants, il peut les mettre en examen *(CPP, art. 80-1)* mais ces personnes peuvent aussi être entendues en qualité de témoin assisté *(CPP, art. 113-1)*, ce qui a pour conséquence de leur octroyer un certain nombre de droits tout en les préservant du contrôle judiciaire et de la détention provisoire (V. Fiche n° 32).

S'agissant des personnes qui ont été mises en cause, se pose la question de la portée d'une décision de **non-lieu**. En effet, *a priori*, le juge doit rechercher toute personne susceptible d'être coupable des faits. S'il rend un non-lieu, cela signifie théoriquement que personne ne peut plus être mis en cause pour les mêmes faits. Cette solution n'est pas satisfaisante car elle interdit toute nouvelle poursuite à raison des mêmes faits contre une autre personne que celle qui a pu être mise en cause au départ.

Jurisprudence

Aussi, la jurisprudence décide que le non-lieu n'a d'autorité qu'à l'égard de la personne soupçonnée au cours de l'instruction, contre laquelle de nouvelles poursuites ne pourront avoir lieu pour les mêmes faits *(Cass. crim., 11 févr. 2009, n° 08-84.321)*.

En revanche, pour les personnes qui n'ont pas été mises en cause, une nouvelle instruction est possible.

> **Attention** La réouverture de l'instruction est encore possible contre la personne qui a été précédemment mise en examen et a bénéficié d'un non-lieu, mais uniquement en présence de charges nouvelles et seulement sur réquisitoire du ministère public *(CPP, art. 188 s.)*.

II. Le dessaisissement du juge d'instruction

Le mode normal de dessaisissement du juge d'instruction consiste dans une ordonnance qu'il rend en fin d'information : **l'ordonnance de clôture ou de règlement** (*CPP, art. 175 et s. ;* V. Fiche n° 33).

Il existe cependant d'**autres modes de dessaisissement**. En premier lieu, le juge d'instruction peut rendre une ordonnance d'incompétence s'il constate qu'il n'est pas compétent territorialement par exemple *(CPP, art. 90 et 52)*. Dans ce cas, il renvoie le ministère public ou la partie civile à se pourvoir devant la juridiction compétente. Le juge peut encore se dessaisir, bien qu'il soit compétent, en raison de la saisine d'un autre juge d'instruction, ce qui peut s'expliquer par exemple par l'existence de juridictions spécialisées. L'article 706-77 du CPP prévoit ainsi, en matière de criminalité organisée, que le procureur de la République d'un TJ spécialisé dans cette matière peut requérir d'un juge d'instruction qui aura été saisi en vertu des règles de droit commun de se dessaisir au profit du juge d'instruction de la juridiction spécialisée. Le juge d'instruction n'est pas obligé d'accepter mais le ministère public peut faire un recours contre son refus de se dessaisir. Plus généralement, l'article 84 du CPP prévoit que, dans les tribunaux comportant plusieurs juges d'instruction, le procureur de la République peut, d'office ou à la demande des parties, demander le dessaisissement du juge d'instruction saisi au président du tribunal, dans l'intérêt d'une bonne administration de la justice. Le président se prononce par une ordonnance qui est insusceptible de recours. On notera qu'il ne faut pas confondre dessaisissement et remplacement. Celui-ci peut intervenir simplement parce que le magistrat change d'affectation ou de tribunal et dans ce cas le président du TJ nomme un magistrat instructeur pour le remplacer.

§2 Les personnes déléguées par le juge d'instruction

Le juge d'instruction possède une double fonction, étant à la fois enquêteur et juge. Si la fonction juridictionnelle, qui se manifeste par la prise d'ordonnances telles que le renvoi ou le non-lieu, ne peut logiquement être exercée que par lui, il n'en va pas de même des pouvoirs d'information, qui sont susceptibles d'être délégués notamment aux OPJ. C'est le mécanisme de la commission rogatoire qui permet cette délégation de pouvoir.

I. Les conditions de la commission rogatoire

En théorie, la décision de recourir à une commission rogatoire qui emporte délégation des pouvoirs d'instruction, ne peut être qu'exceptionnelle. L'article 81, alinéa 4 du CPP prévoit en effet qu'elle ne peut avoir lieu que si le juge d'instruction est dans l'impossibilité de procéder personnellement aux actes d'instruction. La réalité est bien différente puisque la plupart des investigations menées sur le terrain dans le cadre d'une instruction sont réalisées aujourd'hui par des OPJ. On notera cependant que certains actes ne peuvent pas être délégués parce que les textes imposent la présence du juge d'instruction, comme dans le cas des perquisitions dans des lieux particuliers *(CPP, art. 56-1 à 56-5)*.

S'agissant d'une **opération de délégation de pouvoirs**, le principe veut que la commission rogatoire ne peut conférer au délégataire davantage de pouvoirs que n'en a le juge délégant. Il s'en déduit que la commission rogatoire est d'emblée limitée par les faits objets de la saisine du juge d'instruction. Le juge ne peut donc autoriser les OPJ à pratiquer des investigations étrangères à ces faits et la commission rogatoire générale, ne visant pas les faits ou l'infraction concernée, est irrégulière. Il se peut naturellement que les OPJ découvrent des faits étrangers à la saisine du juge. Dans ce cas, ils peuvent les constater, le juge d'instruction devant ensuite solliciter du parquet un réquisitoire supplétif, s'il s'agit de faits nouveaux.

Au point de vue formel, la commission rogatoire indique la nature de l'infraction poursuivie et la nature des actes d'investigations à réaliser, elle est datée, signée et revêtue du sceau du juge d'instruction. Le juge doit préciser en principe le délai d'exécution des actes, mais à défaut, l'article 151, alinéa 4, du CPP énonce que la commission rogatoire et les PV doivent être transmis au juge délégant dans les 8 jours de la fin des opérations.

II. L'exécution de la commission rogatoire

L'article 151, alinéa 1er, du CPP permet de délivrer une commission rogatoire à plusieurs catégories de personnes. Le texte vise des magistrats et des OPJ, qui, dans ce cas, doivent en informer le procureur de la République. La commission rogatoire peut viser un délégataire du ressort d'un autre tribunal que celui du juge mandant. Si c'est un magistrat qui est désigné, tel qu'un juge d'instruction d'un autre tribunal, par exemple, il peut, à son tour, prendre une commission rogatoire, c'est-à-dire subdéléguer.

Le destinataire de la commission rogatoire est investi de pouvoirs qui lui sont délégués par le juge d'instruction mais il possède également certains pouvoirs propres. S'agissant des pouvoirs délégués, seuls les actes d'information sont susceptibles d'être délégués et non pas le pouvoir de prendre des ordonnances. De plus, certains pouvoirs d'information ne peuvent être transmis qu'à un magistrat et pas à un OPJ, comme celui de procéder aux interrogatoires et confrontations de la personne mise en examen *(CPP, art. 152)*. De même les OPJ ne peuvent entendre la partie civile ou un témoin assisté qu'à la demande de ceux-ci. Selon l'article 153 du CPP, si un témoin refuse de comparaître devant l'OPJ, celui-ci ne peut lui-même l'y contraindre : seul le juge d'instruction peut recourir à la force publique. Le témoin qui ne comparaît pas commet le délit de l'article 434-15-1 du Code pénal.

En dehors des pouvoirs délégués, et dans le cas fréquent où la commission rogatoire est destinée à un OPJ, ce dernier possède les pouvoirs qui sont attachés à sa qualité. Il peut ainsi décider de placer en garde à vue des suspects et l'article 154 du CPP rend applicable ici l'ensemble des règles prévues dans le cadre des enquêtes de police avec une différence tenant au fait que ce n'est pas le procureur de la République qui intervient pour prolonger la garde à vue mais le juge d'instruction. Les règles de l'audition libre du suspect sont également applicables dans le cadre de l'exécution d'une commission rogatoire.

⏭ POUR ALLER PLUS LOIN…

– H. VLAMYNCK, Le policier et l'information judiciaire, AJ pénal 2010, p. 429.

Fiche n° 31 Les actes d'instruction relatifs aux faits

L'ESSENTIEL

Le juge d'instruction peut procéder lui-même à des perquisitions ou les faire réaliser par des OPJ. Il peut avoir recours à des expertises lorsqu'une donnée de fait suppose d'être interprétée par un spécialiste d'une discipline particulière. Les rapports d'expertise ne lient pas le juge même s'ils exercent une influence importante. Le juge d'instruction peut encore prescrire des interceptions de correspondances émises par la voie des communications électroniques dans des conditions précises.

Enfin, il dispose de pouvoirs particuliers dans le cadre d'une instruction relative à une infraction relevant de la criminalité organisée.

LES CONNAISSANCES

Il faut distinguer les pouvoirs ordinaires du juge d'instruction de ceux qu'il peut utiliser lorsqu'il est saisi de faits relevant de la criminalité ou de la délinquance organisée. Il convient aussi de noter que **le procureur de la République, lorsqu'il requiert l'ouverture d'une information portant sur un crime ou un délit puni d'une peine supérieure ou égale à 3 ans d'emprisonnement, peut estimer nécessaire que les investigations en cours, menées dans le cadre d'une enquête, ne fassent l'objet d'aucune interruption**. Il peut alors **autoriser les OPJ et APJ chargés de l'enquête à poursuivre les opérations** d'interceptions de correspondances, de géolocalisation, de surveillance, d'accès aux correspondances stockées par la voie des communications électroniques accessibles au moyen d'un identifiant informatique, de recueil des données techniques de connexion, de sonorisations et de fixations d'images et de captation de données informatiques pendant une durée maximum de 48 heures à compter de la délivrance du réquisitoire *introductif (CPP, art. 80-5)*. Cette autorisation est donnée par une décision écrite, spéciale et motivée, mentionnant les actes dont la poursuite a été autorisée. Le juge d'instruction peut à tout moment mettre un terme à ces opérations.

§1 Les pouvoirs utilisables en droit commun

(CPP, art. 81, al. 1er)
En vertu de l'article 81, alinéa 1er, du CPP, « ***le juge d'instruction procède, conformément à la loi, à tous les actes d'information qu'il juge utiles à la manifestation de la vérité*** ». Cette formule célèbre exprime à la fois le caractère très étendu des pouvoirs du juge d'instruction et le caractère inquisitoire de la procédure d'instruction, l'objectif étant la recherche de la vérité.

Le juge d'instruction peut ainsi procéder, ou faire procéder, à des perquisitions et saisies, des expertises et des interceptions de correspondances émises par la voie des communications électroniques, procédés réglementés par le CPP, mais aussi, par exemple, à la mise en place d'une vidéosurveillance sur la voie publique, non spécialement réglementée, aux fins de rechercher des preuves des infractions dont il est saisi, à l'encontre des personnes soupçonnées de les avoir commises, ce qui n'est pas contraire, selon la Cour de cassation, à l'article 8 de la Conv. EDH *(Cass. crim., 11 déc. 2018, n° 18-82.365 – Cass. crim., 18 juin 2019, n° 18-86.421)*.

I. Les perquisitions et saisies

L'article 92 du CPP énonce que **le juge d'instruction peut se transporter sur les lieux pour y effectuer toutes constatations utiles ou procéder à des perquisitions**. Il doit en aviser le procureur de la République qui peut l'accompagner. Il doit également être assisté d'un greffier et dresser PV des opérations. Il peut même se déplacer sur l'ensemble du territoire national en avisant le procureur de la République de son tribunal et celui du tribunal dans le ressort duquel il se rend *(CPP, art. 93)*.

(CPP, art. 94)
Selon l'article 94 du CPP, « *les perquisitions sont effectuées dans tous les lieux où peuvent se trouver des objets ou des données informatiques dont la découverte serait utile à la manifestation de la vérité* ».

L'article suivant précise que si la perquisition se déroule au domicile de la personne mise en examen, le juge doit se conformer aux règles des articles 57 et 59 du CPP, c'est-à-dire que la présence de l'intéressé est requise, mais pas son consentement, et que la perquisition doit avoir lieu entre 6 heures et 21 heures. Si la perquisition domiciliaire a lieu chez un autre que le mis en examen, la présence de l'intéressé est requise également. Si cette personne est absente ou refuse d'assister à la perquisition, celle-ci a lieu en présence de deux de ses parents ou alliés présents sur les lieux ou, à défaut, en présence de deux témoins.

S'agissant des perquisitions opérées dans certains lieux tels les cabinets d'avocats, de notaire, de médecins ou dans les entreprises de presse, le régime applicable est celui des enquêtes de police, prévu par les articles 56-1 à 56-5 du CPP, auxquels renvoie l'article 96 du CPP (V. Fiche n° 21).

Le régime des saisies ne diffère pas de celui applicable pour les enquêtes de police.

II. Les expertises

Le juge a la faculté d'être éclairé sur les circonstances de l'infraction ou sur la personnalité du suspect par des rapports d'expertises. C'est l'article 156 du CPP qui prévoit, de manière très générale, **que toute juridiction d'instruction ou de jugement, dans le cas où se pose une question d'ordre technique, peut à la demande du ministère public, des parties ou d'office ordonner une expertise**. Le recours à un expert implique la nécessité de donner une interprétation à une donnée de fait. Par opposition, si le fait ne peut qu'être constaté sans interprétation possible, l'expertise n'a pas lieu d'être. Par exemple, la détermination d'un taux d'alcoolémie ne peut justifier une expertise. Inversement, déterminer l'état psychiatrique d'une personne rend parfaitement légitime une expertise.

L'expert doit, en principe, figurer sur une liste nationale ou rattachée à une cour d'appel *(CPP, art. 157)*. Exceptionnellement, le juge peut désigner un expert ne figurant sur aucune liste, par une décision motivée. L'expert, lors de son inscription sur la liste, prête serment et s'il ne figure pas sur une liste, il doit prêter serment lorsqu'il est commis *(CPP, art. 160)*. Le ministère public et les autres parties disposent d'un délai de 10 jours à partir de la notification faite par le juge d'instruction de la décision de nommer un expert pour demander au juge de modifier ou de compléter les questions posées à l'expert ou d'adjoindre à l'expert ou aux experts déjà désignés un expert de leur choix. Le refus du juge d'instruction peut être contesté devant le président de la chambre de l'instruction *(CPP, art. 161-1)*.

La mission de l'expert est déterminée par le juge *(CPP, art. 158)* qui doit indiquer le délai de réalisation de l'expertise. L'expert doit tenir le juge informé du déroulement des opérations et il peut, pour mener à bien sa tâche, entendre toute personne sauf le mis en examen, le témoin assisté ou la partie civile. Cependant, si le juge d'instruction l'y autorise, l'expert peut recueillir, avec leur accord, les déclarations de ces personnes qui sont nécessaires à l'exécution de sa mission. Les déclarations sont alors recueillies en présence de l'avocat des intéressés, sauf renonciation écrite remise à l'expert. Elles peuvent l'être également à l'occasion d'un interrogatoire ou d'une déposition devant le juge d'instruction en présence de l'expert *(CPP, art. 164)*.

En outre, l'article 164, alinéa 4, du CPP prévoit que les médecins et psychologues chargés d'examiner les intéressés peuvent poser leurs questions hors la présence du juge et des avocats.

L'expert doit naturellement rédiger un rapport à destination du juge, dans lequel il décrit les opérations qu'il a personnellement réalisées et expose ses conclusions. Dans le cas où plusieurs experts ont été désignés et qu'ils ont des conclusions différentes, ils les exposent séparément *(CPP, art. 166)*.

Le rapport d'expertise ne lie pas le juge. En effet, les conclusions sont susceptibles d'être discutées contradictoirement par les parties à qui elles sont communiquées. Le juge leur donne un délai pour présenter leurs observations et demander le cas échéant un complément d'expertise ou une contre-expertise *(CPP, art. 167)*. Le juge doit répondre dans un délai d'**un mois** à une demande de cette nature et s'il refuse, sa décision peut être frappée d'appel.

On ajoutera que le juge d'instruction peut notifier au témoin assisté les conclusions des expertises qui le concernent en lui fixant également un délai pour demander un complément d'expertise ou une contre-expertise. C'est là un droit du témoin assisté qui n'est pas partie à la procédure d'instruction, comme on va le voir, et qui se voit pourtant accorder un droit réservé aux parties.

III. Les interceptions de correspondances émises par voie de communications électroniques

Les écoutes téléphoniques ont longtemps constitué une pratique ne reposant sur aucun fondement légal autre que l'article 81, alinéa 1er, du CPP. La France fut condamnée par la CEDH dans deux arrêts du 24 avril 1990 *(CEDH, 24 avr. 1990, n° 11801/85, Kruslin c/ France et CEDH, 24 avr. 1990, n° 11105/84)*, pour violation de l'article 8 de la Conv. EDH protégeant le droit à l'intimité de la vie privée. Une loi [n° 91-646] du 10 juillet 1991 vint, en conséquence, réglementer les interceptions de correspondances émises par la voie des télécommunications.

La loi [n° 2016-731] du 3 juin 2016 a modifié la terminologie en visant désormais les **interceptions de correspondances émises par la voie des communications électroniques**, ce qui est **plus large que les simples écoutes de conversations téléphoniques**. Ceci englobe notamment les courriers électroniques et tous les types de messagerie aujourd'hui utilisables.

Les interceptions ne peuvent être pratiquées que dans un cadre précis. L'article 100 du CPP prévoit qu'elles **sont possibles soit en matière criminelle, soit en matière correctionnelle si la peine encourue est au moins de 3 ans d'emprisonnement**. En outre, seul le juge d'instruction peut décider de les faire pratiquer, lorsque les nécessités de l'information l'exigent. La décision du juge doit être écrite, motivée par référence aux éléments de fait et de droit justifiant la nécessité des opérations et elle est insusceptible de recours. Elle doit comporter les éléments d'identification de la liaison à intercepter, l'infraction qui motive le recours à l'interception et la durée de celle-ci.

Depuis la loi n° 2019-222 du 23 mars 2019, en cas de délit puni d'une peine d'emprisonnement commis par la voie des communications électroniques sur la ligne de la victime, l'interception peut également être autorisée si elle intervient sur cette ligne à la demande de la victime.

La **durée des interceptions ne peut excéder 4 mois** mais elle est **renouvelable** dans les mêmes formes, selon l'article 100-2 du CPP. Cependant, depuis la loi de 2016 précitée, **la durée totale de l'interception ne peut excéder un an ou 2 ans s'il s'agit d'une infraction relevant de la criminalité ou de la délinquance organisée** *(CPP, art. 706-73 et 706-73-1)*.

Aux termes de l'article 100-7 du CPP, les écoutes qui seraient pratiquées sur la ligne téléphonique, professionnelle ou privée, d'un avocat ne sont possibles que si le bâtonnier en est informé par le juge d'instruction. La solution est identique pour les députés et sénateurs, le président de l'assemblée concernée devant être informé. Enfin, s'il s'agit de la ligne du cabinet d'un magistrat ou de son domicile, il faut une information préalable au premier Président ou au procureur général près la cour d'appel.

En elles-mêmes, les opérations consistent dans l'interception clandestine et l'enregistrement des échanges passés par le téléphone ou tout autre moyen de communication, ce qui suppose la mise en place d'un dispositif technique. Le juge d'instruction peut, à cette fin, requérir toute personne qualifiée dépendant du ministère chargé des communications électroniques ou d'une entreprise fournisseur de services de communications électroniques *(CPP, art. 100-3)*.

Jurisprudence

Le fait d'obtenir de ces services les numéros de téléphones appelés à partir d'une ligne téléphonique ne constitue pas des écoutes téléphoniques *(Cass. crim., 27 juin 2001, n° 01-82.578)*. De même, le fait pour des policiers de retranscrire des propos entendus au cours d'une conversation téléphonique tenue en leur présence, ne peut davantage être qualifié d'écoute téléphonique s'ils n'ont pas fait usage d'un stratagème *(Cass. crim., 2 avr. 1997, n° 97-80.269 et 97-80.270)*.

Les opérations d'interception doivent faire l'objet de PV indiquant les dates et heures d'écoutes *(CPP, art. 100-4)* puis doit être transcrite la correspondance utile à la manifestation de la vérité, qui seule est versée au dossier *(CPP, art. 100-5)*. À peine de nullité, **ne peuvent être transcrites les correspondances avec un avocat relevant de l'exercice des droits de la défense**.

Jurisprudence

Cependant, la jurisprudence considère que **les conversations entre l'avocat et son client peuvent être retranscrites s'il apparaît que leur contenu est de nature à faire présumer la participation de l'avocat à l'infraction** *(Cass. crim., 8 nov. 2000, n° 00-83.570)*.

Après rédaction des PV de retranscription, les enregistrements sont détruits, à la diligence du parquet, à l'expiration du délai de prescription de l'action publique *(CPP, art. 100-6)*.

On notera, en complément, qu'en vertu de l'article 706-95-2 du CPP, le juge d'instruction peut, **dans le cadre d'une instruction relative à une infraction visée par les articles 706-73 et 706-73-1 mais aussi relative à tout crime, autoriser l'accès, à distance et à l'insu de la personne visée, aux correspondances stockées par la voie des communications électroniques accessibles au moyen d'un identifiant informatique** (V. Fiche n° 24).

§2 Les pouvoirs utilisables en matière de criminalité ou de délinquance organisée

Dans le cadre de l'instruction, l'on retrouve des procédés qui, dérogatoires au droit commun, ne sont utilisables que lorsque les faits dont le juge d'instruction est saisi constituent une infraction relevant du domaine de la criminalité et de la délinquance organisée.

I. Perquisitions

Concernant les infractions visées par les articles 706-73 et 706-73-1 du CPP, l'article 706-91 du même code dispose que **le juge d'instruction peut autoriser les perquisitions en dehors des heures légales** d'abord lorsque ces opérations ne concernent pas des locaux d'habitation.

Ensuite, en cas d'urgence, il peut aussi autoriser les perquisitions nocturnes, dans des locaux d'habitation, dans 4 cas :
- lorsqu'il s'agit d'un crime ou délit flagrant ;

- lorsqu'il existe un risque immédiat de disparition des preuves ou indices matériels ;
- lorsqu'il existe des présomptions qu'une ou plusieurs personnes se trouvant dans les locaux sont en train de commettre des crimes ou délits visés par l'article 706-73 et 706-73-1 du CPP ;
- lorsque leur réalisation, dans le cadre d'une information relative à des faits de terrorisme, est nécessaire afin de prévenir un risque d'atteinte à la vie ou à l'intégrité physique.

Dans ces différentes hypothèses, les opérations doivent être prescrites par une ordonnance spécialement motivée du juge d'instruction, non susceptible d'appel *(CPP, art. 706-92).*

En outre, l'article 706-94 prévoit que **la perquisition** peut avoir lieu, pour une infraction entrant dans le champ d'application des articles 706-73 et 706-73-1, avec l'autorisation du juge d'instruction **en l'absence de la personne** au domicile de laquelle elle se déroule lorsque cette personne est en garde à vue et que son transport sur place présente des risques graves de troubles à l'ordre public ou d'évasion ou de disparition de preuves. Dans ce cas, la perquisition a lieu en présence de 2 témoins requis par les enquêteurs comme dans le cadre d'une enquête de police, ou d'un représentant désigné par la personne en garde à vue.

II. Autres modes d'investigation

Les procédures particulières qui peuvent être mises en œuvre dans le cadre des enquêtes de police portant sur une infraction relevant de la **criminalité et de la délinquance organisée** sont naturellement aussi applicables si un juge d'instruction a été saisi. Elles ont été traitées dans une autre fiche à laquelle on se reportera, la différence essentielle réside alors dans le fait que **le juge d'instruction peut autoriser lui-même l'usage des procédés**, sans intervention du JLD, sauf cas particulier où l'autorisation devra être donnée par ce dernier (V. Fiche n° 24).

On rappellera également que certaines techniques, telles que la géolocalisation ou l'enquête sous pseudonyme, sont applicables d'une manière générale, sans être réservée à la criminalité ou la délinquance organisée (V., sur ces procédés, Fiche n° 15).

Enfin, concernant la **garde à vue**, c'est le juge d'instruction et non le JLD qui autorise les prolongations au-delà de 48 heures et qui décide de reporter l'intervention de l'avocat *(CPP, art. 706-88, al. 2 et 7)*. En revanche, même dans le cadre d'une instruction, seul le JLD peut autoriser la prolongation de la garde à vue au-delà de la 96ème heure en matière de terrorisme *(CPP, art. 706-88-1).*

⏭ POUR ALLER PLUS LOIN...

- A. GALLOIS, Protection du secret professionnel des avocats : les limites du droit français, D. 2015, p. 977 ;
- J. LAURENT, Le secret professionnel de l'avocat à l'épreuve des écoutes téléphoniques devant la Cour de cassation et la Cour européenne des droits de l'homme, Dr. & patr. 2016, n° 261, p. 88 ;
- D. SOULEZ-LARIVIÈRE, Les écoutes et le secret professionnel de l'avocat, JCP G 2016, 997 ;
- J. PRADEL, La sonorisation d'un local de garde à vue est-elle licite ? D. 2015, p. 711.

TABLEAU COMPARATIF DES ACTES DE PROCÉDURE EN FONCTION DU CADRE JURIDIQUE D'ENQUÊTE

	Enquête de flagrance	Enquête préliminaire	Enquête sur commission rogatoire (instruction)
Garde à vue (droit commun)	- information du placement en garde à vue donné au procureur de la République - prolongation par le procureur de la République - report de l'avis à un tiers par le procureur de la République - report de l'intervention de l'avocat : par le procureur de la République si < 12 H par le JLD si > à 12 H		- information du placement en garde à vue donné au juge d'instruction - prolongation par le juge d'instruction - report de l'avis à un tiers par le juge d'instruction - report de l'intervention de l'avocat : par le juge d'instruction si < 12 H par le JLD si > à 12 H
Perquisition (droit commun)	- pas d'assentiment de la personne concernée - présence nécessaire de la personne concernée - exception : présence d'un représentant ou de deux témoins	- nécessité del'assentiment écrit exprès de la personne concernée - exception : décision du JLD saisi par le procureur de la République en cas de crime ou de délit puni d'au moins 3 ans d'emprisonnement - présence nécessaire de la personne concernée - exception : présence d'un représentant ou de deux témoins	- pas d'assentiment de la personne concernée - si perquisition au domicile du mis en examen, présence nécessaire de celui-ci - exception : présence d'un représentant ou de deux témoins - si perquisition au domicile d'une personne autre que le mis en examen, présence nécessaire de celle-ci - exception : présence de deux parents ou alliés ou de deux témoins
Géolocalisation	- enquête ou instruction relative à un crime ou un délit puni d'au moins 3 ans d'emprisonnement - enquête ou instruction pour la recherche des causes de la mort ou de la disparition d'une personne - enquête pour la recherche d'une personne en fuite		
	- autorisation du procureur de la République pour une durée de 15 jours si enquête sur mort suspecte, disparition inquiétante, recherche d'une personne en fuite, crime, infraction de criminalité ou délinquance organisée - autorisation du procureur de la République pour une durée de 8 jours dans autres cas - durée maximale d'un an ou de 2 ans si criminalité ou délinquance organisée - poursuite pendant une durée d'un mois sur décision du JLD renouvelable		- autorisation du juge d'instruction pour une durée de 4 mois renouvelables - durée maximale d'un an ou de 2 ans si criminalité ou délinquance organisée

Fiche n° 32 Les auditions et interrogatoires

L'ESSENTIEL

Le juge d'instruction peut recueillir les déclarations des témoins, qui déposent sans l'assistance d'un avocat, contrairement aux personnes mises en examen, à qui l'infraction est imputée.

Il existe un statut intermédiaire qui est celui du témoin assisté. Il s'agit des personnes qui sont mises en cause par exemple par un réquisitoire du ministère public ou une plainte de la victime et qui ne peuvent pas être entendues comme simples témoins. Elles ne peuvent l'être qu'en présence d'un avocat, ce qui constitue le droit le plus important qui découle de ce statut.

Les témoins assistés ne sont pas parties à la procédure mais ne peuvent pas non plus être renvoyés devant une juridiction de jugement ni faire l'objet d'une mesure de contrainte.

Les interrogatoires des mis en examen et les confrontations entre eux ou avec des témoins sont strictement réglementés par le Code de procédure pénale.

LES CONNAISSANCES

L'article 101 du CPP prévoit que le juge d'instruction peut entendre toute personne dont la déposition lui paraît utile. Ce texte vise les témoins au sens large. Le législateur ne traite cependant pas de la même manière toutes les personnes pouvant être entendues par le juge d'instruction. En effet, il faut distinguer les personnes qui sont de véritables témoins et celles qui sont mises en cause dans la procédure. Ces dernières peuvent aujourd'hui avoir deux statuts différents : celui de témoin assisté ou celui de personne mise en examen.

Le législateur réglemente d'abord les auditions de témoins puis précise le statut du témoin assisté avant de traiter spécialement des interrogatoires et confrontations des personnes mises en examen et des auditions des parties civiles.

§1 Les auditions de témoins

De manière générale, les témoins sont les personnes qui sont susceptibles d'apporter des informations dont ils ont connaissance et qui sont de nature à établir les faits ou la culpabilité des auteurs des infractions. La personne mise en cause ne peut pas être entendue en qualité de témoin puisque l'article 105 du CPP prohibe les auditions comme témoins des personnes à l'encontre desquelles existent des indices graves et concordants de culpabilité. Le mis en cause peut bien sûr être entendu par le juge mais à certaines conditions, protectrices de ses droits, et notamment avec l'assistance d'un avocat. En revanche, la victime peut être entendue comme simple témoin si elle ne s'est pas constituée partie civile. Si elle l'a fait, elle bénéficie également d'une procédure particulière.

Le juge d'instruction doit faire citer le témoin ou le convoquer par lettre simple ou par lettre recommandée. Le témoin peut même comparaître volontairement *(CPP, art. 101, al. 2)*. Le témoin est informé du fait que s'il ne comparaît pas ou refuse de comparaître, il pourra y être contraint par la force publique. Le témoin est entendu après avoir prêté serment de dire « toute la vérité, rien que la vérité » *(CPP, art. 103)*, ce qui constitue une différence essentielle avec l'audition du témoin dans le cadre d'une enquête de police. Les mineurs de 16 ans sont entendus sans prestation de serment *(CPP, art. 108)*. Les déclarations des témoins sont consignées dans un PV. L'article 109 du CPP permet au témoin de se retrancher éventuellement derrière le secret professionnel. Il prévoit spécialement que le journaliste qui serait entendu comme témoin sur des informations recueillies dans l'exercice de son activité, est libre de ne pas en révéler l'origine.

Les témoins sont entendus par le juge, assisté de son greffier, soit séparément et hors la présence des parties, soit lors de confrontations entre eux ou avec l'une ou l'autre des parties *(CPP, art. 102)*. Si l'audition du témoin est faite à la demande du mis en examen ou de la partie civile, les avocats de ces personnes peuvent assister à l'audition, avec l'accord du juge d'instruction.

§2 Le témoin assisté

La qualité de témoin assisté est intermédiaire entre celle de simple témoin et celle de mis en examen, qui sera étudié dans la fiche suivante. **Il s'agit de faire bénéficier une personne d'un certain nombre de droits qui appartiennent normalement à la personne mise en examen sans pour autant en faire une partie à l'instruction.** Ce statut de témoin assisté a pris une certaine importance avec la loi [n° 2000-516] du 15 juin 2000, le législateur souhaitant voir diminuer les mises en examen injustifiées, avec les conséquences que cela comporte pour la présomption d'innocence. Il convient de voir quelles personnes peuvent avoir la qualité de témoin assisté avant de préciser en quoi consiste ce statut particulier.

I. Les personnes concernées

Le système est assez complexe parce que la qualité de témoin assisté est parfois octroyée automatiquement à une personne à certaines conditions alors qu'elle n'est que facultative dans d'autres situations. De plus, une personne mise en examen peut demander à revenir au statut de témoin assisté.

A Le recours obligatoire à la procédure de témoin assisté

Certaines personnes doivent être entendues comme témoins assistés.

Il s'agit d'abord, selon l'article 113-1 du CPP, de la personne nommément visée par un réquisitoire introductif ou supplétif et qui n'est pas mise en examen par le juge d'instruction.

Ce dernier ne peut entendre l'intéressé que comme témoin assisté et non pas comme simple témoin.

Il s'agit ensuite de la personne nommément visée par une plainte ou de la personne mise en cause par la victime et qui demande à être entendue comme témoin assisté *(CPP, art. 113-2, al. 1er)*.

Il s'agit encore de la personne que le juge d'instruction envisage de mettre en examen. Dans ce cas, il procède à sa première comparution et lui notifie soit sa mise en examen, soit qu'elle bénéficie des droits du témoin assisté *(CPP, art. 116 al. 5)*. Ce dispositif est prévu pour encourager les juges d'instruction à ne pas mettre systématiquement les personnes soupçonnées en examen. En d'autres termes, **lorsqu'il existe contre une personne des indices graves ou concordants rendant vraisemblable sa participation à la commission d'une infraction, le juge d'instruction peut soit la mettre en examen, soit lui octroyer ce statut de témoin assisté** *(CPP, art. 80-1, al. 1er et 3)*. L'intention du législateur est que le statut de témoin assisté soit préféré à celui de personne mise en examen, puisqu'il prévoit que la mise en examen n'est possible que si la procédure de témoin assisté ne suffit pas *(CPP, art. 80-1, al. 3)*.

Il existe d'ailleurs un avantage pour le juge d'instruction à ce que la personne mise en cause possède ce statut. En effet, s'il entend comme simple témoin une personne contre laquelle existent des indices graves et concordants, la procédure pourra, le cas échéant être annulée pour violation de l'article 105 du CPP, la mise en examen étant dans ce cas tardive. Inversement, s'il met en examen immédiatement une personne contre laquelle les soupçons sont minces, cette mise en examen pourra être annulée puisque l'article 80-1, alinéa 1er, qui exige des indices graves ou concordants justifiant la mise en examen, prévoit cette condition à peine de nullité (V. Fiche n° 33). En revanche, le juge d'instruction ne peut jamais se voir reprocher d'entendre une personne comme témoin assisté, le statut étant applicable aussi bien aux personnes contre qui existent des soupçons mêmes graves, et qui pourraient donc être mises en examen, que contre des personnes simplement dénoncées par la victime ou un témoin contre lesquelles il n'y a pas d'indices sérieux de culpabilité.

B Le recours facultatif à la procédure de témoin assisté

En dehors de ces hypothèses, le statut est facultatif. Ainsi, la personne qui est visée par une plainte ou mise en cause par la victime ou un témoin ou encore contre laquelle il existe des indices rendant vraisemblable sa participation à l'infraction peut être entendue comme témoin assisté, selon l'article 113-2 du CPP. C'est donc ici le juge qui décide d'octroyer ou non à la personne le statut du témoin assisté et il peut donc l'entendre comme simple témoin sauf si cette personne réclame le statut comme on l'a vu précédemment.

C Le passage de la mise en examen au statut de témoin assisté

La personne mise en examen peut, au cours de l'information, demander au juge d'instruction de revenir sur sa décision et de lui octroyer le statut de témoin assisté si elle estime que les conditions de la mise en examen ne sont pas réunies et notamment si elle considère qu'il n'y a pas d'indices graves ou concordants à son encontre *(CPP, art. 80-1-1)*. Cette demande peut être faite 6 mois après la mise en examen et tous les 6 mois suivants. Elle peut également être faite dans les 10 jours qui suivent la notification d'une expertise ou un interrogatoire au cours duquel la personne est entendue sur les résultats d'une commission rogatoire ou sur les déclarations de la partie civile, d'un témoin, d'un témoin assisté ou d'une autre personne mise en examen.

Le juge d'instruction statue sur la demande après avoir sollicité les réquisitions du ministère public. S'il fait droit à la demande, il informe la personne qu'elle bénéficie du statut de témoin assisté. Si la personne est détenue, le juge ordonne sa mise en liberté d'office. S'il estime que la personne doit rester mise en examen, il statue par ordonnance motivée faisant état des indices graves ou concordants justifiant sa décision.

Ces dispositions visent évidemment à encourager la mise en œuvre de la procédure de témoin assisté mais on peut se demander si elle possède une grande portée. Il faut rappeler que le témoin assisté n'est pas partie à la procédure et qu'il n'est donc pas forcément de l'intérêt de la personne de n'être plus en examen.

On verra ensuite que, logiquement, le témoin assisté peut être mis en examen si les conditions sont réunies pour cela.

II. Le statut du témoin assisté

Le témoin assisté n'est pas réellement un témoin, puisqu'il ne doit pas prêter serment *(CPP, art. 113-7)*, ce qui lui donne le droit de mentir sans encourir les peines du faux témoignage. Il bénéficie, en raison du fait qu'il est mis en cause dans la procédure, d'un certain nombre de droits.

Le premier de ces droits est celui d'être assisté d'un **avocat,** qui est avisé préalablement des auditions et a accès au dossier de la procédure *(CPP, art. 113-3)*. Le témoin assisté bénéficie également, s'il ne comprend pas le français, du **droit à l'interprétation** et à la traduction des pièces essentielles du dossier. Il peut encore demander au juge d'instruction sa **confrontation avec la ou les personnes qui le mettent en cause et formuler des requêtes en annulation d'actes de la procédure** devant la chambre de l'instruction *(CPP, art. 173)*. Lors de sa première audition, il est averti de son droit de faire des déclarations ou de se taire *(CPP, art. 113-4, al. 1er)*.

En revanche, **le témoin assisté ne peut être placé sous contrôle judiciaire, sous assignation à résidence avec surveillance électronique ou en détention provisoire, ni faire l'objet d'une ordonnance de renvoi ou de mise en accusation**, toutes ces décisions ne pouvant être prises qu'à l'égard d'une personne mise en examen *(CPP, art. 113-5)*.

Plus généralement, le témoin assisté n'est pas une partie à la procédure, ce qui lui interdit, par exemple, de former un pourvoi en cassation contre les arrêts de la chambre de l'instruction *(Cass. crim., 13 nov. 2001, n° 01-85.506)*.

Le statut de témoin assisté peut n'être que temporaire. En effet, soit **le juge d'instruction peut décider la mise en examen du témoin assisté**, soit **la personne elle-même peut souhaiter une mise en examen pour obtenir l'ensemble des droits attachés à cette qualité**.

S'agissant du premier cas de figure, l'article 113-8 du CPP prévoit le cas où, au cours de la procédure des indices graves ou concordants sont apparus qui justifient une mise en examen. Le juge d'instruction procède à celle-ci au cours d'un interrogatoire en présence de l'avocat ou par lettre recommandée précisant les faits reprochés et leur qualification juridique et informant la personne de son droit de formuler des demandes d'actes ou requêtes en annulation.

Dans le second cas, l'article 113-6 du CPP prévoit que le témoin assisté peut, à tout moment de la procédure, demander au juge à être mis en examen. Il bénéficie automatiquement du statut de mis en examen dès qu'il formule cette demande même si le juge d'instruction ne le met pas officiellement en examen.

Pour terminer, on notera que le **juge d'instruction n'est jamais obligé (sauf demande de la personne) de mettre en examen le témoin assisté, même s'il existe à son encontre des indices graves et concordants**. L'article 113-6, alinéa 2, du CPP prévoit en effet que les dispositions de l'article 105 du même code, qui interdisent d'entendre comme simple témoin une personne à l'encontre de laquelle existent de tels indices, ne s'appliquent pas au témoin assisté. Il convient de rappeler cependant que seul le mis en examen, et non le témoin assisté, peut être renvoyé devant une juridiction de jugement.

§3 Les interrogatoires et confrontations

Les articles 114 et suivants du CPP traitent des interrogatoires et confrontations. Ces notions doivent être distinguées de celle d'**audition**. Cette **dernière consiste à recueillir les dires soit d'un témoin, soit de la partie civile. L'interrogatoire, en revanche, ne concerne que la personne mise en examen et suppose que soient posées des questions**, des déclarations spontanées ne constituant pas un interrogatoire. Il faut encore préciser que la partie civile, étant partie à la procédure, bénéficie d'un statut particulier que n'a pas le simple témoin. Ainsi, elle ne peut être entendue par le juge qu'en présence de son avocat, sauf si elle y renonce, comme les autres parties à la procédure *(CPP, art. 114, al. 1er)*.

L'article 114 du CPP expose précisément comment doivent se dérouler les interrogatoires et confrontations, le dossier de la procédure devant notamment être mis à la disposition des avocats **4 jours ouvrables** avant l'interrogatoire du mis en examen ou l'audition de la partie civile et ils doivent avoir été avisés **5 jours** avant. Les avocats peuvent d'ailleurs obtenir copie de tout ou partie des pièces du dossier *(CPP, art. 114, al. 4)*.

La notion de confrontation implique naturellement l'audition de plusieurs personnes simultanément, mis en examen, partie civile ou témoin, pour comparer leurs dires. En pratique cependant, la confrontation peut se muer en interrogatoire si le juge pose des questions, non pas seulement sur les dires antérieurs des personnes, mais dans le but d'obtenir des réponses de nature à établir des éléments de preuve des infractions et de la culpabilité des mis en cause. La distinction est importante parce que le formalisme des confrontations diffère de celui des interrogatoires et auditions. Notamment, les formalités d'avis aux avocats et d'accès à la procédure ne s'appliquent pas pour les confrontations puisque l'article 114 du CPP ne les prévoit que pour les interrogatoires ou auditions.

Le juge d'instruction dirige les interrogatoires, confrontations et auditions *(CPP, art. 120)*. Le procureur de la République peut assister aux interrogatoires et confrontations de la personne mise en examen, aux auditions de la partie civile et du témoin assisté *(CPP, art. 119)*. Il peut, ainsi que les avocats des parties et du témoin assisté, poser des questions ou présenter de brèves observations *(CPP, art. 120)*. Le juge d'instruction peut s'opposer aux questions de nature à nuire au bon déroulement de l'information ou à la dignité de la personne.

Enfin, **l'article 116-1 du CPP prévoit l'enregistrement audiovisuel des interrogatoires des personnes mises en examen, en matière criminelle** uniquement, réalisés dans le cabinet du juge d'instruction, y compris l'interrogatoire de première comparution et les confrontations. L'enregistrement ne peut être consulté, au cours de l'instruction ou devant la juridiction de jugement, qu'en cas de contestation sur la portée des déclarations recueillies, sur décision du juge d'instruction ou de la juridiction de jugement, à la demande du ministère public ou d'une des parties.

Jurisprudence

La Cour de cassation a jugé que le défaut d'enregistrement de l'interrogatoire de première comparution porte nécessairement atteinte aux intérêts de la personne concernée même si cette dernière n'est pas interrogée et se limite à faire des déclarations spontanées *(Cass. crim., 3 mars 2010, n° 09-87.924)*.

POUR ALLER PLUS LOIN…

- C. GUÉRY, L'avenir du suspect (suite…), AJ pénal 2013, p. 459 ; Le juge d'instruction et le suspect, AJ pénal 2017, p. 384 ;
- E. VERGÈS, Le statut juridique du suspect : un premier défi pour la transposition du droit de l'Union européenne en procédure pénale, Dr. pén. 2014, étude 15.

Fiche n° 33 L'appréciation des charges

L'ESSENTIEL

Le rôle du juge d'instruction, parallèlement à la recherche des éléments de preuves, est d'établir s'il existe des charges contre une ou des personnes d'avoir commis les infractions qui forment l'objet de sa saisine. Cette recherche implique la possibilité de mettre en examen une personne contre laquelle il estime que de telles charges existent. La mise en examen entraîne d'importantes conséquences pour l'intéressé.

À l'issue de l'instruction, le juge d'instruction peut encore décider si des charges suffisantes existent pour que la personne mise en examen puisse être jugée. Il peut alors la renvoyer en jugement ou prononcer un non-lieu.

LES CONNAISSANCES

Le juge d'instruction n'a pas pour seule fonction celle d'enquêteur et il possède également un pouvoir juridictionnel. Les décisions que prend le juge d'instruction sont des ordonnances susceptibles d'appel par les parties. Elles peuvent porter soit sur les charges pesant contre les personnes mises en cause, soit sur la liberté de celles-ci, la décision pouvant désormais émaner, selon sa nature, du juge des libertés et de la détention.

Les charges pesant contre une personne ne sont pas encore les preuves de sa culpabilité. Au stade de l'instruction, il ne s'agit que d'apprécier les éléments de fait, sans qu'il y ait de certitude, laquelle ne doit se former qu'au moment du jugement au fond. C'est aux juridictions d'instruction d'apprécier souverainement l'existence de ces charges, au cours de l'information par la mise en examen, puis au terme de la procédure, au moment de la décision de renvoyer ou non devant une juridiction de jugement.

§1 La mise en examen

Dénommée « inculpation » avant la loi [n° 93-2] du 4 janvier 1993, la mise en examen constitue un acte important et lourd de conséquences par lequel le juge d'instruction va imputer à une personne d'avoir commis des faits constitutifs d'infractions pénales. Cet acte est soumis à des conditions de fond et de forme.

I. Conditions de fond

Sur le fond, l'article 80-1 du CPP prévoit que « *le juge d'instruction ne peut mettre en examen que les personnes à l'encontre desquelles il existe des indices graves ou concordants rendant vraisemblable qu'elles aient pu participer, comme auteur ou comme complice, à la commission des infractions dont il est saisi* ». Au surplus, cette **exigence d'indices graves ou concordants** est **prescrite à peine de nullité**, ce qui signifie que le mis en examen peut contester la décision au motif qu'elle serait infondée. On notera qu'il s'agit donc d'une condition de validité de la mise en examen, celle-ci pouvant être annulée par la chambre de l'instruction, qui est saisie d'une requête en annulation et non pas d'un appel de l'ordonnance. Ceci a pour conséquence que la nullité de la mise en examen peut être demandée pendant un délai de 6 mois *(CPP, art. 173-1)* alors que, s'il s'agissait d'un appel, le délai pour l'exercer serait nécessairement beaucoup plus court. Si la chambre de l'instruction annule la mise en examen, l'article 174-1 du CPP énonce que la personne est considérée comme témoin assisté à compter de son interrogatoire de première comparution et pour l'ensemble de ses interrogatoires ultérieurs, jusqu'à l'issue de l'information.

La mise en examen suppose une initiative du juge, la seule existence de tels indices ne conférant pas la qualité de mis en examen à la personne. Cependant, le juge d'instruction ne peut pas entendre comme simple témoin une personne contre laquelle existent des indices graves et concordants, selon l'article 105 du CPP. Ce texte interdit donc les mises en examen tardives, celles intervenant après une audition comme témoin alors que des indices de culpabilité existent déjà. La nuance entre les indices graves ou concordants et ceux qui présentent ses deux qualités cumulativement n'est pas facile à établir et elle relève de l'appréciation du juge.

En théorie, **la mise en examen n'est jamais obligatoire puisque, même en présence d'indices graves et concordants, le juge d'instruction peut se contenter d'entendre l'intéressé comme témoin assisté**. Il peut donc mettre en examen dès qu'il existe des indices graves ou concordants mais il n'y est jamais obligé, même en présence de charges plus lourdes, sauf, évidemment, s'il entend renvoyer la personne concernée en jugement.

II. Conditions de forme

Au point de vue formel, la décision de mettre en examen répond à des exigences liées aux droits de la défense. On a déjà vu que le juge peut mettre en examen le témoin assisté ou celui-ci peut demander à l'être *(CPP, art. 113-6)*. Dans les autres cas, la mise en examen peut se réaliser par divers moyens. Selon l'article 80-2 du CPP, le juge d'instruction peut informer la personne par lettre recommandée qu'elle est convoquée, dans un délai minimum de 10 jours et maximum de 2 mois, pour sa première comparution, au cours de laquelle elle pourra être mise en examen. Cette lettre doit indiquer les faits pour lesquels la mise en examen est envisagée ainsi que leur qualification. Elle fait savoir à l'intéressé qu'il a le droit de choisir un avocat ou qu'on lui en désigne un d'office. Cette convocation peut avoir lieu également par un OPJ, selon l'article 80-2, alinéa 2, du CPP. L'avocat choisi ou désigné est convoqué à la première comparution au moins **5 jours** avant et il a accès au dossier au moins **4 jours** avant. On notera, au sujet de l'assistance de l'avocat, que celle-ci n'est pas obligatoire, le mis en cause pouvant y renoncer.

Le juge d'instruction peut décider la mise en examen sans convocation préalable à la première comparution. Il peut procéder à celle-ci par exemple à la suite d'un mandat de comparution, d'amener ou d'arrêt. Le juge, en vertu de l'article 116 du CPP, informe l'intéressé qu'il envisage de le mettre en examen, après lui avoir fait connaître les faits et leur qualification juridique. Il doit lui indiquer qu'il peut avoir un avocat choisi ou commis d'office. Si la personne exerce ce droit, elle en bénéficie immédiatement et peut réclamer un avocat pour l'assister pour la suite de la première comparution *(CPP, art. 116, al. 5)*. Le juge notifie ensuite à l'intéressé sa mise en examen, ou éventuellement son statut de témoin assisté, comme on l'a vu.

La première comparution donne lieu à un interrogatoire de la personne lorsque la procédure utilisée est celle de la convocation par lettre recommandée ou par OPJ et que l'intéressée est assistée d'un avocat. Ce dernier peut présenter des observations. Dans les autres cas, le juge informe la personne qu'elle a le choix de se taire ou d'être interrogée, cet accord pour être interrogé ne pouvant être donné qu'en présence d'un avocat. En cas d'urgence, le juge peut procéder sans délai à un interrogatoire ou à une confrontation *(CPP, art. 117)*. L'urgence doit résulter d'un danger de mort pour un témoin ou d'indices sur le point de disparaître.

La mise en examen constitue une décision grave, puisqu'elle a pour conséquence la possibilité pour la personne concernée d'être placée sous contrôle judiciaire ou en détention provisoire ou d'être assignée à résidence sous surveillance électronique. Elle entraîne également un dispositif protecteur de la personne, qui va bénéficier de certains droits. Parmi ceux-ci figurent le droit d'être informé des décisions du juge d'instruction *(CPP, art. 183)*, celui de former les voies de recours contre celles-ci *(CPP, art. 186)* et celui de demander au juge d'effectuer des actes d'information. Le juge n'est pas obligé de répondre favorablement à cette demande *(CPP, art. 81, al. 9 et 10)* mais la partie qui a fait la demande peut, en cas de défaut de réponse du juge dans un délai d'un mois, saisir directement le président de la chambre de l'instruction qui pourra décider la saisine de cette juridiction *(CPP, art. 81, al. 11)*.

Le mis en examen peut également demander à être entendu à tout moment de l'information et après un délai de 4 mois depuis sa dernière comparution *(CPP, art. 82-1, al. 1er et 3)*. Selon l'article 175-1 du CPP, il peut encore demander au juge qu'il se prononce sur le règlement de l'information, notamment lorsque aucun acte d'instruction n'a été effectué depuis 4 mois.

§2 Le règlement de l'instruction

Le juge d'instruction décide souverainement du moment où l'instruction prend fin. Il ne peut y être contraint par aucune partie à la procédure, pas même le procureur de la République. Cependant, les parties disposent du droit de demander au juge d'instruction de procéder au règlement de l'instruction *(CPP, art. 175-1)*, le magistrat n'étant pas obligé de répondre favorablement.

Lorsqu'il décide de mettre un terme à l'information, le juge d'instruction doit aviser les parties ainsi que leurs avocats de sa décision *(CPP, art. 175)*. Cet **avis de fin d'information** doit être communiqué également au témoin assisté, qui, même s'il n'est pas une partie, dispose ici des mêmes droits que ces dernières. **La loi [n° 2007-291] du 5 mars 2007 puis celle du 23 mars 2019 ont modifié le régime de la fin de l'information afin de le rendre plus contradictoire mais aussi assez complexe**.

L'article 175 du CPP prévoit que, lorsque l'information lui paraît terminée, le juge d'instruction communique le dossier au procureur de la République et en avise en même temps les parties et leurs avocats soit verbalement avec émargement au dossier, soit par lettre recommandée *(CPP, art. 175, I)*.

Le procureur dispose alors d'un délai d'un mois si une personne mise en examen est détenue ou de 3 mois dans les autres cas pour adresser ses réquisitions motivées au juge d'instruction et une copie de ces réquisitions est adressée aux avocats des parties ou à ces dernières si elles ne sont pas assistées par un avocat *(CPP, art. 175, II)*.

Dans un délai de 15 jours à compter soit de chaque interrogatoire ou audition réalisé au cours de l'information, soit de l'envoi de l'avis de fin d'information, les parties peuvent faire connaître au juge d'instruction qu'elles souhaitent exercer un ou plusieurs des droits prévus par l'article 175 *(CPP, art. 175, III)*.

Si tel est le cas, les parties disposent, d'un délai d'un mois ou de 3 mois à compter de l'envoi de l'avis, selon qu'un mis en examen est en détention provisoire ou non, pour :

1° adresser des observations écrites au juge d'instruction, une copie étant alors adressée en même temps au procureur de la République ;

2° formuler des demandes d'actes ou présenter des requêtes en nullité.

À l'expiration du délai d'un mois ou de 3 mois, les parties ne sont plus recevables à adresser des observations ou à formuler des requêtes *(CPP, art. 175, IV)*.

Si elles ont adressé des observations au juge d'instruction, le procureur de la République dispose d'un délai de 10 jours si une personne mise en examen est détenue ou d'un mois dans les autres cas pour adresser au juge d'instruction des réquisitions complémentaires à compter de la date à laquelle ces observations lui ont été communiquées *(CPP, art. 175, V)*.

Si les parties ont indiqué qu'elles souhaitaient exercer le droit de formuler des observations, elles disposent d'un délai de 10 jours si une personne mise en examen est détenue ou d'un mois dans les autres cas pour adresser au juge d'instruction des observations complémentaires à compter de la date à laquelle les réquisitions leur ont été communiquées *(CPP, art. 175, VI)*.

Enfin, à l'issue, selon les cas, du délai d'un mois ou de 3 mois prévu aux II et IV ou du délai de 10 jours ou d'un mois prévu aux V et VI, le juge d'instruction peut rendre son ordonnance de règlement, y compris s'il n'a pas reçu de réquisitions ou d'observations dans ces délais *(CPP, art. 175, VII)*.

Le juge d'instruction va ensuite prendre sa décision sur les charges et décider soit de renvoyer la personne mise en examen devant une juridiction de jugement, soit rendre un non-lieu.

Le juge peut donc **renvoyer** :
- **devant le tribunal de police**, s'il estime que les faits constituent une contravention *(CPP, art. 178)* ;
- **devant le tribunal correctionnel** s'il juge que les faits sont un délit *(CPP, art. 179)* ;
- **devant la cour d'assises** c'est-à-dire rendre une ordonnance de mise en accusation de la personne mise en examen, s'il considère que les faits constituent un crime *(CPP, art. 181)*.

Les ordonnances de renvoi et de mise en accusation ont pour effet de purger la procédure d'enquête et d'instruction de ses vices éventuels *(CPP, art. 178, al. 2, 179, al. 6 et 181, al. 4)*. Ceci a pour conséquence que les parties ne seront pas fondées à soulever une nullité de l'instruction, par exemple, devant la juridiction de jugement, parce qu'elles auront eu la possibilité de le faire auparavant, pendant l'information.

On notera encore que **ni le mis en examen ni la partie civile ne peuvent faire appel des ordonnances de renvoi devant les tribunaux de police et correctionnel sauf dans le cas où ils estimeraient que les faits sont criminels et devaient donc faire l'objet d'une décision de mise en accusation devant la cour d'assises** *(CPP, art. 186-3)*.

En revanche, **le mis en examen peut interjeter appel de l'ordonnance de mise en accusation** *(CPP, art. 185, al. 3)* et le ministère public peut faire appel de toutes les ordonnances du juge d'instruction.

La décision de non-lieu peut intervenir, quant à elle, soit pendant l'instruction, soit à la fin de celle-ci. Le non-lieu partiel, c'est-à-dire pour certains faits ou certaines personnes, est possible *(CPP, art. 182)*. L'ordonnance de non-lieu peut se fonder sur toutes sortes de raisons de fait ou de droit. Le procureur de la République et la partie civile ont la faculté de faire appel de cette ordonnance (*CPP, art. 186, al. 2,* pour la partie civile).

⏭ POUR ALLER PLUS LOIN…

- A.-S. CHAVENT-LECLÈRE, Les arrêts dits de « l'amiante » : contrôle des indices graves ou concordants, Procédures 2015, comm. 239 ;
- F. CORDIER, Le contentieux de l'annulation de la mise en examen devant la chambre de l'instruction. L'étendue du contrôle de la chambre criminelle, RSC 2015, p. 895 ;
- J. PRADEL, Du statut de la personne visée dans le réquisitoire introductif et non formellement mise en examen, JCP G 2017, 2047.

TITRE 2
LES MESURES DE CONTRAINTE

Dans le cadre de l'instruction préparatoire, plusieurs types de mesures contraignantes voire privatives de liberté, peuvent être utilisées à l'encontre des personnes mises en cause. Des mandats, plus ou moins coercitifs, peuvent être décernés par le juge d'instruction ou le JLD. En outre, les personnes mises en examen peuvent subir des mesures de contrôle judiciaire, être assignées à résidence avec une surveillance électronique ou encore être placées en détention provisoire.

Fiche n° 34 Les mandats

⏭ L'ESSENTIEL

Les mandats constituent des actes dont le caractère contraignant est variable, que le juge d'instruction ou d'autres juridictions peuvent prendre à l'égard de personnes nommément désignées. Il en existe 5 : le mandat de comparution, d'amener, de recherche, d'arrêt et de dépôt. Ils visent les personnes contre lesquelles il existe des indices de commission d'une infraction, qu'elles soient mises en examen ou non, sauf le mandat de dépôt qui ne peut viser qu'un mis en examen qui a fait l'objet d'une décision de placement en détention provisoire.

⏭ LES CONNAISSANCES

L'article 122 du CPP définit les différentes sortes de mandat et les conditions auxquelles ils peuvent être décernés.

Il existe désormais 5 sortes de mandats, dont le caractère coercitif est d'intensité variable : les mandats de recherche, de comparution, d'amener, d'arrêt et de dépôt. S'ils sont décrits par le législateur au titre de l'instruction, certains de ces mandats peuvent être délivrés par des magistrats ou des juridictions, de jugement notamment, en dehors d'une information *(CPP, art. 196, 207, 397-4, 465, 469, 519)*. Tel est le cas, déjà vu, du mandat de recherche que peut délivrer le procureur de la République en cas de crime ou délit flagrant (*CPP, art. 70* ; V. Fiche n° 23).

Les mandats sont des actes écrits délivrés par le magistrat compétent, qui peuvent être exécutés sur l'ensemble du territoire national *(CPP, art. 124)*. Ils doivent être datés et signés et préciser l'identite des personnes qui en sont l'objct *(CPP, art. 123)*. Le juge d'instruction peut décerner mandat de recherche, de comparution, d'amener et d'arrêt et le juge des libertés et de la détention peut décerner mandat de dépôt.

§1 Le mandat de recherche

Il consiste en un **ordre donné à un agent de la force publique de rechercher une personne à l'encontre de laquelle il existe une ou plusieurs raisons plausibles de soupçonner qu'elle a commis ou tenté de commettre une infraction, et de la placer en garde à vue** *(CPP, art. 135-1)*. Le juge d'instruction est informé de celle-ci dès qu'elle commence. Ce mandat ne peut pas viser une personne ayant fait l'objet d'un réquisitoire nominatif, ni un témoin assisté, ni une personne mise en examen *(CPP, art. 122, al. 2)*. L'article 134 du CPP précise que l'agent chargé de son exécution ne peut entrer au domicile de l'intéressé qu'**entre 6 heures et 21 heures**. Le mandat doit mentionner la nature des faits imputés à la personne, leur qualification juridique et les textes applicables et l'agent chargé de l'exécuter doit le montrer à celle-ci et lui en donner copie *(CPP, art. 123, al. 4)*.

Les autres mandats concernent des personnes susceptibles d'être mises en examen.

§2 Le mandat de comparution

Ce mandat consiste dans une **mise en demeure de se présenter devant le juge d'instruction** à la date et à l'heure indiquées. Ce mandat peut être décerné contre un témoin assisté ou un mis en examen, ou une personne susceptible d'être témoin assisté ou mise en examen *(CPP, art. 122, al. 3)*. Il peut être signifié par un huissier ou notifié par un OPJ, un APJ ou un agent de la force publique qui en délivre une copie à la personne visée. Ce mandat ne peut pas être exécuté par la force ou la contrainte, contrairement aux autres. Il s'agit donc d'une simple convocation devant le juge d'instruction, qui n'est pas obligé d'indiquer la nature des faits ni leur qualification.

§3 Le mandat d'amener

Le mandat d'amener consiste dans **l'ordre donné par le juge à la force publique de conduire immédiatement devant lui la personne qu'il vise** *(CPP, art. 122, al. 5)*. Concernant les mêmes personnes que le mandat de comparution, il est notifié et exécuté par un OPJ, un APJ ou un autre agent de la force publique. Ce mandat doit indiquer les faits imputés à la personne et leur qualification juridique avec les textes applicables. La contrainte peut ici être utilisée contre la personne visée pour exécuter le mandat. En revanche, l'agent chargé de l'exécution ne peut pénétrer dans le domicile de l'intéressé qu'**entre 6 heures et 21 heures**.

En principe, le juge d'instruction interroge immédiatement la personne visée *(CPP, art. 125)* mais, en cas d'impossibilité, celle-ci peut être retenue par les forces de police ou de gendarmerie pendant une durée maximum de **24 heures** suivant son arrestation avant d'être présentée devant le juge d'instruction ou le président du tribunal ou un juge désigné par lui, qui doit l'interroger immédiatement. À défaut, elle est remise en liberté *(CPP, art. 125, al. 2)*. La personne retenue par les policiers ou les gendarmes a le droit, comme en matière de garde à vue, de faire prévenir un proche, d'être examinée par un médecin et d'être assistée d'un avocat *(CPP, art. 133-1)*. Si elle est retenue plus de 24 heures sans avoir été interrogée, elle est considérée comme arbitrairement détenue *(CPP, art. 126)*.

L'exécution du mandat d'amener varie selon que la personne est arrêtée à moins de 200 km du siège du juge d'instruction ou à plus de 200 km *(CPP, art. 127 et s.)*. Dans le premier cas, elle est conduite immédiatement devant le juge d'instruction. Dans le second cas, soit on peut la conduire dans le délai de 24 heures devant le juge d'instruction, soit, si ce n'est pas possible, elle est conduite devant le JLD du lieu d'arrestation. Ce dernier l'interroge et lui demande si elle consent à être transférée. En cas de refus, elle est conduite en maison d'arrêt et le juge d'instruction est informé et décide s'il y a lieu d'ordonner le transfèrement *(CPP, art. 127 et 128)*. Dans ce cas, la personne doit être conduite devant le juge d'instruction qui a délivré le mandat dans les **4 jours** de la notification de celui-ci, délai porté à 6 jours en cas de transfèrement d'un département d'outre-mer vers la métropole ou inversement *(CPP, art. 130)*.

Le mandat d'amener pouvant conduire à une privation de liberté, se pose la question de savoir s'il peut être appliqué à une personne qui ne pourrait être placée en détention provisoire. Faute de précision légale, la Cour de cassation a jugé qu'il peut être décerné à l'encontre d'une personne qui encourt une peine d'emprisonnement même si elle ne peut pas être placée en détention provisoire, s'agissant, en l'occurrence, d'un mineur âgé de 15 ans *(Cass. crim., 14 oct. 2020, n° 20-83.011)*.

§4 Le mandat d'arrêt

Ce mandat est un **ordre donné à la force publique de rechercher la personne à l'encontre de laquelle il est délivré et de la conduire à la maison** d'arrêt indiqué sur le mandat où elle sera détenue *(CPP, art. 122, al. 6)*. Ce mandat, bien qu'il implique une mise en détention, est décerné par le juge d'instruction. Il vise les personnes en fuite ou résidant en dehors du territoire français mais le législateur limite son utilisation aux crimes et aux délits punis d'emprisonnement *(CPP, art. 131)*. En outre, la chambre criminelle estime que le juge d'instruction ne peut délivrer ce mandat à l'encontre d'une personne résidant à l'étranger mais qui n'est pas en fuite, sans avoir effectué les démarches requises pour l'entendre et sans avoir apprécié le caractère nécessaire et proportionné de cette mesure de contrainte en fonction des circonstances de l'espèce *(Cass. crim., 16 déc. 2020, n° 20-85.289)*.

L'agent chargé de l'exécuter ne peut entrer au domicile de l'intéressé qu'**entre 6 heures et 21 heures**.

Une fois arrêté, l'intéressé doit comparaître devant le juge d'instruction, ou à défaut le président du tribunal ou le juge désigné par lui, dans un délai de **24 heures**. Il est interrogé et le JLD statue sur sa détention provisoire. On notera cependant que le mandat d'arrêt constitue en soi un titre de détention, contrairement au mandat d'amener. Ceci a pour conséquence que le point de départ de la détention n'est pas la date de l'ordonnance prescrivant la détention provisoire, mais la date de l'incarcération en vertu du mandat.

Si la personne a été arrêtée à plus de 200 km du siège du juge d'instruction, elle est conduite devant le JLD du lieu d'arrestation, qui reçoit ses déclarations après l'avoir avertie qu'elle est libre de ne pas en faire et informe sans délai le juge ayant délivré le mandat *(CPP, art. 133, al. 2)*. Le juge ordonne le transfèrement et la personne est conduite dans la maison d'arrêt indiquée sur le mandat. Le transfèrement doit être réalisé dans le délai de **4 jours** ou de 6 jours, comme en matière de mandat d'amener.

En vertu de l'article 133-1 du CPP, si la personne est retenue par les services de police ou de gendarmerie avant sa présentation devant un magistrat, le procureur de la République du lieu de l'arrestation est informé dès le début de cette rétention et la personne a le droit de faire prévenir un proche, d'être examinée par un médecin et d'être assistée d'un avocat.

> **Attention** Il convient de ne pas confondre le mandat d'arrêt avec la procédure de mandat d'arrêt européen, remplaçant l'extradition entre les pays de l'Union européenne pour certaines infractions, depuis la loi du 9 mars 2004. Il s'agit d'une décision judiciaire prise par un État membre en vue de l'arrestation et de la remise par un autre État d'une personne recherchée en vue de poursuites ou pour l'exécution d'une peine *(CPP, art. 695-11 et s.)*. Cette décision repose elle-même sur un mandat d'arrêt *(CPP, art. 695-16)*.

§5 Le mandat de dépôt

Il est **délivré par le JLD** selon l'article 122, alinéa 1er, du CPP. Il peut l'être aussi, en dehors de l'instruction, par une décision spéciale et motivée de la juridiction de jugement qui prononce une peine d'emprisonnement au moins égale à un an sans sursis *(CPP, art. 465)*. Ce mandat consiste en un **ordre donné au chef de l'établissement pénitentiaire de recevoir et de détenir la personne mise en examen qui est en l'objet, après que le magistrat a décidé de son placement en détention provisoire** *(CPP, art. 122, al. 8, et 135)*. Par conséquent, ce mandat ne peut être décerné qu'en présence de l'intéressé qui comparaît devant le JLD.

⏭ POUR ALLER PLUS LOIN…

– V. LESCLOUS et J.-P. VALAT, Des mandats et de leur exécution, JurisClasseur procédure pénale, Art. 122 à 136, fasc. 20.

Fiche n° 35 Le contrôle judiciaire

L'ESSENTIEL

Le contrôle judiciaire (CJ) consiste à imposer à la personne mise en examen une ou plusieurs obligations destinées à surveiller ses activités durant le temps de l'information. C'est le juge d'instruction qui décide du placement sous CJ, qui peut être modifié à tout moment. Il choisit également la ou les mesures qu'il impose au mis en examen et qui peuvent être des obligations de faire ou de s'abstenir de faire quelque chose. Le CJ dure le temps de l'information sauf si le juge d'instruction y met fin par anticipation. En cas de non-respect des obligations, le mis en examen peut être placé en détention provisoire.

LES CONNAISSANCES

Le CJ a été introduit en droit français en 1970, dans le but de limiter les détentions provisoires. En réalité, l'on sait aujourd'hui que ce but n'a pas été atteint parce que le CJ a été prescrit à l'encontre de personnes qui n'auraient, de toute façon, pas été placées en détention provisoire.

L'article 137 du CPP rappelle que la personne mise en examen, étant présumée innocente, reste libre en principe. Cependant, en raison des nécessités de l'instruction ou à titre de mesure de sûreté, le juge d'instruction ou le JLD peut décider de lui imposer, notamment, certaines obligations constituant le CJ. On étudiera les conditions du placement sous CJ puis son contenu, c'est-à-dire les obligations qu'il comporte, et enfin la durée de ces obligations.

§1 Les conditions du placement sous contrôle judiciaire

Le CJ peut s'appliquer aux personnes physiques majeures ou mineures mises en examen pour un crime ou un délit puni d'emprisonnement *(CPP, art. 138, al. 1er)*. Il s'applique également aux personnes morales mises en examen pour les mêmes infractions *(V. CPP, art. 706-45)*.

Le juge d'instruction ou le JLD qui décide cette mesure doit la motiver par référence aux nécessités de l'instruction ou à la notion de mesure de sûreté, invoquées par l'article 137 du CPP.

I. Les conditions propres aux mineurs

Les **mineurs de 13 à 16 ans** peuvent être placés sous CJ, soit en matière criminelle, soit en matière délictuelle, dans 3 cas *(Ord. n° 45-174, 2 févr. 1945, art. 10-2)* :

1° Si la peine d'emprisonnement encourue est supérieure ou égale à 5 ans et si le mineur a déjà fait l'objet d'une ou plusieurs mesures éducatives ou d'une condamnation à une sanction éducative ou à une peine ;

2° Si la peine d'emprisonnement encourue est supérieure ou égale à 7 ans.

3° Si la peine d'emprisonnement encourue est supérieure ou égale à 5 ans pour un délit de violences volontaires, d'agression sexuelle ou un délit commis avec la circonstance aggravante de violences.

Ces conditions sont reprises, avec quelques modifications relatives aux mesures éducatives, par l'article L. 331-1 du CJPM.

En matière criminelle ou pour les mineurs de 16 à 18 ans, les conditions sont les mêmes que pour les majeurs.

Dans tous les cas, l'ordonnance de placement sous CJ est rendue par le juge d'instruction, le juge des enfants ou le JLD, après un débat contradictoire, comme en matière de détention provisoire.

II. Les conditions propres aux majeurs

Le placement sous CJ est décidé par une ordonnance délivrée par le juge d'instruction ou le JLD lorsqu'il est saisi *(CPP, art. 137-2)*, après réquisitions du procureur de la République et sans débat contradictoire préalable, contrairement au cas du mineur. Le JLD peut donc décider d'un CJ lorsqu'il est saisi d'une demande de placement en détention provisoire.

L'ordonnance de placement sous CJ est notifiée au mis en examen qui peut faire appel de la décision *(CPP, art. 186)*. Le placement sous CJ peut avoir lieu à tout moment de l'information, par exemple pour remplacer une détention provisoire à laquelle il a été mis fin *(CPP, art. 139)*.

§2 Les obligations du contrôle judiciaire

L'article 138 du CPP comporte une liste d'obligations qui peuvent être imposées, au choix du juge, à la personne mise en examen. Le CJ peut comporter une ou plusieurs de ces obligations et le juge peut toujours modifier celles-ci, soit d'office, soit à la demande de l'intéressé ou du ministère public et à tout moment de l'instruction.

On distinguera les obligations de faire des obligations de s'abstenir d'une activité.

I. Les obligations de faire

La personne, majeure ou mineure, peut ainsi être obligée :

- d'informer le juge d'instruction de tout déplacement au-delà de certaines limites fixées par la décision ;
- de se présenter régulièrement aux services, associations habilitées ou autorités désignées par le juge ;
- de répondre aux convocations de toute autorité, association ou personne qualifiée désignée par le juge ;
- de se soumettre à des mesures de contrôle de ses activités professionnelles ou de son assiduité à un enseignement ;
- de remettre ses documents justificatifs d'identité tels que la carte d'identité ou le passeport ;
- de se soumettre à un examen ou un traitement médical tel qu'une cure de désintoxication, par exemple ;
- de fournir un cautionnement dont le montant et les délais de versement sont fixés par le juge en tenant compte des ressources et charges de la personne et de l'importance du préjudice causé. Ce cautionnement a pour but de garantir la représentation du mis en examen d'une part et d'autre part de garantir le paiement des dommages-intérêts et des amendes auxquels pourra être condamné celui-ci *(CPP, art. 142)* ;
- de constituer des sûretés personnelles ou réelles déterminées par le juge ;
- de justifier d'une contribution aux charges familiales ou du paiement régulier de prestations, subsides ou contributions aux charges du mariage ;
- en cas d'infraction commise soit contre son conjoint ou son concubin, soit contre ses enfants ou les enfants de ce dernier, de résider hors du domicile ou de la résidence du couple, et, le cas échéant, de s'abstenir de paraître dans ce domicile ou cette résidence ou aux abords immédiats de celui-ci, ainsi que, si nécessaire, de faire l'objet d'une prise en charge sanitaire, sociale ou psychologique ;
- de respecter l'interdiction de se rapprocher d'une victime de violences commises au sein du couple prévue à l'article 138-3 et contrôlée par un dispositif électronique mobile anti-rapprochement, ce dispositif étant applicable en cas de mise en examen pour des infractions punies d'au moins 3 ans d'emprisonnement contre l'autre membre du couple *(CPP, art. 138-3)*.

Pour les mineurs, existent des obligations spécifiques prévues par l'article 10-2 de l'ordonnance de 1945 précitée, qui s'ajoutent à celles de l'article 138 du CPP :

- se soumettre aux mesures de protection, d'assistance, de surveillance et d'éducation confiées à un service de la Protection judiciaire de la jeunesse ;
- respecter les conditions d'un placement dans un centre éducatif de la PJJ et notamment un centre éducatif fermé ou respecter les conditions d'un placement dans un établissement permettant la mise en œuvre de programmes à caractère éducatif et civique ;

– accomplir un stage de formation civique ;
– suivre de façon régulière une scolarité ou une formation professionnelle jusqu'à sa majorité.

À compter de l'entrée en vigueur du CJPM, une liste de 15 obligations susceptibles d'être imposées au mineur est instituée, certaines d'entre elles étant aussi des mesures applicables aux majeurs *(CJPM, art. L. 331-2).*

Pour les personnes morales, l'article 706-45 du CPP énonce que le juge peut leur imposer :
– le dépôt d'un cautionnement dont le montant et les délais de versement, en une ou plusieurs fois, sont fixés par lui ;
– la constitution de sûretés personnelles ou réelles destinées à garantir les droits de la victime ;
– le placement sous contrôle d'un mandataire de justice désigné pour une durée de 6 mois renouvelable, en ce qui concerne l'activité dans l'exercice ou à l'occasion de laquelle l'infraction a été commise.

II. Les obligations de ne pas faire

Les obligations de ne pas faire peuvent consister, **pour les personnes physiques**, dans l'interdiction :
– de sortir de certaines limites territoriales fixées par l'ordonnance ;
– de s'absenter de son domicile en dehors des cas prévus par la décision. Cette obligation peut être exécutée, avec l'accord de l'intéressé, sous le régime du placement sous surveillance électronique ;
– de se rendre dans certains lieux ;
– de participer à des manifestations sur la voie publique dans des lieux déterminés par le juge d'instruction ou le JLD ;
– de conduire tous les véhicules, certains véhicules ou un véhicule qui ne soit pas équipé d'un dispositif homologué d'antidémarrage par éthylotest électronique (et, le cas échéant, l'obligation de remettre au greffe son permis de conduire contre récépissé) ;
– de recevoir ou rencontrer certaines personnes ;
– d'exercer certaines activités professionnelles, en dehors des mandats électifs politiques et des responsabilités syndicales, lorsque l'infraction a été commise à l'occasion de l'exercice de l'activité et qu'il existe un risque de réitération ; s'il s'agit de l'activité d'avocat, l'article 138 12° du CPP prévoit que le juge d'instruction peut seulement saisir le Conseil de l'ordre qui a seul le pouvoir de prononcer cette interdiction ;

– d'exercer une activité impliquant un contact habituel avec des mineurs ;
– d'émettre des chèques ;
– de détenir ou porter une arme.

Pour les personnes morales, 2 interdictions peuvent être prises par le juge d'instruction, à condition que celles-ci soient encourues comme peine pour les infractions poursuivies :
– L'interdiction d'émettre des chèques autres que ceux qui permettent le retrait de fonds par le tireur auprès du tiré ou ceux qui sont certifiés ou d'utiliser des cartes de paiement ;
– L'interdiction d'exercer certaines activités professionnelles ou sociales lorsque l'infraction a été commise dans l'exercice ou à l'occasion de l'exercice de ces activités et lorsqu'il est à redouter qu'une nouvelle infraction soit commise *(CPP, art. 706-45)*.

§3 L'exécution du contrôle judiciaire

Contrairement à la détention provisoire qui ne peut être prononcée que pour une durée précise et limitée, ce qui suppose donc des décisions de prolongation, **le CJ n'est pas limité dans le temps**. Cela signifie donc qu'il dure aussi longtemps que l'instruction et jusqu'à l'ordonnance de règlement *(CPP, art. 177, al. 3, pour l'ordonnance de non-lieu et 179, al. 2, pour l'ordonnance de renvoi devant le tribunal correctionnel)* sauf en matière criminelle où il continue au-delà de cette décision *(CPP, art. 181, al. 5)*. En matière délictuelle, le juge d'instruction peut décider, par une ordonnance spécialement motivée le maintien du CJ jusqu'à la comparution devant le tribunal correctionnel *(CPP, art. 179, al. 3)*.

Le juge d'instruction peut toutefois décider une **mainlevée du CJ**, d'office ou à la demande du mis en examen ou du procureur de la République *(CPP, art. 140)*. Il doit statuer sur la demande de l'intéressé dans un délai de **5 jours** et s'il ne respecte pas ce délai, le mis en examen peut saisir directement de sa demande la chambre de l'instruction qui devra se prononcer dans les **20 jours** de sa saisine. À défaut, la mainlevée du CJ est automatique *(CPP, art. 140, al. 3)*. La décision que prend le juge peut être frappée d'appel par le parquet et par le mis en examen, si elle est défavorable naturellement.

Il faut ajouter que l'assignation à résidence avec surveillance électronique (ARSE) ou la détention provisoire peut se substituer au CJ si ce dernier est devenu insuffisant au regard des nécessités de l'instruction, même si la détention provisoire doit être exceptionnelle *(CPP, art. 137)*. Il en va de même si le mis en examen, personne physique, s'est soustrait volontairement aux obligations du CJ *(CPP, art. 141-2, al. 1er)*. Dans ce cas, en effet, le juge d'instruction peut décerner mandat d'arrêt ou d'amener ou saisir le JLD aux fins d'un placement en détention provisoire. On notera que le JLD peut en l'occurrence décider un placement en détention quelle que soit la durée de la peine encourue, alors que le placement initial en détention suppose une peine encourue d'au moins 3 ans d'emprisonnement *(CPP, art. 143-1)*. De plus, le placement en détention n'a pas à être motivé par référence à l'article 144 du CPP et les juges n'ont pas d'obligation de vérifier l'existence d'indices graves ou concordants de participation à une infraction, à défaut desquels le CJ ne peut être prescrit, sauf contestation sur ce point par la personne concernée *(Cass. crim., 27 janv. 2021, n° 20-85.990)*.

S'agissant des **mineurs**, les articles 10-2 et 11 de l'ordonnance du 2 février 1945 rendent possible la révocation du CJ et le placement en détention provisoire pour non-respect des obligations lorsqu'ils sont poursuivis pour crime ou lorsqu'ils sont poursuivis pour un délit commis alors qu'ils étaient âgés de plus de 16 ans.

Cette révocation est encore possible si le mineur âgé de 13 à 16 ans est poursuivi pour un délit, que le CJ comporte l'obligation de respecter les conditions d'un placement dans un centre éducatif fermé et que cette obligation n'a pas été respectée. Dans les autres cas, le mineur est informé qu'en cas de non-respect des obligations lui ayant été imposées, le CJ pourra être modifié pour prévoir son placement dans un centre éducatif fermé, placement dont le non-respect pourra entraîner sa mise en détention provisoire. Ces règles sont reprises par le CJPM *(CJPM, art. L. 331-3, L. 331-4, L. 334-4 et L. 334-5)*.

Si le mis en examen est une **personne morale**, la violation des obligations du CJ constitue un délit *(CPP, art. 706-45, al. 9)*.

⏭ POUR ALLER PLUS LOIN...

– J. LASSERRE CAPDEVILLE, Étendue des pouvoirs de la juridiction d'instruction en matière de cautionnement, AJ pénal 2014, p. 35 ;

– C. PORTERON, La distinction entre l'interdiction d'exercer la profession d'avocat et la limitation de l'exercice professionnel dans le cadre du contrôle judiciaire, AJ pénal 2011, p. 419.

Fiche n° 36 L'assignation à résidence avec surveillance électronique

L'ESSENTIEL

Créé en 2009, l'assignation à résidence avec surveillance électronique (ARSE) est destinée, comme le CJ à l'origine, à permettre de limiter les placements en détention provisoire. Elle consiste à contraindre le mis en examen à demeurer chez lui à certains moments de la journée, ce qui est contrôlé par un dispositif de « bracelet électronique ». Les conditions sont plus strictes que pour le CJ et le dispositif ne peut s'appliquer que pour une durée déterminée, comme la détention provisoire.

LES CONNAISSANCES

L'ARSE est un dispositif créé par la loi [n° 2009-1436] du 24 novembre 2009 dans le but d'éviter le placement en détention provisoire en s'inspirant des modalités d'application des courtes peines d'emprisonnement parmi lesquelles figure la détention à domicile sous surveillance électronique *(C. pén., art. 132-26)*. Cette technique ne doit pas être confondue avec le placement sous surveillance électronique « mobile », à titre de mesure de sûreté, qui est une mesure spéciale et défavorable s'insérant dans le suivi socio-judiciaire *(C. pén., art. 131-36-9)*. Dans le cadre de l'ARSE, c'est le premier dispositif qui est applicable, en principe, mais, exceptionnellement, le second l'est également. Par hypothèse, les personnes morales ne peuvent pas faire l'objet d'une ARSE.

L'article 137 du CPP détermine quelle est la place de l'assignation à résidence dans les restrictions de liberté. Le texte, après avoir affirmé que la liberté est le principe pour la personne mise en examen, prévoit que le premier dispositif est le contrôle judiciaire et, si celui-ci s'avère insuffisant, le recours à l'assignation à résidence est possible. La détention provisoire devient donc, en théorie, la dernière solution, « à titre exceptionnel ».

On analysera successivement les conditions de mise en œuvre et les modalités d'application de ce dispositif.

§1 Les conditions de mise en œuvre

Les conditions de fond sont prévues par l'article 142-5 du CPP qui dispose que **l'ARSE peut être décidée d'office ou sur demande du mis en examen**. Avant la loi du 23 mars 2019, l'accord du mis en examen était une condition de fond. En réalité, cette condition n'a pas réellement disparu dès lors que le texte énonce que **le mis en examen est avisé que l'installation du dispositif de contrôle, c'est-à-dire du « bracelet électronique » ne peut être effectuée sans son consentement mais que le fait de refuser cette installation constitue une violation des obligations qui lui incombent et peut donner lieu à la révocation de l'ARSE et à son placement en détention provisoire**.

L'article D. 32-3 du CPP précise que l'accord de la personne peut être recueilli soit lors de l'interrogatoire de première comparution, soit lors du débat contradictoire en vue d'un placement en détention provisoire, soit au cours d'un interrogatoire du mis en examen par le juge d'instruction. Dans tous les cas, l'accord est donné en présence de l'avocat ou si celui-ci a été convoqué *(CPP, art. D. 32-8)*.

La mesure est possible si le mis en examen est poursuivi pour une infraction punie d'au moins 2 ans d'emprisonnement alors que le CJ est applicable lorsqu'est encourue n'importe quelle peine d'emprisonnement et que la détention provisoire l'est pour un emprisonnement encouru d'au moins 3 ans. Il existe donc une gradation des dispositifs en fonction de la gravité de la peine encourue. L'ARSE est applicable, selon l'ordonnance du 2 février 1945, aux mineurs âgés de 16 à 18 ans s'ils encourent, comme les majeurs, une peine d'au moins 2 ans *(Ord. n° 45-174, 2 févr. 1945, art. 10-3)* mais ce **seuil est relevé à 3 ans à compter de l'entrée en vigueur du CJPM** *(CJPM, art. L. 333-1)*.

D'un point de vue formel, la décision est prise par le juge d'instruction ou le JLD, après un débat contradictoire ou sans ce débat si le juge statue sur une demande de mise en liberté formée par une personne qui est détenue ou s'il prononce une mise en liberté d'office. Le juge statue après avoir fait vérifier la faisabilité technique de la mesure par le SPIP *(CPP, art. 142-6)*.

§2 Les modalités de mise en œuvre

L'ARSE consiste à **obliger la personne à demeurer à son domicile ou dans une résidence fixée par le juge d'instruction ou le JLD et à ne s'en absenter qu'aux conditions et pour les motifs déterminés par ce magistrat**. Cette assignation à résidence est aussi une mesure pouvant être prise, sans le consentement de la personne, dans le cadre d'un contrôle judiciaire *(CPP, art. 138, 2°)*.

Le mis en examen doit porter un « bracelet électronique » relié à un émetteur fixe qui envoie des informations à l'administration pénitentiaire qui est chargée de contrôler s'il respecte les obligations de présence *(CPP, art. 142-5, al. 3, et art. 723-8)*.

Le législateur permet aussi de mettre en place une surveillance électronique mobile dans deux cas.

En premier lieu, ce dispositif est utilisable lorsque le mis en examen encourt plus de 7 ans d'emprisonnement pour une infraction pour laquelle le suivi socio-judiciaire est encouru *(CPP, art. 142-5, al. 3)*. Dans ce cas, la surveillance est plus stricte puisque le bracelet porté par le mis en examen permet de le localiser où qu'il se trouve, s'agissant du dispositif de géolocalisation en temps réel.

En second lieu, la surveillance électronique mobile peut être ordonnée lorsque la personne est mise en examen pour des violences ou des menaces, punies d'au moins 5 ans d'emprisonnement, commises :

1° Soit contre son conjoint, son concubin ou son partenaire lié par un pacte civil de solidarité (ou ancien conjoint, etc.) ;
2° Soit contre ses enfants ou ceux de son conjoint, concubin ou partenaire *(CPP, art. 142-12-1)*.

Il convient de noter que les mineurs ne peuvent jamais être placés sous surveillance électronique mobile *(Ord. n° 45-174, 2 févr. 1945, art. 10-3 ; CJPM, art. L. 333-1, al. 3)*.

Outre l'assignation à résidence, le mis en examen peut être astreint aux obligations et interdictions du CJ *(CPP, art. 142-5, al. 4)*.

L'ARSE est d'une durée de 6 mois au maximum mais peut être, durant l'instruction, prolongée pour la même durée maximum de 6 mois sans excéder une durée totale de 2 ans *(CPP, art. 142-7)*. En cas de renvoi du mis en examen devant une cour d'assises pour des faits criminels, la mesure se poursuit, automatiquement jusqu'à la comparution devant cette juridiction *(CPP, art. 181, al. 5)* alors qu'en cas de renvoi devant un tribunal correctionnel, le maintien de l'ARSE suppose une décision spéciale du juge d'instruction *(CPP, art. 179, al. 3)*. Lorsque la personne renvoyée devant le tribunal correctionnel ou la cour d'assises est maintenue ou demeure sous ARSE, la durée totale de la mesure, compte tenu de celle exécutée au cours de l'instruction, ne peut excéder 2 ans, sans qu'il soit nécessaire d'en ordonner la prolongation tous les 6 mois et sous réserve de la possibilité pour l'intéressé d'en demander la mainlevée.

En cas de non-respect des obligations fixées, l'article 142-8 énonce que l'intéressé peut faire l'objet d'un mandat d'arrêt ou d'amener et être placé en détention provisoire.

L'ARSE est assimilée à la détention provisoire sur deux points. D'une part, en cas de décision de non-lieu, relaxe ou acquittement devenue définitive, la personne placée sous ARSE a droit à la réparation du préjudice subi, comme en cas de détention provisoire *(CPP, art. 142-10)*. D'autre part, la mesure s'impute sur la durée de la peine privative de liberté éventuellement prononcée ultérieurement *(CPP, art. 142-11)*.

On ajoutera que le but du législateur est de substituer l'ARSE à la détention provisoire chaque fois que c'est possible. Aussi, l'article 142-12 du CPP dispose que les juridictions d'instruction et de jugement peuvent la prononcer, comme mesure alternative à la détention provisoire, dans différents cas énumérés, notamment dès le stade du placement en détention ou à l'occasion d'une demande de mise en liberté. De même, la mesure peut être levée, maintenue, modifiée ou révoquée par les juridictions d'instruction et de jugement selon les mêmes modalités que le contrôle judiciaire.

⏭ POUR ALLER PLUS LOIN...

- B. LAVIELLE, L'assignation à résidence sous surveillance électronique, ou de la difficulté d'être son propre gardien, Gaz. pal. 2010, n° 199-201, p. 7 ;
- R. MESA, Lacunes et incohérences du régime de l'assignation à résidence avec surveillance électronique des articles 142-5 et suivants du Code de procédure pénale, Gaz. pal. 2013, n° 104-106, p. 12.

Fiche n° 37 La détention provisoire : conditions

L'ESSENTIEL

La détention provisoire consiste à emprisonner un mis en examen pendant un certain temps durant l'information. Il s'agit d'une mesure portant atteinte à la présomption d'innocence qui est encadrée strictement.

Elle ne peut être décidée que pour les crimes et pour les délits punis d'au moins 3 ans d'emprisonnement. Elle doit être justifiée par un ou plusieurs motifs, la décision de placement devant être motivée en fait et en droit.

Le juge d'instruction peut demander le placement en détention au JLD qui prendra sa décision à l'issue d'un débat contradictoire. Si ce dernier refuse ce placement, il pourra décider un contrôle judiciaire par exemple.

LES CONNAISSANCES

La détention provisoire consiste dans l'incarcération d'une personne mise en examen durant l'instruction, si le CJ ou l'ARSE apparaissent insuffisants au regard des nécessités de l'instruction ou comme mesure de sûreté *(CPP, art. 137)*. La personne est soumise en principe à un emprisonnement individuel afin de ne pas être en contact avec des condamnés *(CPP, art. 716)*.

La détention provisoire constitue évidemment une grave atteinte à la présomption d'innocence puisqu'elle apparaît comme une peine anticipée, ce qui est d'ailleurs conforté juridiquement par la règle selon laquelle la durée de la détention provisoire s'impute sur celle de la peine d'emprisonnement ou de réclusion prononcée *(CPP, art. 716-4)*. Depuis la loi [n° 2000-516] du 15 juin 2000, le pouvoir de prendre la décision de placement en détention provisoire n'appartient plus au juge d'instruction, ce dernier étant suspecté de détourner la détention provisoire de son but et de l'utiliser comme moyen de pression sur les mis en examen. C'est le JLD qui prend cette décision depuis lors. Le législateur a également insisté, dans les textes du moins, sur le caractère exceptionnel que doit revêtir la détention provisoire. L'article 137 du CPP dispose que le principe est le maintien en liberté, la première exception, justifiée par les nécessités de l'instruction, consistant dans le CJ, la deuxième étant l'ARSE et la dernière, la détention provisoire si le CJ ou l'ARSE apparaissent insuffisants.

Il convient de déterminer les conditions de fond de la détention provisoire puis d'analyser les motifs et la procédure de placement.

§1 Les conditions de fond

Seules les personnes physiques mises en examen peuvent être placées en détention provisoire, à l'exclusion des témoins assistés *(CPP, art. 113-5)*.

Les mineurs de 13 ans ne peuvent jamais être l'objet de cette mesure (*Ord. n° 45-174, 2 févr. 1945, art. 11, al. 1er ; CJPM, art. L. 334-1)*. Ceux âgés de plus de 13 ans peuvent l'être si la détention apparaît indispensable ou s'il est impossible de prendre toute autre disposition et si les obligations du CJ apparaissent insuffisantes.

Le mineur de 13 à 16 ans ne peut être placé en détention provisoire que s'il a commis un crime *(Ord. n° 45-174, 2 févr. 1945, art. 11, al. 6)* ou s'il s'est soustrait volontairement au CJ et plus précisément à l'obligation de respecter un placement en centre éducatif fermé (V. Fiche n° 35, § 3 ; *V. CJPM, art. L. 334-4*). De plus, la détention ne peut être ordonnée qu'en cas de violations répétées ou de violation d'une particulière gravité des obligations imposées au mineur et lorsque le rappel ou l'aggravation de ces obligations est insuffisant.

Le mineur âgé de plus de 16 ans peut être placé en détention provisoire dans les mêmes cas qu'un majeur, c'est-à-dire s'il encourt une peine criminelle ou une peine correctionnelle d'une durée d'au moins 3 ans ou s'il s'est soustrait volontairement au CJ ou à l'ARSE *(Ord. n° 45-174, 2 févr. 1945, art. 11, al. 2)*. On notera que l'article L. 334-5 du CJPM prévoit que cette méconnaissance du CJ ou de l'ARSE soit répétée ou d'une particulière gravité, ce qui n'est pas exigé dans l'ordonnance de 1945. L'article 12 de ce dernier texte impose que le service de la protection judiciaire de la jeunesse soit consulté avant toute réquisition ou décision de placement ou de prolongation de la détention provisoire *(V. CJPM, art. L. 322-5)*.

S'agissant des **majeurs**, la détention provisoire n'est possible que pour certaines infractions.

Elle est toujours possible en matière criminelle.

Pour les **délits**, il est nécessaire que la **peine d'emprisonnement encourue soit égale ou supérieure à 3 ans** *(CPP, art. 143-1, al. 1er)*. En outre, elle est encore **possible lorsque le mis en examen se soustrait volontairement aux obligations du CJ ou à une ARSE** sans que soit prise en considération ici la durée de l'emprisonnement encouru *(CPP, art. 143-1, al. 2)*.

§2 Les motifs du placement en détention provisoire

(CPP, art. 144)

L'article 144 du CPP prévoit que **la détention provisoire ne peut être ordonnée ou prolongée que s'il est démontré qu'elle constitue l'unique moyen de parvenir à l'un ou plusieurs des objectifs** suivants et que ceux-ci ne sauraient être atteints en cas de placement sous CJ ou ARSE :

« 1° Conserver les preuves ou les indices matériels qui sont nécessaires à la manifestation de la vérité ;

2° Empêcher une pression sur les témoins ou les victimes ainsi que sur leur famille ;

3° Empêcher une concertation frauduleuse entre la personne mise en examen et ses coauteurs ou complices ;

4° Protéger la personne mise en examen ;

5° Garantir le maintien de la personne mise en examen à la disposition de la justice ;

6° Mettre fin à l'infraction ou prévenir son renouvellement ;

7° Mettre fin au trouble exceptionnel et persistant à l'ordre public provoqué par la gravité de l'infraction, les circonstances de sa commission ou l'importance du préjudice qu'elle a causé. (...) »

Le texte précise que ce trouble ne peut résulter du seul retentissement médiatique de l'affaire et que ce motif tiré de la nécessité de mettre fin au trouble à l'ordre public ne peut être utilisé en matière correctionnelle.

Au point de vue formel, **l'ordonnance du JLD doit être motivée** au regard des dispositions des articles 143-1 et 144 du CPP et comporter l'énoncé des considérations de droit et de fait sur le caractère insuffisant des obligations du CJ (CPP, *art. 137-3)*. Il n'est donc pas possible d'utiliser des formules standardisées relatives aux insuffisances du CJ ou reprenant les motifs énoncés par l'article 144 du CPP, sans se référer concrètement aux faits commis et à la personne concernée. **Le mis en examen pouvant faire appel de l'ordonnance de placement ou de prolongation de la détention provisoire, il revient à la chambre de l'Instruction de contrôler cette motivation**. En cas de prolongation, le législateur prévoit une motivation renforcée de la décision (V. Fiche n° 38). Il faut cependant remarquer que la Cour de cassation ne fait pas un contrôle de la situation concrète de l'intéressé mais seulement un contrôle de la motivation des décisions de placement ou de prolongation de la détention. Il suffit donc aux juges de bien motiver leurs décisions pour échapper à toute censure.

On notera qu'au-delà des seuls motifs de l'article 144 du CPP, le mis en examen peut contester la détention provisoire dont il fait l'objet en soutenant que les conditions de fond de sa mise en examen ne sont pas remplies, en l'absence d'indices graves ou concordants de participation aux faits *(Cass. crim., 14 oct. 2020, n° 20-82.961)*.

§3 La procédure de placement

Le JLD est compétent pour décider, par ordonnance, du placement et de la prolongation de la détention provisoire *(CPP, art. 137-1)*. Il est **saisi à cette fin par une ordonnance motivée du juge d'instruction** qui lui transmet le dossier de la procédure accompagné des réquisitions du procureur de la République.

Selon l'article 137-4 du CPP, il appartient au juge d'instruction, au vu de réquisitions de placement prises par le parquet, de décider si la mesure de détention est justifiée ou pas et de saisir le JLD. Si le juge estime que la mesure n'est pas justifiée, il doit statuer sans délai par ordonnance motivée immédiatement portée à la connaissance du procureur de la République, qui peut faire appel devant la chambre de l'instruction.

Le législateur a introduit une procédure spéciale en matière criminelle et pour les délits punis de 10 ans d'emprisonnement *(CPP, art. 137-4, al. 2)*. Dans ces domaines, le procureur peut, si ses réquisitions font référence aux motifs de l'article 144, 4° à 7°, à savoir la protection du mis en examen, la garantie du maintien à la disposition de la justice, la prévention du renouvellement de l'infraction ou la nécessité de mettre fin au trouble à l'ordre public, saisir directement le JLD en déférant sans délai le mis en examen devant celui-ci. Le JLD pourra donc décider du placement en détention, sans avoir été saisi par le juge d'instruction, ce qui entraîne la caducité de l'ordonnance du juge d'instruction ayant décidé un CJ, le cas échéant.

Le JLD peut ordonner le placement en détention provisoire seulement après qu'ait eu lieu un **débat contradictoire. Il fait comparaître le mis en examen assisté de son avocat, la présence de ce dernier étant obligatoire** *(CPP, art. 145)*. Si la personne mise en examen est majeure, le débat contradictoire a lieu et le juge statue en audience publique. Toutefois, le ministère public, le mis en examen ou son avocat peuvent s'opposer à cette publicité si l'instruction est relative à une infraction visée par les articles 706-73 et 706-73-1 du CPP, c'est-à-dire une infraction relevant de la criminalité ou de la délinquance organisée, ou si la publicité est de nature à entraver les investigations spécifiques nécessitées par l'instruction, à porter atteinte à la présomption d'innocence ou à la sérénité des débats ou à nuire à la dignité de la personne ou aux intérêts d'un tiers. Le juge statue sur cette opposition en audience de cabinet, c'est-à-dire sans publicité, par ordonnance motivée, et s'il y fait droit, le débat a lieu et le juge statue en audience de cabinet. Il en va de même si le mis en examen est mineur. On notera que cette publicité est étendue, dans les mêmes termes, devant la chambre de l'instruction saisie du contentieux de la détention provisoire *(CPP, art. 199, al. 2)*.

Le JLD ne peut ordonner immédiatement le placement en détention lorsque la personne mise en examen sollicite un délai pour préparer sa défense *(CPP, art. 145, al. 7)*. Le juge peut, dans ce cas, décider, par ordonnance non susceptible d'appel, une incarcération provisoire pour une durée qui ne peut dépasser 4 jours ouvrables, à l'issue de laquelle la personne comparaît de nouveau devant lui. La durée de cette incarcération provisoire s'impute sur l'éventuelle détention provisoire qui pourra être décidée. Un autre cas d'incarcération provisoire, pour la même durée, est prévu lorsque le JLD souhaite procéder à des vérifications relatives à la situation personnelle du mis en examen ou aux faits qui lui sont reprochés, et que ces vérifications sont susceptibles de permettre le placement de l'intéressé sous CJ *(CPP, art. 145 al. 9)*.

Si le JLD décide le placement en détention, il décerne un mandat de dépôt et le mis en examen est immédiatement conduit dans un établissement pénitentiaire. L'intéressé peut interjeter appel de l'ordonnance devant la chambre de l'instruction *(CPP, art. 186, al. 1er)*, dans un délai de 10 jours. Cette juridiction doit statuer dans un délai de 10 jours faute de quoi la personne concernée est mise d'office en liberté, sauf si des vérifications concernant sa demande ont été ordonnées ou si des circonstances imprévisibles et insurmontables mettent obstacle au jugement de l'affaire dans le délai *(CPP, art. 194, al. 4)*.

⏭ POUR ALLER PLUS LOIN…

- P. BELLOIR, La détention provisoire dans la loi du 3 juin 2016 : entre renforcement des garanties et simplification du déroulement de la procédure, AJ pénal 2016, p. 458 ;
- C. GUÉRY, Une détention provisoire exceptionnelle… mais souhaitable (à propos de l'alinéa 2 de l'article 137-4 du Code de procédure pénale), AJ pénal 2004, p. 238 ;
- J. LE CALVEZ, Comme au jeu de l'oie : les aléas de la « case prison » (à propos du référé-détention), D. 2003, p. 2594 ;
- A. VARINARD, Le détenu provisoire, RPDP 2003, p 649.

Fiche n° 38 La détention provisoire : durée et achèvement

L'ESSENTIEL

La détention provisoire ne peut dépasser une durée déterminée en fonction de la nature criminelle ou délictuelle des infractions. Cependant, elle peut être prolongée dans certaines hypothèses, ce qui peut aboutir à des durées très longues parfois.

Le mis en examen peut toujours demander sa remise en liberté avant la fin des délais prévus par les textes. Il peut aussi faire appel des décisions de placement et de prolongation de la détention provisoire. Le juge d'instruction peut également mettre fin à la détention quand il le souhaite. À défaut, la détention s'achève avec l'instruction mais elle peut se prolonger au-delà jusqu'au jugement de la personne, ce qui est même le principe en matière criminelle.

LES CONNAISSANCES

Le Code de procédure pénale réglemente strictement, en apparence du moins, la durée de la détention provisoire en prévoyant des *maxima* ne pouvant être dépassés. Le législateur a souvent cherché à réduire ces durées maximales, dans le but de rendre le droit français conforme à la Conv. EDH dont l'article 5, 3° énonce que toute personne détenue a le droit d'être jugée dans un délai raisonnable, ce qui suppose donc que la détention provisoire soit elle-même d'une durée raisonnable. L'article 144-1 du CPP a intégré ce texte en droit interne en énonçant que **la détention provisoire ne peut excéder une durée raisonnable** au regard de la gravité des faits reprochés à la personne mise en examen et de la complexité des investigations nécessaires à la manifestation de la vérité. Ce texte impose au juge d'instruction ou au JLD de remettre en liberté la personne détenue dès que les conditions prévues par l'article 144 du CPP, c'est-à-dire les motifs de la détention, et par le texte lui-même ne sont plus remplies. Ces dispositions sont en pratique essentiellement invoquées au soutien d'une demande de mise en liberté. On notera seulement que l'appréciation du caractère raisonnable de la durée de la détention est une question de fait et que la Cour de cassation se contente de vérifier l'existence d'une motivation par les magistrats.

Il convient d'étudier quelles sont ces durées prévues par les textes avant de voir que la détention peut être abrégée de différentes manières.

§1 Les durées maximales prévues par les textes

Il faut distinguer ici selon que la personne mise en examen est poursuivie pour un crime ou un délit. Il existe, en outre, des règles spéciales concernant les mineurs ainsi que des voies de recours contre les décisions du JLD. On notera, d'une manière générale, que les durées prévues par les articles 145-1 à 145-3 du CPP, que l'on va évoquer, ne sont plus applicables dès lors que le mis en examen a été renvoyé devant une juridiction de jugement *(CPP, art. 186-5)*.

I. Durées en matière criminelle

L'article 145-2 du CPP prévoit **qu'en matière criminelle, la durée de la détention provisoire est d'une année au maximum**. La Cour de cassation a décidé que ce délai était aussi un minimum, ce qui signifie que le JLD ne peut pas décider par exemple un placement en détention pour 6 mois *(Cass. crim., 3 avr. 2002, n° 02-81.056)*. Cela peut paraître curieux mais il faut combiner cette règle avec celle qui permet à la personne de demander sa mise en liberté à tout moment. La durée même initiale peut donc être plus courte.

Une prolongation peut être décidée, pour une durée de 6 mois, par le JLD après un nouveau débat contradictoire. L'ordonnance de prolongation doit contenir l'énoncé des considérations de droit et de fait qui justifient cette décision par référence aux articles 137-3, c'est-à-dire l'insuffisance du CJ, 143-1, c'est-à-dire la nature de l'infraction et 144, c'est-à-dire les motifs de la détention. **Cette prolongation est renouvelable une fois, ce qui permet donc déjà de parvenir à une durée de 2 ans**.

L'article 145-3 du CPP impose toutefois une **motivation renforcée en cas de prolongation**. En effet, **lorsque la durée de la détention excède un an en matière criminelle, la décision de prolongation doit comporter, en plus de la motivation normale, les indications particulières justifiant en l'espèce la poursuite de l'information et le délai prévisible d'achèvement de la procédure.** Le texte précise cependant que l'ordonnance ne doit pas indiquer la nature des investigations restant à effectuer si cette indication risque d'entraver l'accomplissement, ou plus exactement l'efficacité, de ces investigations. On notera que la Cour de cassation vérifie que les juridictions respectent ces contraintes de motivation.

La loi [n° 2000-516] du 15 juin 2000 a institué des « délais butoir », au-delà desquels il n'est pas possible de prolonger la détention provisoire mais des textes ultérieurs ont créé des exceptions à ces délais.

L'article 145-2, alinéa 2 du CPP indique que **la détention ne peut se poursuivre au-delà de 2 ans si la peine encourue est inférieure à 20 ans de réclusion ou de détention criminelle**. **Elle ne peut durer plus de 3 ans si la peine encourue**

est supérieure ou égale à 20 ans. Ces délais peuvent cependant être augmentés dans certaines circonstances. Ils passent en effet respectivement à 3 et 4 ans lorsque l'un des faits constitutifs de l'infraction a été commis à l'étranger. Le délai est également de 4 ans lorsque le mis en examen est poursuivi pour plusieurs crimes contre les personnes (Livre II du Code pénal) ou contre la Nation, l'État et la paix publique (Livre IV du Code pénal). Ce même délai de 4 ans s'applique en matière de stupéfiants, de terrorisme, de proxénétisme, d'extorsion de fonds ou pour tout crime commis en bande organisée.

Il existe encore une possibilité supplémentaire de prolongation, figurant à l'alinéa 3 de l'article 145-2 du CPP. Il s'agit de l'hypothèse où les investigations du juge d'instruction doivent être poursuivies et où *« la mise en liberté de la personne causerait pour la sécurité des personnes ou des biens un risque d'une particulière gravité »*. Dans ce cas, la chambre de l'instruction peut prolonger pour une durée supplémentaire de 4 mois les durées précédentes. Elle est saisie par ordonnance motivée du JLD et cette prolongation peut être renouvelée une fois. Par conséquent, dans certains cas, la détention peut durer 4 ans et 8 mois.

La prolongation se fait par période de 6 mois, jusqu'à l'ordonnance de règlement de l'information ou du moins jusqu'à expiration des délais maximum.

II. Durées en matière correctionnelle

L'article 145-1 du CPP énonce **qu'en matière correctionnelle, la détention ne peut excéder 4 mois**. Cependant, **si le mis en examen encourt une peine supérieure à 5 ans ou s'il a déjà été condamné pour crime ou délit de droit commun soit à une peine criminelle, soit à une peine d'emprisonnement sans sursis d'une durée supérieure à un an, la détention peut être prolongée**, à titre exceptionnel. Cette **prolongation est d'une durée de 4 mois** et le JLD doit motiver cette décision par référence à l'article 137-3 du CPP qui renvoie aux articles 143-1 et 144 du même code. L'ordonnance doit être prise après un débat contradictoire. La prolongation peut être renouvelée une seule fois en principe puisque le texte prévoit que **le maximum après prolongations ne peut excéder un an**.

Comme en matière criminelle, **il existe une obligation de motivation renforcée, lorsque la détention dépasse 8 mois,** c'est-à-dire dans le cas d'une seconde prolongation. L'article 145-3 du CPP exige donc que l'ordonnance de prolongation comporte les indications particulières justifiant la poursuite de l'instruction et le délai prévisible d'achèvement de la procédure.

L'article 145-1, alinéa 2, du CPP prévoit également que **le délai d'un an peut être dépassé dans certains cas.** Il s'agit d'abord de l'hypothèse où un fait constitutif de l'infraction a été commis en dehors du territoire français. Le texte vise ensuite le cas où le mis en examen est poursuivi pour trafic de stupéfiants, terrorisme, association de malfaiteurs, proxénétisme, extorsion de fonds ou pour une infraction commise en bande organisée et qu'il encourt une peine égale à 10 ans d'emprisonnement. Dans ces différentes situations, la détention provisoire peut durer jusqu'à **2 ans**.

Ici également, cette durée peut être dépassée, aux mêmes conditions que celles visées par l'article 145-3 en matière criminelle (nécessité de poursuivre l'instruction et risque d'une particulière gravité en cas de remise en liberté du mis en examen). Le délai de 2 ans peut donc être encore prolongé pour 4 mois par la chambre de l'instruction saisie par le JLD. La décision n'est ici pas renouvelable.

III. Les règles applicables aux mineurs

En matière criminelle, la détention provisoire des mineurs de 13 à 16 ans ne peut dépasser 6 mois *(Ord. n° 45-174, 2 févr. 1945, art. 11, al. 13 ; CJPM, art. L. 433-4).* Une seule prolongation de 6 mois maximum est concevable, à titre exceptionnel. Les mineurs de 16 à 18 ans se voient appliquer les règles prévues pour les majeurs, la durée maximale, après prolongations éventuelles, ne pouvant cependant excéder 2 ans *(Ord. n° 45-174, 2 févr. 1945, art. 11, al. 14 ; CJPM, art. L. 433-4).*

En matière correctionnelle, lorsque le mineur est âgé de plus de 16 ans et que la peine encourue est inférieure à 7 ans d'emprisonnement, la durée maximale de la détention provisoire est d'un mois *(Ord. n° 45-174, 2 févr. 1945, art. 11, al. 11 ; CJPM, art. L. 433-3, al. 1er, 1°).* À titre exceptionnel, une prolongation unique d'un mois est possible. **Lorsque la peine encourue est supérieure à 7 ans d'emprisonnement, ce sont les règles prévues pour les majeurs qui s'appliquent, sous réserve du délai maximum après prolongation, qui ne peut excéder un an** *(Ord. n° 45-174, 2 févr. 1945, art. 11, al. 12 ; CJPM, art. L. 433-3, al. 1er, 2°).*

Lorsqu'il est âgé de 13 à 16 ans et qu'il a été placé en détention en raison de la révocation du CJ, la durée maximale est de 15 jours renouvelable une fois. Si le délit commis encourt 10 ans d'emprisonnement la durée est d'un mois renouvelable une fois *(Ord. n° 45-174, 2 févr. 1945, art. 11-2 ; CJPM, art. L. 433-2).*

IV. Les voies de recours

Le ministère public ayant la faculté de faire appel devant la chambre de l'instruction, de toute ordonnance du JLD *(CPP, art. 185)* dans les 5 jours de la notification de la décision, il peut exercer ce recours contre l'ordonnance qui refuse le placement en détention provisoire.

Le mis en examen peut également faire appel de l'ordonnance de placement en détention, dans un délai de 10 jours à compter de la signification de la décision *(CPP, art. 186, al. 1 et 4)*.

> **Attention** Il convient de noter que le placement en détention est immédiatement exécutoire et que l'appel n'est pas suspensif.

Le législateur a cependant introduit une procédure dite de « **référé-liberté** » destinée à pallier cet inconvénient.

L'article 187-1 du CPP prévoit que si l'appel contre l'ordonnance de placement est formé au plus tard le jour suivant la décision, l'appelant peut demander au président de la chambre de l'instruction d'examiner immédiatement son appel, sans attendre l'audience de la chambre de l'instruction. La demande doit être formée en même temps que l'appel lui-même. Cette requête est examinée au plus tard le troisième jour ouvrable suivant la demande et le magistrat statue par une ordonnance non motivée non susceptible de recours. Cependant, l'appelant peut demander que le recours soit examiné directement par la chambre de l'instruction qui statue alors dans les 5 jours *(CPP, art. 187-2)*. Le président de la chambre peut décider que le placement en détention n'est pas justifié et remettre en liberté la personne (qui est nécessairement détenue) et dans ce cas, la chambre de l'instruction est dessaisie de l'appel. Le magistrat peut alors placer le mis en examen sous CJ. Il peut, au contraire, juger que la détention est justifiée, et dans ce cas la chambre de l'instruction reste saisie de l'appel. Celle-ci doit se prononcer sur l'appel de l'ordonnance de placement, dans les 10 jours, sauf en cas de circonstances insurmontables mettant obstacle au jugement de l'affaire *(CPP, art. 194, al. 4)*.

§2 L'achèvement de la détention provisoire

La détention provisoire peut prendre fin de manière anticipée ou à la fin de l'instruction, par l'ordonnance de règlement.

I. L'achèvement anticipé de la détention provisoire

La décision de placement ou de prolongation de la détention provisoire fixe la durée de la privation de liberté mais celle-ci peut être interrompue avant le terme fixé dans plusieurs cas.

Le juge d'instruction peut décider d'office de mettre fin à la détention provisoire, après avis du procureur, en remettant en liberté l'intéressé et, éventuellement, en le plaçant sous CJ. Dans ce cas, le mis en examen doit prendre l'engagement de se représenter à tous les actes de la procédure dès qu'il en sera requis et de tenir le juge d'instruction informé de ses déplacements *(CPP, art. 147)*. Le parquet peut également requérir cette remise en liberté, à tout moment. Dans ce cas, le juge d'instruction peut naturellement suivre ces réquisitions. Mais s'il n'entend pas y faire droit, c'est-à-dire s'il souhaite la poursuite de la détention provisoire, il doit, dans les 5 jours suivant les réquisitions, transmettre le dossier, assorti de son avis motivé, au JLD, qui statue dans le délai de 3 jours ouvrables.

L'article 148 du CPP prévoit que **la personne placée en détention peut également, en toute matière et à tout moment, demander sa mise en liberté**. Face à la multiplication des demandes formulées par les personnes concernées, le législateur a ajouté qu'à peine d'irrecevabilité, aucune demande de mise en liberté ne peut être formée tant qu'il n'a pas été statué par le JLD sur une précédente demande.

La demande est adressée au juge d'instruction qui doit communiquer au procureur de la République le dossier afin qu'il prenne ses réquisitions. Ensuite, soit le juge d'instruction fait droit à la demande et il remet en liberté le mis en examen. Soit, au contraire, il n'envisage pas cette remise en liberté, auquel cas il transmet, dans les mêmes conditions que précédemment, le dossier au JLD. Ce dernier, statuant dans le délai de 3 jours ouvrables, peut accorder la mise en liberté ou la rejeter. S'il la rejette, il doit motiver sa décision par référence aux dispositions de l'article 144 du CPP (motifs de la détention provisoire). En outre, l'article 145-3 du CPP impose, dans le cas où la détention excède un an en matière criminelle ou 8 mois en matière délictuelle, que la décision de rejet de la demande comporte les indications particulières justifiant en l'espèce la poursuite de l'information et le délai prévisible d'achèvement de la procédure.

On ajoutera que **les décisions de rejet des demandes de mise en liberté peuvent être frappées d'appel par le mis en examen**.

L'article 148, alinéa 5, du CPP prévoit encore que si le JLD ne respecte pas le délai de 3 jours, le mis en examen peut saisir directement la chambre de l'instruction de sa demande. Cette juridiction, après réquisitions du procureur général, se prononce dans un délai de 20 jours faute de quoi le requérant est remis d'office en liberté, sauf si des vérifications concernant sa demande ont été ordonnées. Le procureur de la République peut également saisir dans les mêmes conditions la chambre de l'instruction.

Cette juridiction peut aussi être saisie directement dans un autre cas, prévu par l'article 148-4 du CPP. Il s'agit de l'hypothèse où, l'instruction n'étant pas achevée, le mis en examen n'a pas comparu devant le juge d'instruction depuis plus de 4 mois. La demande de mise en liberté peut être adressée dans ce cas directement à la chambre de l'instruction qui statue dans le délai de 20 jours.

On notera encore que le législateur a institué une procédure de « **référé-détention** », constituant le pendant du « référé-liberté ». Cette procédure peut être utilisée en cas de mise en liberté décidée contrairement aux réquisitions du procureur de la République, par le juge d'instruction ou le JLD. L'article 148-1-1 du CPP prévoit que cette décision doit être notifiée immédiatement au procureur. Pendant un délai de 4 heures à partir de cette notification, la personne ne peut être remise en liberté et le procureur de la République peut faire appel de l'ordonnance et saisir en même temps le premier président de la cour d'appel d'un référé-détention. La personne reste détenue jusqu'à ce que ce magistrat ait statué et elle a le droit de faire des observations écrites devant lui. Le premier président statue au plus tard le 2ème jour ouvrable suivant la demande. À défaut, le détenu est libéré d'office *(CPP, art. 187-3)*. La décision est insusceptible de recours. Soit le premier président estime que le maintien en détention est « manifestement » nécessaire, au vu d'au moins deux critères de l'article 144, jusqu'à ce que la chambre de l'instruction statue sur l'appel du procureur de la République. Dans ce cas, l'appel devient suspensif jusqu'à cette date et la chambre de l'instruction doit statuer au plus tard dans les 10 jours de l'appel. Soit le premier président rejette le référé-détention et la personne est alors remise en liberté.

Enfin, l'article 147-1 du CPP donne la possibilité de **prononcer la mise en liberté** du mis en examen, d'office ou à sa demande, si son **état de santé est incompatible avec la détention**, sauf s'il existe un risque grave de renouvellement de l'infraction. Il est alors nécessaire qu'une expertise médicale établisse que l'intéressé est atteint d'une pathologie engageant le pronostic vital ou que son état de santé physique ou mentale est incompatible avec le maintien en détention.

En revanche, aucun texte ne prévoit la possibilité de demander une remise en liberté lorsque les conditions de détention sont contraires à la dignité humaine, notamment en cas de surpopulation carcérale. Or, **la France a été condamnée par la CEDH en janvier 2020 en raison de conditions de détention contraires à l'article 3 de la Conv. EDH** *(CEDH, 30 janv. 2020, req. n° 9671/15, aff. JMB et autres c. France)*. La **Cour de cassation**, saisie de la question, a décidé de tirer les conséquences de cette jurisprudence en affirmant que *« lorsque la description faite par le demandeur de ses conditions personnelles de détention est suffisamment crédible, précise et actuelle, de sorte qu'elle constitue un commencement de preuve de leur caractère indigne, il appartient alors à la chambre de l'instruction, dans le cas où le ministère public n'aurait pas préalablement fait vérifier ces allégations, et en dehors du pouvoir qu'elle détient d'ordonner la mise en liberté de l'intéressé, de faire procéder à des vérifications complémentaires afin d'en apprécier la réalité. Après que ces vérifications ont été effectuées,* ***dans le cas où la chambre de l'instruction constate une atteinte au principe de dignité, elle doit ordonner la mise en liberté de la personne****, en l'astreignant, le cas échéant, à une assignation à résidence avec surveillance électronique ou à un contrôle judiciaire » (Cass. crim., 8 juill. 2020, n° 20-81.739 – V. également*

Cass. crim., 15 déc. 2020, n° 20-85.461, concernant les modalités d'appréciation du caractère indigne des conditions de détention).

Cependant, l'absence de recours spécialement prévu par la loi ayant fait l'objet d'une QPC renvoyée au **Conseil constitutionnel**, ce dernier a rendu une décision *(Cons. const., 2 oct. 2020, n° 2020-858/859 QPC)*, **déclarant partiellement inconstitutionnel l'article 144-1 du CPP, en ce qu'il ne prévoit aucun recours devant le juge judiciaire afin de permettre au justiciable d'obtenir qu'il soit mis fin aux atteintes à sa dignité résultant des conditions de sa détention provisoire**. L'abrogation est reportée au 1er mars 2021 mais le législateur va devoir compléter le texte afin d'instituer une possibilité de remise en liberté en cas de conditions indignes de détention.

II. L'achèvement de la détention provisoire par l'effet de l'achèvement de l'instruction

Lorsque des charges sont retenues contre la personne mise en examen pour un délit, la détention provisoire prend fin avec l'ordonnance de renvoi devant le tribunal correctionnel *(CPP, art. 179)*. Cependant, le juge d'instruction peut décider, par une ordonnance distincte spécialement motivée, le **maintien en détention** jusqu'à la comparution devant la juridiction. Dans ce cas, la personne reste donc détenue jusqu'au jugement et le tribunal doit en principe commencer à statuer dans les 2 mois de l'ordonnance de renvoi. Ce délai peut cependant être prolongé pour la même durée, à deux reprises, en cas d'impossibilité de juger l'individu.

En matière criminelle, la situation est inverse. **Lorsque la personne mise en examen est renvoyée devant la cour d'assises, elle continue d'être détenue jusqu'à sa comparution**. L'article 181 du CPP prévoit que le mandat de dépôt ou d'arrêt qui ont pu être décernés conservent leur force exécutoire jusqu'au jugement. L'accusé doit comparaître normalement dans un délai d'un an à compter de l'ordonnance de mise en accusation mais ce délai peut être prolongé de 6 mois en cas d'impossibilité de juger l'intéressé, délai renouvelable une fois.

Enfin, l'article 367 du CPP prévoit qu'en cas d'appel de l'accusé contre un arrêt de cour d'assises l'ayant condamné, la détention provisoire se poursuit à concurrence du maximum de la peine prononcée.

On terminera en notant que l'accusé peut saisir, après la décision de mise en accusation, la chambre de l'instruction d'une demande de mise en liberté, selon l'article 148-1, alinéa 2 du CPP. La cour d'assises est compétente pour statuer sur une telle demande dès le début de la session au cours de laquelle elle doit juger l'accusé. Il est évident, à l'inverse, que la fin de l'information peut se concrétiser par une ordonnance de non-lieu. Dans ce cas, la détention provisoire qui avait été prescrite prend fin et la personne concernée doit être remise en liberté *(CPP, art. 177 al. 2)*. Dans une telle hypothèse ou lorsque la personne a été définitivement relaxée ou acquittée, elle peut demander réparation des préjudices découlant de la détention provisoire injustement subie *(CPP, art. 149 à 150)*.

LA DURÉE DE LA DÉTENTION PROVISOIRE DES MAJEURS

	Durée initiale	Prolongations	Prolongation en cas de fait constitutif commis à l'étranger	Prolongation en cas de nécessité de poursuivre l'instruction et de risque pour la sécurité	maximum
Crimes encourant 15 ans ou 20 ans de réclusion criminelle	1 an	2 fois 6 mois	2 fois 6 mois	2 fois 4 mois	3 ans et 8 mois
Crimes encourant plus de 20 ans de réclusion criminelle	1 an	4 fois 6 mois	2 fois 6 mois	2 fois 4 mois	4 ans et 8 mois
Délits punis de 5 ans d'emprisonnement maximum	4 mois	aucune si pas de condamnation antérieure à une peine criminelle ou un emprisonnement ferme de plus d'un an			4 mois
Délits punis de 5 ans d'emprisonnement maximum	4 mois	2 fois 4 mois si condamnation antérieure à une peine criminelle ou un emprisonnement ferme de plus d'un an	3 fois 4 mois	1 fois 4 mois	2 ans et 4 mois
Délits punis de plus de 5 ans d'emprisonnement	4 mois	2 fois 4 mois	3 fois 4 mois	1 fois 4 mois	2 ans et 4 mois

LA DURÉE DE LA DÉTENTION PROVISOIRE DES MINEURS

	Délai	Prolongations	Durée maximum
Crimes commis par un mineur âgé de 13 à 16 ans	6 mois	1 fois 6 mois	1 an
Crimes commis par un mineur âgé de plus de 16 ans	1 an	2 fois 6 mois	2 ans
Délits commis par un mineur âgé de plus de 16 ans et peine encourue inférieure ou égale à 7 ans	1 mois	1 mois	2 mois
Délits commis par un mineur âgé de plus de 16 ans et peine encourue supérieure à 7 ans	4 mois	2 fois 4 mois	1 an
Délits punis de moins de 10 ans commis par un mineur âgé de 13 à 16 ans (révocation du contrôle judiciaire)	15 jours	1 fois 15 jours	1 mois
Délits punis de 10 ans commis par un mineur âgé de 13 à 16 ans (révocation du contrôle judiciaire)	1 mois	1 fois 1 mois	2 mois

⏭ POUR ALLER PLUS LOIN…

- J. BUISSON, Le référé-détention par le procureur de la République, Procédures 2002, chron. 13 ;
- C. COHEN, Détention provisoire : le remède introuvable, Gaz. pal. 2004, n° 205, p. 2 ;
- A.- S. CHAVENT-LECLERE, Conditions indignes de la détention provisoire et office du juge, Procédures 2020, comm. 177 ;
- A. MARON et M. HAAS, La CEDH plus forte que la Covid, Dr. pén. 2020, comm. 177 – Détenu isolé et jurisprudence fournie, Dr. pén. 2020, comm. 194 ;
- L. MILANO, Surpopulation carcérale et effectivité des recours internes, JCP G 2021, 129 ;
- V. PELTIER, Conditions de détention des détenus prévenus : abrogation de l'article 144-1, alinéa 2 du Code de procédure pénale, JCP G 2020, 1348.

TITRE 3
LE CONTRÔLE DE L'INSTRUCTION

Les actes d'instruction, ainsi que les actes antérieurs, accomplis durant l'enquête de police par exemple, sont susceptibles de voir leur régularité contrôlée. Ce contrôle intervient au cours de l'instruction mais, si une instruction n'a pas été menée, il peut avoir lieu également devant les juridictions de jugement, à certaines conditions.

Le Code de procédure pénale étant peu explicite sur la question des nullités, c'est la doctrine et la jurisprudence qui ont construit une théorie des nullités qu'il convient d'analyser.

Fiche n° 39 L'identification des nullités de procédure

L'ESSENTIEL

Les textes du Code de procédure pénale relatifs aux nullités sont peu explicites et la théorie des nullités a été construite par la doctrine et la jurisprudence qui distingue nullités textuelles et nullités substantielles, d'une part, nullités d'ordre public et nullités d'ordre privé, d'autre part. La seconde distinction a une portée pratique beaucoup plus grande que la première.

LES CONNAISSANCES

(CPP, art. 170, 171 et 802)

Selon l'article 802 du CPP, « *en cas de violation des formes prescrites par la loi à peine de nullité ou d'inobservation des formalités substantielles, toute juridiction, y compris la Cour de cassation, qui est saisie d'une demande d'annulation ou qui relève d'office une telle irrégularité ne peut prononcer la nullité que lorsque celle-ci a eu pour effet de porter atteinte aux intérêts de la partie qu'elle concerne* ».

En outre, l'article 170 énonce qu'« *en toute matière, la chambre de l'instruction peut, au cours de l'information, être saisie aux fins d'annulation d'un acte ou d'une pièce de la procédure par le juge d'instruction, par le procureur de la République, par les parties ou par le témoin assisté* ».

L'article 171 énonce, quant à lui, qu'« *il y a nullité lorsque la méconnaissance d'une formalité substantielle prévue par une disposition du présent code ou toute autre disposition de procédure pénale a porté atteinte aux intérêts de la partie qu'elle concerne* ».

Ces textes expriment l'idée selon laquelle la procédure pénale dans son ensemble doit être exempte de vices, elle doit respecter des règles de forme ou de fond qui constituent une garantie de bonne justice. La nullité apparaît, en matière pénale, comme la sanction de l'irrégularité d'un acte de procédure, soit en raison de l'omission d'une formalité qui aurait dû être accomplie, soit en raison de l'accomplissement de l'acte en violation d'une règle ou d'un principe général.

Il convient d'abord de déterminer les cas dans lesquels la nullité peut être invoquée. Or, il est possible d'opérer plusieurs distinctions, dont la portée pratique est variable.

Le législateur opère une première distinction entre les nullités textuelles et les nullités substantielles mais il en existe une autre, beaucoup plus importante, entre les nullités d'ordre privé et celles d'ordre public.

§1 Nullités textuelles et nullités substantielles

La distinction, qui résulte de l'article 802, repose sur l'origine ou la source de la nullité : **soit c'est le législateur qui décide expressément qu'un acte doit respecter telle ou telle condition et qu'en cas de non-respect de l'une d'elles, il est nul. Soit le texte ne dit rien et c'est le juge, au cas par cas, qui se prononce sur le point de savoir si on peut annuler l'acte dont une partie demande l'annulation.** La nullité est alors qualifiée de substantielle ou parfois virtuelle. Ceci a pour conséquence que la juridiction doit préciser la raison pour laquelle elle annule un acte : soit parce que c'est un texte qui prévoit cette nullité, soit parce que l'acte lui apparaît comme contraire à une règle ou un principe supérieur, comme le principe du contradictoire, celui des droits de la défense ou encore de la loyauté de la preuve. Il ne peut y avoir de nullité en dehors de ces deux hypothèses et il est concevable que la méconnaissance d'une règle n'entraîne donc pas la nullité parce que le législateur ne le prévoit pas et que la jurisprudence considère que la règle en question n'est pas « substantielle ».

Jurisprudence

Ainsi, concernant l'article 127 du CPP relatif au mandat d'amener, la Cour de cassation a jugé que l'omission des formalités prévues par ce texte n'est pas de nature à entraîner la nullité de la poursuite dès lors que la recherche et l'établissement de la vérité ne s'en sont pas trouvés viciés fondamentalement ni la défense mise dans l'impossibilité d'exercer ses droits devant la juridiction d'instruction *(Cass. crim., 8 nov. 1988, n° 88-83.666)*. La Cour de cassation a encore jugé que la présence d'un journaliste, au cours d'une perquisition, constitue une violation du secret de l'instruction concomitante à l'accomplissement de l'acte qui porte nécessairement atteinte aux intérêts de la personne qu'elle concerne, même si le journaliste a obtenu une autorisation à cette fin *(Cass. crim., 9 janv. 2019, n° 17-84.026)*.

En outre, l'intérêt de l'existence d'une nullité textuelle est que le juge ne dispose pas du pouvoir de dire si la méconnaissance de la règle entraîne la nullité ou non puisque c'est prévu par le texte.

Les nullités textuelles sont relativement rares et on peut citer celles prévues, en matière de perquisitions, par l'article 59 du CPP et les articles 56-1, 56-3 et 56-4 du CPP (V. Fiche n° 21), celles prévues en matière de vérification d'identité par l'article 78-3 (V. Fiche n° 17) ou encore la nullité prévue par l'article 80-1 relatif à la mise en examen (V. Fiche n° 33).

L'article 802 énonce qu'il peut y avoir également nullité en cas d'« inobservation des formalités substantielles », tout comme l'article 171. La notion de formalité substantielle n'est définie ni par le législateur ni par la jurisprudence et elle dépend donc de l'appréciation des juges. **Les exemples de nullités substantielles sont beaucoup plus nombreux.**

C'est le cas, notamment, des règles qui accordent des droits à la personne poursuivie (les droits de la défense) et, en particulier, du droit d'être assisté par un avocat ainsi que les prérogatives accordées à l'avocat.

Jurisprudence

Par exemple, doit être sanctionné de la nullité, le jugement rendu à la suite d'une audience qui n'a pas permis au prévenu de prendre la parole en dernier, suite à la plaidoirie de son avocat, alors même qu'il en a fait la demande *(Cass. crim., 11 déc. 1990, n° 89-84.772)*, ce droit étant affirmé par plusieurs textes *(CPP, art. 346 et 460)*.

Dans le domaine de la garde à vue, de nombreuses règles prévues par les textes sont considérées comme substantielles. C'est le cas de l'obligation pour l'OPJ d'informer immédiatement le procureur de la République du placement en garde à vue *(Cass. crim., 29 févr. 2000, n° 99-85.573)*, de celle de notifier les droits à la personne dès le début de la mesure *(Cass. crim., 31 mai 2007, n° 07-80.928)* ou encore d'enregistrer les auditions de la personne placée en garde à vue pour un crime *(Cass. crim., 22 juin 2010, n° 10-81.275)*.

Parfois la jurisprudence fonde la nullité sur le non-respect, non pas d'un texte du CPP mais d'une Convention internationale ou d'un principe général. Il est ainsi fréquent que la nullité d'un acte soit prononcée en raison de la méconnaissance d'un article de la Conv. EDH.

Jurisprudence

Par exemple, avant que la géolocalisation ne soit consacrée par le législateur *(CPP, art. 230-32 et s.)*, la chambre criminelle a jugé que ce procédé était contraire à l'article 8 Conv. EDH lorsqu'il était prescrit dans le cadre d'une enquête de police par le procureur de la République *(Cass. crim., 22 oct. 2013, n° 13-81.945 et 13-81.949)*.

§2 Nullités d'ordre public et d'ordre privé

Cette distinction est beaucoup plus importante car elle a des conséquences sur le régime de la nullité. On oppose la nullité qui touche uniquement aux intérêts d'une personne, dite d'intérêt privé, de celle qui est relative à une règle touchant à des intérêts plus fondamentaux, qualifiée d'intérêt public. La différence tient à la nécessité de démontrer un grief c'est-à-dire un préjudice, en cas de nullité d'ordre privé, alors que cette preuve est inutile dans le cas de la nullité d'ordre public. Il est donc plus facile de faire annuler un acte dans le second cas que dans le premier.

I. Nullités d'ordre public

La Cour de cassation considère que, **en présence de la violation d'une règle essentielle de procédure, la nullité doit pouvoir être prononcée de manière systématique, même s'il n'en découle pas une atteinte aux intérêts d'une partie au procès**.

Figure dans cette catégorie de nullité la méconnaissance des règles de compétence et d'organisation judiciaire, et de celles concernant la saisine du juge d'instruction.

Jurisprudence

Ainsi, il est interdit au juge d'instruction d'informer sans être saisi par un réquisitoire introductif et la violation de cette règle entraîne une nullité d'ordre public *(Cass. crim., 23 avr. 1971, n° 70-92.874)*. De même, le juge d'instruction est saisi *in rem* c'est-à-dire qu'il doit limiter ses investigations aux seuls faits dont il est régulièrement saisi. L'inobservation de cette règle entraîne une nullité d'ordre public *(Cass. crim., 10 mai 1973, n° 73-90.372)*.

Dans certains cas, la règle méconnue paraît clairement être instituée dans l'intérêt d'une partie et devrait donc être considérée comme d'ordre privé. C'est le cas de celles qui protègent les droits de la défense. **Pourtant, la Cour de cassation considère assez souvent que la violation de telles règles doit être considérée comme d'ordre public** en jugeant que cette violation porte nécessairement atteinte aux intérêts de la personne concernée, ce qui revient à dire que celle-ci n'a pas à démontrer un quelconque grief, ce dernier étant présumé de manière irréfragable.

Jurisprudence

Ainsi, elle estime que « tout retard injustifié » dans la mise en œuvre du devoir de notifier les droits attachés au placement en garde à vue « *porte nécessairement atteinte aux intérêts de la partie qu'elle concerne* » *(Cass. crim., 30 avr. 1996, n° 95-82.217)*. De même, tout retard injustifié dans l'information donnée au procureur de la République du placement en garde à vue « *porte nécessairement atteinte aux intérêts de la personne gardée à vue* » *(Cass. crim., 24 nov. 1998, n° 98-82.496)*.

En définitive, il existe des nullités d'ordre public qui sanctionnent la méconnaissance d'une règle fondamentale même si elle ne cause aucun préjudice, et il existe des nullités assimilées à ces nullités d'ordre public, les nullités « à grief présumé ».

II. Nullités d'ordre privé

Elles correspondent aux cas dans lesquels l'inobservation d'une règle entraîne la nullité de l'acte à condition de démontrer un grief c'est-à-dire une atteinte aux intérêts de la personne qui invoque la nullité. Ces nullités sont plus difficiles à obtenir car il est nécessaire de prouver un grief.

Jurisprudence

Ainsi, si le défaut d'impartialité d'un enquêteur peut constituer une cause de nullité de la procédure, c'est à la condition que ce grief ait eu pour effet de porter atteinte au caractère équitable de la procédure ou de compromettre l'équilibre des droits des parties *(Cass. crim., 14 mai 2008, n° 08-80.483)*.

En matière de perquisitions, la présence de la personne chez qui la perquisition est faite est une condition de régularité et il s'agit même d'une nullité textuellement prévue *(CPP, art. 59)*. La chambre criminelle considère qu'il s'agit d'une nullité d'ordre privé pour laquelle la preuve d'un grief doit être faite *(Cass. crim., 17 sept. 1996, n° 96-82.105)*.

De même, en matière de citation à comparaître devant une juridiction, les règles de forme à respecter sont destinées à protéger les intérêts de la personne concernée. Leur méconnaissance entraîne donc une nullité nécessitant la preuve d'un grief. Par exemple, est nulle la citation dans laquelle figure une erreur matérielle sur la désignation de la Cour devant laquelle le demandeur devait comparaître dans la mesure où ce dernier n'était ni présent ni représenté à l'audience, cette absence démontrant le grief *(Cass. crim., 4 mai 2006, n° 05-85.239)*.

⏭ POUR ALLER PLUS LOIN...

- A.-S. CHAVENT-LECLÈRE, Nullité sans grief du défaut d'enregistrement audiovisuel en matière criminelle, Procédures 2016, comm. 303 ;
- F. FOURMENT, La nullité des actes de procédure et la Convention européenne des droits de l'homme, Gaz. Pal, 28 juill. 2012, p. 12 ;
- C. GUÉRY, Nullité de procédure portant indirectement atteinte aux intérêts du requérant, état des lieux, D. 2014, p. 1460 ;
- M. GUERRIN, Les principales causes de nullité de l'audience pénale, AJ pénal 2008, p. 181 ;
- P. HENNION-JACQUET, La double dénaturation des nullités en matière pénale, D. 2004, p. 1265 ;
- J. LE CALVEZ, L'article 80-1, alinéa 1er, du Code de procédure pénale et la nullité de la mise en examen, D. 2002, p. 2277

Fiche n° 40 Le régime juridique des nullités de procédure

L'ESSENTIEL

La nullité doit être prononcée par une juridiction qui est soit la chambre de l'instruction, lorsqu'une information est ouverte, soit une juridiction de jugement, lorsqu'aucune instruction préparatoire n'a été menée. La requête répond à des conditions de délai ou de moment qui diffèrent selon qu'elle est présentée devant la chambre de l'instruction ou une juridiction de jugement. La nullité de l'acte irrégulier peut s'étendre à d'autres actes postérieurs lorsque ceux-ci reposent sur l'acte irrégulier qui a été annulé. La régularisation de la procédure est envisageable mais s'avère difficile à mettre en œuvre.

LES CONNAISSANCES

Il est nécessaire de se demander comment peut être prononcée la nullité d'un acte de procédure et quels sont les effets de la nullité d'un acte sur les autres.

§1 Le prononcé de la nullité

La nullité doit toujours être demandée et elle est prononcée par une juridiction en respectant certaines règles. On va voir d'abord quelles sont les juridictions compétentes pour prononcer une nullité puis comment et par qui la requête est présentée. On remarquera, à titre préliminaire, que, dans certains cas, les textes excluent le prononcé de la nullité alors qu'une irrégularité est pourtant constatée. Ainsi, dans le domaine des contrôles d'identité, les articles 78-2 et 78-2-2 du CPP prévoient, pour les contrôles diligentés sur réquisitions écrites du parquet, que « *le fait que le contrôle d'identité révèle des infractions autres que celles visées dans les réquisitions du procureur de la République ne constitue pas une cause de nullité des procédures incidentes* ». Il s'agit donc d'une restriction du droit de demander la nullité, dont on peut se demander si elle est conforme aux normes européennes ou constitutionnelles.

I. Les juridictions compétentes

Si l'on étudie la question des nullités au titre de l'instruction, c'est parce que la chambre de l'instruction est spécialement chargée de la tâche de vérifier la régularité des actes d'instruction. Cependant, les juridictions de jugement peuvent aussi être saisies de requêtes en annulation, lorsqu'une instruction n'a pas été ouverte. On rappellera qu'il est possible de demander, au stade de l'enquête de police, la nullité d'une perquisition au JLD, dans certains cas (V. Fiche n° 21, § 2).

A La chambre de l'instruction

Lorsqu'un juge d'instruction a été saisi, seule la chambre de l'instruction est compétente pour statuer sur une demande en annulation d'un acte *(CPP, art. 206)*. Il ne faut pas confondre ce rôle avec celui de juridiction d'appel des ordonnances du juge d'instruction et du juge des libertés et de la détention. Ici, la chambre de l'instruction est saisie directement par une partie ou par le juge d'instruction lui-même afin qu'elle contrôle la validité de l'acte accompli. Il faut noter, de surcroît, que cette compétence s'étend aux actes antérieurs à l'instruction elle-même c'est-à-dire aux actes d'enquête. Par exemple, il est possible d'invoquer la nullité d'une perquisition ou d'une garde à vue ayant eu lieu au cours d'une enquête antérieure à l'ouverture de l'instruction.

La chambre de l'instruction est compétente, à titre exclusif, pour prononcer la nullité, ce qui a pour conséquence que le juge d'instruction qui a accompli un acte irrégulier n'a pas le pouvoir de le recommencer en respectant les règles : il doit d'abord saisir la chambre de l'instruction pour faire annuler l'acte auparavant *(Cass. crim., 19 sept. 2017, n° 17-81.016)*.

Cependant, il n'y a pas que les actes de procédure, tels qu'une perquisition ou une audition, qui peuvent être atteints d'une irrégularité mais aussi des décisions, qui seraient rendues sans respecter les règles de forme notamment. Par conséquent, **la nullité d'une décision peut également être invoquée mais, dans ce cas, le requérant doit le faire après avoir interjeté appel de ladite décision devant la chambre de l'instruction** et il ne peut saisir cette juridiction directement, sans exercer la voie de l'appel *(CPP, art. 173, al. 4)*.

> Il existe, en outre, une règle dite de la « purge des nullités » qui est très importante en pratique. L'idée est que, si une instruction a lieu, la chambre de l'instruction peut être saisie pour prononcer la nullité d'un acte et que, par conséquent, si la demande en annulation n'est pas faite durant l'instruction, elle ne sera plus recevable après la clôture de celle-ci. C'est la décision de renvoi du mis en examen devant une juridiction de jugement qui produit cet effet de couvrir les éventuels vices de la procédure qui n'auraient pas été invoqués avant *(CPP, art. 178, 179 et 181)*.

B Les juridictions de jugement

En matière de délits et de contraventions, dès lors qu'il n'y a pas eu d'instruction, ce qui est le cas le plus fréquent, **les juridictions de jugement se voient octroyer les pouvoirs d'annulation de la chambre de l'instruction**. Les articles 385 et 522 du CPP prévoient ainsi que le tribunal correctionnel et le tribunal de police sont compétents pour prononcer la nullité des actes de procédure s'ils ont été saisis directement par le procureur de la République ou la partie civile, en l'absence d'instruction préparatoire.

Jurisprudence

Ici, la Cour de cassation n'admet pas que la juridiction puisse relever d'office un moyen de nullité, seules les parties pouvant invoquer la nullité *(Cass. crim., 6 juin 2012, n° 11-87.180)*.

En cas d'appel, la cour d'appel est également compétente pour se prononcer sur les demandes d'annulation mais seulement si celles-ci ont déjà été présentées devant la juridiction de première instance, aucune cause de nullité qui n'aurait été invoquée en première instance ne pouvant être excipée pour la première fois en cause *d'appel (Cass. crim., 10 oct. 2006, n° 06-81.833)*. Il existe cependant une exception lorsque le prévenu était absent et non représenté devant le tribunal et ne s'est donc pas défendu devant ce dernier. La Cour de cassation estime qu'il est en droit de présenter les exceptions tirées de la nullité de la procédure pour la première fois en cause d'appel *(Cass. crim., 6 juin 2007, n° 06-88.541)*.

En matière criminelle, il y a nécessairement eu une instruction donc il est impossible d'invoquer des causes de nullité antérieures au renvoi devant la cour d'assises en raison de la purge des nullités. Les seules causes qui peuvent être invoquées sont celles qui se produiraient après ce renvoi, comme les irrégularités dans la composition du jury par exemple *(CPP, art. 305-1 – Cass. crim., 26 nov. 1986, n° 86-92.471)* ou les causes de nullité qui surviennent au cours des débats. Dans ce dernier cas, c'est la cour seule, sans les jurés, qui est compétente et qui se prononce immédiatement par un arrêt dit incident, portant uniquement sur la demande en annulation *(CPP, art. 316)*.

Enfin, **devant la Cour de cassation**, il est permis de présenter des demandes d'annulation d'actes *(CPP, art. 599 et 802)* mais seulement si elles ont déjà été présentées devant les juridictions de première instance. Il existe une seule exception qui est l'incompétence de la juridiction, ce moyen pouvant être invoqué même pour la première fois devant la Cour de cassation.

II. La requête en nullité

A Le demandeur

Au stade de l'instruction, la requête en nullité peut émaner des parties, c'est-à-dire le ministère public, le mis en examen, la partie civile mais aussi le témoin assisté, qui n'est pourtant pas une partie, **ainsi que du juge d'instruction** lui-même qui estimerait qu'un acte d'enquête, par exemple, serait entaché de nullité *(CPP, art. 173)*.

Au stade du jugement, ce sont les parties uniquement qui peuvent demander la nullité d'un acte.

Dans tous les cas, s'agissant des parties à la procédure, **le problème est de savoir si celui qui invoque la nullité doit démontrer que celle-ci le touche personnellement ou s'il peut l'invoquer alors que c'est un tiers qui subit le grief.** Il peut, en effet, arriver qu'une personne soit mise en cause par une autre et que cette dernière n'invoque pas une nullité qui la touche personnellement. Est-ce que la première personne peut le faire elle-même parce qu'elle subit indirectement un grief ?

Jurisprudence

La jurisprudence est fluctuante sur ce point délicat. Avant un arrêt de la CEDH du 29 mars 2005 *(CEDH, 29 mars 2005, n° 57752/00, Matheron c/ France)*, la Cour de cassation considérait qu'il était nécessaire de prouver un grief touchant directement le demandeur. Par exemple, il était impossible de demander l'annulation de la garde à vue irrégulière d'un tiers *(Cass. crim., 1er oct. 2003, n° 03-82.909)*.

Par cet arrêt de la CEDH, la France a été condamnée dans une affaire dans laquelle les juges ont refusé d'annuler des écoutes téléphoniques irrégulières sous prétexte que la demande d'annulation était formulée par une personne qui n'avait pas été écoutée. À partir de cette décision, la Cour de cassation a modifié sa jurisprudence en affirmant, à propos d'un contrôle d'identité, que « le requérant à la nullité peut invoquer l'irrégularité d'un acte de la procédure concernant un tiers si cet acte, illégalement accompli, a porté atteinte à ses intérêts » *(Cass. crim., 6 sept. 2006, n° 06-84.869)*. Mais, elle a changé de nouveau d'avis ultérieurement en estimant, comme avant 2005, que l'irrégularité « ne peut être invoquée à l'appui d'une demande d'annulation d'acte ou de pièce de procédure que par la partie qu'elle concerne » *(Cass. crim., 14 févr. 2012, n° 11-87.757)*. Cette jurisprudence a été confirmée depuis malgré des critiques doctrinales.

B Le moment de la demande

La question qui se pose est de savoir s'il y a un délai dans lequel la demande doit être formée et la réponse diffère selon que la demande est formulée devant la chambre de l'instruction ou devant une juridiction de jugement.

Devant la chambre de l'instruction

(CPP, art. 173-1)
L'article 173-1 prévoit que « *sous peine d'irrecevabilité, la personne mise en examen doit faire état des moyens pris de la nullité des actes accomplis avant son interrogatoire de première comparution ou de cet interrogatoire lui-même dans un délai de six mois à compter de la notification de sa mise en examen, sauf dans le cas où elle n'aurait pu les connaître. Il en est de même s'agissant des moyens pris de la nullité des actes accomplis avant chacun de ses interrogatoires ultérieurs ou des actes qui lui ont été notifiés en application du présent code* ».

Il faut noter que la règle concerne seulement le mis en examen et non les autres parties. L'objectif est d'éviter de pouvoir remettre en cause en fin d'instruction des actes qui ont été faits avant ou au début de celle-ci. Le mis en examen dispose donc, à partir de sa mise en examen, d'un délai de **6 mois** pour invoquer la nullité des actes antérieurs dès lors que ces moyens de nullité étaient connus. Ensuite, il dispose d'un délai de **6 mois** à partir de chaque nouvel interrogatoire par le juge d'instruction, s'agissant des actes accomplis avant celui-ci.

Lorsque le juge d'instruction estime avoir achevé son instruction, il délivre un avis de fin d'information au procureur de la République et aux parties *(CPP, art. 175)*. Comme on l'a vu, les parties disposent alors d'un dernier délai d'**un ou 3 mois**, à partir de l'envoi de cet avis, pour présenter une requête en annulation des actes de la procédure antérieurs à l'avis de fin d'information. Ce délai s'impose ici à toutes les parties et non seulement au mis en examen.

Devant les juridictions de jugement, il n'existe pas de délai à respecter mais la demande ne peut pas, pour autant, être présentée n'importe quand.

> (CPP, art. 385)
> En effet, en vertu de l'article 385, qui donne compétence au tribunal correctionnel pour prononcer la nullité d'un acte de procédure s'il n'y a pas eu d'instruction, « *les exceptions de nullité doivent être présentées avant toute défense au fond* ».

L'exception de nullité doit être présentée *in limine litis*, c'est-à-dire avant de conclure au fond.

Il en résulte que si une exception de nullité n'a pas été présentée devant le tribunal, elle ne peut plus l'être devant la cour d'appel puisque, sauf cas particulier, l'affaire aura été examinée au fond devant le tribunal.

§2 Les effets de la nullité

La première question qui se pose ici est de savoir si la juridiction qui statue sur la requête peut prononcer la nullité d'un seul acte ou si cette nullité peut s'étendre à d'autres actes, qui eux, sont réguliers. Il faut aussi se demander si une régularisation de la procédure peut avoir lieu.

I. L'étendue de la nullité

Selon l'article 174 du CPP, la chambre de l'instruction décide si l'annulation doit être limitée à tout ou partie des actes ou pièces de la procédure viciée ou s'étendre à tout ou partie de la procédure ultérieure. Cette règle est transposable à toutes les juridictions susceptibles de prononcer la nullité des actes de procédure mais elle ne donne pas de critère pour choisir entre l'annulation d'un seul acte ou d'une pluralité d'actes.

> **Attention** Il est évident que la nullité doit d'abord toucher le ou les actes qui ont été faits de manière irrégulière. Le problème est uniquement de savoir si, au-delà de cet ou ces actes, d'autres doivent aussi être annulés, l'enjeu étant considérable en pratique.

C'est la jurisprudence qui est amenée à répondre à cette question et elle a fixé un certain nombre de principes.

Jurisprudence

En premier lieu, la Cour de cassation estime, logiquement, que les actes antérieurs à l'acte vicié qui ne sont pas eux-mêmes atteints d'une cause de nullité demeurent valables. C'est le cas, notamment, de l'interpellation régulière d'une personne qui est ensuite placée en garde à vue, cette mesure étant irrégulière *(Cass. crim., 30 avr. 1996, n° 95-82.217)*.

En second lieu, la nullité d'un acte est sans effet sur les actes ultérieurement accomplis dont l'acte annulé n'est pas le support nécessaire *(Cass. crim., 15 oct. 2003, n° 03-82.683)*.

Autrement dit, les juges doivent rechercher s'il existe un lien de causalité entre l'acte annulé et les actes subséquents afin de déterminer si ceux-ci ont pu être atteints par la nullité. Il en ressort une jurisprudence au cas par cas, les juges devant dire si les différents actes de la procédure sont reliés les uns aux autres ou s'ils sont indépendants ou autonomes, les uns vis-à-vis des autres.

Jurisprudence

Par exemple, si une perquisition est effectuée après qu'un suspect ait été placé en garde à vue, l'annulation du placement en garde à vue irrégulier n'entraîne pas celle de la perquisition parce que cette dernière pouvait avoir lieu en dehors de toute garde à vue *(Cass. crim., 22 juin 2000, n° 00-82.632)*. En revanche, il arrive que l'ensemble de la procédure ultérieure doive être annulé, notamment dans le cas d'un stratagème mis en place par les enquêteurs qui a pour effet de provoquer la commission d'une infraction *(Cass. crim., 4 juin 2008, n° 08-81.045)*.

Lorsque l'annulation est prononcée, elle a pour effet d'interdire pour l'avenir de faire référence et de se fonder sur l'acte annulé. Dans le cadre de l'instruction, l'article 174, alinéa 3 prévoit que les actes ou pièces annulés sont retirés du dossier de l'information et classés au greffe de la cour d'appel. Si l'acte ou la pièce n'est pas annulé en totalité, la juridiction prononce la cancellation c'est-à-dire la biffure ou le bâtonnage des parties annulées de l'acte pour les rendre illisibles (même texte). Enfin, le texte énonce qu'« *il est interdit de tirer des actes et des pièces ou parties d'actes ou de pièces annulés aucun renseignement contre les parties, à peine de poursuites disciplinaires pour les avocats et les magistrats* ».

Les juridictions de jugement, faute de texte, se bornent à appliquer la dernière règle en s'interdisant de se fonder sur le ou les actes annulés.

II. La régularisation de la procédure

Le droit de demander la nullité d'un acte constitue, dans certains cas du moins, un droit subjectif dont peut disposer la partie qui le possède. Il est donc **possible de renoncer à demander la nullité,** ce qui revient à valider l'acte irrégulier. En réalité, cela n'est possible que pour certaines nullités, celles qui sont d'intérêt privé car les nullités d'ordre public ne peuvent faire l'objet d'une renonciation, selon la jurisprudence, ce qui se comprend dès lors qu'elles ne visent pas à protéger les droits des individus mais plutôt à assurer le bon fonctionnement de la justice elle-même.

(CPP, art. 172)
L'article 172 énonce que « la partie envers laquelle une formalité substantielle a été méconnue peut renoncer à s'en prévaloir et régulariser ainsi la procédure. Cette renonciation doit être expresse. Elle ne peut être donnée qu'en présence de l'avocat ou ce dernier dûment appelé ».

Il reste à se demander si l'acte, qui a été annulé, pourrait être refait, régulièrement cette fois.

La question ne se pose que dans le cadre de l'instruction car, au stade du jugement, il est généralement trop tard, même si les textes n'interdisent pas de demander à la juridiction de faire un supplément d'information *(CPP, art. 463 et 538).*

Dans le cadre de l'instruction, il n'est nullement interdit au juge d'instruction, après annulation d'un acte de procédure, de refaire cet acte régulièrement.

Jurisprudence

Par exemple, il peut procéder à une nouvelle saisie de pièces déjà saisies puis restituées en exécution d'une décision d'annulation d'actes de la procédure, dès lors que le PV de perquisition et de saisie ne se réfère pas aux actes annulés *(Cass. crim., 23 mars 1977, n° 75-92.170 – Cass. crim., 13 oct. 2020, n° 20-80.490).*

En pratique cependant, il est souvent difficile de refaire l'acte ou du moins, d'obtenir le même résultat. Par exemple, dans le cas de la perquisition, il y a peu de chances de saisir de nouveau les mêmes choses ou documents. Dès lors, le magistrat peut être tenté de contourner le problème en reconstituant l'acte annulé au lieu de le refaire régulièrement.

Jurisprudence

Par exemple, en cas d'annulation d'une saisie sur laquelle était fondé un réquisitoire introductif, un procureur de la République a fait entendre les auteurs de la saisie annulée pour requérir ensuite l'ouverture d'une information *(Cass. crim., 23 janv. 1990, n° 89-85.607)*.

Ce genre de procédé est prohibé par la Cour de cassation, les actes visant à reconstituer l'acte annulé étant eux-mêmes nuls parce qu'ils constituent un artifice visant à contourner le principe même de l'annulation.

⏭ POUR ALLER PLUS LOIN...

- J. ANDREI, Étendue de l'annulation liée à une perquisition irrégulière dans le cadre d'une information judiciaire, AJ pénal 2016, p. 541 ;
- G. BEAUSSONIE et P. CAZALBOU, L'annulation d'un acte procédural subi par autrui, Gaz. Pal 2016, n° 27, p. 40 ;
- A.-S. CHAVENT-LECLÈRE, L'impossibilité de refaire un acte irrégulier, Procédures 2017, comm. 280 ;
- O. DÉCIMA, Du droit à la nullité en procédure pénale, JCP G 2016, 2028 ;
- J.-B. THIERRY, Nullité de la perquisition filmée par un journaliste, AJ pénal 2017, p. 140.

P@RTIE 6
LE JUGEMENT

Le jugement des auteurs d'infractions est la phase ultime de la procédure pénale, en même temps que la plus importante en ce que les juridictions vont se prononcer sur la culpabilité des personnes poursuivies. En vertu du principe fondamental du double degré de juridiction, rappelé par l'article préliminaire, III du CPP, celles-ci ont le droit d'être jugées par deux juridictions successivement. Elles peuvent ensuite exercer d'autres recours, comme le pourvoi en cassation.

Il convient donc d'étudier d'abord le jugement en première instance avant d'exposer quelles sont les voies de recours dont disposent les parties au procès pénal.

TITRE 1

LE JUGEMENT EN PREMIÈRE INSTANCE

En principe, le jugement des personnes poursuivies est rendu par une juridiction après que des débats ont eu lieu devant elles, ce qui permet aux droits de la défense de s'exercer pleinement. Si cette règle ne connaît pas d'exceptions en matière criminelle, tel n'est pas le cas pour le jugement des délits ou des contraventions pour lequel, parallèlement à la procédure de droit commun, existent des modes de jugement simplifiés n'impliquant pas de débats, sauf en cas de contestation par la personne condamnée.

En dehors de ces cas particuliers, **la procédure doit être publique, orale et contradictoire**.

La **publicité des débats** signifie que les audiences sont accessibles au public et il faut y voir une garantie contre l'arbitraire. En cour d'assises, il est même prévu que les débats font l'objet d'un enregistrement sonore lorsque la cour d'assises statue en appel, sauf renonciation expresse de l'ensemble des accusés. Lorsque la cour statue en premier ressort, il s'agit d'une possibilité *(CPP, art. 308)*.

Dans certains cas, la juridiction peut décider que les débats se tiendront à huis clos, lorsque la publicité serait dangereuse pour l'ordre ou les mœurs *(CPP, art. 306, pour la cour d'assises)* ou pour la sérénité des débats, la dignité de la personne ou les intérêts d'un tiers *(CPP, art. 400, pour le tribunal correctionnel)*.

Une victime partie civile peut également demander ce huis-clos devant la cour d'assises, en matière de viol, tortures et actes de barbarie accompagnés d'agressions sexuelles, traite des êtres humains ou proxénétisme aggravé. Dans les autres cas, le huis clos ne peut avoir lieu que si l'une des parties civiles ne s'y oppose pas *(CPP, art. 306)*.

En outre, **la publicité restreinte est de principe pour le jugement des mineurs délinquants**, les débats se déroulant, devant le tribunal pour enfants et la cour d'assises des mineurs, en présence de la victime, des témoins, des proches parents, du représentant légal ou du tuteur ou du défenseur et du ministère public, le jugement étant cependant rendu en audience publique *(Ord. n° 45 174, 2 févr. 1945, art. 14 ; CJPM, L. 513-2, prévoyant également la présence des civilement responsables)*.

L'**oralité des débats** signifie que devant les juridictions de jugement, les prévenus et accusés sont interrogés, les témoins déposent, les experts exposent les conclusions de leurs rapports, le ministère public prend ses réquisitions et les avocats prononcent leurs plaidoiries.

Le **principe du contradictoire** est également applicable devant les juridictions de jugement. Les parties au procès sont placées sur un pied d'égalité dans la discussion sur les faits et les preuves. Le ministère public et les avocats des parties peuvent intervenir directement au cours de l'audience, sans passer par le truchement du président, pour poser des questions aux témoins, aux experts, à la partie civile ou au prévenu ou à l'accusé devant la cour d'assises *(CPP, art. 312 et 442-1)*. Seuls le prévenu, l'accusé ou la partie civile doivent poser leurs questions par l'intermédiaire du président.

Fiche n° 41 Le jugement des crimes

L'ESSENTIEL

Le jugement des criminels impose le respect d'un formalisme particulier lié pour l'essentiel à la présence des jurés au sein de la cour d'assises. L'instruction est refaite devant la cour pour permettre aux jurés, qui ne connaissent pas le dossier, de se prononcer de manière éclairée. De même, la décision de la cour d'assises requiert une série de votes sur des questions posées par le président, qui porteront sur la culpabilité puis sur les peines, en cas de condamnation. Cette décision doit être motivée. En outre, il existe une procédure de défaut permettant, dans certains cas, de juger le criminel en son absence.

LES CONNAISSANCES

La procédure de jugement en cour d'assises est très formaliste et complexe et elle suppose l'accomplissement de certaines formalités avant l'ouverture des débats qui conduisent à la décision de la cour d'assises. Il faut également évoquer une procédure particulière applicable en cas d'absence de l'accusé.

§1 La procédure antérieure aux débats

Lorsque la décision de mise en accusation est devenue définitive, l'accusé, s'il est en détention provisoire, doit être transféré dans la maison d'arrêt du lieu où se tiennent les assises *(CPP, art. 269)*. Il est interrogé par le président de la cour ou un assesseur délégué par lui et les débats ne peuvent s'ouvrir moins de 5 jours après cet interrogatoire *(CPP, art. 272 et 277)*. Si l'accusé n'est pas détenu, il est convoqué au greffe de la cour et, s'il ne se présente pas sans motif légitime, le président peut décerner un mandat d'arrêt *(CPP, art. 272-1, al. 1)*. Le président interroge l'accusé sur son identité et s'assure qu'il a reçu notification de la décision de mise en accusation. Il doit ensuite choisir un avocat ou le président lui en désigne un d'office, l'assistance par un avocat étant obligatoire devant la cour d'assises *(CPP, art. 274)*.

Au moins 24 heures avant l'ouverture des débats, le ministère public et les parties se signifient les uns aux autres la liste des témoins qu'ils veulent faire intervenir aux audiences ainsi que les noms des experts appelés à exposer leurs conclusions *(CPP, art. 281)*. L'accusé est également informé de la liste des jurés de session *(CPP, art. 282)*.

Le jury est alors constitué, au jour indiqué pour chaque affaire. L'accusé est introduit et le jury est formé par un dernier tirage au sort en audience publique, avec possibilité de récusation (V. Fiche n° 8).

§2 Les débats et la décision

Les débats débutent par la lecture de l'acte d'accusation par le greffier *(CPP, art. 327)*. Le président interroge ensuite l'accusé et reçoit ses déclarations puis sont entendus les témoins convoqués par toutes les parties. Ces derniers doivent, en principe, prêter serment de dire la vérité *(CPP, art. 331, al. 3)*. Les témoins peuvent être interrogés par le président et par toutes les parties, éventuellement par l'intermédiaire de leurs avocats *(CPP, art. 332)*. Les éventuelles pièces à conviction peuvent être présentées au cours des débats *(CPP, art. 341)*.

Après les débats proprement dits, la partie civile ou son avocat formule ses demandes, puis ce sont les réquisitions du ministère public et enfin l'accusé et son avocat interviennent. Le principe est que l'accusé doit toujours avoir la parole en dernier *(CPP, art. 346)*. Les débats sont ensuite clos et le président lit les questions qui seront posées aux jurés et à la cour et auxquelles ils ne pourront répondre que par oui ou non *(CPP, art. 348)*. Les questions doivent être posées de manière simple, sans ambiguïté, afin que les jurés, simples citoyens, soient à même d'y répondre. Si l'accusé est un mineur, le président doit poser deux questions spéciales, selon l'article 20 de l'ordonnance [n° 45-174] du 2 février 1945. La première est de savoir s'il y a lieu de prononcer une condamnation pénale contre l'accusé et la seconde de savoir s'il faut écarter « l'excuse de minorité », qui a pour conséquence que les peines privatives de liberté encourues sont diminuées de moitié pour un mineur *(Ord. n° 45-174, 2 févr. 1945, art. 20-2 ; la règle s'applique également aux peines d'amende, Ord. n° 45-174, 2 févr. 1945, art. 20-3)*. Enfin le président doit rappeler que la décision sera rendue sur le fondement de l'intime conviction de la cour et des jurés *(CPP, art. 353)*.

C'est ensuite le moment où la cour et les jurés se retirent dans la chambre des délibérations, pour n'en sortir que lorsqu'ils auront répondu à toutes les questions *(CPP, art. 355)*. Les réponses sont formulées après un vote secret sur chaque question *(CPP, art. 356 et 357)*. Le principe est qu'une décision défavorable à l'accusé suppose d'obtenir une majorité des 2 tiers, c'est-à-dire (en première instance) de 6 voix sur 9 *(CPP, art. 359)*. Si la cour reconnaît la culpabilité de l'accusé, il lui faut déterminer la peine, par un autre vote mais une majorité absolue des votants est

ici suffisante (c'est-à-dire 5 voix sur 9) sauf si le choix se porte sur le maximum de la peine encourue, auquel cas une majorité des 2 tiers est de nouveau exigée *(CPP, art. 362, al. 2)*.
La cour d'assises délibère également sur les peines complémentaires et accessoires éventuellement encourues ainsi que sur la possibilité de prononcer une rétention de sûreté *(CPP, art. 362, al. 5 et 6)*.

Depuis le 1er janvier 2012, la cour d'assises doit motiver sa décision, du moins lorsqu'il s'agit d'une condamnation *(L. n° 2011-939 du 10 août 2011)*. En vertu de l'article 365-1 du CPP, le président ou l'un des assesseurs rédige la motivation de l'arrêt. Le texte énonce qu'en cas de condamnation, la motivation consiste dans l'énoncé des principaux éléments à charge qui, pour chacun des faits reprochés à l'accusé, ont convaincu la cour d'assises. Ces éléments sont ceux qui ont été exposés au cours des délibérations menées par la cour et le jury, préalablement aux votes sur les questions. Il est également prévu que la motivation peut être rédigée ultérieurement, dans un délai de 3 jours, en raison de la particulière complexité de l'affaire, liée au nombre des accusés ou des crimes qui leur sont reprochés.

Jurisprudence

Saisi d'une QPC, le Conseil constitutionnel a déclaré l'article 365-1, alinéa 2 du CPP non conforme à la Constitution en ce qu'il ne prescrit pas une motivation de la peine en matière criminelle mais seulement une motivation de la décision sur la culpabilité *(Cons. const., 2 mars 2018, n° 2017-694 QPC)*. Le texte a été réécrit par la loi du 23 mars 2019 et énonce désormais que la motivation consiste également dans l'énoncé des principaux éléments ayant convaincu la cour d'assises dans le choix de la peine, au vu des éléments exposés au cours de la délibération. La décision relative à la rétention de sûreté doit également être motivée mais le texte n'impose pas cette exigence pour les peines complémentaires obligatoires, la confiscation du produit ou de l'objet de l'infraction ou les obligations particulières du sursis probatoire.

Lorsque toutes ces opérations sont terminées, la cour et les jurés reviennent dans la salle d'audience et le président lit les réponses données aux questions, en prononçant la condamnation ou l'acquittement de l'accusé. La cour seule, sans les jurés, peut ensuite, le cas échéant, statuer sur l'action civile, même en cas d'acquittement *(CPP, art. 372)*, par exemple en application des règles de responsabilité délictuelle du Code civil. Pour terminer, on rappellera que la loi du 23 mars 2019 a mis en place l'expérimentation d'une cour criminelle qui ne comporte pas de jurés mais 5 magistrats professionnels, pour juger les auteurs de certains crimes *(V. Fiche n° 8)*. La loi a prévu, de ce fait, que certaines règles de la procédure ordinaire ne s'appliquaient pas devant la cour criminelle *(V. L. n° 2019-222, 23 mars 2019, art. 63)*.

§3 La procédure de défaut criminel

Elle a remplacé, depuis la loi [n° 2004-204] du 9 mars 2004, la procédure de contumace qui avait fait l'objet de condamnations de la France par la CEDH. Elle concerne le jugement d'un accusé, absent sans excuse valable, ou absent au cours de l'audience, sans qu'il soit possible de suspendre celle-ci *(CPP, art. 379-2)*. Dans ces cas, la cour peut soit décider de juger l'intéressé malgré son défaut, soit renvoyer l'affaire à une session ultérieure, après avoir décerné un mandat d'arrêt contre l'accusé, si cela n'a pas déjà été fait avant.

Cependant, la procédure est inapplicable lorsque l'absence de l'accusé au cours des débats est constatée alors que son interrogatoire sur les faits et sur sa personnalité a déjà été réalisé. Dans ce cas, le procès se poursuit jusqu'à son terme, son avocat assurant sa défense *(CPP, art. 379-2, al. 3)*. Elle ne s'applique pas davantage lorsque l'absence de l'accusé, sans excuse valable, est constatée à l'ouverture de l'audience ou, à tout moment, au cours des débats, devant la cour d'assises de second degré. Dans ce cas, la procédure se poursuit en son absence et s'il est condamné, l'accusé pourra former un pourvoi en cassation *(CPP, art. 379-7)*.

La procédure de défaut consiste donc pour la cour d'assises à statuer en l'absence de l'accusé sans les jurés, à moins que d'autres accusés dans la même affaire ne soient présents ou si l'accusé fait défaut en cours des débats. Si un avocat se présente pour défendre l'accusé, les audiences se déroulent selon la procédure normale et l'avocat peut plaider pour son client. Sinon, la cour statue sur l'accusation après avoir entendu la partie civile ou son avocat et les réquisitions du ministère public *(CPP, art. 379-3)*. En cas de condamnation à une peine ferme privative de liberté, la cour décerne mandat d'arrêt si cela n'a pas déjà été le cas.

Selon l'article 379-4 du CPP, **si le condamné se constitue prisonnier ou est arrêté par la suite, avant que la peine prononcée ne soit prescrite, la décision de condamnation est non avenue et l'affaire est entièrement rejugée.** Toutefois, dans un délai d'un mois à compter de la date de son arrestation ou de sa constitution de prisonnier, l'accusé condamné peut acquiescer à l'arrêt de la cour d'assises et renoncer, en présence de son avocat, au nouvel examen de son affaire *(CPP, art. 379-4, al. 3)*.

Enfin, l'accusé condamné par défaut ne peut pas faire appel parce qu'il doit accepter, avant cela, d'être jugé en se constituant prisonnier *(CPP, art. 379-5)*.

⏭ POUR ALLER PLUS LOIN...

- A. BLANC, La preuve aux assises : entre formalisme et oralité. La formation de l'intime conviction, AJ pénal 2005, p. 271 ; Le président et les jurés : AJ pénal 2006, p. 242 ; La réforme de la cour d'assises, AJ pénal 2019, p. 184 ;
- C. MAURO, Le défaut criminel, Réflexions à propos du droit français et du droit comparé, RSC 2006, p. 35 ;
- B. MEYER, Formation d'un jury d'assises : la récusation en question, AJ pénal 2006, p. 238 ;
- J. PRADEL, De la motivation des arrêts d'assises : D. 2009, p. 2778 ;
- J.-F. RENUCCI, Intime conviction, motivation des décisions de justice et droit à un procès équitable, D. 2009, p. 1058.

Fiche n° 42 La procédure ordinaire en matière de délits et de contraventions

L'ESSENTIEL

Les règles relatives au déroulement de la procédure ordinaire de jugement devant le tribunal correctionnel et le tribunal de police sont identiques sauf exceptions, tenant par exemple aux règles de preuve. Les débats publics, auxquels le prévenu doit, en principe, assister donnent lieu à la discussion des preuves avant que la décision ne soit rendue.

LES CONNAISSANCES

La procédure suivie devant le tribunal correctionnel et le tribunal de police est presque la même, le législateur renvoyant, concernant ce dernier, à beaucoup de règles applicables devant le tribunal correctionnel.

La procédure ordinaire de jugement suppose que des débats précèdent la décision de la juridiction.

§1 Les débats

Les débats sont publics, sous réserve de la possibilité de prononcer le huis clos. On notera cependant que la décision elle-même doit toujours être prononcée publiquement *(CPP, art. 400 et 535)*.

En principe, le prévenu doit être présent à l'audience sauf s'il produit une excuse valable. L'article 410 du CPP prévoit que l'avocat du prévenu qui ne comparaît pas et n'est pas excusé, peut se présenter à l'audience et doit être entendu par le tribunal, s'il veut assurer la défense de son client.

En outre, le prévenu peut demander à être jugé en son absence, en étant représenté par son avocat. Le tribunal n'est cependant pas tenu d'accepter et peut ordonner la comparution *(CPP, art. 411)*. Enfin, si la citation à comparaître n'a pas été délivrée à la personne du prévenu et s'il n'en a pas eu connaissance, la décision est rendue, en l'absence du prévenu non-comparant, par défaut, ce qui ouvre la voie de l'opposition *(CPP, art. 412)*. De nouveau, si un avocat se présente pour défendre le prévenu, il doit être entendu mais la décision n'est plus rendue par défaut, étant réputée contradictoire. Le tribunal peut toujours renvoyer à une autre audience plutôt que statuer par défaut.

Devant le tribunal de police, les mêmes règles s'appliquent mais l'article 544 du CPP ajoute que, lorsque la contravention n'est punie que d'une peine d'amende, le contrevenant peut se faire représenter par un avocat ou un fondé de procuration spéciale, c'est-à-dire un tiers détenant une procuration spéciale.

La victime peut se constituer partie civile à l'audience, au plus tard avant les réquisitions du ministère public et elle peut être représentée par un avocat (*CPP, art. 418 et 536 ;* V. Fiche n° 14). Elle peut aussi se constituer partie civile, directement ou par son avocat, par lettre recommandée avec avis de réception, par télécopie ou par le moyen d'une communication électronique parvenue au tribunal 24 heures au moins avant la date de l'audience *(CPP, art. 420-1)*.

Le tribunal correctionnel et le tribunal de police, comme toutes les juridictions pénales de jugement, fondent leur décision sur l'intime conviction des juges, ce qui signifie que ces derniers peuvent ne pas être convaincus par les preuves produites devant eux, aucune n'ayant, en principe, de valeur plus grande qu'une autre *(CPP, art. 427 et 536)*. Cependant, cette règle connaît une importante limite en matière de contraventions dès lors que, selon l'article 537 du CPP, ces dernières sont prouvées principalement par des PV qui valent jusqu'à preuve contraire, laquelle ne peut être rapportée que par écrit ou par témoins. Cette même limite s'applique au tribunal correctionnel dans les domaines dans lesquels la loi donne la même force probante aux PV constatant des délits, comme en droit pénal du travail par exemple (V. Fiche n° 15).

Après la discussion des preuves, la partie civile expose sa demande, suivie des réquisitions du ministère public et de la défense, qui parle en dernier *(CPP, art. 460 et 536)*.

§2 La décision

Le jugement peut être rendu à la fin de l'audience ou à une autre date que le président communique aux parties *(CPP, art. 462 et 536)*. Si le prévenu est reconnu coupable, le tribunal détermine la peine, sauf s'il décide d'une dispense de peine et il statue, le cas échéant sur l'action civile *(CPP, art. 464 et 539)*.

Lorsque les juges correctionnels requalifient les faits en contravention, ils peuvent prononcer une peine mais s'ils requalifient en crime, ils doivent se déclarer incompétents et renvoyer le ministère public à se pourvoir, c'est-à-dire à saisir, s'il le souhaite, un juge d'instruction *(CPP, art. 469)*. Lorsque le tribunal de police requalifie les faits en crime ou délit, il doit se déclarer incompétent et renvoyer le ministère public à se pourvoir *(CPP, art. 540)*.

Le prévenu peut naturellement être relaxé, c'est-à-dire déclaré non coupable, si les faits ne constituent pas une infraction ou si le prévenu n'est pas l'auteur ou est irresponsable *(CPP, art. 470 et 541)*. Dans le cas d'une relaxe du chef d'un délit non intentionnel comme l'homicide ou les blessures involontaires, le tribunal correctionnel reste compétent pour statuer sur la demande d'indemnisation de la partie civile, à la demande de cette dernière *(CPP, art. 470-1)*. La même règle s'applique devant le tribunal de police *(CPP, art. 541)*.

Enfin, en cas de relaxe, le tribunal correctionnel peut éventuellement statuer sur la demande d'indemnisation formulée par le prévenu contre la partie civile, pour abus de constitution de partie civile, lorsque c'est cette dernière qui a mis en mouvement l'action publique *(CPP, art. 472)*. On notera que cette règle est inapplicable devant le tribunal de police, faute de renvoi opéré par le législateur *(Cass. crim., 21 nov. 1991, n° 90-83.877)*.

⏭ POUR ALLER PLUS LOIN...

- J. BUISSON et M. WAGNER, JurisClasseur Procédure pénale, Art. 531 à 543, fasc. 20 ;
- D. CARON, JCl. Procédure pénale, Art. 406 à 417, Fasc. 20.

Fiche n° 43 L'ordonnance pénale et l'amende forfaitaire

L'ESSENTIEL

Le législateur a prévu, d'abord en matière contraventionnelle, des modes de jugement simplifiés qui soit, font intervenir le juge sans aucun débat devant lui (ordonnance pénale), soit ne le font pas intervenir du tout (amende forfaitaire), le paiement d'une amende par l'auteur des faits éteignant l'action publique. Dans les deux cas cependant, ce dernier peut contester sa culpabilité, ce qui permet de revenir à une procédure ordinaire. Ces procédures ont été étendues aux délits par la suite.

LES CONNAISSANCES

Les modes simplifiés de jugement des contraventions et des délits se sont développés depuis plusieurs décennies, l'objectif du législateur étant de désengorger les tribunaux d'affaires simples pouvant être traitées plus simplement et avec plus de célérité que par la procédure ordinaire avec débats.

Si, au départ, l'ordonnance pénale comme l'amende forfaitaire, étaient réservées aux contraventions, ces procédures sont aujourd'hui applicables pour certains délits.

Il convient de présenter ces deux procédures simplifiées successivement.

§1 L'ordonnance pénale

On distinguera la procédure applicable aux délits de celle applicable aux contraventions.

I. La procédure en matière délictuelle

Après avoir précisé son domaine d'application, on présentera son déroulement.

A Domaine d'application

La procédure est prévue par les articles 495 à 495-6 du CPP, qui commence par déterminer son domaine d'application. Elle peut s'appliquer uniquement à certains délits, ainsi qu'aux contraventions connexes *(CPP, art. 495, II)*, à savoir **les délits qui**

peuvent être jugés par le tribunal correctionnel à juge unique *(CPP, art. 398-1)* à l'exception des atteintes volontaires et involontaires à l'intégrité des personnes, étant précisé que la compétence du tribunal correctionnel à juge unique a été étendue par la loi du 23 mars 2019 *(V. CPP, art. 398-1)*.

> **Attention** La procédure est inapplicable *(CPP, art. 495, III)* :
> – Si le prévenu était mineur au jour de l'infraction ;
> – Si la victime a fait directement citer le prévenu avant qu'ait été rendue l'ordonnance pénale ;
> – Si le délit a été commis en même temps qu'un délit ou qu'une contravention pour lequel la procédure d'ordonnance pénale n'est pas prévue.

B Conditions et déroulement de la procédure

Le procureur ne peut recourir à la procédure simplifiée que lorsqu'il résulte de l'enquête de police que les faits sont simples et établis et que les renseignements concernant la personnalité, les charges et ressources du prévenu sont suffisants pour permettre la détermination de la peine, qu'il n'apparaît pas nécessaire de prononcer une peine d'emprisonnement ou une peine d'amende d'un montant supérieur à celui fixé à l'article 495-1 et que le recours à cette procédure n'est pas de nature à porter atteinte aux droits de la victime *(CPP, art. 495, I)*.

Le procureur communique alors au président du tribunal correctionnel le dossier de la poursuite et ses réquisitions. Le président statue sans débat préalable par une ordonnance pénale portant relaxe ou condamnation à une amende ainsi que, le cas échéant, à une ou plusieurs peines complémentaires. **Le montant de l'amende ne peut pas dépasser la moitié de celui qui est encouru et ne peut excéder 5 000 €** *(CPP, art. 495-1)*. Les peines de substitution prévues aux articles 131-5 à 131-8-1 du Code pénal peuvent être prononcées, le TIG ne pouvant toutefois être prononcé que si la personne a déclaré, au cours de l'enquête, accepter l'accomplissement d'un tel travail.

Si le président estime qu'un débat contradictoire est utile ou qu'une peine d'emprisonnement devrait être prononcée, il renvoie le dossier au ministère public qui portera alors l'affaire devant le tribunal correctionnel.

L'ordonnance doit mentionner les nom, prénom, date et lieu de naissance et domicile du prévenu, la qualification légale, la date et le lieu du fait imputé, la mention des textes applicables et, en cas de condamnation, la ou les peines prononcées. Enfin, elle doit être motivée *(CPP, art. 495-2)*.

Lorsque la victime a formulé au cours de l'enquête de police une demande de dommages et intérêts ou de restitution valant constitution de partie civile conformément au deuxième alinéa de l'article 420-1 du CPP, le président statue sur cette demande dans l'ordonnance pénale *(CPP, art. 495-2-1)*.

Dès qu'elle est rendue, **l'ordonnance est transmise au ministère public qui, dans les 10 jours, peut soit former opposition** par déclaration au greffe du tribunal, soit en poursuivre l'exécution. L'ordonnance est également portée à la connaissance du prévenu par lettre recommandée avec avis de réception. Elle peut également être portée à la connaissance du prévenu par le procureur de la République, directement ou par l'intermédiaire d'une personne habilitée.

Le prévenu est informé qu'il dispose d'un délai de 45 jours à compter de cette notification pour former opposition à l'ordonnance et que cette **opposition permettra que l'affaire fasse l'objet d'un débat contradictoire** et public devant le tribunal correctionnel, au cours duquel il pourra être assisté par un avocat qui pourra être commis d'office *(CPP, art. 495-3)*. Le prévenu est également informé que le tribunal correctionnel, en cas de condamnation, pourra prononcer une peine d'emprisonnement si celle-ci est encourue pour le délit ayant fait l'objet de l'ordonnance.

Si elle statue sur l'action civile, l'ordonnance est portée à la connaissance de la partie civile qui dispose du même délai de 45 jours pour faire opposition, sur les intérêts civils *(CPP, art. 495-3-1)*.

En l'absence d'opposition, l'ordonnance est mise à exécution par le comptable du Trésor *(CPP, art. 495-3)*. En l'absence d'opposition ou de saisine du tribunal correctionnel, elle a les effets d'un jugement passé en force de chose jugée. Mais, si elle n'a statué que sur l'action publique, elle n'a pas autorité de chose jugée à l'égard de l'action civile en réparation du dommage causé par l'infraction *(CPP, art. 495-5)*. L'article 495-5-1 du CPP énonce que lorsque la victime de l'infraction est identifiée et qu'elle n'a pu se constituer partie civile, le procureur de la République doit l'informer de son droit de lui demander de citer l'auteur des faits à une audience du tribunal correctionnel pour lui permettre de se constituer partie civile. Le tribunal statue alors sur les seuls intérêts civils, au vu du dossier de la procédure qui est versé au débat. Plus généralement, le législateur énonce que la partie lésée conserve le droit de citer l'auteur des faits devant le tribunal correctionnel, qui statue uniquement sur les intérêts civils si l'ordonnance pénale a acquis la force de chose jugée *(CPP, art. 495-6)*.

II. La procédure en matière contraventionnelle

En vertu de l'article 524 du CPP, **la procédure est applicable à toute contravention de police même commise en état de récidive.** Elle ne l'est pas si le prévenu, auteur d'une contravention de la cinquième classe, était mineur au jour de l'infraction ou lorsque la victime a fait citer directement le prévenu avant qu'ait été rendue l'ordonnance.

Le ministère public qui choisit d'utiliser la procédure communique au juge compétent du tribunal de police le dossier de la poursuite et ses réquisitions. Le juge statue sans débat par une ordonnance portant relaxe ou condamnation à une amende ainsi que, le cas échéant, à une ou plusieurs des peines complémentaires encourues. S'il estime qu'un débat contradictoire est utile, il renvoie le dossier au ministère public aux fins de poursuite dans les formes de la procédure ordinaire *(CPP, art. 525)*.

L'ordonnance mentionne les nom, prénoms, date et lieu de naissance et domicile du prévenu, la qualification légale, la date et le lieu du fait imputé, la mention des textes applicables et, en cas de condamnation, le montant de l'amende ainsi que la durée de la contrainte judiciaire. Contrairement à la procédure délictuelle, le juge n'est pas tenu de motiver sa décision *(CPP, art. 526)*.

Le ministère public peut faire opposition à l'exécution de l'ordonnance, dans un délai de **10 jours**. Si ce n'est pas le cas, la décision est notifiée au prévenu par lettre recommandée avec accusé de réception et elle est mise à exécution. Le prévenu peut aussi former opposition dans un délai de **30 jours** à compter de l'envoi de la lettre. S'il y a opposition, par le ministère public ou le contrevenant, l'affaire sera jugée par le tribunal de police selon la procédure normale *(CPP, art. 528)*.

Enfin, l'ordonnance n'a pas d'autorité de chose jugée sur l'action civile et la victime peut donc citer directement le contrevenant devant le tribunal de police afin qu'il statue sur sa demande de réparation *(CPP, art. 528-1 et 528-2)*.

§2 L'amende forfaitaire

Il s'agit d'une procédure réservée initialement aux contraventions mais qui a récemment été étendue à certains délits.

I. La procédure en matière délictuelle

L'extension aux délits de la procédure d'amende forfaitaire résulte de la loi n° 2016-1547 du 18 novembre 2016 de modernisation de la justice du XXIe siècle. L'article 495-17 du CPP énonce qu'**elle peut s'appliquer dans les cas prévus par la loi**, c'est-à-dire, pour l'instant, notamment, aux délits de conduite sans permis et de conduite sans assurance *(C. route, art. L. 221-2 et L. 624-2)*, à certains délits du Code de la santé publique en matière de lutte contre l'alcoolisme *(CSP, art. L. 3352-5 et L. 3353-3)* ou la toxicomanie *(CSP, art. L. 3421-1, usage de produits stupéfiants)* et au délit de vente à la sauvette *(C. pén., art. 446-1 ; V. également C. transports, art. L. 3315-5 ; CCH, art. L. 126-3)*. Elle est inapplicable si le délit a été commis par un mineur ou en état de récidive légale ou si plusieurs infractions, dont l'une au moins ne peut donner lieu à une amende forfaitaire, ont été constatées simultanément.

Le montant de l'amende forfaitaire est fixé par la loi qui la prévoit pour le délit considéré mais il **ne peut excéder** le montant prévu au premier alinéa de l'article 131-13 du Code pénal, c'est-à-dire **3000 €**. Lorsque l'auteur de l'infraction est une personne morale, le montant des amendes forfaitaires est quintuplé *(CPP, art. 495-24-1)*.

Le mécanisme est identique à celui applicable aux contraventions, à savoir que **le paiement de l'amende éteint l'action publique.** Le prévenu dispose d'un délai de **45 jours** pour régler l'amende mais celle-ci est minorée s'il paie entre les mains de l'agent verbalisateur ou dans un délai de 15 jours de la constatation ou de l'envoi de l'avis d'infraction. À défaut de paiement, l'amende est majorée de plein droit et recouvrée au profit du Trésor public en vertu d'un titre rendu exécutoire par le procureur de la République *(CPP, art. 495-18)*.

Le prévenu peut former, dans le délai de 45 jours à compter de la constatation de l'infraction ou de l'envoi de l'avis, une **requête en exonération** qui est transmise au procureur de la République. Il peut également, dans un délai de 30 jours suivant l'envoi de l'avis invitant le contrevenant à payer l'amende forfaitaire majorée, former auprès du ministère public une **réclamation** motivée qui a pour effet d'annuler le titre exécutoire *(CPP, art. 495-18 et 495-19)*. La requête ou la réclamation ne sont recevables que si la personne concernée s'acquitte d'une consignation préalable d'un montant égal à celui de l'amende ou si elle produit le récépissé d'un dépôt de plainte pour usurpation d'identité *(CPP, art. 495-20)*.

Le procureur de la République peut alors soit classer l'affaire, soit poursuivre le prévenu en application des procédures ordinaires, par une CRPC ou par ordonnance pénale, soit encore l'informer de l'irrecevabilité de sa réclamation. Cette décision d'irrecevabilité peut être contestée devant le président du tribunal correctionnel ou un juge désigné par le président du TJ. Si le prévenu est poursuivi et condamné, l'amende prononcée ne peut pas être inférieure au montant de l'amende forfaitaire, en cas de requête en exonération, ni être inférieure au montant de l'amende forfaitaire majorée, en cas de réclamation contre celle-ci. Mais, à titre exceptionnel, par décision spécialement motivée au regard des charges et des revenus de la personne, la juridiction peut ne pas prononcer d'amende ou prononcer une amende d'un montant inférieur. En cas de classement sans suite ou de relaxe, la consignation est restituée à la personne *(CPP, art. 495-21)*.

II. La procédure en matière contraventionnelle

Cette procédure est prévue par les articles 529 et suivants du CPP et consiste dans un mécanisme très simple par lequel le contrevenant qui paie l'amende éteint l'action publique, sans intervention ni du ministère public, ni du tribunal de police.

Elle **s'applique aux contraventions des 1ère à 5ème classe** dont la liste est fixée par l'article R. 48-1 du CPP. Cette longue liste comprend notamment les contraventions au Code de la route, des contraventions au Code des transports et en matière de protection de l'environnement. Elle est inapplicable lorsque plusieurs infractions, dont l'une au moins ne peut donner lieu à une amende forfaitaire, ont été constatées simultanément ou lorsque la loi prévoit que la récidive de la contravention constitue un délit *(CPP, art. 529)*.

Le montant de l'amende forfaitaire, qui est différent de celui prévu par le Code pénal, est déterminé par l'article R. 49 :

– 11 € pour les autres contraventions de la 1ère classe ;
– 35 € pour les contraventions de la 2ème classe ;
– 68 € pour les contraventions de la 3ème classe ;
– 135 € pour les contraventions de la 4ème classe ;
– 200 € pour les contraventions de la 5ème classe.

Ce montant peut être réglé soit entre les mains de l'agent verbalisateur au moment de la constatation de l'infraction, soit auprès du service indiqué dans l'avis de contravention, dans un délai de **45 jours** qui suivent la constatation de l'infraction ou l'envoi de l'avis *(CPP, art. 529-1)*. Passé ce délai, l'amende est majorée *(V. CPP, art. R. 49-7)* et recouvrée au profit du Trésor public en vertu d'un titre rendu exécutoire par le ministère public *(CPP, art. 529-2, al. 2)*.

Dans ce délai, le contrevenant peut formuler une **requête tendant à son exonération**, qui est transmise au ministère public *(CPP, art. 529-2, al. 1er)*. Il peut également adresser une **réclamation au ministère public** dans un délai de **30 jours** de l'envoi de l'avis d'amende forfaitaire majorée, ce qui a pour effet d'annuler le titre exécutoire *(CPP, art. 530, al. 2)*. Le ministère public peut alors, comme en matière délictuelle, soit classer sans suite, soit aviser le contrevenant que sa demande est irrecevable, soit décider de le poursuivre par ordonnance pénale ou devant le tribunal de police par la procédure ordinaire *(CPP, art. 530-1, al. 1er)*.

En cas de poursuite et de condamnation, l'amende ne peut être inférieure au montant de l'amende forfaitaire, en cas de demande d'exonération, ni être inférieure au montant de l'amende forfaitaire majorée, en cas de réclamation contre celle-ci *(CPP, art. 530-1, al. 2)*.

⏭ POUR ALLER PLUS LOIN...

- J.-P. CÉRÉ, Amende forfaitaire majorée : consécration du droit au recours juridictionnel effectif, AJ pénal 2016, p. 378 ;
- S. DETRAZ, Les dispositions pénales de la loi de modernisation de la justice du XXIe siècle, JCP G 2016, 2257 ;
- R. JOSSEAUME et J. OCCHIPINTI, La procédure de l'amende forfaitaire à l'épreuve du juge constitutionnel, Gaz. Pal. 2015, n° 175-176, p. 10 ;
- G. ROUSSEL, L'essor de l'ordonnance pénale délictuelle, Droit et société 2014, p. 607.

TITRE 2
LES VOIES DE RECOURS

En vertu du principe général de droit selon lequel une personne poursuivie en matière pénale a le droit d'être jugée à deux reprises par des juridictions différentes, affirmé notamment par l'article 2 du protocole n° 7 additionnel à la Conv. EDH *(Prot. add. n° 7, 22 nov. 1984)*, le droit français prévoit des voies de recours pour les parties au procès pénal. L'appel et l'opposition sont des voies de recours ordinaires tandis que le pourvoi en cassation et le recours en révision sont des voies de recours extraordinaires.

Fiche n° 44 Les voies de recours ordinaires

⏭ L'ESSENTIEL

Les voies de recours ordinaires sont l'opposition et l'appel. L'opposition consiste à faire rejuger l'affaire par une juridiction de même degré lorsque la personne poursuivie n'a pas été présente et n'a pas pu se défendre lors du premier jugement. L'appel a pour objet de faire rejuger l'affaire par une juridiction supérieure qui portera un nouveau regard sur les faits. L'appel possède un effet dévolutif et suspensif. Il doit respecter certaines conditions, notamment de délai, pour être jugé recevable.

⏭ LES CONNAISSANCES

On distingue habituellement la voie de rétractation qu'est l'opposition de la voie de réformation qu'est l'appel. La différence réside essentiellement dans le fait qu'en cas d'opposition, c'est la même juridiction qui sera saisie, le premier jugement étant anéanti, alors qu'en cas d'appel, c'est une juridiction supérieure qui statuera, en application du double degré de juridiction.

§1 L'opposition

Elle a pour but d'assurer le respect du principe du contradictoire et elle s'applique lorsque la décision a été rendue en l'absence du prévenu et sans qu'il ait pu se défendre.

I. Domaine et conditions d'exercice

L'opposition peut être formée contre un jugement correctionnel ou de police, un arrêt de cour d'appel ou de Cour de cassation. Pour les crimes, existe la procédure de défaut criminel, qui permet également de rejuger l'affaire contradictoirement (V. Fiche n° 41).

La décision frappée d'opposition ne peut être qu'une décision rendue par défaut et la simple absence du prévenu à l'audience ne signifie pas que la décision n'est pas contradictoire.
La décision par défaut correspond aux hypothèses suivantes :
- le prévenu n'a pas comparu mais a fourni une excuse reconnue valable par la juridiction *(CPP, art. 410)* ;

– il n'a pas comparu mais il n'est pas établi qu'il ait eu connaissance de la date de l'audience, ce qui suppose qu'il n'a pas été cité à personne *(CPP, art. 412)*.

En revanche, lorsque le prévenu a été cité à personne ou a eu connaissance de la citation et qu'il ne comparaît pas, son excuse n'étant pas considérée comme valable, le jugement est contradictoire. Il en va de même lorsqu'il a demandé à être jugé en son absence et qu'il est représenté par un avocat ou encore lorsqu'il a comparu au début de l'audience *(CPP, art. 413)*.

L'opposition suppose aussi que celui qui l'exerce ait un intérêt à agir. Le prévenu ne peut donc faire opposition qu'à une décision de condamnation. Le civilement responsable et la partie civile peuvent également faire opposition. Lorsque la personne concernée fait appel, elle n'est plus recevable à faire opposition.

Le **délai** pour faire opposition est de **10 jours** si l'intéressé réside en France métropolitaine et d'un mois dans le cas contraire. Son point de départ dépend de la **connaissance qu'a l'intéressé de la décision** : si le jugement est signifié à la personne, le délai commence à courir à ce moment. Dans les autres cas, le point de départ est la date de la signification sauf s'il n'est pas établi que l'intéressé a eu connaissance de la signification. Dans ce cas, l'opposition est recevable jusqu'à la fin du délai de prescription de la peine *(CPP, art. 492)*.

II. Effets

Si l'opposition est recevable, la décision visée est non avenue et l'affaire doit être rejugée par la même juridiction *(CPP, art. 489)*. Le prévenu doit comparaître devant elle car s'il ne le fait pas, il y a itératif défaut (c'est-à-dire « défaut sur défaut ») ce qui annule les effets de l'opposition et rend la première décision exécutoire *(CPP, art. 494, al. 1er)*. Cependant, en cas de défaut de comparution d'un condamné à une peine privative de liberté sans sursis, le tribunal peut ordonner le renvoi de l'affaire à une nouvelle audience et donner ordre à la force publique de rechercher l'intéressé et de le conduire devant le procureur de la République du siège du tribunal qui soit le fait comparaître à l'audience de renvoi, soit le met en demeure de comparaître. Si le défaillant n'est pas trouvé, l'opposition est non avenue *(CPP, art. 494, al. 2 à 5)*.

Lorsque l'opposant comparaît, l'affaire est rejugée sans aucune restriction, les juges pouvant aggraver la peine, par exemple.

§2 L'appel

Cette voie de recours fréquente répond à des conditions et produit des effets qu'il convient de préciser.

I. Conditions

Il faut distinguer l'appel en matière criminelle, délictuelle et contraventionnelle, les conditions étant différentes dans chaque cas.

A Les conditions de l'appel en matière criminelle

L'appel contre les arrêts de condamnation rendus par les cours d'assises, instauré par la loi [n° 2000-516] du 15 juin 2000, **peut être formé par l'accusé et le ministère public**. Le civilement responsable et la partie civile peuvent faire appel des décisions mais seulement sur les intérêts civils. Enfin, **le procureur général peut faire appel des décisions d'acquittement** *(CPP, art. 380-2)*.

L'appel formé par l'accusé ou le ministère public peut indiquer qu'il est limité à la décision sur la peine. Dans ce cas, seuls sont entendus devant la cour d'assises statuant en appel les témoins et experts dont la déposition est nécessaire afin d'éclairer les assesseurs et les jurés sur les faits commis et la personnalité de l'accusé, sans que soient entendues les personnes dont la déposition ne serait utile que pour établir sa culpabilité *(CPP, art. 380-2-1 A)*.

Le délai d'appel est de 10 jours à partir du prononcé de la décision. En cas d'appel par une partie, les autres disposent d'un délai supplémentaire de 5 jours pour faire appel, à leur tour *(CPP, art. 380-10)*. La déclaration d'appel se fait au greffe de la cour d'assises mais si l'accusé est détenu, il peut faire appel auprès du chef d'établissement pénitentiaire.

B Les conditions de l'appel en matière correctionnelle

L'appel est ouvert contre les jugements du tribunal correctionnel et peut être interjeté par le prévenu, le ministère public, le civilement responsable et la partie civile, ces deux derniers sur les intérêts civils seulement *(CPP, art. 497)*. Il s'exerce dans un **délai de 10 jours** à compter du prononcé du jugement contradictoire *(CPP, art. 498, al. 1er)*. En cas de jugement par défaut ou par itératif défaut, et dans certains cas de jugements réputés contradictoires, le point de départ est fixé à la signification du jugement *(CPP, art. 498, al. 2)*.

Lorsqu'une partie forme appel du jugement, les autres disposent d'un délai supplémentaire de 5 jours, ce qui leur octroie donc un délai total de 15 jours *(CPP, art. 500)*. Enfin le procureur général dispose d'un délai de 20 jours à compter du jour du jugement *(CPP, art. 505)*.

L'appel est formé par déclaration au greffe de la juridiction ayant rendu la décision ou, pour le prévenu détenu, par déclaration auprès du chef d'établissement pénitentiaire *(CPP, art. 502 et 503)*.

La déclaration doit indiquer avec précision quel est l'objet de l'appel, c'est-à-dire, notamment, s'il porte sur la décision sur l'action publique ou sur la décision sur l'action civile ou sur les deux décisions, ou encore s'il porte sur l'ensemble de la décision sur l'action publique ou s'il est limité aux peines prononcées. Faute de précision, l'appel est considéré comme portant sur l'intégralité de la décision *(CPP, art. 502, al. 2)*.

C Les conditions de l'appel en matière contraventionnelle

La faculté d'appel est plus restreinte en matière de contraventions, en raison de la modicité des intérêts en cause et de la faible gravité des peines encourues.

(CPP, art. 546)
Selon l'article 546 du CPP, l'appel est ouvert au contrevenant, au procureur de la République, au procureur général et à l'officier du ministère public lorsque :
- L'amende **encourue** est celle prévue pour les contraventions de 5ème classe
- A été **prononcée** la peine de suspension du permis de conduire ou une peine d'amende supérieure au maximum de l'amende encourue pour les contraventions de la 2ème classe, à savoir 150 €.

Lorsque des dommages et intérêts ont été alloués par le tribunal de police, la faculté d'appeler appartient également au prévenu et à la personne civilement responsable. La partie civile peut toujours faire appel sur les intérêts civils seulement, que le contrevenant ait été condamné ou non sur l'action civile.

Enfin, dans les affaires poursuivies à la requête du directeur régional de l'administration chargée des forêts, l'appel est toujours possible de la part de toutes les parties, quelles que soient la nature et l'importance des condamnations.

II. Effets

L'appel produit un effet suspensif et un effet dévolutif. Il conduit à l'examen de l'affaire par une juridiction de second degré.

A Les effets suspensif et dévolutif

L'appel produit **un effet suspensif d'exécution de la décision** qui en est l'objet *(CPP, art. 506)*. La peine prononcée éventuellement ne peut donc être mise à exécution.

> **Attention** Il faut noter cependant que si le prévenu a fait l'objet d'un mandat d'arrêt ou de dépôt décerné par le tribunal correctionnel et qu'il a été condamné à au moins un an d'emprisonnement ferme, il reste détenu, malgré l'appel *(CPP, art. 465)*. L'article 380-4 prévoit une règle similaire en matière criminelle, **l'arrêt de la cour**

d'assises du premier degré continuant de produire ses effets à l'encontre de la personne condamnée à une peine privative de liberté. Cet arrêt vaut titre de détention jusqu'à ce que la durée de la détention ait atteint celle de la peine prononcée *(CPP, art. 367, al. 2)*.

L'effet dévolutif de l'appel signifie que **la juridiction du second degré est saisie de l'affaire qui a fait l'objet du jugement de premier ressort**. Elle statue donc sur ce qui a déjà été débattu devant les premiers juges, et, notamment, la partie civile ne peut pas formuler de demandes nouvelles, sauf si son préjudice s'est aggravé depuis la première décision *(CPP, art. 515)*. De plus, la cour d'appel est saisie en fonction de la portée des appels eux-mêmes *(CPP, art. 509)*. Les parties appelantes peuvent limiter l'effet de leur appel à certains aspects de la décision comme la décision sur l'action civile par exemple ou sur la seule sanction prononcée et non la culpabilité (V. *supra*). La cour d'appel ne pourra, dans ce cas, revenir sur les autres points tranchés définitivement par le premier juge.

Attention Certaines parties ne peuvent faire appel que de certains éléments de la décision : la partie civile ne peut le faire que sur l'action civile, le ministère public que sur l'action publique.

Il existe un principe en vertu duquel **le sort de l'appelant ne peut pas être aggravé sur son seul appel** *(CPP, art. 515, al. 2)*. Par exemple, si le prévenu est seul à faire appel sur l'action publique, il ne peut être condamné plus sévèrement. Il en irait autrement si le ministère public avait fait appel, ce qui a pour conséquence que celui-ci interjette souvent appel lorsque le prévenu le fait, afin de donner la possibilité à la cour d'appel de prononcer une peine plus sévère. Ce principe vaut également pour le civilement responsable et la partie civile et s'applique aussi devant la cour d'assises de second degré *(CPP, art. 380-6)*.

B L'examen de l'affaire par la juridiction de second degré

La juridiction de second degré est saisie de l'affaire par l'appel.

1. La procédure criminelle

Pour les affaires criminelles, c'est une cour d'assises composée d'un jury comprenant 9 jurés qui statuera *(CPP, art. 296 ; lorsqu'il s'agit d'une cour d'assises spéciale sans jury, le nombre de magistrats est porté à 6, V. CPP, art. 698-6)*. C'est, en principe, le premier président de la cour d'appel qui désigne cette cour parmi les autres cours d'assises du ressort de la cour d'appel *(CPP, art. 380-14, al. 1er)*. Toutefois, si le ministère public ou l'une des parties le demande ou si le premier président estime nécessaire la désignation d'une cour d'assises située hors de ce ressort, le ministère public adresse au greffe de la chambre criminelle de la Cour de cassation l'arrêt attaqué et c'est cette dernière qui désigne la cour de second degré *(CPP, art. 380-14, al. 2 et 3)*.

> **Attention** Les débats se déroulent devant la cour d'assises statuant en appel de la même manière que devant la cour de premier ressort mais les règles de majorité sont modifiées. L'article 359 du CPP prévoit qu'une décision défavorable à l'accusé sur la culpabilité suppose une majorité de 8 voix sur 12 et l'article 362 du CPP dispose que la décision sur la peine est prise à la majorité absolue (7 voix), la peine maximale exigeant une majorité de 8 voix.

La loi du 23 mars 2019 a instauré des délais de jugement en appel des accusés en détention provisoire. Selon l'article 380-3-1, l'accusé doit comparaître dans un **délai d'un an** à compter soit de l'appel, soit de la date à laquelle l'accusé a été ultérieurement placé en détention provisoire en application de la décision rendue en premier ressort. Si ce délai ne peut être respecté, le président de la chambre de l'instruction peut, à titre exceptionnel, par une décision mentionnant les raisons de fait ou de droit faisant obstacle au jugement de l'affaire, ordonner la prolongation de la détention pour une nouvelle durée de 6 mois, cette prolongation pouvant être renouvelée une fois. En cas de poursuites pour crime contre l'humanité ou pour un crime constituant un acte de terrorisme, la durée de la prolongation est d'un an au lieu de 6 mois

Si l'accusé n'a pas comparu avant l'expiration de ces délais, il est remis immédiatement en liberté s'il n'est pas détenu pour une autre cause.

2. La procédure délictuelle et contraventionnelle.

En matière correctionnelle, la cour d'appel statue de manière collégiale sauf si l'affaire a été jugée à juge unique en première instance auquel cas un seul magistrat jugera l'appel. Cependant, la formation reste collégiale si le prévenu est en détention provisoire ou demande à être jugé par 3 magistrats. La chambre des appels correctionnels statuant à juge unique ne peut prononcer une peine d'emprisonnement ferme d'une durée supérieure à 5 ans. Elle peut renvoyer devant une formation collégiale en raison de la complexité des faits ou de l'importance de la peine susceptible d'être prononcée *(CPP, art. 510)*.

Il existe des délais de jugement en appel lorsque le prévenu est placé en détention provisoire. En principe, il doit comparaître dans un délai de 4 mois à compter soit de l'appel, soit de la date à laquelle il a été ultérieurement placé en détention provisoire. Toutefois, si l'audience sur le fond ne peut se tenir avant l'expiration de ce délai, le président de la chambre peut, à titre exceptionnel, par une décision mentionnant les raisons de fait ou de droit faisant obstacle au jugement de l'affaire, ordonner la prolongation de la détention pour une durée de 4 mois, cette décision pouvant être renouvelée une fois dans les mêmes formes. Si le prévenu n'a pas comparu devant la cour d'appel avant l'expiration de ces délais, il est remis immédiatement en liberté s'il n'est pas détenu pour une autre cause. *(CPP, art. 509-1)*.

Devant la chambre des appels correctionnels, les règles applicables aux débats devant le tribunal correctionnel sont applicables *(CPP, art. 512)*. Cependant, le ministère public peut s'opposer à l'audition de témoins qui auraient déjà été entendus en première instance *(CPP, art. 513)*. La cour peut déclarer l'appel irrecevable en raison par exemple de sa tardiveté *(CPP, art. 514)*. S'il est recevable, elle confirme ou infirme la décision rendue en premier ressort.

La seule particularité concernant les appels contre des jugements de police réside dans le fait que la cour n'est composée que d'un magistrat, statuant à juge unique *(CPP, art. 547)*.

⏭ POUR ALLER PLUS LOIN…

- H. ANGEVIN, Mort d'un dogme. À propos de l'instauration par la loi du 15 juin 2000, d'un second degré de juridiction en matière criminelle, JCP G 2000, I, 1260 ;
- B. BOULOC, L'institution d'un recours en matière criminelle : RSC 2002, p. 139 ;
- J. PRADEL, « L'appel » contre les arrêts d'assises : un apport heureux de la loi du 15 juin 2000, D. 2001, chron. p. 1964.

Fiche n° 45 Les voies de recours extraordinaires

L'ESSENTIEL

Les voies de recours extraordinaires sont le pourvoi en cassation, le recours en révision et en réexamen d'une décision définitive après condamnation de la France par la CEDH.

Le pourvoi en cassation est le plus souvent exercé dans l'intérêt d'une partie et doit se fonder sur des motifs de droit et non pas sur des raisons de fait. Il s'exerce contre les décisions rendues au fond et ne pouvant pas ou plus faire l'objet de voies de recours ordinaires. Il possède un effet suspensif et dévolutif.

Le pourvoi en révision est destiné à réparer les erreurs judiciaires lorsqu'elles sont défavorables à un justiciable qui a été condamné à tort. Il a fait l'objet d'une réforme par la loi [n° 2014-640] du 20 juin 2014, qui a fusionné partiellement ce recours avec celui ouvert lorsque la France a été condamnée, dans une affaire ayant donné lieu à une condamnation définitive, par la CEDH pour violation de la Conv. EDH.

LES CONNAISSANCES

On commencera par exposer les règles applicables au pourvoi en cassation avant de présenter celles qui gouvernent le recours en révision et en réexamen d'une condamnation pénale définitive.

§1 Le pourvoi en cassation

Ce pourvoi est exercé devant la chambre criminelle de la Cour de cassation, juridiction unique qui siège à Paris. Cette juridiction a pour fonction de vérifier que les juges des premier et second degrés ont correctement appliqué le droit, sans rejuger l'affaire sur le fond. Juridiction du droit, son rôle se limite à contrôler la conformité au droit de la décision attaquée. Elle est également chargée d'assurer l'exacte interprétation de la loi et de maintenir l'unité de la jurisprudence.

Toutes les décisions sont susceptibles de pourvoi en cassation, même si elles ne peuvent être frappées d'appel, comme c'est le cas de beaucoup de jugements en matière contraventionnelle, comme on l'a vu.

Il convient de distinguer le pourvoi en cassation formé par une partie dans son intérêt du pourvoi exercé dans le seul intérêt de la loi.

I. Le pourvoi dans l'intérêt d'une partie

Le recours n'est ouvert qu'à condition de se trouver dans l'une des hypothèses prévues par la loi, appelées cas d'ouverture et si le demandeur démontre un intérêt à agir. En outre, il faut que les voies de recours ordinaires aient d'abord été exercées.

Cas douverture (CPP, art. 591 et s.)
Les cas d'ouverture sont prévus par les articles 591 et suivants CPP. Il s'agit de :
- l'incompétence et l'excès de pouvoir de la juridiction qui a statué ;
- l'irrégularité de la composition de la juridiction ayant statué ;
- l'inobservation des formes prescrites par la loi à peine de nullité ou considérées comme substantielles ;
- l'insuffisance ou la contradiction des motifs de la décision frappée de pourvoi ainsi que le défaut de réponse aux conclusions des parties ;
- la violation de la loi pénale.

Chacune des parties au procès pénal peut former un pourvoi à condition d'y avoir un intérêt. Ainsi, le ministère public ne peut se pourvoir que sur l'action publique, la partie civile ne peut agir qu'en ce qui concerne ses intérêts civils ou si la décision lui fait grief ; le civilement responsable peut former un pourvoi contre les décisions qui ont retenu sa responsabilité. Seule la partie poursuivie peut se pourvoir tout à la fois sur l'action civile et l'action publique.

Le pourvoi en cassation doit être formé dans les **5 jours** francs à compter du jour où la décision attaquée est rendue ou a été signifiée, dans certains cas *(CPP, art. 568)*.

Le pourvoi en cassation peut être intenté contre :
- les jugements et arrêts rendus en dernier ressort, c'est-à-dire non susceptibles d'appel ;
- les arrêts rendus par la chambre de l'instruction ;
- les arrêts rendus par les chambres des appels correctionnels ;
- les arrêts des cours d'assises statuant en appel *(CPP, art. 567)*.

Le pourvoi se fait par déclaration écrite et signée au greffe de la juridiction qui a rendu la décision attaquée ou, si le demandeur en cassation est détenu, par une déclaration auprès du chef de l'établissement pénitentiaire qui transmet au greffe *(CPP, art. 576 et 577)*.

Le pourvoi en cassation produit un **effet suspensif**, ce qui signifie que l'exécution de la décision attaquée est suspendue jusqu'au prononcé de l'arrêt de la chambre criminelle. Il produit également un effet dévolutif mais uniquement en ce qui concerne les questions de droit posées par l'affaire.

La chambre criminelle peut prononcer l'irrecevabilité du pourvoi si elle estime que les conditions légales de recevabilité de celui-ci ne sont pas remplies. Elle peut rendre un arrêt de non-lieu à statuer si, depuis la condamnation, le pourvoi est devenu sans objet, en raison, par exemple de l'extinction de l'action publique par l'amnistie.

Sur le fond, elle peut rejeter le pourvoi si elle estime que la loi a bien été appliquée et dans ce cas, l'arrêt attaqué acquiert l'autorité de la chose jugée. Elle peut également prononcer la cassation de l'arrêt ou du jugement attaqué si elle estime qu'il y a eu violation de la loi, au sens large. Cette cassation intervient en principe avec un renvoi devant une juridiction de même nature et de même degré, puisque la Cour de cassation ne pouvant pas statuer sur les faits, elle doit renvoyer l'examen au fond de l'affaire devant une autre juridiction. Cependant, il arrive que la cassation intervienne sans renvoi, lorsqu'il ne reste plus rien à juger ou lorsque la chambre criminelle applique elle-même directement la règle violée. C'est le cas, par exemple, lorsque la juridiction a prononcé une peine complémentaire non prévue pour l'infraction retenue. Il suffit alors de retrancher cette peine de la décision avant de donner à celle-ci autorité de la chose jugée.

Quand la juridiction de renvoi a statué, un nouveau pourvoi est possible. Si ce pourvoi s'appuie sur les mêmes arguments que le précédent, la cour de cassation se réunit alors en assemblée plénière. Si cette dernière casse et renvoie devant une autre juridiction, celle-ci devra se conformer à la décision de l'assemblée plénière. Cependant, l'assemblée plénière de la Cour de cassation peut être réunie en dehors de cette hypothèse lorsque le problème posé, très important, est susceptible de se rencontrer souvent et qu'il existe une incertitude en raison de divergences de jurisprudence antérieures.

II. Le pourvoi dans l'intérêt de la loi

Le pourvoi dans l'intérêt de la loi est un pourvoi spécial, très rare en pratique, qui peut être formé contre une décision pénale qui a acquis autorité de la chose jugée. Ce pourvoi peut être exercé soit d'office par le procureur général près la Cour de cassation, soit par ce dernier mais sur ordre du garde des Sceaux.

Selon l'article 621 du CPP, le pourvoi exercé d'office par le procureur général peut viser un arrêt ou jugement rendu en dernier ressort, susceptible de cassation, mais contre lequel aucune partie n'a exercé de pourvoi dans le délai. Par définition, ce pourvoi se fait donc hors délai et dans le seul intérêt de la loi, c'est-à-dire que, si la Cour de cassation censure la décision, les parties ne pourront pas se prévaloir de cette cassation ni s'opposer à l'exécution de la décision cassée. Il existe, en outre, un cas spécial, prévu par l'article 572 du CPP, qui dispose que le pourvoi en cassation contre un arrêt d'acquittement d'une cour d'assises peut être exercé par le procureur général près la cour d'appel, dans le seul intérêt de la loi, afin de faire reconnaître une erreur juridique dans l'arrêt d'acquittement. La personne acquittée ne peut, toutefois, être concernée par cette éventuelle cassation.

Le pourvoi en annulation, formé par le procureur général près la Cour de cassation sur ordre du garde des Sceaux, est prévu par l'article 620 du CPP. Il suppose que le ministre de la justice dénonce à la chambre criminelle des actes judiciaires, arrêts ou jugements contraires à la loi afin qu'ils soient annulés. L'effet de ce pourvoi est plus important dès lors qu'une éventuelle cassation peut profiter à la personne condamnée. On considère que si la décision cassée est un acquittement, il n'y a pas de renvoi afin de ne pas préjudicier à l'intéressé alors que si c'est une condamnation qui est cassée, un renvoi doit avoir lieu devant une autre juridiction qui ne pourra pas aggraver le sort de l'intéressé.

§2 Les demandes en révision et en réexamen

Jusqu'à la loi du 20 juin 2014 précitée, il existait deux recours différents visant à réexaminer une affaire ayant été jugée définitivement. Le recours en révision, admis de longue date, sert à réparer les erreurs judiciaires consistant à avoir condamné, à tort, un innocent. La procédure de réexamen, créée plus récemment, vise à faire produire des effets aux arrêts de la CEDH ayant condamné la France, en permettant que l'affaire ayant donné lieu à cette condamnation puisse être réexaminée au regard de la décision de cette juridiction. Dans les deux cas, ces recours sont très particuliers car ils contrarient le principe de l'autorité de la chose jugée, ce qui est exceptionnel.

Depuis la loi de 2014, les deux procédures ont été partiellement fondues même si leurs conditions de fond restent différentes.

On verra successivement les conditions permettant d'exercer ces recours puis la procédure devant être suivie.

I. Les conditions de fond

Elles sont fixées par les articles 622 et 622-1 du CPP.

Selon le premier de ces textes la **révision d'une décision pénale définitive peut être demandée au bénéfice de toute personne reconnue coupable d'un crime ou d'un délit lorsque, après une condamnation, vient à se produire un fait nouveau ou à se révéler un élément inconnu de la juridiction au jour du procès de nature à établir l'innocence du condamné ou à faire naître un doute sur sa culpabilité.**

Il faut observer que la révision n'est possible qu'en cas de condamnation pour un crime ou un délit, ce qui exclut, d'une part, l'hypothèse d'une personne condamnée pour une contravention et, d'autre part, le cas où il serait révélé qu'une personne a été relaxée ou acquittée à tort alors qu'on pourrait prouver qu'elle est coupable.

En outre, le fait nouveau peut être de nature à établir l'innocence ou, plus simplement, faire naître un doute sur la culpabilité. Enfin, il n'y a aucun délai à respecter.

Selon l'article 622-1 du CPP, le **réexamen d'une décision pénale définitive peut être demandé au bénéfice de toute personne reconnue coupable d'une infraction lorsqu'il résulte d'un arrêt rendu par la CEDH que la condamnation a été prononcée en violation de la Conv. EDH ou de ses protocoles additionnels, dès lors que, par sa nature et sa gravité, la violation constatée entraîne, pour le condamné, des conséquences dommageables auxquelles la satisfaction équitable accordée en application de l'article 41 de la Convention ne pourrait mettre un terme.**

Le texte n'interdit pas d'exercer le recours après une condamnation pour une simple contravention puisqu'il évoque une « infraction », même si c'est peu probable en pratique. En revanche, le réexamen ne peut être demandé que dans un délai d'**un an** à compter de la décision de la CEDH et celui d'un pourvoi en cassation peut être demandé dans les mêmes conditions.

II. Procédure

Le législateur détermine les personnes qui peuvent exercer les recours puis la procédure qui doit être suivie.

A Les demandeurs

(CPP, art. 622-2)
« La révision et le réexamen peuvent être demandés :
1° Par le ministre de la justice ;
2° Par le procureur général près la Cour de cassation ;
3° Par le condamné ou, en cas d'incapacité, son représentant légal ;
4° Après la mort ou l'absence déclarée du condamné, par son conjoint, le partenaire lié par un pacte civil de solidarité, son concubin, ses enfants, ses parents, ses petits-enfants ou arrière-petits-enfants ou ses légataires universels ou à titre universel (...) ».

S'agissant de la révision, les procureurs généraux près les cours d'appel peuvent également la demander.

B Mise en oeuvre

Le recours est examiné par la **cour de révision et de réexamen**, composée de 18 magistrats de la Cour de cassation, dont le président de la chambre criminelle, qui préside la cour de révision et de réexamen. Chacune des chambres de la Cour de cassation y est représentée par 3 de ses membres *(CPP, art. 623)*.

La cour désigne en son sein, pour une durée de 3 ans, renouvelable une fois, 5 magistrats composant la commission d'instruction des demandes en révision et en réexamen, ces magistrats ne pouvant siéger au sein de la formation de jugement de la cour de révision et de réexamen. Les 13 autres magistrats composent cette formation de jugement qui statue en révision ou en réexamen *(CPP, art. 623-1)*.

La commission d'instruction se prononce sur la recevabilité de la demande et peut ordonner un supplément d'information confié à l'un de ses membres *(CPP, art. 624)*. S'il s'agit d'une demande de réexamen, le président de cette commission renvoie devant la formation de jugement de la cour dès lors qu'il constate l'existence d'un arrêt de la CEDH établissant une *« violation de la Convention applicable au condamné » (CPP, art. 624-1)*. S'il s'agit d'une demande de révision, la commission dispose d'un pouvoir d'appréciation de l'existence du fait nouveau permettant de saisir la formation de jugement *(CPP, art. 624-2)*.

La formation de jugement peut également ordonner l'exécution d'un supplément d'information et, lorsque l'affaire est en état, elle l'examine au fond et statue, par un arrêt motivé non susceptible de recours, à l'issue d'une audience publique au cours de laquelle sont recueillies les observations du requérant ou de son avocat, celles du ministère public ainsi que, le cas échéant, celles de la partie civile constituée au procès dont la révision ou le réexamen est demandé ou de son avocat *(CPP, art. 624-3)*.

La formation de jugement, si elle estime la demande bien fondée, annule la condamnation prononcée sauf lorsqu'il est fait droit à une demande en réexamen du pourvoi du condamné.
Les conséquences de l'annulation varient selon les situations (art. 624-7 CPP).

Si un nouveau jugement est possible, la formation de jugement renvoie le requérant devant une juridiction de même ordre et de même degré, mais autre que celle dont émane la décision annulée. En cas de demande en réexamen et si le réexamen du pourvoi du condamné, dans des conditions conformes à la Convention européenne de sauvegarde des droits de l'homme et des libertés fondamentales, est de nature à remédier à la violation constatée par la CEDH, elle renvoie le requérant devant l'assemblée plénière de la Cour de cassation.

En revanche, **si un nouveau jugement est impossible** notamment en cas d'amnistie ou de décès du condamné, **la formation de jugement statue elle-même au fond**.

Si l'annulation de la décision à l'égard d'un condamné vivant ne laisse rien subsister à sa charge, aucun renvoi n'est prononcé *(CPP, art. 624-7)*.

Une suspension de l'exécution de la condamnation peut être demandée au cours de la procédure de révision ou de réexamen et c'est la chambre criminelle de la Cour de cassation qui est compétente pour se prononcer. Elle peut accorder cette suspension en soumettant la personne à des obligations et interdictions. Si elles ne sont pas respectées, la suspension de la peine peut être supprimée *(CPP, art. 625)*.

La personne qui envisage un recours en révision peut saisir le procureur de la République d'une demande tendant à ce qu'il soit procédé à tous actes nécessaires à la production d'un fait nouveau ou à la révélation d'un élément inconnu au jour du procès. Le procureur statue dans un délai de 2 mois, sa décision pouvant faire l'objet d'un recours devant le procureur général, qui se prononce dans un délai d'un mois. De même, afin de préserver les possibilités d'une révision, l'article 41-6 du CPP permet à une personne condamnée par une cour d'assises de s'opposer à la destruction, à l'initiative du parquet, des objets saisis au cours de la procédure, le ministère public pouvant, en cas de désaccord, saisir la chambre de l'instruction afin qu'elle tranche. En outre, l'article 308 du CPP permet, comme on l'a vu, l'enregistrement sonore des débats devant la cour d'assises et le rend obligatoire en appel.

Enfin, si un recours en révision ou en réexamen aboutit à une annulation de la condamnation et que le demandeur est reconnu innocent, ce dernier ou toute personne ayant subi un préjudice découlant de la condamnation infondée peut obtenir une indemnisation de ce préjudice, cette réparation étant à la charge de l'État *(CPP, art. 626-1)*.

⏭ POUR ALLER PLUS LOIN…

- F. BUSSY, L'erreur judiciaire, D. 2006, p. 2552 ;
- A.-S. CHAVENT-LECLÈRE, Conception stricte du « fait nouveau » de nature à faire naître un doute sur la culpabilité, Procédures 2015, comm. 169 ; Le fait nouveau de nature à faire naître un doute sur la culpabilité, Procédures 2013, comm. 219 ;
- C. RIBEYRE, La réforme des procédures de révision et de réexamen ou comment mieux corriger l'erreur judiciaire, Dr. pén. 2014, étude 17.

P@RTIE 7

L'EXÉCUTION DES PEINES

La décision définitive de condamnation à des sanctions pénales, si elle éteint l'action publique, ne met pas fin à la procédure pénale dès lors que le législateur édicte de nombreuses règles concernant l'exécution desdites sanctions, en particulier des peines privatives de liberté. Ces dispositions sont mises en œuvre par les autorités judiciaires et par les services pénitentiaires d'insertion et de probation.

Fiche n° 46 Principes généraux et autorités chargées de l'exécution des peines

L'ESSENTIEL

Le principe de l'individualisation de la peine ne s'applique pas seulement au moment du prononcé de la sanction mais aussi au cours de l'exécution de celle-ci. Le rôle principal est attribué au juge de l'application des peines (JAP) qui est compétent pour accorder la plupart des mesures d'aménagement de la peine comme les réductions de peines ou les placements à l'extérieur. Les mesures édictées par le JAP sont, sauf exception, des décisions judiciaires, prises après débat contradictoire et susceptibles de recours.

D'autres autorités jouent un rôle dans l'exécution des peines : le ministère public, les services pénitentiaires d'insertion et de probation (SPIP) et les commissions de l'application des peines (CAP).

LES CONNAISSANCES

Les règles relatives à l'exécution des peines ont été élaborées progressivement, le phénomène récent le plus important étant celui de la **juridictionnalisation** qui signifie qu'en principe, les mesures qui sont prises à l'égard des condamnés constituent des décisions de justice, susceptibles de recours.

Après avoir exposé les principes généraux qui gouvernent la matière, on s'intéressera aux autorités pourvues des compétences pour prendre les mesures.

§1 Les principes généraux applicables à l'exécution des peines

La loi [n° 2004-204] du 9 mars 2004 a sensiblement modifié les règles destinées à permettre l'exécution des sanctions pénales, qui sont insérées dans le CPP. Dans le Livre V, concernant les procédures d'exécution, figure un Titre premier relatif à l'exécution des sentences pénales, divisé en plusieurs chapitres, le premier exposant des dispositions générales et le deuxième étant consacré aux juridictions de l'application des peines.

(CPP, art. 707)

L'article 707 du CPP rappelle tout d'abord que sur décision ou sous le contrôle des autorités judiciaires, les peines sont, sauf circonstances insurmontables, mises à exécution de façon effective et dans les meilleurs délais.

Il précise ensuite que « *le régime d'exécution des peines privatives et restrictives de liberté vise à préparer l'insertion ou la réinsertion de la personne condamnée afin de lui permettre d'agir en personne responsable, respectueuse des règles et des intérêts de la société et d'éviter la commission de nouvelles infractions* ».

Le texte rappelle donc la fonction de resocialisation de la peine, énoncée par l'article 130-1, 2° du Code pénal.

Il poursuit en énonçant que le régime d'exécution est adapté en fonction de l'évolution de la personnalité et de la situation matérielle, familiale et sociale de la personne condamnée, qui font l'objet d'évaluations régulières. Il pose en principe que **le condamné à une peine privative de liberté bénéficie, chaque fois que cela est possible, d'un retour progressif à la liberté** en tenant compte des conditions matérielles de détention et du taux d'occupation de l'établissement pénitentiaire, dans le cadre d'une mesure de semi-liberté, de placement à l'extérieur, de détention à domicile sous surveillance électronique, de libération conditionnelle ou d'une libération sous contrainte, afin d'éviter une remise en liberté sans aucune forme de suivi judiciaire.

Le législateur associe également les victimes à l'exécution des peines, ce qui peut paraître étonnant puisque la peine est destinée à assurer la réparation du préjudice social et non du préjudice particulier de la victime. En réalité, le texte se borne à affirmer qu'au cours de l'exécution de la peine, la victime a le droit :
1° de saisir l'autorité judiciaire de toute atteinte à ses intérêts ;
2° d'obtenir la réparation de son préjudice ;
3° d'être informée, si elle le souhaite, de la fin de l'exécution d'une peine privative de liberté ;
4° à la prise en compte, s'il y a lieu, de la nécessité de garantir sa tranquillité et sa sûreté.

En ce qui concerne les **peines d'amende**, l'article 707-1 du CPP précise que c'est le comptable public compétent qui est chargé, au nom du procureur de la République, de recouvrer leur montant. Le texte indique que le paiement du montant de l'amende doit toujours être recherché mais que le défaut total ou partiel du paiement de ce montant peut entraîner l'incarcération du condamné selon les conditions prévues par la loi, c'est-à-dire dans le cadre de la contrainte judiciaire *(CPP, art. 749 à 762)*.

Les articles 707-2 à 707-4 du CPP ajoutent que si le condamné règle l'amende dans un délai d'un mois, à compter du prononcé de la décision, son montant est diminué de 20 %, sans que cette diminution puisse dépasser 1 500 €. Il s'agit là d'une incitation faite au condamné à payer rapidement.

En sens contraire, les amendes prononcées en matière contraventionnelle, correctionnelle et criminelle, à l'exception des amendes forfaitaires, peuvent faire l'objet d'une majoration, dans la limite de 10 % de leur montant, perçue lors de leur recouvrement et destinée à financer l'aide aux victimes *(C. pén., art. 132-20, al. 3)*. Le montant de cette majoration est fixé par le juge en fonction des circonstances de l'infraction, de la personnalité de son auteur ainsi que de la situation matérielle, familiale et sociale de celui-ci *(CPP, art. 707-6)*.

L'article 708, alinéas 3 et 4, du CPP prévoit enfin que **les peines pécuniaires peuvent être suspendues ou fractionnées** pour motifs graves d'ordre médical, familial, professionnel ou social, sur décision du ministère public si l'exécution de la peine doit être suspendue pendant moins de 3 mois, sur décision du tribunal de police ou du tribunal correctionnel si l'exécution doit être suspendue pendant plus de 3 mois (sur le fractionnement de l'exécution d'une peine privative de liberté, V. Fiche n° 47).

L'exécution des peines privatives de liberté pose des difficultés plus grandes nécessitant la création de juridictions spéciales, comme on va le voir ensuite.

§2 Les autorités chargées de l'exécution des peines

La loi du 9 mars 2004 précitée a achevé un mouvement de juridictionnalisation précédemment entamé, par la création de nouvelles juridictions d'application des peines comme le tribunal de l'application des peines.

L'on étudiera le rôle de ces juridictions de l'application des peines avant de voir que d'autres autorités interviennent dans l'exécution des peines.

I. Les juridictions de l'application des peines

Selon le nouvel article 712-1 du CPP, le juge de l'application des peines (JAP) et le tribunal de l'application des peines (TAP) constituent les juridictions de l'application des peines du premier degré qui sont chargées de fixer les principales modalités de l'exécution des peines privatives de liberté ou de certaines peines restrictives de liberté, en orientant et en contrôlant les conditions de leur application.

A Le JAP

Il s'agit d'un magistrat du siège possédant une compétence territoriale dans le ressort du TJ et il en existe un ou plusieurs par TJ *(CPP, art. 712-2)*.

Le JAP joue un rôle déterminant dans l'application des peines et leur évolution en cours d'exécution, même s'il s'agit essentiellement des peines privatives de liberté. Il statue soit par ordonnance, soit par jugement, selon la nature de la décision à prendre.

Les **jugements du JAP** concernant le placement à l'extérieur, la semi-liberté, le fractionnement et la suspension des peines, la libération conditionnelle et le placement sous surveillance électronique **sont pris après un débat contradictoire** tenu en chambre du conseil c'est-à-dire sans publicité, au cours duquel le condamné peut être assisté d'un avocat et ils sont motivés *(CPP, art. 712-6)*. Le JAP peut également, chaque fois qu'il l'estime nécessaire, décider, d'office ou à la demande du condamné ou du ministère public, de renvoyer le jugement de l'affaire devant le tribunal de l'application des peines.

Les jugements du JAP sont **susceptibles de recours devant la chambre de l'application des peines** de la cour d'appel qui statue par arrêt motivé après un débat contradictoire *(CPP, art. 712-13)*.

En outre, le JAP décide de réductions de peine, d'autorisations de sortie sous escorte et de permissions de sortir par **ordonnances** motivées **susceptibles de recours devant le président de la chambre de l'application des peines** de la cour d'appel qui statue par ordonnance motivée sans débat contradictoire *(CPP, art. 712-5 et 712-12)*.

B Le TAP

Dans le ressort de chaque cour d'appel sont établis un ou plusieurs TAP dont la compétence territoriale correspond à celle d'un ou plusieurs tribunaux de grande instance du ressort. Ce tribunal est composé d'un président et de deux assesseurs qui sont des JAP *(CPP, art. 712-3)*.

Le TAP possède une compétence plus restreinte que le JAP. Selon l'article 712-7 du CPP, il statue, par jugement motivé, sur le relèvement de la période de sûreté, la libération conditionnelle ou la suspension de peine dans les cas où le JAP n'est pas compétent. Il est également compétent pour statuer sur les réductions de peines exceptionnelles prévues par l'article 721-3 du CPP. Le TAP rend des **jugements motivés susceptibles d'appel** devant la chambre de l'application des peines de la cour d'appel *(CPP, art. 712-13)*.

II. Les autres autorités chargées de l'exécution des peines

Parmi les autres autorités chargées de l'application des peines, on peut distinguer les autorités judiciaires et les autres autorités.

A Les autorités judiciaires

Au premier rang des autorités judiciaires figure le **ministère public**. Selon l'article 707-1 du CPP, il est chargé de poursuivre l'exécution de la sentence en ce qui concerne les peines. Le procureur de la République et le procureur général ont le droit de requérir directement l'assistance de la force publique à l'effet d'assurer cette exécution *(CPP, art. 709)*.

En pratique, le procureur doit prendre l'initiative de faire exécuter les peines et de déterminer quelles sont les peines à exécuter, compte tenu par exemple des confusions de peines accordées ou des révocations de sursis.

Les incidents contentieux relatifs à l'exécution des peines, c'est-à-dire l'ensemble des contestations qui peuvent survenir lors de la mise à exécution de la sanction, comme la rectification d'une erreur matérielle figurant dans le jugement de condamnation, relèvent du tribunal ou de la cour qui a prononcé la condamnation. S'il s'agit d'un verdict de cour d'assises, c'est la chambre de l'instruction qui est compétente *(CPP, art. 710)*.

Il existe également des services chargés d'assister le JAP dans son office, à savoir **les services pénitentiaires d'insertion et de probation (SPIP)**, composés de travailleurs sociaux de l'administration pénitentiaire.

B Les autorités non judiciaires

On peut citer ici le président de la République, disposant du droit de grâce, par lequel il peut influer sur l'exécution de la peine. Par ailleurs, il existe des **commissions de l'application des peines**, dont la composition est spécifique, puisqu'elles regroupent un JAP, qui en est le président, le procureur de la République et le chef de l'établissement pénitentiaire, ainsi que des personnes représentant les surveillants de prisons, les travailleurs sociaux et le personnel médical *(CPP, art. 712-4-1, 712-5 et D. 49-28)*. Le **rôle** de ces commissions est **consultatif**, le JAP devant, dans les cas prévus par la loi, prendre leur avis avant une décision relative à un condamné *(CPP, art. 712-4-1)*.

⏭ POUR ALLER PLUS LOIN...

– M.-E. CARTIER, La judiciarisation de l'exécution des peines, RSC 2001, p. 87 ;

– S. MAIL-FOUILLEUL, Les droits de la défense et le juge de l'application des peines, Dr. pén. 2001, chron. n° 7 ;

– P. FAUCHER, La juridictionnalisation de l'application des peines. Une révolution tranquille, RPDP 2001, p. 215 ;

– P. COUVRAT, Les dispositions relatives à l'application des peines de la loi Perben II, Dr. pén. 2004, étude 8 ; Dispositions générales et nouvelle organisation judiciaire de l'application des peines, RSC 2004, p. 682.

Fiche n° 47 L'individualisation des peines privatives de liberté en cours d'exécution

L'ESSENTIEL

Les condamnés à des peines privatives de liberté peuvent bénéficier de réductions de peines à certaines conditions liées à la bonne conduite et aux efforts de réinsertion sociale.

Les peines peuvent également être individualisées par une suspension ou un fractionnement de leur exécution. La peine peut aussi être suspendue pour une cause médicale lorsque le condamné n'est plus en état de subir la privation de liberté.

Les condamnés incarcérés peuvent encore bénéficier d'autorisations et de permissions de sortir.

Le placement à l'extérieur est lié à l'exercice d'un travail, sous contrôle de l'administration pénitentiaire, en dehors de la prison.

Le placement sous surveillance électronique peut également être accordé aux condamnés à de courtes peines et suppose le consentement de l'intéressé, en raison de son caractère contraignant.

LES CONNAISSANCES

La peine privative de liberté prononcée par les juridictions criminelles ou correctionnelles peut subir un aménagement en cours d'exécution dans sa durée et dans ses modalités d'application. On étudiera successivement les réductions de peine, la suspension et le fractionnement, les autorisations et permissions de sortie, le placement à l'extérieur et le placement sous surveillance électronique.

§1 Les réductions de peine

Un crédit de réduction de peine est accordé à tout condamné mais ce dernier peut obtenir, en outre, des réductions supplémentaires.

I. Le crédit de réduction de peine

Depuis la loi [n° 2004-204] du 9 mars 2004, le législateur a mis en place un dispositif consistant à accorder automatiquement au condamné à une peine privative de liberté un crédit de réduction de peine calculé par rapport à la durée de la peine prononcée. En vertu de l'article 721 du CPP, **ce crédit est de 3 mois pour la première année, de 2 mois pour les années suivantes et de 7 jours par mois pour une peine de moins d'un an ou pour la partie de la peine inférieure à un an.**

Les dispositions moins favorables applicables aux condamnés en état de récidive ont été supprimées par la loi [n° 2014-896] du 15 août 2014.

> **Attention** En revanche, la loi n° 2016-987 du 21 juillet 2016 a créé un article 721-1-1 qui énonce que les condamnés pour infractions terroristes (sauf le délit de provocation publique ou d'apologie du terrorisme) ne bénéficient pas d'un crédit de réduction de peine.

Toutes les peines privatives de liberté, criminelles ou correctionnelles, peuvent faire l'objet d'une réduction, sauf la peine de réclusion à perpétuité. Cependant le JAP dispose du pouvoir d'octroyer au condamné une réduction du délai nécessaire pour obtenir une libération conditionnelle (*CPP, art. 729-1 ;* V. Fiche n° 48).

En cas de mauvaise conduite du condamné en détention, le JAP peut être saisi par le chef d'établissement ou sur réquisitions du procureur de la République aux fins de retrait, à hauteur de 3 mois maximum par an et de 7 jours par mois, de cette réduction de peine *(CPP, art. 721, al. 2)*.

II. La réduction de peine supplémentaire

L'article 721-1 du CPP prévoit qu'**une réduction supplémentaire de peine peut être accordée aux condamnés qui manifestent des efforts sérieux de réadaptation sociale**, notamment en passant avec succès un examen scolaire, universitaire ou professionnel, traduisant l'acquisition de connaissances nouvelles, en justifiant de progrès réels dans le cadre d'un enseignement ou d'une formation, en s'investissant dans l'apprentissage de la lecture, de l'écriture et du calcul, ou en participant à des activités culturelles, et notamment de lecture, en suivant une thérapie destinée à limiter les risques de récidive ou en s'efforçant d'indemniser leurs victimes.

Cette réduction accordée par le JAP après avis de la commission de l'application des peines, est de 3 mois par année d'incarcération ou 7 jours par mois lorsque la durée d'incarcération restant à subir est inférieure à une année. Cependant, lorsque la personne a été condamnée pour meurtre ou assassinat, torture ou actes de barbarie, viol, agression sexuelle ou atteinte sexuelle, commis sur un mineur, la réduction ne peut excéder 2 mois par an ou 4 jours par mois, dès lors qu'elle refuse les soins qui lui ont été proposés.

Il faut noter que certains condamnés ne peuvent, sauf décision contraire du JAP, bénéficier de ces réductions supplémentaires. Il s'agit des personnes condamnées pour un crime ou un délit pour lequel le suivi socio-judiciaire est encouru, qui refusent pendant leur incarcération de suivre le traitement qui leur est proposé par le JAP. Il en est de même lorsque le JAP est informé que le condamné ne suit pas de façon régulière le traitement proposé. Enfin, après avis médical et sauf décision contraire du JAP, aucune réduction supplémentaire de peine ne peut être accordée à une personne condamnée mais dont le discernement était altéré au sens de l'article 122-1, alinéa 2 du Code pénal, et qui refuse les soins qui lui sont proposés.

En revanche, les personnes condamnées pour actes de terrorisme peuvent bénéficier des dispositions de l'article 721-1 *(CPP, art. 721-1-1)*.

Le législateur prend également en considération les intérêts des victimes en prévoyant, à l'article 721-2, II du CPP que le JAP peut ordonner que le condamné ayant bénéficié de réductions de peines automatiques et supplémentaires, soit soumis après sa libération à l'interdiction de recevoir la partie civile, de la rencontrer ou d'entrer en relation avec elle, pendant une durée ne pouvant excéder le total des réductions de peines obtenues. Cette interdiction peut s'accompagner de l'obligation d'indemniser la partie civile. En cas de violation de ces obligations, le JAP peut retirer tout ou partie des réductions de peine accordées et ordonner la réincarcération du condamné.

III. La réduction de peine exceptionnelle

Une réduction de peine exceptionnelle peut être accordée par le TAP aux condamnés parfois qualifiés de « repentis », c'est-à-dire ceux dont les déclarations faites à l'autorité administrative ou judiciaire, avant ou après la condamnation, ont permis de faire cesser ou d'éviter la commission d'une infraction de délinquance ou de criminalité organisée, figurant aux articles 706-73, 706-73-1 et 706-74 du CPP *(CPP, art. 721-3)*. Cette réduction peut aller jusqu'au tiers de la peine prononcée pour les condamnés à une peine non perpétuelle. Pour les condamnés à la réclusion à perpétuité, la réduction portera sur le temps d'épreuve permettant d'obtenir une libération conditionnelle, et elle pourra être égale à 5 ans au maximum.

§2 La suspension et le fractionnement de la peine

Le condamné peut bénéficier d'un fractionnement ou d'une suspension de l'exécution de sa peine, cet aménagement étant susceptible d'être décidé dès le prononcé de la sanction par la juridiction de jugement. Les conditions de fond du fractionnement en cours d'exécution *(CPP, art. 720-1)* sont presque identiques à celles prévues par l'article 132-27 du Code pénal pour le fractionnement dès le prononcé de la peine (sur le fractionnement de l'amende, V. Fiche n° 46).

En matière d'emprisonnement correctionnel, la peine restant à subir doit être inférieure ou égale à 2 ans et le condamné doit pouvoir établir un motif d'ordre médical, familial, professionnel ou social. Le fractionnement ne peut s'étaler sur une durée supérieure à 4 ans et les périodes fractionnées ne peuvent durer moins de 2 jours. La décision de fractionnement est prise par le JAP.

Il convient de noter que la loi [n° 2002-307] du 4 mars 2002 a institué un **autre cas de suspension** de la peine privative de liberté. L'article 720-1-1 du CPP prévoit que, sauf s'il existe un risque grave de renouvellement de l'infraction, **la suspension de la peine peut être décidée, quelle que soit la nature de la peine ou la durée restant à subir, lorsque les condamnés sont atteints d'une pathologie engageant le pronostic vital ou si leur état de santé est durablement incompatible avec le maintien en détention.** La suspension peut être décidée, pour une durée qui n'a pas à être déterminée, si une expertise médicale établit que le condamné se trouve dans l'une des deux situations visées. Une telle suspension est possible même si le condamné exécute une peine assortie d'une période de sûreté. Un mécanisme similaire existe dans le cadre de la détention provisoire *(CPP, art. 147-1)*.

Le JAP est compétent pour décider cette suspension lorsque la peine prononcée est d'une durée inférieure ou égale à 10 ans ou que la détention restant à subir est inférieure ou égale à 3 ans, la durée de la peine prononcée étant, dans ce dernier cas, indifférente. Dans les autres cas, elle est prononcée par le TAP.

La décision de suspension peut prévoir que le condamné sera soumis à des obligations empruntées au sursis avec mise à l'épreuve.

La mesure n'est pas nécessairement définitive puisque le JAP peut, à tout moment, ordonner une expertise médicale à l'égard d'un condamné ayant bénéficié de cette mesure et, le cas échéant, ordonner la réincarcération de l'intéressé si les conditions ne sont plus réunies ou si le condamné ne respecte pas les obligations qui lui ont été imposées. De plus, si la suspension a été accordée pour une peine criminelle, une expertise médicale destinée à vérifier que les conditions de la suspension sont toujours remplies doit intervenir tous les 6 mois.

§3 Les autorisations et permissions de sortir

Le condamné peut également bénéficier d'autorisations et de permissions de sortir dont les conditions sont fixées par l'article 723-3 et suivants du CPP.

L'autorisation de sortir sous escorte est, selon l'article 723-6 du CPP, nécessairement exceptionnelle et elle est décidée par le JAP. Le texte n'apporte aucune précision sur les motifs pouvant justifier d'une telle autorisation, mais en pratique, elle correspond à des évènements familiaux tels qu'un décès ou des funérailles par exemple, si le condamné ne remplit pas les conditions pour obtenir une permission de sortie.

La permission de sortir relève de la compétence du JAP mais lorsqu'une première permission a été accordée à un condamné majeur par ce juge, les permissions ultérieures peuvent, sauf décision contraire de ce magistrat, être accordées par le chef d'établissement pénitentiaire. En cas de refus d'octroi de la permission par ce dernier, celle-ci peut être demandée à nouveau au JAP *(CPP, art. 723-3 et 723-5)*. Il s'agit d'autoriser le condamné à une peine privative de liberté à s'absenter d'un établissement pénitentiaire pendant une durée de temps déterminée qui s'impute sur la durée de la peine en cours d'exécution. Elle doit avoir pour objet de préparer la réinsertion professionnelle ou sociale du condamné, de maintenir ses liens familiaux ou de lui permettre d'accomplir une obligation exigeant sa présence *(CPP, art. 723-3, al. 2)*. La partie réglementaire du CPP détaille les conditions strictes auxquelles peuvent être accordées ces permissions *(V. CPP, art. D. 142 s.)*.

Il convient de noter que l'article 723-5 du CPP dispose que le bénéficiaire d'une permission qui commet un crime ou un délit intentionnel pendant la durée de la permission peut être condamné à la perte des réductions de peines qui lui avaient été accordées auparavant.

§4 Le placement à l'extérieur

Le condamné peut obtenir l'autorisation d'exécuter un travail, contrôlé par l'administration pénitentiaire, en dehors de l'établissement pénitentiaire grâce à un placement à l'extérieur dont les modalités sont prévues par l'article 723, alinéa 1er du CPP qui renvoie aux articles D. 126 et suivants du même code. Les travaux effectués par le condamné peuvent être exécutés pour le compte d'une administration, d'une collectivité publique, d'une personne privée, physique ou morale.

(CPP, art. D. 128)
L'article D. 128 détermine les condamnés qui peuvent travailler à l'extérieur. Il s'agit des détenus :
- ayant à subir une incarcération inférieure ou égale à 5 ans et n'ayant pas été condamnés antérieurement à une peine supérieure à 6 mois ;
- remplissant les conditions de délai requises pour obtenir une libération conditionnelle ;
- remplissant les conditions de délai pour obtenir une semi-liberté ;
- pouvant faire l'objet d'un placement extérieur sans surveillance du personnel pénitentiaire, en application des dispositions de l'article D. 136.

Le texte ajoute que, dans tous les cas, les condamnés doivent présenter des garanties suffisantes pour la sécurité et l'ordre public au regard de leur personnalité, de leurs antécédents, de leur conduite en détention et des gages de réinsertion dont ils ont fait preuve.

Le placement à l'extérieur se fait sous la surveillance effective du personnel pénitentiaire et, sauf décision contraire du JAP, les condamnés regagnent obligatoirement la prison en fin de journée *(CPP, art. D. 130)*.

Il existe cependant une autre forme de placement extérieur, prévue par l'article D. 136 du CPP, qui s'exécute sans surveillance du personnel pénitentiaire. Elle peut bénéficier aux condamnés :

- dont la peine restant à subir n'excède pas 2 ans ou un an s'ils sont en état de récidive légale ;
- admis au bénéfice de la libération conditionnelle, sous la condition d'avoir été soumis à titre probatoire au régime du placement à l'extérieur ;
- remplissant les conditions de délai requises pour être proposés au bénéfice de la libération conditionnelle et dont la peine restant à subir n'excède pas 3 ans.

Le JAP détermine les conditions d'exécution de la mesure suivant la nature de l'activité ou de la prise en charge sanitaire, et la personnalité du condamné.

§5 Le placement sous surveillance électronique

La juridiction de jugement qui prononce une courte peine d'emprisonnement a la possibilité de décider de son exécution sous la forme de la détention à domicile sous surveillance électronique *(C. pén., art. 132-26-1)*.

Le JAP est également compétent pour décider de cet aménagement de la peine en cours d'exécution. Il peut le faire soit **en cas de condamnation à une ou plusieurs peines privatives de liberté dont la durée totale n'excède pas 2 ans, soit lorsqu'il reste à subir par le condamné une ou plusieurs peines privatives de liberté dont la durée totale n'excède pas 2 ans, soit lorsque le condamné a été admis au bénéfice de la libération conditionnelle**, sous la condition d'avoir été soumis à titre probatoire au régime du placement sous surveillance électronique, pour une durée n'excédant pas un an *(CPP, art. 723-7)*.

L'article 132-26 du Code pénal prévoit, depuis le 24 mars 2020, que **le condamné** placé en détention à domicile sous surveillance électronique est soumis aux obligations prévues aux deuxième et troisième alinéas de l'article 131-4-1, c'est-à-dire qu'il **a l'obligation de demeurer dans son domicile ou tout autre lieu désigné par le JAP et de porter un dispositif intégrant un**

émetteur permettant de vérifier le respect de cette première obligation *(CPP, art. 723-8)*. **Il n'est autorisé à s'absenter de son domicile pendant des périodes déterminées par le JAP que pour le temps nécessaire à l'exercice d'une activité professionnelle, au suivi d'un enseignement, d'un stage, d'une formation ou d'un traitement médical, à la recherche d'un emploi, à la participation à la vie de famille ou à tout projet d'insertion ou de réinsertion** *(C. pén., art. 131-4-1, al. 3)*. Il peut aussi se voir imposer des obligations prévues par les articles 132-43 à 132-46 du Code pénal c'est-à-dire les obligations d'un sursis probatoire *(CPP, art. 723-10)*. Le retrait de la mesure d'aménagement est possible dans les cas prévus par l'article 723-13 du CPP c'est-à-dire en cas d'inobservation des interdictions ou obligations prévues à l'article 132-26 du Code pénal, d'inconduite notoire, d'inobservation des mesures de la probation, de nouvelle condamnation ou de refus par le condamné d'une modification nécessaire des conditions d'exécution, soit à la demande du condamné.

⏭ POUR ALLER PLUS LOIN…

- M. ANTIER, Le crédit de réduction de peine : un anachronisme juridique, Dr. pén. 2015, étude 25 ;
- L. GRIFFON-YARZA, Nouveau régime des réductions de peine : une grâce législative accordée aux seuls récidivistes, Dr. pén. 2015, étude 6 ;
- E. TRAULLÉ, A. WERBROUCK et C. MANAOUIL, La suspension de peine pour raison médicale, Médecine et droit 2006, p. 142.

Fiche n° 48 La libération conditionnelle

L'ESSENTIEL

La libération conditionnelle consiste à anticiper la fin de la peine privative de liberté, à des conditions liées à la resocialisation du condamné et à la durée de la peine déjà accomplie et restant à l'être. Elle implique le respect par le condamné libéré d'obligations plus ou moins contraignantes et elle peut être révoquée si celles-ci ne sont pas respectées.

LES CONNAISSANCES

La libération conditionnelle trouve son origine dans une loi du 14 août 1885, qui fut inspirée par un magistrat dénommé Bonneville de Marsangy. On peut la définir, de manière générale, comme la libération, avant la fin de la peine privative de liberté, du condamné qui a fait des efforts de réadaptation sociale et sous condition de bonne conduite pendant le temps de la peine restant à courir. Le législateur indique qu'elle tend à la réinsertion des condamnés et à la prévention de la récidive *(CPP, art. 729, al. 1er)*.

Seule l'autorité judiciaire est compétente pour prendre les décisions de libération conditionnelle, qui peuvent faire l'objet de recours.

Le JAP est compétent pour se prononcer à l'égard des condamnés à une peine inférieure ou égale à 10 ans. Il est également compétent lorsque la durée de la peine restant à effectuer est inférieure à 3 ans. Les jugements du JAP peuvent faire l'objet d'un appel devant la chambre de l'application des peines de la cour d'appel. Le TAP est compétent dans tous les autres cas, et statue par jugement motivé susceptible d'appel *(CPP, art. 730)*.

Il est nécessaire de préciser quelles sont les conditions d'octroi de la libération conditionnelle et quel est son régime juridique.

§1 Les conditions de la libération conditionnelle

On distinguera les conditions de droit commun de celles applicables à certains condamnés.

I. Conditions de droit commun

(CPP, art. 729)

Ces conditions figurent à l'article 729, alinéa 1er du CPP. Il est nécessaire que les condamnés manifestent des « *efforts sérieux de réadaptation sociale* » et qu'ils justifient soit :

1° De l'exercice d'une activité professionnelle, d'un stage ou d'un emploi temporaire ou de leur assiduité à un enseignement ou à une formation professionnelle ;

2° De leur participation essentielle à la vie de leur famille ;

3° De la nécessité de suivre un traitement médical ;

4° De leurs efforts en vue d'indemniser leurs victimes ;

5° De leur implication dans tout autre projet sérieux d'insertion ou de réinsertion.

Pour les peines autres que la perpétuité, la libération conditionnelle peut intervenir lorsque la durée de la peine accomplie par le condamné est au moins égale à la durée de la peine lui restant à subir.

> **Attention** Cette formule, contrairement aux apparences, ne signifie pas qu'il doit avoir effectué la moitié de la peine prononcée parce qu'il faut tenir compte, pour mesurer la durée réelle de la peine, des remises et réductions de peines.

Le texte précise encore que, en principe, le temps d'épreuve ne peut excéder 15 ans ou 20 ans si le condamné est en état de récidive légale. Cependant, **pour les condamnés à la perpétuité, ce temps est de 18 ans et, en cas de récidive, de 22 ans** *(CPP, art. 729, al. 2 et 3)* mais on a vu que le JAP peut accorder une réduction de ce temps (*CPP, art. 729-1* – V. Fiche n° 47).

II. Conditions propres à certains condamnés

Il existe 5 hypothèses particulières.

En premier lieu, **lorsque la personne a été condamnée pour un crime ou un délit pour lequel le suivi socio-judiciaire est encouru**, une libération conditionnelle ne peut lui être accordée si elle refuse pendant son incarcération de suivre le traitement qui lui est proposé par le JAP *(CPP, art. 729, al. 10)*. Il en est de même lorsque ce dernier est informé que le condamné ne suit pas de façon régulière le traitement qu'il lui a proposé. La libération ne peut non plus être accordée au condamné qui ne s'engage pas à suivre, après sa libération, le traitement qui lui est proposé en application de l'article 731-1 du CPP. Ce texte dispose que la personne faisant l'objet d'une libération conditionnelle peut être soumise aux obligations prévues pour le suivi socio-judiciaire si elle a été condamnée pour un crime ou un délit pour lequel cette mesure est encourue. Sauf décision contraire du JAP ou du TAP, la personne est soumise à une injonction de soins s'il est établi, après expertise, qu'elle est susceptible de faire l'objet d'un traitement.

Le deuxième cas particulier est celui du **condamné âgé de plus de 70 ans**, pour lequel il n'est pas tenu compte des durées de peines accomplies, la libération conditionnelle pouvant être accordée dès lors que l'insertion ou la réinsertion du condamné est assurée *(CPP, art. 729, al. 11)*.

La troisième hypothèse originale concerne **le condamné qui bénéficie d'une mesure de suspension de peine pour raison de santé** *(CPP, art. 720-1-1)*, la libération conditionnelle pouvant être accordée sans condition quant à la durée de la peine accomplie si, à l'issue d'un délai d'**un an** après l'octroi de la mesure de suspension, une nouvelle expertise établit que son état de santé est toujours durablement incompatible avec le maintien en détention et si le condamné justifie d'une prise en charge adaptée à sa situation *(CPP, art. 729, al. 12)*.

La quatrième situation particulière est celle du **condamné étranger contre lequel a été prononcée une mesure d'interdiction du territoire français**, d'interdiction administrative du territoire français, d'obligation de quitter le territoire français, d'interdiction de retour sur le territoire français, d'interdiction de circulation sur le territoire français, d'expulsion, d'extradition ou de remise sur le fondement d'un mandat d'arrêt européen. Sa libération conditionnelle est, sauf exception, subordonnée à la condition que cette mesure soit exécutée et elle peut être décidée sans son consentement *(CPP, art. 729-2)*.

Le dernier cas particulier est prévu par l'article 729-3 du CPP selon lequel la libération conditionnelle peut être accordée pour tout condamné à une peine privative de liberté inférieure ou égale à **4 ans**, ou pour laquelle la durée de la peine restant à subir est inférieure ou égale à **4 ans**, lorsque ce **condamné exerce l'autorité parentale sur un enfant de moins de 10 ans** ayant chez ce parent sa résidence habituelle ou lorsqu'il s'agit d'une femme enceinte de plus de 12 semaines. Cependant, le texte est inapplicable aux personnes condamnées pour un crime ou pour un délit commis sur un mineur.

§2 Le régime juridique de la libération conditionnelle

I. L'examen de la situation du condamné

La libération conditionnelle constitue une simple faculté pour les juridictions d'application des peines, qui possèdent le pouvoir d'apprécier si les conditions sont réunies. Cependant, la loi [n° 2014-896] du 15 août 2014 a instauré un mécanisme consistant à obliger ces juridictions, non pas à accorder la libération, mais à examiner régulièrement la situation de certains condamnés.

Selon l'article 720 du CPP, la situation de la personne condamnée exécutant une ou plusieurs peines privatives de liberté d'une durée totale inférieure ou égale à **5 ans** est obligatoirement examinée par le JAP afin que soit prononcée une libération sous contrainte lorsque la durée de la peine accomplie est au moins égale au double de la durée de la peine restant à subir.

Cette « **libération sous contrainte** » entraîne l'exécution du reliquat de peine sous le régime de la libération conditionnelle, de la détention à domicile sous surveillance électronique, du placement à l'extérieur ou de la semi-liberté.

La libération sous contrainte est décidée par le JAP qui, après avis de la commission d'application des peines, détermine, parmi les mesures précédemment évoquées, celle qui est la mieux adaptée à la situation du condamné. Il ne peut en refuser l'octroi qu'en constatant, par ordonnance spécialement motivée, qu'il est impossible de mettre en œuvre une de ces mesures. Le texte précise que le condamné peut refuser la libération sous contrainte, ce qui entraîne l'inapplication du texte.

Le législateur n'a donc pas créé une nouvelle mesure d'aménagement mais une obligation d'examiner la situation du condamné qui pourrait bénéficier notamment de la libération conditionnelle, l'objectif étant de favoriser l'octroi de cette mesure ou d'une autre mesure d'aménagement de la peine.

Le même mécanisme d'examen obligatoire de la situation des condamnés a été institué par l'article 730-3 du CPP, au profit des personnes exécutant une ou plusieurs peines privatives de liberté d'une durée totale de plus de **5 ans**, lorsque la durée de la peine accomplie est au moins égale au double de la durée de la peine restant à subir. Le but est de favoriser une libération conditionnelle même si elle n'est pas demandée par le condamné, sauf si ce dernier a fait savoir qu'il refusait une telle libération.

II. La décision de libération conditionnelle

Dans certains cas, la décision ne peut être accordée qu'en suivant des conditions procédurales particulières.

Ainsi, lorsque la personne a été condamnée à la réclusion criminelle à perpétuité ou bien soit à une peine d'au moins **15 ans** pour une infraction pour laquelle le suivi socio-judiciaire est encouru, soit à une peine d'emprisonnement ou de réclusion criminelle égale ou supérieure à **10 ans** pour une infraction mentionnée à l'article 706-53-13 du CPP (c'est-à-dire une infraction pouvant conduire au prononcé de la rétention de sûreté), la libération conditionnelle ne peut alors être accordée :

1° que par le TAP, quelle que soit la durée de la détention restant à subir ;

2° qu'après avis de la commission pluridisciplinaire des mesures de sûreté, rendu à la suite d'une évaluation pluridisciplinaire de dangerosité réalisée dans un service spécialisé chargé de l'observation des personnes détenues et assortie d'une expertise médicale *(CPP, art. 730-2)*.

De la même manière, la loi [n° 2016-731] du 3 juin 2016 a créé un article 730-2-1 dans le CPP concernant les **condamnés pour actes de terrorisme.** Il dispose que ces personnes, quelle que soit la durée de la peine privative de liberté prononcée, ne peuvent bénéficier de la libération conditionnelle que sur une décision du TAP, quelle que soit la durée de la peine de détention restant à exécuter et après avis d'une commission chargée de procéder à une évaluation pluridisciplinaire de la dangerosité de la personne condamnée. On notera que le texte a été déclaré partiellement inconstitutionnel par le Conseil constitutionnel à l'occasion d'une question prioritaire de constitutionnalité *(Cons. const., 6 sept. 2019, déc. n° 2019-799/800 QPC : JO 7 sept. 2019, texte n° 64)*

Si la libération conditionnelle est accordée au condamné, il sera soumis, pendant une période qui équivaut à la partie de la peine qui restait à exécuter, à un régime prévu par les articles 731 et 732 du CPP, qui peut être comparé à celui appliqué aux personnes dont la condamnation est assortie d'un sursis avec mise à l'épreuve. L'article 732, alinéa 1er du CPP énonce que la décision de libération fixe les modalités d'exécution et les conditions auxquelles l'octroi de la liberté est subordonné, ainsi que la nature et la durée des **mesures d'assistance et de contrôle**. Cette durée ne peut être, selon l'alinéa 2, inférieure à la durée de la peine non subie, s'il s'agissait d'une peine à temps, et elle peut dépasser cette durée d'un an au maximum. Mais l'alinéa 2 du même texte précise que « *la durée totale des mesures d'assistance et de contrôle ne peut toutefois excéder dix ans* ». S'il s'agissait d'une peine perpétuelle, cette durée ne peut être inférieure à **5 ans** ni supérieure à **10 ans** *(CPP, art. 732, al. 3)*. On ajoutera enfin que les mesures décidées lors de la libération conditionnelle peuvent être modifiées en cours d'exécution, selon les cas, par le JAP ou le TAP.
Certains condamnés peuvent se voir imposer des mesures spéciales, contraignantes, comme celles du suivi socio-judiciaire ou un placement sous surveillance électronique mobile *(CPP, art. 731-1)*.

III. L'issue de la libération conditionnelle

Une fois accordée**, la libération conditionnelle peut réussir et aboutir à une libération définitive**. Il suffit pour cela que le condamné respecte les mesures d'assistance et de contrôle qui lui ont été imposées. On précisera que, dans cette hypothèse, l'article 733, alinéa 3 du CPP prévoit que la peine est réputée terminée depuis le jour de la libération conditionnelle.

La décision peut aussi être révoquée, soit lorsque le condamné manifeste une inconduite notoire, soit lorsqu'il est de nouveau condamné, soit enfin en cas de violation des mesures prévues par la décision de libération conditionnelle. La révocation intervient si un de ces évènements survient pendant la durée d'exécution des mesures d'assistance et de contrôle. Il s'agit d'une faculté et non d'une obligation, pour le JAP ou le TAP, selon les cas. Cette révocation doit être motivée et elle est susceptible d'appel. S'il y a révocation, le condamné doit subir la totalité ou seulement une partie de la peine qui lui restait à effectuer, selon l'appréciation de la juridiction qui prononce la révocation. En cas de nouvelle condamnation, la peine prononcée se cumule avec celle qui est mise à exécution par la décision de révocation.

⏭ POUR ALLER PLUS LOIN...

- P. COUVRAT, La libération conditionnelle entre son passé et son avenir, RSC 2002, p. 872 ;
- P. FAUCHER, La libération conditionnelle a-t-elle un avenir ? Plaidoyer pour une réforme, RPDP 2001, p 224 ;
- L. GRIFFON-YARZA, La libération sous contrainte, nouvel oxymore juridique, AJ pénal 2015, p. 80 ;
- M. HERZOG-EVANS, La libération conditionnelle et la judiciarisation. L'émergence de critères jurisprudentiels *contra legem*, D. 2002, p 833 ;
- J.-H. ROBERT, Punir dehors, Dr. pén. 2014, étude 16.

Fiche n° 49 La période de sûreté

⏭ L'ESSENTIEL

La période de sûreté consiste à priver le condamné, pendant une partie de la peine privative de liberté, de toute mesure de faveur comme les réductions de peines. Il faut distinguer la période sûreté de plein droit et celle qui est facultative. La première n'existe que pour les infractions pour lesquelles le législateur la prévoit et sa durée est alors en principe de la moitié de la peine prononcée ou de 18 ans si c'est la réclusion à perpétuité qui a été prononcée. La période de sûreté est facultative dans les autres cas, si la juridiction prononce une peine de 5 ans d'emprisonnement minimum. Dans tous les cas, elle peut être révisée notamment lorsque le condamné présente des gages sérieux de réadaptation sociale.

⏭ LES CONNAISSANCES

À l'opposé des mesures d'individualisation de la peine privative de liberté en cours d'exécution, le législateur a créé une modalité d'exécution de la peine destinée à faire échec, pendant un temps plus ou moins long, à toute mesure favorable au condamné. La peine sur laquelle va porter la période de sûreté sera, en pratique, incompressible.

Après avoir exposé les conditions dans lesquelles une période de sûreté peut être prononcée, on étudiera l'application du mécanisme.

§1 Les conditions de la période de sûreté

S'agissant de son domaine d'application, il convient de préciser que la période de sûreté ne peut jamais être appliquée aux mineurs, selon l'article 20-2, alinéa 4 de l'ordonnance [n° 45-174] du 2 février 1945.

Pour les majeurs, il faut distinguer selon que la période de sûreté est de plein droit, c'est-à-dire obligatoire, ou si elle est facultative.

I. La période de sûreté de plein droit

(C. pén., art. 132-23)
L'article 132-23, alinéa 1er du Code pénal dispose qu'« *en cas de condamnation à une peine privative de liberté, non assortie du sursis, dont la durée est égale ou supérieure à 10 ans, prononcée pour les infractions spécialement prévues par la loi, le condamné ne peut bénéficier, pendant une période de sûreté, des dispositions concernant la suspension ou le fractionnement de la peine, le placement à l'extérieur, les permissions de sortir, la semi-liberté et la libération conditionnelle* ». Le Conseil constitutionnel a considéré que ce texte était conforme aux principes de nécessité et d'individualisation des peines *(Cons. constit. 26 oct. 2018, n° 2018-742 QPC, JO 27 oct. 2018)*

La période de sûreté obligatoire suppose donc, d'une part, **une disposition spéciale du texte qui réprime l'infraction** et, d'autre part, **une condamnation, pour ladite infraction, à une peine de réclusion criminelle ou à une peine de 10 ans d'emprisonnement sans sursis**.

Parmi les infractions pour lesquelles le législateur a prévu la période de sûreté de plein droit, on peut citer les crimes contre l'humanité, les meurtres aggravés et l'empoisonnement, les tortures et actes de barbarie, les violences aggravées ayant entraîné la mort ou une mutilation permanente, les violences sur mineur de 15 ans par ascendant, le viol aggravé par la mort de la victime ou s'il est accompagné de tortures ou actes de barbarie, le trafic de stupéfiants, les vols aggravés punis d'au moins 10 ans d'emprisonnement etc.

La durée de la période de sûreté de plein droit est de la moitié de la durée de la peine si elle est à temps ou de 18 ans, si c'est une peine perpétuelle *(C. pén., art. 132-23, al. 2)*. Cependant cette durée peut être **soit réduite soit augmentée**. Elle peut être réduite par une décision spéciale, sans que le texte précise dans quelle mesure, ce qui signifie qu'elle pourrait l'être en totalité. Elle peut aussi, au contraire, être portée aux 2/3 de la peine, si elle est à temps ou à **22 ans** s'il s'agit d'une peine de réclusion à perpétuité.

En outre, **pour certaines infractions, la période de sûreté peut s'appliquer au-delà de cette limite des 22 ans et même sur la totalité de la peine de réclusion criminelle**.

Il s'agit, d'une part, du meurtre ou de l'assassinat :
- d'un mineur de 15 ans, précédé ou accompagné d'un viol, de tortures ou d'actes de barbarie ;

– d'un magistrat, d'un fonctionnaire de la police nationale, d'un militaire de la gendarmerie, d'un membre du personnel de l'administration pénitentiaire ou de toute autre personne dépositaire de l'autorité publique, à l'occasion de l'exercice ou en raison de ses fonctions *(C. pén., art. 221-3 et 221-4)*.

Il s'agit, d'autre part, depuis la loi [n° 2016-731] du 3 juin 2016, des crimes terroristes encourant la réclusion à perpétuité *(C. pén., art. 421-7)*.

Dans ces situations, où le condamné encourt toujours la réclusion à perpétuité, **la cour d'assises peut porter la durée de la période de sûreté jusqu'à 30 ans, si la peine prononcée est à temps, ou prévoir son application pour la durée totale de la peine perpétuelle, lorsque celle-ci est prononcée.** Dans cette dernière situation, on aboutit à une peine de perpétuité dite « réelle », c'est-à-dire à l'enfermement du condamné jusqu'à sa mort, sous réserve de ce qui sera dit ensuite.

Jurisprudence

La question de la conformité de ce mécanisme avec la Conv. EDH a été posée à la CEDH, dans un arrêt du 13 novembre 2014 *(CEDH, 13 nov. 2014, n° 40014/10, Bodein c/ France)*, s'agissant d'un criminel condamné à la réclusion à perpétuité avec période de sûreté applicable sur la totalité de la durée de la peine. La Cour a jugé qu'il n'y avait pas de violation des articles 3 ou 6 de la Convention parce que le droit français, comme on va le voir, permet le réexamen de la période de sûreté après un certain temps d'exécution.

On terminera à propos de la période de sûreté de plein droit, en observant qu'il suffit à la juridiction de prononcer une peine inférieure à 10 ans pour l'infraction considérée, pour qu'elle ne soit plus tenue de prononcer la moindre période de sûreté. Cette technique, présentée parfois comme destinée à restreindre les trop grands pouvoirs du juge sur la sanction, peut donc être facilement contournée, en pratique.

II. La période de sûreté facultative

L'article 132-23, alinéa 3 du Code pénal énonce que **dans les cas où la période de sûreté n'est pas de plein droit, elle peut néanmoins être prononcée par la juridiction**. Il faut pour cela qu'elle **condamne le prévenu à une peine supérieure à 5 ans d'emprisonnement sans sursis.** La durée de la période de sûreté est déterminée par les juges et ne peut excéder les 2/3 de la peine ou **22 ans** si la réclusion perpétuelle est prononcée.

Dans ces situations, la juridiction répressive est donc totalement libre de prononcer ou non une période de sûreté. On observera seulement que celle-ci suppose, sauf en cas de récidive, que l'infraction soit un crime ou un délit puni d'au moins **7 ans** d'emprisonnement, dès lors que la peine prononcée doit être supérieure à **5 ans**.

§2 L'application de la période de sûreté

Le mécanisme de la période de sûreté consiste à empêcher que le condamné bénéficie pendant la durée de la période de sûreté des mesures habituelles qui conduisent à une érosion de la peine ou à l'aménagement de son exécution : remises de peines, fractionnement, semi-liberté etc. Cependant, le dernier alinéa de l'article 132-23 du Code pénal prévoit que des réductions de peine peuvent être accordées pendant la période de sûreté mais qu'elles ne sont imputées que sur la partie de la peine sur laquelle la période de sûreté ne porte pas.

En outre, le CPP autorise la **révision de la période de sûreté**. Celle-ci peut d'abord être modifiée **par voie de conséquence**, dans l'hypothèse d'une **commutation ou d'une remise de peine décidée par un décret de grâce**. L'article 720-2, alinéa 2 du CPP prévoit que la commutation ou la remise de peine n'empêche pas le maintien de la période de sûreté mais que celle-ci portera sur une durée globale correspondant à la moitié de la peine résultant de la commutation ou de la remise, sans pouvoir excéder la durée de la période de sûreté attachée à la peine prononcée.

Par exemple, le condamné à une peine de 30 ans de réclusion assortie d'une période de sûreté des 2 /3 (= 20 ans), qui obtient la commutation de sa peine en une réclusion de 20 ans verra la période de sûreté réduite automatiquement à la moitié de la durée de la peine après commutation (= 10 ans). Comme on le voit ce système aboutit dans certains cas à une réduction plus importante de la période de sûreté que de la peine elle-même. Le texte précise que cette règle s'applique sauf disposition contraire du décret de grâce.

Dans les cas où la période de sûreté s'applique au-delà de 22 ans, les textes écartent cette règle. Ainsi, les articles 221-3, 221-4 et 421-7 du Code pénal prévoient qu'en cas de commutation de peine par décret de grâce, la période de sûreté reste applicable à la totalité de la durée de la peine après commutation, sauf si le décret prévoit une autre solution.

Par ailleurs, **la période de sûreté peut être révisée à titre principal**, c'est-à-dire en elle-même. Cette procédure est prévue par l'article 720-4 du CPP et elle a pour objectif de ne pas désespérer totalement le condamné devant subir une très longue peine privative de liberté.

Elle permet également, comme on l'a vu, de considérer que le dispositif de la période de sûreté est conforme à la Conv. EDH.

Cette révision suppose que le condamné présente des gages sérieux de réadaptation sociale et le TAP peut être saisi par le condamné, le procureur de la République ou le JAP, pour, soit mettre fin à la période de sûreté, soit en réduire la durée.

Il faut noter qu'il existe un **régime particulier pour les périodes de sûreté exceptionnellement longues** prévues par les articles 221-3 et 221-4 du Code pénal. Si une période de sûreté de 30 ans a été prononcée, la révision ne peut intervenir avant que le condamné ait subi une incarcération égale à 20 ans. Si c'est la perpétuité réelle qui a été prononcée, le système est très particulier. D'une part, le condamné doit avoir effectué 30 ans de réclusion avant de pouvoir prétendre à une révision. D'autre part, le TAP ne peut se prononcer qu'après qu'un collège de 3 experts médicaux désignés par le bureau de la Cour de cassation, se sera prononcé sur la dangerosité du condamné.

Enfin, dans le cas de la période de sûreté prononcée par application de l'article 421-7 du Code pénal, c'est-à-dire en matière de terrorisme, l'article 720-5 du CPP énonce que lorsque la cour d'assises a décidé de porter la période de sûreté à 30 ans ou à la totalité de la peine perpétuelle, le TAP, sur l'avis d'une commission composée de 5 magistrats de la Cour de cassation chargée d'évaluer s'il y a lieu de mettre fin à l'application de ladite décision de la cour d'assises, ne peut réduire la durée de la période de sûreté, à titre exceptionnel qu'à 5 conditions cumulatives c'est-à-dire :
1° après que le condamné a subi une incarcération d'une durée au moins égale à 30 ans ;
2° lorsque le condamné manifeste des gages sérieux de réadaptation sociale ;
3° lorsque la réduction de la période de sûreté n'est pas susceptible de causer un trouble grave à l'ordre public ;
4° après avoir recueilli l'avis des victimes ayant la qualité de parties civiles lors de la décision de condamnation ;
5° après expertise d'un collège de 3 experts médicaux inscrits sur la liste des experts agréés près la Cour de cassation, chargé de procéder à une évaluation de la dangerosité du condamné.
Il apparaît donc que la période de sûreté sera, dans ces cas, très difficile à réduire.

⏭ POUR ALLER PLUS LOIN...

– M. HERZOG-EVANS, Élévation de la durée des périodes de sûreté : rappels jurisprudentiels, AJ pénal 2016, p. 338 ;

– L. GRIFFON-YARZA, Les évolutions législatives et jurisprudentielles en matière de période de sûreté : un bilan très contrasté, Dr. pén. 2016, étude 23.

Fiche n° 50 La rétention et la surveillance de sûreté

L'ESSENTIEL

La rétention et la surveillance de sûreté sont destinées à s'appliquer, de manière exceptionnelle, à l'encontre de condamnés ayant déjà exécuté une peine de réclusion criminelle prononcée pour certains crimes, s'ils présentent un risque important de commettre à nouveau les mêmes infractions. La rétention de sûreté consiste en une privation de liberté pouvant être renouvelée sans limite, tant que dure la dangerosité de la personne. La surveillance de sûreté comporte une série d'obligations pesant sur la personne redevenue libre dont le non-respect peut entraîner le placement en rétention de sûreté.

LES CONNAISSANCES

La loi n° 2008-174 du 25 février 2008 relative à la rétention de sûreté et à la déclaration d'irresponsabilité pénale pour cause de trouble mental a introduit un nouveau dispositif destiné à s'appliquer, après l'exécution de la peine de réclusion criminelle, à certains criminels présentant une dangerosité particulière. Ce dispositif comprend la rétention de sûreté et la surveillance de sûreté, qui possèdent un domaine d'application commun.

§1 Domaine d'application

Rétention et surveillance de sûreté peuvent s'appliquer, à titre exceptionnel, selon l'article 706-53-13 du CPP, uniquement aux **personnes qui ont été condamnées à une peine de réclusion criminelle d'une durée égale ou supérieure à 15 ans**, en premier lieu, pour les crimes d'assassinat ou de meurtre, de torture ou actes de barbarie, de viol, d'enlèvement ou de séquestration dont **la victime** est un **mineur**. On notera que ne sont pas visées uniquement les victimes mineures de 15 ans mais tous les mineurs, alors que la circonstance aggravante de minorité n'existe que dans le cas où la victime est âgée de moins de 15 ans. En d'autres termes, si un meurtre est commis sur une victime âgée de 16 ans, il n'est pas aggravé mais son auteur peut encourir la rétention de sûreté s'il est condamné à au moins 15 ans de réclusion.

Le dispositif s'applique, en second lieu, en cas de condamnation à cette peine pour les crimes, commis sur une **victime majeure** :
- d'assassinat ou de meurtre aggravé, de torture ou actes de barbarie aggravés, de viol aggravé, d'enlèvement ou de séquestration aggravé

– de meurtre, de torture ou d'actes de barbarie, de viol, d'enlèvement ou de séquestration s'ils sont commis en état de récidive.

§2 Conditions et contenu de la rétention de sûreté

La rétention de sûreté ne peut être prononcée que si la cour d'assises qui condamne le criminel a expressément prévu dans sa décision qu'il pourra en faire l'objet à la fin de sa peine. De plus, elle suppose que le condamné, à l'issue de l'exécution de sa peine, présente une **particulière dangerosité caractérisée par une probabilité très élevée de récidive parce qu'il souffre d'un trouble grave de la personnalité** *(CPP, art. 706-53-13, al. 1er)*. On considère que la dangerosité dont il s'agit est une « dangerosité criminologique » c'est-à-dire que le condamné doit présenter des risques importants de commettre de nouvelles infractions s'il est remis en liberté.

Le législateur a précisé que le dispositif est inapplicable au condamné qui bénéficie d'une libération conditionnelle, sauf si cette mesure a fait l'objet d'une révocation *(CPP, art. 706-53-20)*.

La rétention de sûreté consiste dans le **placement de la personne en centre socio-médico-judiciaire de sûreté dans lequel lui est proposée, de façon permanente, une prise en charge médicale, sociale et psychologique destinée à permettre la fin de cette mesure**.

Une commission pluridisciplinaire des mesures de sûreté doit examiner la situation du condamné, un an avant la fin de sa peine, afin d'évaluer sa dangerosité *(CPP, art. 706-53-14)*. La personne est placée, pour une durée d'au moins **6 semaines**, dans un service spécialisé chargé de l'observation des personnes détenues aux fins d'une évaluation pluridisciplinaire de dangerosité assortie d'une expertise médicale réalisée par 2 experts.

Si la commission conclut à la particulière dangerosité du condamné, elle peut proposer, par un avis motivé, que celui-ci fasse l'objet d'une rétention de sûreté dans le cas où :
– les obligations résultant de l'inscription dans le fichier judiciaire national automatisé des auteurs d'infractions sexuelles ou violentes, ainsi que les obligations résultant d'une injonction de soins ou d'un placement sous surveillance électronique mobile apparaissent insuffisantes pour prévenir la commission des crimes mentionnés à l'article 706-53-13 ;
– cette rétention constitue l'unique moyen de prévenir la commission, dont la probabilité est très élevée, de ces infractions.

C'est la juridiction régionale de la rétention de sûreté, composée d'un président de chambre à la cour d'appel et de deux conseillers, qui prend la décision de placement. Cette décision doit être spécialement motivée et elle est exécutoire immédiatement à l'issue de l'exécution de la peine. Elle peut faire l'objet d'un recours devant la Juridiction nationale de la rétention de sûreté, composée de 3 conseillers à la Cour de cassation, cette juridiction statuant elle-même par une décision motivée, susceptible d'un pourvoi en cassation *(CPP, art. 706-53-15)*.

La rétention dure un an et est renouvelable sans limite de durée, tant que la dangerosité de la personne persiste *(CPP, art. 706-53-16)*. La personne concernée peut demander la fin de la mesure tous les 3 mois *(CPP, 706-53-17)*.

Jurisprudence

Il convient de remarquer que la loi avait prévu que le dispositif s'appliquerait immédiatement aux personnes déjà condamnées et en cours d'exécution de leur peine mais le Conseil constitutionnel a censuré le texte sur ce point, dans une décision du 21 février 2008 *(Cons. const., 21 févr. 2008, n° 2008-562 DC, JO 26 févr. 2008)*. Il en résulte que la rétention de sûreté ne peut être prononcée, dans les conditions qui viennent d'être décrites, que pour des faits commis après l'entrée en vigueur de la loi et, au minimum, 15 ans après la condamnation.

§3 Conditions et contenu de la surveillance de sûreté

La surveillance de sûreté apparaît comme un **substitut à la rétention de sûreté dans certains cas**. En effet, l'article 706-53-19 du CPP énonce que si la rétention de sûreté n'est pas prolongée ou s'il y est mis fin et si la personne présente des risques de commettre les infractions pour lesquelles la rétention de sûreté peut être décidée, la juridiction régionale de la rétention de sûreté peut placer celle-ci sous surveillance de sûreté pendant une durée de **2 ans**, renouvelable.

Cette mesure comprend des obligations identiques à celles prévues dans le cadre de la surveillance judiciaire *(CPP, art. 723-30)*, en particulier une injonction de soins et le placement sous surveillance électronique mobile. Le placement sous surveillance de sûreté peut faire l'objet des mêmes recours que le placement en rétention de sûreté et sa mainlevée peut être demandée tous les 3 mois.

Il faut préciser que la surveillance judiciaire constitue elle-même une mesure de sûreté qui peut être décidée à l'encontre des condamnés à une peine privative de liberté d'au moins **7 ans** pour un crime ou un délit pour lequel le suivi socio-judiciaire est encouru ou d'une durée d'au moins **5 ans** pour un crime ou un délit commis une nouvelle fois en état de récidive légale.

Elle suppose un risque de récidive avéré et elle consiste à imposer des obligations à la personne à compter de sa libération, pendant une durée égale au plus au crédit de réduction de peine et aux réductions de peines supplémentaires dont elle a bénéficié et qui n'ont pas fait l'objet d'une décision de retrait *(CPP, art. 723-29)*.

Si la personne placée sous surveillance de sûreté ne respecte pas les obligations de celle-ci, et notamment l'injonction de soins, elle peut être placée en rétention de sûreté *(CPP, art. 706-53-19)*.

On notera encore que lorsque le placement sous surveillance judiciaire a été prononcé à l'encontre de condamnés entrant dans les conditions d'une rétention de sûreté (condamnation à 15 ans de réclusion minimum pour les crimes énumérés par l'article 706-53-13 du CPP), le législateur prévoit la possibilité de prononcer une surveillance de sûreté à la suite de la surveillance judiciaire, laquelle ne peut, comme on l'a vu, s'appliquer que le temps des réductions de peine accordées au condamné *(CPP, art. 723-37)*. Ce mécanisme de cumul de mesures de sûreté peut donc conduire, en cas de non-respect des obligations, au prononcé d'une rétention de sûreté par une voie détournée de celle prévue par l'article 706-53-13.

⏭ POUR ALLER PLUS LOIN...

- J.-M. DELARUE, Le fondement juridique incertain de la rétention de sûreté, D. 2014, p. 864 ;
- J.-P. GUÉDON, Nouvel avis du Contrôleur général des lieux de privation de liberté sur la rétention de sureté, AJ pénal 2015, p. 517 ;
- L. GRÉGOIRE, Les mesures de sûreté : un moyen au service de la lutte contre le terrorisme ? RPDP 2015, p. 57.

Index

Q

R

S

T

V

Mikaël BENILLOUCHE

LEXI FICHE

DROIT PÉNAL GÉNÉRAL

L'infraction et la responsabilité pénale

Que vous soyez en Licence 2 de droit, en Master ou en train de préparer l'examen d'entrée au Centre de formation professionnelle des avocats, le concours de l'ENM, ou l'un des concours de la police ou de la pénitentiaire, cette fiche vous permettra de voir ou revoir toutes les notions fondamentales du droit pénal (éléments constitutifs de l'infraction, règles relatives à la responsabilité pénale, dispositions générales relatives à la peine) et d'avoir une synthèse claire et pratique de la matière.

Testez vos connaissances grâce au quiz en page 27 de la Lexifiche.

SOMMAIRE

Mikaël BENILLOUCHE

LEXI FICHE

PROCÉDURE PÉNALE

De la découverte au jugement des infractions

Que vous soyez en Licence 2 de droit, en Master ou en train de préparer l'examen d'entrée au Centre de formation professionnelle des avocats, le concours de l'ENM, ou l'un des concours de la police ou de la pénitentiaire, cette fiche vous permettra de bien appréhender cette matière technique et pratique et vous apportera une synthèse claire grâce aux tableaux et schémas.

Testez vos connaissances grâce au quiz en page 19 de la Lexifiche.

SOMMAIRE

FICHE INTERACTIVE

Flashez pour découvrir toutes les évolutions législatives et jurisprudentielles

Code d'accès : Lexifiche41

www.lexifiche.com

pca
cmb
édition pré-presse
livres numériques

44400 Rezé

Imprimé en UE (Bulgarie) par Colorix

Achevé d'imprimé et dépôt légal : premier trimestre 2021

France, Belgique : diffusion CED-CEDIF, Distribution DILISCO
Suisse : diffusion, distribution OLF
Canada (Québec) : diffusion, distribution Médiaspaul